# 해운항만정책론

김현덕 허윤수 백종실

博 英 社

본서는 한국해양대학교 항만물류전문인력양성사업단에서
국토해양부의 지원사업으로 출간되었다.

# 머리말

해운 및 항만은 밀접한 상호불가분의 관계를 가지고 있음에도 불구하고 정책적인 측면에서 해운·항만 분야를 총괄적으로 기술한 교재는 미흡한 실정이거나, 단지 용역 보고서나 논문 등에서 산발적으로 언급되어 있는 정도에 불과하다. 해운·항만의 중요성이 부각되면서 각 대학(원)에 해운항만관련 교과목이 개설되기 시작하였으나, 이를 뒷받침할 적절한 교재 개발이 이루어지지 않았다. 실무적인 측면에서도 유럽, 북미, 동북아 주요 각국의 해운항만정책에 대한 개괄적인 안내서가 전무하며, 연도별 주요 정책변화에 대한 내용이 통합적으로 작성되어 있지 않은 실정이다. 따라서 각국의 해운항만정책에 대한 관련 정보와 자료를 포괄적이고 통합적인 접근 방법에서 개발할 필요성이 제기되었다. 이러한 필요성에 의거하여 집필된 이 책의 전반적인 특성은 다음과 같다.

첫째, 해운항만산업의 구조 변화를 포함한 해운항만정책의 개요를 기술함으로써 해운항만정책에 대한 이해도를 증진시키고자 하였다. 둘째, 해운정책과 항만정책을 유럽, 북미, 동북아 지역으로 구분하여 기술함으로써, 분야별·국가별 정책의 변화과정을 고려하였다. 셋째, 해운항만정책의 변화추이에 대한 이해도를 증진시키기 위해 해운항만정책과 관련한 주요 관련법규에 대한 설명을 부가하였다. 넷째, 다양한 수요자를 고려한 용이한 접근이 가능하도록 주요 정책을 항목별로 분리하여 작성하였다. 다섯째, 체계적이고 통합적인 기술을 위해 기존에 발간된 관련 교재, 논문, 보고서, 관련 홈페이지 등 다양한 출처의 자료를 사용하였다. 여섯째, 국가별, 대륙별로 수집된 자료의 정확성을 기하기 위해 원서 위주의 자료를 확보하여 검증 작업을 하였다. 마지막으로, 가능한 한 최신의 정보와 자료를 활용하고자 하였다. 그럼에도 불구하고, 내용과 깊이 면에서 많이 미흡하다. 향후 연구와 강의를 지속적으로 수행하면서 수정·보완할 것을 약속드린다.

이 책의 예상 이용 대상자는 대학 및 대학원의 학생, 해운항만업체의 실무담당자, 정책입안 대상자, 학계의 관련연구 종사자, 연구기관 종사자 그리고 주요 유관단체 등으로 볼 수 있다. 이 책의 내용들 가운데는 수년간 저자들이 각종 논문이나 보고서에서 작성한 글들, 다른 많은 학자들의 논문이나 원서 그리고 보고서들을 정리한 것들도 포함하고 있다. 이 책을 집필하면서 많은 사람들로부터 도움을 받았다. 먼저 국토해양부 관계자와 한국해양대학교 항만물류전문인력양성사업단 여러분께 감사를 드린다. 또한 이 책을 집필하는 데 필요한 자료수집 및 정리에 기꺼이 시간을 할애해 주고, 교정 및 편집을 위해 수고해 주신 한국해양대학교 김강혁 선생, 순천대학교 강병권 조교, 그리고 멀리 벨기에 브뤼셀대학 박사과정에 있는 윤미선 후배에게 고마움을 전한다. 마지막으로 본 교재가 출판되기까지 편집 및 교정 작업에 열정을 쏟아 부어 주신 박영사의 심성보 위원님께 진심으로 고개 숙여 감사의 말씀을 드린다.

2009년 2월
저자를 대표하여
순천만 갈대밭, 대한민국 생태수도 순천에서
**김 현 덕 씀**

# 차 례

# 제 I 장

# 해운정책의 개요

## 제 1 절 해운의 개념과 특성

### 1. 해운의 개념

해상운송(sea transport, shipping, ocean shipping)은 바다를 통로로 운송수단인 선박을 이용하여 화물이나 여객을 이전하는 경제적 활동(economic activities)인 교통산업의 하나이며, 세 가지 기본 요소인 인적 요소, 물적 요소 그리고 해운수요(shipping demand)로 구성된다. 인적 요소는 선박 운항의 주체인 선원, 물적 요소는 운송 수단인 선박 그리고 해운수요의 객체는 화물 및 여객을 말한다. 따라서 해운은 인간 및 재화 상호 간에 가로 놓인 물리적·공간적 간격을 극복하기 위한 사회적·경제적 이전활동인 교통의 일부이다. 교통은 광의로는 운송과 통신으로 구분되며, 운송은 다시 육상운송(도로운송과 철도운송), 수상운송(해상운송과 내수운송) 그리고 항공운송으로 구분할 수 있다.

오늘날 양적인 관점에서 볼 때 해상운송은 전 세계 물동량의 약 70%를 차지하고 있고, 가치관점에서는 약 30%를 점유하고 있다. 특히 삼면이 바다로 둘러싸인 우리나라의 경우 수출입물동량의 약 97% 이상이 해상을 통해 운송되고 있어 해운의 중요성은 아무리 강조해도 지나치지 않는다. 일반적으로 해상운송발생의 전제조건은 장소적 상이성으로 이러한 장소적 상이성을 극복함으로써 장소효용(place utility)을 창출하는 것이 해운의 가장 기본적인 기능이라 할 수 있다. 수송체인(transport chain)의 관점에서 볼 때, 해운은 화물의 생산지에서 최종 목적지간 이동과정에서 도로, 철도, 내륙수로 운송과의 연계를 통해 문전서비스(Door-to-door) 제공을 위한 국제복합운송의 주요 시발점이 되는 운송이기도 하다.

## 2. 해운의 특성

해운이 육상운송, 항공운송과 비교하여 가지는 특성은 우선 통로(route) 자체가 바다인 점과 선박이라는 운송수단을 이용한다는 점을 들 수 있다. 해상운송이 육상운송 및 항공운송과 비교하여 가지는 기본적인 특징은 크게 운송화물의 대상, 거리, 운송비, 운송로 그리고 운송시간 측면에서 살펴볼 수 있다.

육운 및 공운과 비교한 해상운송의 가장 큰 특징은 첫째, 대량운송을 할 수 있다는 점이다. 도로, 철도, 항공운송은 대량운송에 부적합하지만 해상운송은 선박에 의해 일시적으로 대량의 화물을 운송할 수 있다는 장점이 있다.

둘째, 해상운송은 장거리 운송 측면에서 비교우위를 가지고 있다. 도로운송은 근거리 소량운송에 적합하지만 장거리 운송 시 높은 운임이 발생하며 철도운송의 경우 중장거리 운송이 가능하나 근거리 운송 시 운임의 비경제성이 존재한다.

셋째, 낮은 운송비를 들 수 있다. 해상운송은 선박의 대형화를 통해 대량운송 서비스 생산이 가능하여 단위당 운송비가 감소하는 규모의 경제 효과로 운송비가 저렴하다.

넷째, 운송로의 무한정을 들 수 있다. 해상운송은 해양자유의 원칙에 따라 선박의 자유로운 항해가 보장되어 있어 운송로가 자유롭다.

다섯째, 해상운송의 가장 큰 단점은 속력이 느리다는 점이다. 항공운송의 경우 해상운송에 비해 신속성과 재고유지비 절감 등의 관점에서 상당한 비교우위를 가진다. 그렇지만 오늘날 이를 극복하기 위해 선박의 고속화가 추진되고 있다.

일반적으로 해운은 자체적으로는 발생하지 않고 국제무역으로부터 발생하는 파생수요(derived demand) 혹은 간접수요(indirect demand)로 세계 경제 상황 및 해상물동량 변화에 영향을 받으며 국가경제 성장에 필수적인 원자재 및 수출입 상품의 운송을 담당하는 국가의 주요 기간산업으로 볼 수 있다. 해상운송의 경제적·경영상의 특징은 즉시재이며 선박 자체가 생산수단이자 운송수단이고 자본집약도가 높을 뿐만 아니라 국제 경쟁을 조건으로 한다는 것이다. 주요 내용을 요약하면 다음과 같다.

첫째, 해상운송서비스는 생산(production) 즉시 소비(consumption)되는 즉시재(instantaneous good)의 특성을 지니고 있다.

둘째, 선박의 이동에 따라서 순차적으로 극복되는 거리의 극복과정이 해운업에서의 생산공정 내지 생산과정이고, 거리극복의 실현이 해운용역이라고 하는 무형재(intangible good)의 생산을 말한다. 이동하는 선박 자체가 최소의 생산단위(production unit)이며 생산능력은 선박의 적재능력과 이동거리에 기초하여 평가된다.

셋째, 해운의 수요는 무역이라고 하는 본원수요(primary demand)에 의해서 생기는 파생수요 혹은 간접수요이다. 따라서 국제무역 및 경제 환경변화는 해운수요에 직접적인 영향을 미친다.

넷째, 해상운송의 물적 요소(physical factor)인 선박 확보 자체에 거대한 자본이 소요되는 자본집약적 산업(capital-intensive industry)이다.

다섯째, 국제경쟁을 조건으로 하는 국제성이다. 출입항의 국적이 상이하며 공해라는 자유로운 시장을 무대로 세계 해운시장은 단일의 공통 시장이 형성되어 각국 상선대(merchant fleet)가 경쟁하게 된다. 즉, 해운산업의 요소인 선박, 선원, 화물이 모두 국제시장에 개방되어 있다. 이러한 특징은 철도나 자동차 운송이 국내운송을 원칙으로 하고 있다는 점에 비해 상이한 특징이라 할 수 있다.

국제무역에서 해운의 역할과 중요성은 증대되고 있으며, 비단 해양국가뿐만 아니라 내륙국가 또한 자국의 해운산업을 육성하기 위해 많은 투자와 노력을 기울이고 있다. 경제적·정치적·군사적 측면에서의 해운산업의 중요성과 역할을 살펴보면 다음과 같다.

첫째, 자국의 수출화물 및 제 3 국간 항로에서 이국화물을 운송하고 획득하는 운임 수입과 자국 수입화물을 운송하고 절약되는 외화지출은 국제수지(balance of payment)의 개선에 기여한다는 것이다.

둘째, 자국상선대의 보유는 자국 수출입화물의 수송을 원활히 하여 국제무역을 촉진한다.

셋째, 해운산업의 성장은 직간접적으로 관련 산업, 즉 조선업(shipbuilding industry), 선박수리업(ship repairing industry), 해상보험업(marine insurance), 선박중개업(ship broking), 선박관리업(ship management), 해운대리점업(shipping angent) 그리고 항만산업(port industry)의 발전에 기여한다.

넷째, 해운의 성장과 발달은 관련 산업을 육성함으로써 고용창출 효과에 기여한다.

다섯째, 비상시 물류간선망을 구축할 수 있다. 전쟁 혹은 지진 발생 등 비상시에는 군대나 군수물자 그리고 비상물자 수송을 위한 수송수단 확보가 용이하다.

여섯째, 자국해운의 성장은 국적선의 위상을 제고하며 국위선양에 기여하는 외교적 측면을 가진다.

## 제 2 절 세계해운시장의 구조변화

### 1. 세계 교역구조의 변화

생산, 분배 그리고 소비의 세계화와 국가간 규제완화로 무역규모가 급증하고 있으며 증가하는 물량처리를 위해 물류시설 및 운송수단의 대형화가 촉진되고 있다. 21세기 세계 물류환경 변화의 주요 특징은 세계화와 무역 자유화를 통한 교역 물동량 증가, 선박 대형화, 중심항만(Hub Port) 위주 기항 체제, 중소형 피더항만(Feeder Port) 비중 증가, 지역 블록화 대두, 국경 없는 무한경쟁 시대로 요약될 수 있다. 2004년 말 기준 세계무역 규모는 18조 950억 달러로 1994년의 8조 7,520억 달러에 비해 약 2.5배 증가하였으며, 교역구조는 지난 10여 년간 북미, 유럽, 아시아를 중심으로 3극 체제를 유지해 오고 있다.

그림 1-1 교역구조의 변화

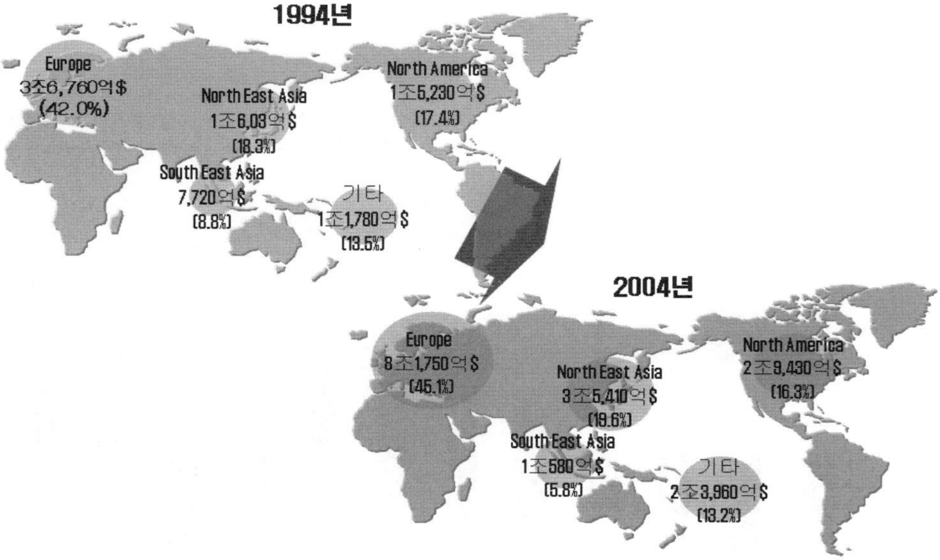


주: 1) 북미: 미국, 캐나다, 2) 유럽: 동유럽 및 CIS 국가 제외, 3) 동북아시아: 한·중·일, 홍콩, 대만.
자료: WTO, International Trade Statistics 2005.

세계경제의 글로벌화가 진행되면서 지역간 블록화도 함께 진행되어 NAFTA, EU, ASEAN 등과 같은 경제블록을 형성하게 되었다. 2005년 말 기준, EU가 전 세계 무역의 29.2%를 차지하고 있으며, NAFTA 17.3%, 중국·ASEAN이 12.4%의 순을 보이고 있다.

표 1-1 세계 주요 경제블록의 무역규모 (단위: 백만$)

| 구분 | 수출 | 수입 | 합계 | 비중(%) |
|---|---|---|---|---|
| 세계 | 10,230,900 | 10,634,700 | 20,865,600 | 100 |
| NAFTA | 1,480,448 | 2,126,993 | 3,607,441 | 17.3 |
| EU(25) | 2,930,234 | 3,159,689 | 6,089,923 | 29.2 |
| 중국·ASEAN | 1,362,610 | 1,215,993 | 2,578,603 | 12.4 |
| MERCOSUR | 223,865 | 145,130 | 368,995 | 0.2 |

주: MERCOSUR는 1995년 1월 1일 정식 발효된 남미공동시장으로 4개 회원국(브라질, 아르헨티나, 파라과이, 우루과이)과 3개 준 회원국(칠레, 볼리비아, 페루)으로 구성되어 있음.
자료: WTO, International Trade Statistics 2005.

세계교역량의 증대와 함께 컨테이너 선복량도 증대되어 2001년도 500만 TEU에서 2007년도 1,000만 TEU로 약 2배 증가하였으며, 2008년도에는 1,200만 TEU에 근접할 것으로 예상되고 있다.

그림 1-2 세계 100대 정기선사 선박 보유량 추이 (단위: 천 TEU)

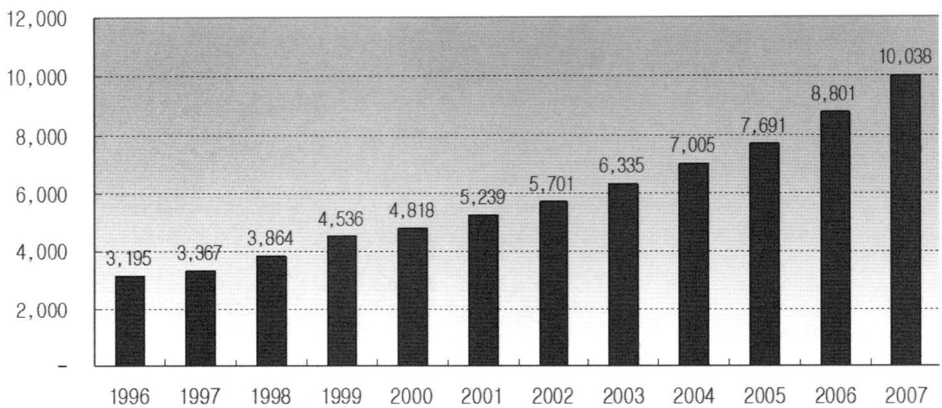


자료: Containerisation International 2008.

## 2. 컨테이너선의 대형화

1960년대 컨테이너선이 등장한 이후 컨테이너선의 대형화는 지속적으로 진전되어 세대간 교체도 빠르게 진행되고 있다. 선사들은 화주들의 물류비 절감 압력에 대응하기 위해 대형선을 투입하여 단위당 평균비용이 감소하는 규모의 경제효과를 추구하는 한편, 전략적 제휴 등을 통해 선박을 공동으로 이용하고 화물을 공동으로 집하하는 상호협력을 통해 효율성을 높이고 있다.

선박의 대형화 추세는 [표 1-2]와 같으며 각 세대간 교체 주기가 급격히 빠르게 진행됨을 알 수 있다. 컨테이너선 규모의 대형화 추세는 항만서비스 공급 측면에서 항만의 수심과 시설 및 장비, 재무적 측면에서 선박건조비용, 수요 측면에서 화물의 집하능력, 조선기술 등과 같은 요인에 제한을 받는다. 따라서 이론적인 측면에서 볼 때, 일정 시점에서는 오히려 단위당 해운서비스 생산 비용이 증가하게

표 1-2 주요 선사별 9,000 TEU 이상 컨테이너선 건조 및 발주 현황

| 선사 | 선형(TEU) | 척수 | 조선소 | 준공 및 인도시기 |
|---|---|---|---|---|
| Maersk | 12,000 | 14 | 오덴세 | 07~11년 |
| | 9,100 | 4 | 삼성 | 07~08년 |
| MSC | 9,200 | 13 | 삼성 | 05~07년 |
| | 9,600 | 8 | 삼성 | 09년 |
| CMA-CGM | 9,200 | 4 | 현대중 | 05~06년 |
| | 9,700 | 4 | 대우조선 | 08~09년 |
| | 9,700 | 4 | 교섭중 | 09년 |
| Evergreen | 9,700 | 4 | 현대중 | 08년 |
| COSCO | 9,400 | 9 | 현대중 | 06~08년 |
| | 10,000 | 4 | NACKS | 08~09년 |
| CSCL | 9,600 | 8 | 삼성 | 06~07년 |
| ZIM | 9,700 | 4 | 현대중 | 09년 |

자료: 일본 해사신문(2006. 6. 14).

되는 문제에 직면한다. 선박의 대형화를 통한 평균 비용 절감이라는 규모의 경제효과는 대부분의 주요 정기선사가 선박 신조를 통해 선박 대형화 추세에 일률적으로 편승하고 있어 개별 선사 차원에서 보면 크게 매력적이지 않을 수도 있다. 따라서 선사들의 선박 대형화를 통한 규모 추구 전략이 수송 및 물류네트워크에서 운송 노하우와 자본력, 글로벌 네트워크 구축 및 지식을 공유하는 하역, 보관, 내륙연계 서비스의 수직적 통합과 다각화를 통한 범위의 경제에 의해 보완되는 패러다임으로 전환되고 있다. 컨테이너선이 출현한 이후, 현재까지 컨테이너선의 대형화로 세계 주요 기간항로상의 주력선대는 1960년대 1,000 TEU급에서 1980년대 3,000~4,000 TEU, 2000년대 8,000 TEU급 선박으로 대체되고 있으며 항차당 기항지 수도 대폭 감소하여 대형선박의 운항 네트워크가 특정 소수항만을 중심으로 매우 단순화되고 있다.

표 1-3 컨테이너선의 대형화 추이

| 구분 | | Ⅰ세대 | Ⅱ세대 | Ⅲ세대 | Ⅳ세대 | Ⅴ세대 | Ⅵ세대 | Ⅶ세대 | Ⅷ세대 |
|---|---|---|---|---|---|---|---|---|---|
| 발전방향 | | 본격화 | 대형/고속화 | 에너지 절약화 | 거대화 | | 초거대화 | | |
| 명칭 | | 피더형 | 핸디형 | 준파나막스 | 파나막스 | 포스트파나막스 | 슈퍼포스트파나막스 | | 울트라막스 |
| 시기 | | 60년대 후반 | 70년대 | 70년대 말 -80년대 초 | 80년대 후반 | 90년대 전반 | 90년대 후반 | 90년대 말 | 21세기 초 |
| 선형(TEU) | | 700~1,500 | 1,800~2,300 | 2,000~2,500 | 2,500~4,400 | 4,300~5,400 | 6,000~6,670 | 7,000~8,700 | 10,000~13,000 |
| 대표선박 | 건조선사 | NYK | MOL | Safmarine | APL | Hapag-Lloyd | Maersk | Maersk | - |
| | 건조연도 | 1968년 | 1973년 | 1979년 | 1988년 | 1991년 | 1996년 | 1997년 | (2006년) |
| | 선명 | Hakonemaru (箱根丸) | 뉴저지호 | S.A. Waterpark | Levenkusen E. | P. Truman | Regina M. | Souverin M. | - |
| 선박제원 | 적재능력(TEU) | 752 | 1,887 | 2,464 | 4,340 | 4,626 | 6,418 | 6,600 | (13,000) |
| | 선장-Lpp(m) | 187.0 | 263.3 | 247.4 | 260.8 | 281.6 | 302.3 | 331.5 | (365.0) |
| | 선장-Los(m) | 200.0 | 280.0 | 258.5 | 275.2 | 294.0 | 318.2 | 247.0 | (380.0) |
| | 선폭(m) | 26.0 | 32.2 | 32.2 | 39.4 | 32.25 | 42.8 | 42.8 | (55.0) |
| | 선창깊이(m) | 15.5 | 19.6 | 24.1 | 23.6 | 21.4 | 24.1 | 24.1 | (30.0) |
| | 최대흘수(m) | 10.5 | 11.5 | 13.2 | 12.5 | 13.5 | 14.0 | 14.5 | (15.0) |
| | 톤(GT) | 16,240 | 37,799 | 52,615 | 50,206 | 53,800 | 81,488 | 91,560 | (150,000) |
| 적재규모 | 선창내(단) | 6 | 7~9 | 8 | 8 | 8 | 9 | 9 | (10) |
| | 갑판(단) | 2 | 2~3 | 3 | 4 | 5 | 6 | 6 | (7) |
| | 선창횡적수(개) | 7 | 9 | 10 | 11 | 12 | 14 | 14 | (18) |
| | 갑판횡적수(개) | 9 | 12 | 13 | 13 | 16 | 17 | 17 | (22) |
| 추진 | 주기관(마력) | 27,800 | 69,600 | 34,840 | 59,960 | 49,640 | 74,640 | 74,555 | (140,000) |
| | 항해속도(노트) | 22.6 | 26.0 | 19.5 | 24.2 | 24.5 | 25.0 | 26.4 | - |
| | 추진축수(개) | 1 | 1 | 1 | 1 | 1 | 1 | 1 | (2) |

자료: 한국해양수산개발원(2008).

2006년 6월 기준 신조 발주된 9,000 TEU급 이상 선박은 모두 80척이며, 선박의 대형화를 주도하고 있는 머스크라인(18척) 등 유럽계 선사가 55척, COSCO 등 중국계 선사가 25척을 발주하였다. MSC와 CMA-CGM라인은 1만 TEU급 이상 선박을 발주함으로써 머스크라인의 뒤를 이어 선박의 대형화 흐름에 적극 나서고 있는 실정이다.

또한 2007년 인도되는 신조 컨테이너선의 선박량은 총 134만 TEU이며, 이 수치는 2007년 총 선박량(1,064만 3,000 TEU)의 12.6%에 달한다. 선형별로는 8,000 TEU급 이상의 컨테이너선이 전체 선형 비중의 약 30.2%를 차지하고 있다. 이러한 수치는 선박대형화 흐름을 잘 반영해 주고 있는 것으로 판단된다.

**표 1-4 선형별 신조 컨테이너선 공급규모 전망** (단위: 천 TEU)

| 선형 | 현재 | 신조인도 | | | | | 합계 |
|---|---|---|---|---|---|---|---|
| | | 06년 하반기 | 2007 | 2008 | 2009 | 2010 | |
| 500 이하 | 137 | 1 | 2 | 1 | 0 | 0 | 4 |
| 500~999 | 502 | 46 | 53 | 37 | 7 | 4 | 147 |
| 1,000~1,499 | 660 | 50 | 59 | 67 | 5 | 0 | 181 |
| 1,500~1,999 | 767 | 31 | 89 | 95 | 34 | 2 | 251 |
| 2,000~2,499 | 675 | 7 | 39 | 7 | 0 | 0 | 53 |
| 2,500~2,999 | 809 | 106 | 128 | 133 | 34 | 0 | 401 |
| 3,000~3,999 | 1,013 | 34 | 105 | 52 | 33 | 0 | 224 |
| 4,000~4,999 | 1,401 | 90 | 227 | 287 | 127 | 17 | 748 |
| 5,000~5,999 | 1,161 | 48 | 118 | 177 | 42 | 20 | 405 |
| 6,000~6,999 | 582 | 85 | 91 | 215 | 118 | 32 | 541 |
| 7,000~7,999 | 324 | 14 | 36 | 0 | 0 | 0 | 50 |
| 8,000 이상 | 679 | 202 | 389 | 419 | 270 | 29 | 1,309 |
| 합계 | 8,710 | 714 | 1,336 | 1,490 | 670 | 104 | 4,341 |

자료: Drewry Shipping Consultants Ltd, 「Annual Container Market Review and Forecast 2006/07」, 2006. 9.

## 3. 전략적 제휴 그룹의 재편

전략적 제휴의 주요 목적은 화물공동 집하, 거대한 자본투자로 인한 재무적 리스크 공유, 비용절감, 규모의 경제 추구, 기항패턴의 합리화에 의한 글로벌

그림 1-3 선사간 전략적 제휴의 변화

자료: 부산항만공사(2006), 부산항비전 2020, p. 15.

서비스 제공이다. 전략적 제휴도 과거 타 선사 선박 임차, 선박 교환 사용, 공동 운항 등 단순 형태의 제휴에서 항로, 영역, 기간 등 확대, 기간항로 및 피더항로, 터미널, 장비, 내륙운송, 영업, 마케팅 등 다양한 형태의 제휴로 변화하고 있다.

1995~1997년 기간에서 형성되었던 1세대 전략적 제휴 그룹은 글로벌 얼라이언스 그룹, 그랜드 얼라이언스 그룹, 엠에스 얼라이언스 그룹을 포함하고 있다. 각 그룹간의 지속적인 재편과 구성원의 변경과 인수합병을 통해 전략적 제휴 그룹은 변화를 거듭하고 있다. 2000년 이후, 주요 선사들은 기존의 글로벌제휴관계를 유지하면서도 타 선사 및 그룹과 별도의 전략적 제휴관계를 지속적으로 확대하고 있다. 2005년 11월 New World Alliance와 Grand Alliance가 공동운항 등에 합의함에 따라 총 140만 TEU(432척)의 선박 보유량을 넘어서게 되어 Maersk Sealand와 유사한 선대 규모를 확보하여, 거대선사와 거대 Alliance간 경쟁 구도가 형성되었다.

그림 1-4 세계 주요 선사간 전략적 제휴 현황

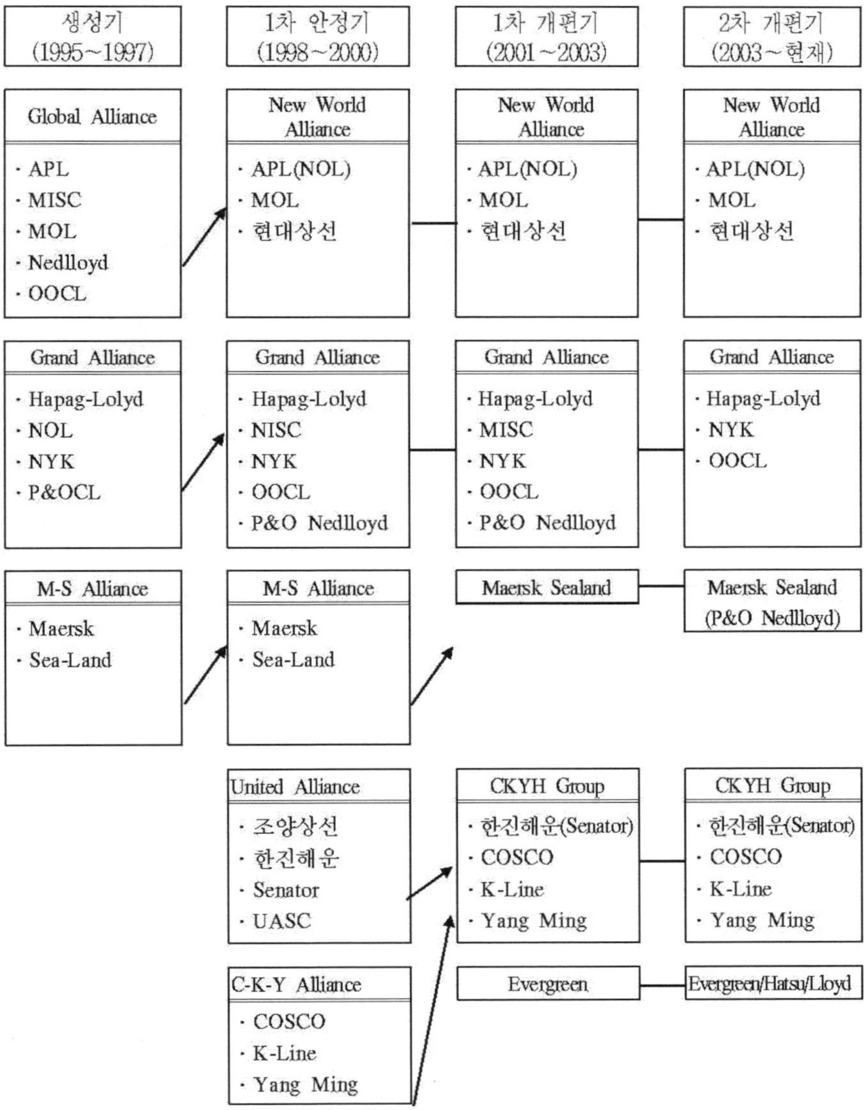

2006년 말 기준, 세계 정기선 해운의 글로벌제휴 체제에 참여하고 있는 주요 선사별 선박보유 현황을 보면, Maersk-Sealand사 1,730,639 TEU로, MSC사 937,989 TEU, CMA CGM사 605,969 TEU의 순을 보이고 있다. 발주량에 있어서도 Maersk-Sealand사가 119척 634,355 TEU, MSC사가 43척 308,889 TEU로 절대적 우위를 점하고 있다.

표 1-5 주요 선사의 선복 및 발주현황

| | | 지배선복 | | 발주량 | | |
|---|---|---|---|---|---|---|
| | | TEU | 척 | TEU | 척 | 현재대비 발주량(%) |
| 1 | MAERSK | 1,730,639 | 576 | 634,355 | 119 | 36.7 |
| 2 | MSC | 937,989 | 306 | 308,889 | 43 | 32.9 |
| 3 | CMA CGM | 605,969 | 274 | 275,872 | 57 | 45.5 |
| 4 | EVERGREEN | 533,086 | 163 | 124,288 | 26 | 23.3 |
| 5 | HAPAG-LLOYD | 447,548 | 137 | 60,750 | 9 | 13.6 |
| 6 | COSCO | 389,179 | 133 | 156,018 | 24 | 40.1 |
| 7 | CSCL | 368,710 | 129 | 156,550 | 34 | 42.5 |
| 8 | 한진해운 | 339,304 | 86 | 140,773 | 22 | 41.5 |
| 9 | APL | 331,396 | 005 | 117,358 | 29 | 35.4 |
| 10 | NYK | 317,663 | 120 | 205,380 | 36 | 64.7 |
| 11 | OOCL | 271,770 | 70 | 97,811 | 19 | 33.8 |
| 12 | MOL | 264,459 | 87 | 119,938 | 18 | 45.4 |
| 13 | K-LINE | 257,631 | 84 | 120,144 | 20 | 46.6 |
| 14 | CSAV | 243,523 | 87 | 39,246 | 6 | 16.1 |
| 15 | ZIM | 226,172 | 97 | 182,356 | 33 | 80.6 |
| 16 | YANG MING | 201,723 | 78 | 119,865 | 25 | 56.9 |
| 17 | HAMBURG-SUD | 199,422 | 98 | 102,293 | 28 | 51.3 |
| 18 | 현대상선 | 156,939 | 39 | 165,800 | 25 | 105.6 |
| 19 | PIL | 140,509 | 103 | 47,415 | 19 | 33.7 |
| 20 | WAN HAI | 123,081 | 73 | 49,022 | 11 | 39.8 |

자료: 쉬핑데일리(2006).

## 4. 정기선사 간의 M&A 확대

1998년 발효된 미국 외항해운개혁법(OSRA)과 최근 운임동맹(liner conference) 폐지 움직임 등 일련의 정기선시장의 경쟁촉진 정책들로 인해 선사 간 전략적 제휴의 재편 및 인수합병이 활성화되고 있다. 이는 결국 소수 메가 캐리어들의 시장지배력을 강화하여 과점체제화로 연결되고 있다. [그림 1-5]에서 보는 바와 같이 1997~2005년간 컨테이너 선사의 M&A는 총 53건이 성사되었음을 알 수 있다.

그림 1-5 연도별 선사간 M&A 추이

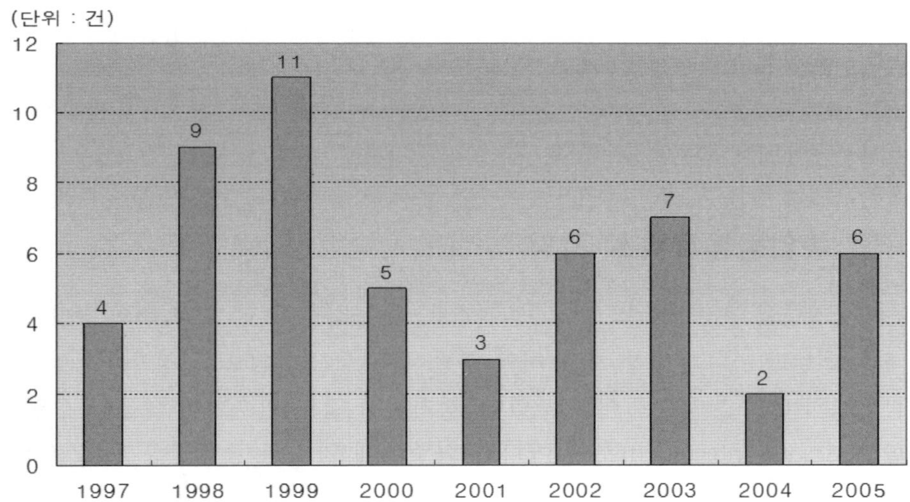


자료: LSE(2007).

이러한 M&A로 대형선사의 시장지배력이 높아지고 있는데, 2006년 말 기준으로 세계 10대 선사의 시장 점유율은 52.2%이며, 세계 5대 선사의 시장 점유율은 36.8%로 과점체제가 강화되고 있음을 알 수 있다.

표 1-6 세계 10대 컨테이너 선사 현황(2006년 말)

| 선사 | 척수 | 수송능력 (천TEU) | 시장 점유율(%) | |
|---|---|---|---|---|
| | | | 점유율 | 누적 점유율 |
| Maersk | 518 | 1,600 | 15.6 | 15.6 |
| MSC | 305 | 937 | 7.4 | 23.0 |
| CMA CGM | 252 | 598 | 4.9 | 27.9 |
| Evergreen | 166 | 540 | 4.7 | 32.6 |
| Hapag-Lloyd | 138 | 449 | 4.2 | 36.8 |
| APL | 100 | 323 | 3.3 | 40.1 |
| China Shipping | 97 | 340 | 3.2 | 43.3 |
| Cosco | 125 | 385 | 3.2 | 46.5 |
| Hanjin | 80 | 328 | 3.0 | 49.5 |
| NYK | 115 | 313 | 2.7 | 52.2 |

자료: Containerisation International(2008).

## 5. 종합물류서비스 지향

기업경영의 글로벌화 및 공급사슬관리로 해상, 항공, 도로, 철도 등의 통합운송이 필요할 뿐만 아니라 포장, 보관, 하역, 통관, 수송 등 물류의 모든 영역이 통합되는 종합물류서비스 수요가 증대되고 있다. 정기선사 간의 인수합병을 통한 수평적 통합(horizontal integration)뿐만 아니라 화주에게 양질의 종합물류서비스(total logistics service)를 제공하기 위해 수송체인(transportation chain), 물류체인(logistics chain) 더 나아가 공급체인(supply chain)상에서의 글로벌 네트워크 구축과 물류서비스 질을 제고하기 위해 수직적 통합 및 비즈니스 영역의 다각화가 진행되고 있다.

또한 정기선사는 주요 항만에 전용터미널(dedicated terminal) 개발 및 건설을 통해 터미널 운영에 적극적으로 참여하고 있으며, 문전 서비스(door-to-door service)를 제공하기 위해 육상운송업으로의 진출 혹은 내륙운송업자와의 전략적 제휴 및 인수 등 다양한 방법을 통해 종합물류서비스를 제공하기 위한 방안들을 강구하고 있다. 예를 들면, OOCL, Maersk-Sealand, APL 사 등 주요 정기선사 등은 수년 전부터 중국에 자체 물류 시설을 확보하기 위해 중국 업체와의 Joint Venture

방식 등을 도입해 진출한 상태이다. 특히 이들은 해상운송 서비스와 내륙 물류의 효과적 연결이라는 이른바 "종합물류 서비스" 구축이라는 전략을 추진하고 있다. 주요 정기선사의 종합물류 서비스 제공자로서의 점진적인 역할 증대와 참여는 항만으로 하여금 전통적인 항만의 기능인 단순 화물 하역을 위한 시스템에서 수송, 물류 그리고 공급체인망을 지원하는 시스템으로의 변화를 의미한다.

### 6. 선박의 대기오염 규제 강화

기후변화 방지를 위한 온실가스 저감이 국제사회 화두로 떠오르는 가운데, 제57차 IMO 해양환경보호위원회의(MPEC)에서 국제해양오염방지협약(MARPOL) 부속서 VI 수정(안)이 승인되었다. 주요 내용은 첫선박의 황산화물질 배출 감축을 위해 배출 상한선을 현재의 4.5%에서 2020년까지 0.5%로 감소하는 것이며, 2015년 1월까지는 0.5%로 감소시켜야 한다. 또한 엔진에서 배출되는 질산화물질 감축과 관련해서는 2016년 1월 이후 건조되는 선박에 대하여 질산화물질 배출량이 3.4g/kwh인 'TIER-Ⅲ' 엔진의 장착을 의무화하고 있다.

해양환경보호위원회의는 온실가스 저감을 위해 국제해사기구(IMO) 규제의 기본적인 틀을 마련하였는데, 그 내용은 실효성 있는 온실가스배출 감소 대책 마련, 모든 국가에 대한 구속력 있고 동등한 적용, 경쟁 왜곡의 최소화, 글로벌 무역과 성장을 저해하지 않는 지속가능한 환경개선, 목표에 기초한 접근방식, 해운산업의 기술개발과 R&D 지원, 장려 및 촉진, 에너지효율화를 위한 선도적인 기술 수용, 실질적이고, 명쾌하고, 시행이 용이한 기술을 수용하는 것 등이다. MARPOL 부속서 Ⅵ가 발효되면 해운회사들은 지금보다 배출가스가 저감되는 연료를 사용해야 하므로 현재보다 50% 이상의 연료비 상승이 예상되며, 조선산업 역시 친환경 선박건조 기술 개발이 향후 선박수주의 중요한 경쟁 요인으로 작용할 것으로 예상된다.

## 제3절 해운정책의 개념과 유형

일반적으로 정책이란 일정한 목적을 달성하기 위하여 사용되는 모든 수단의 효율적인 선택을 의미한다. 따라서 일정한 목적의 달성을 위하여 노력하는 개인, 기업, 노동조합, 기업단체, 지역단체, 국가, 및 국제기구 등이 정책의 주체가 될 수 있다.[1] 그러나 개인과 기업의 정책은 사적 이익을 추구하기 때문에 경영정책으로 말할 수 있으며, 노동조합, 기업단체, 지역단체 등이 구성원들의 이익을 위하여 추구하는 집단적 정책은 국가 전체적 측면에서 볼 때 부분적인 특수성을 가지며 국가 전체적인 보편성을 가지고 있다고는 말할 수 없다. 따라서 사회 전체적인 모순을 극복하는 수단으로서 국가에 의해 사용되는 국가정책이 우리들이 일반적으로 말하는 정책으로 정의할 수 있다.

해운정책은 국가에서 실시하는 경제정책의 한 요소이며,[2] 국가의 교통정책의 일부분이며, 또한 국가가 국민경제와 국제해운시장의 자국상선대의 지위에 영향력을 행사하는 경제적·법적·행정적 조치로 정의할 수 있으며 정책의 주체인 국가가 주요 객체인 자국 해운업에 대하여 행하는 시책으로 정의할 수 있다. 그러나 해운정책에는 다양한 조건과 내용을 포함하고 있으며 경제, 사회, 정치·외교, 국가안보 등의 요소를 포함하고 있다. 따라서 이러한 경제적 요소와 비경제적 요소를 포함하고 있는 해운정책을 정의하면 '경제정책과 사회정책의 개념을 초월하여 국가정책의 틀 안에서 해운업이라는 하나의 산업에 대한 성과를 최고 수준으로 달성하기 위한 시책의 체계'로 포괄적으로 정의할 수 있다. 과거에 주로 시행되었던 해운정책의 종류를 구분하여 설명하면 다음과 같다.

## 1. 해운정책의 종류

해운정책의 방법에는 자국의 수출입화물을 자국선박에 우선적으로 적취시키는 차별적 정책인 국기차별정책과 세제·금융상의 지원형태인 해운보조의 2가지 형태로 구분할 수 있다.[3]

### 1) 국기차별정책(flag discrimination)

국기차별정책은 일반적으로 자국화자국선 정책으로 일컬어지며 법령·조약·행정적 조치 등에 의해 외국적선에 비해 자국선에 유리한 대우를 하는 것으로

1) 織田政夫(1979), 「상게서」, pp. 133~141.
2) 佐波宣平(1949), 「海運理論體系」, 有斐閣, pp. 49~50.
3) 高村忠也(1951), "海運政策に關する若干の考察," 「海運」, pp. 6~12.

화물유통에 통제를 가하는 차별[4]과 외국선박의 사용에 대한 차별조치의 두 가지로 구분할 수 있다.

화물유통에 통제를 가하는 차별의 종류에는 첫째, 법률에 의해서 특정한 무역화물의 전부 혹은 일정비율을 자국선에 적취하도록 하는 방법, 둘째, 2국간의 통상협정에 제한조항을 제정하여 자국선박에 화물을 유보하는 방법, 셋째, 정부 혹은 중앙은행의 지시에 의해 특정화물 — 정부조달화물 — 등을 자국선에 유도하는 방법, 넷째, 수출입무역조건상의 CIF수출 및 FOB 수입을 의무화하는 방법,[5] 다섯째, 선박지정에 대해서는 화주에게 자유를 보장하나 운임지불시에는 자국의 화폐로만 지불하게 하는 방법, 마지막으로 수입업자에게 국가기관이 압력을 행사하는 방법이 있다.

외국선박의 사용에 대한 차별조치의 종류에는 첫째, 선박의 입출항과 관련하여 편의에 차별을 두는 방법이 있다. 즉, 톤세, 입항료, 등대료, 도선료, 창로사용료, 자국선박의 우선 입항권 등에 차별을 두는 방법이다. 둘째, 특정화물을 외국선박에 선적하는 경우, 자국선박의 이용시보다 고율의 수입관세를 부과하는 방법이다. 셋째, 외국선박을 통해 수입되는 화물에 대하여 환전 수수료를 높게 부과하는 방법이다. 마지막으로 외국선박의 입항시에 영사수속을 지연시키는 방법이 있다.

즉, 자국화자국선주의와 국기차별에는 여러 가지 방법이 있으며 그 중 대표적인 방법으로는 특정한 화물에 대하여 자국선을 우선적으로 적취시키는 화물유보제도가 있으며, 국기차별정책을 실시중이거나 실시했던 국가로는 미국, 남미와 중동의 국가, 구공산권 국가, 스페인 프랑스, 포르투갈, 터키, 우리나라 등이 있다.[6]

### 2) 해운보조정책

국기차별정책은 외국선박의 국내해운시장에의 참입을 방지하여 자국상선대를 조성할 목적으로 시행되는 것으로 수입금지 혹은 관세에 의해 국내생산물의 보호를 지향하는 무역정책과 유사한 점이 있다. 그러나 해운보조정책은 보조금의 지급을 통해 자국해운을 조성하는 것으로서 무역정책의 수출장려제도와 동일한

4) 遠藤尙彌(1980), "開發途上國による國旗差別政策,"「船協海運年報」, 日本船主協會, p. 70.
5) 이원철(1988), 「전게서」, pp. 33~34.
6) 高村忠也(1987), "그칠줄 모르는 자국화자국선주의 정책," 「해운학회지」, 제 5 권, pp. 112~125.

효과를 얻으려는 제도이다.[7)]

해운보조정책의 종류로는 크게 직접보조와 간접보조의 2가지로 구분할 수 있으며 직접보조는 운항보조금제도와 선박건조보조금제도로 구분할 수 있다. 또한 간접보조는 금융보조와 세제상의 지원으로 구분할 수 있다.

### (1) 직접보조

직접보조제도 중 운항보조금제도에는 정기선에 대한 항로보조금제도와 부정기선에 대한 항로보조금제도가 있으며, 일반적으로 자국선의 경쟁력 강화에 그 목적을 두고 있다.[8)] 정기선의 항로보조금제도는 일반적으로 채산성이 떨어지는 항로에 대하여 공익상의 목적으로 운항을 장려하기 위하여 시행하는 것으로서 통상적으로 이도 항로에 운항하는 여객선 등이 이에 해당한다. 예를 들면, 미국은 1936년 상선법의 운항보조규정에 의해 특정항로에 운항중인 자국선의 운항비와 외국선의 운항비를 비교하여 그 차액을 보조하고 있다.[9)] 이외에도 일본, 이탈리아, 프랑스 등 여러 국가에서 자국해운의 발전과정에서 보조금을 지급한 예가 있다. 부정기선에 대한 보조금을 지급한 사례는 국제적으로 찾아보기 어려우나 과거 일본이 원양항로보조금제도를 시행한 적이 있다. 한편 선박건조보조금제도에는 건조차액보조, 조선장려금, 선질개선보조가 있다.

건조차액보조는 자국조선업의 선박건조비용이 높아서 외국조선업과 경쟁하기 어려움에도 불구하고 자국의 해운회사가 자국조선소를 이용하여 선박을 건조한 경우, 자국조선소와 외국조선소의 건조가격 차액의 일부 혹은 전부를 보조하는 제도로서 자국의 해운업 및 조선업을 보호·육성하는 정책이다.[10)]

조선장려금은 자국해운업을 보호하기 위하여 조선비용의 차액에 관계없이 선가의 일부를 보조금으로 교부하는 제도로써 1970년대에 폐지된 영국의 Investment Grants는 선박가격의 20%를 보조금으로 교부하였으며, 독일은 선가의 10%를 교부하였다.

---

7) 이원철(1985), 「전게서」, pp. 134~136.
8) 이원철(1984), "미국의 화물우선적취정책에 관한 일고찰," 「해운학회지」, 제 1 권, pp. 76~105.
9) Cargo Preference Bill(50-50 cargo), p. 6, Laes Relating to Shipping and Merchant Marine, p. 730.
10) 佐波宣平(1949), 「전게서」, pp. 270~271.

### (2) 간접보조

간접보조제도 중 금융보조제도는 해운보조정책 가운데 그 사례가 가장 많은 제도로서 해운금융은 민간금융으로 조달하기가 비교적 어려운 점이 많기 때문에 국가가 해운업을 영위하는 기업에게 금융상의 편익을 제공하는 제도이다. 즉 국가가 해운기업에 장기의 저리이자를 제공하거나, 이자를 보조하는 방법이 있으며 해운금융에 대하여 국가가 보증을 서는 방법이 있다. 또한 국가가 해운전문금융기관을 설립하고 지원하여 해운금융을 촉진하는 방법도 있으며 국가기관이 해운기업의 선박보유에 대해 투자를 실시하는 선박공유투자제도 등이 있다.

간접보조제도의 마지막 방법은 세제를 통한 지원방법이다. 세제상의 지원방법에는 과세의 감면과 특별감가상각의 허용 등이 있다. 과세의 감면에는 해운소득, 선박매각시의 투자준비금, 선박세, 재산세, 관세 등을 대상으로 시행되고 있으며 특별감가상각에는 상각기간의 단축, 자유 상각, 선가 이상의 상각 허용 등의 방법이 시행되고 있다.[11)]

이상에서 살펴본 바와 같이 해운정책에는 여러 가지 방법이 있으며 국가는 해운업의 발전을 위하여 자국의 실정에 맡는 정책을 채택하여 추진하였다.

11) 최재수(1990), "유럽공동체 통합후의 해운과 해운정책," 「해운학회지」, 제10권, pp. 115~120.

제 2 장

# 항만정책의 개요

## 제 1 절 항만정책의 의의

### 1. 항만의 역할

항만은 천연적으로 또는 인공으로 선박이 안전하게 출입·정박·계류하고 해상과 육상교통의 연결, 친수공간의 활용 등 다양한 활동이 이루어지는 공간이다. 항만은 해상수송을 육지와 연결시키는 운송시설의 역할을 담당하며, 해운과 내륙운송을 연결하는 복합운송과 정보·화물·사람의 교류거점으로서 물류·생산·유통·정보생산 및 국제교역기능과 배후지의 경제발전을 위한 기지로서의 역할을 수행하는 종합공간의 특징을 가진다. 항만은 국제 무역의 관문이며 화물유통거점으로서 국가 경제발전에 중요한 역할을 담당하고 있다. 특히 항만은 화물의 발생지로부터 최종 도착지까지의 총화물유통과정상의 핵심부분으로서 하역, 보관, 이송, 심지어 유통가공에 이르기까지 교통서비스를 제공하고 화물의 부가가치를 창출함으로써 국내 산업의 국제경쟁력 제고에 중요한 역할을 수행해 왔다. 항만은 우리나라 무역활동을 촉진시키고 경제활동을 지원하는 가장 중요한 사회간접자본의 하나이다.

항만법상 항만은 "선박의 출입과 사람이 타고 내리거나 화물을 선박에 싣고 내릴 수 있는 시설이 구비된 항"으로 정의하고, 국민경제 및 공공의 이해와 밀접한 관계가 있는 항만으로서 대통령령으로 그 명칭·위치 및 구역을 지정하는 지정항만(指定港灣)과 지정항만 외의 항만으로서 시·도지사가 명칭·위치 및 구역을 지정하는 지방항만(地方港灣)으로 구분한다. 2009년 현재 지정항만은 무역항 30개와 연안항 25개이며, 무역항의 효율적 관리운영을 위해 국가관리항, 지방관리항으로 구분할 수 있도록 하였다. 항만은 다양한 형태로 구분할 수 있는데 용도에 따라 상항(商港, Commercial port)·공업항(工業港, Industrial port)·어항(漁港,Fishery port) 등으로 구분할 수 있고, 입지에 따라는 연안항(沿岸港, Costal port)·하구항(河口港, Estuary port)·하천항(河川港, River port) 등으로 구분할 수 있다.

항만(harbor)이란 해륙운송의 중계지로서 해상운송수단인 선박과 육지의 연결을 용이하게 하는 설비를 갖춘 공간이다. 따라서 항만은 선박의 입출항과 하역을 위해서 선박의 안전한 정박을 위한 충분한 수심과 넓은 접안시설, 하역장비 및 창고, 화물장치장과 육상교통과의 연계, 입출항에 필요한 세관 및 검역시설과 기타 간접시설을 갖추고 있어야 한다.

항만은 한 나라의 경제발전을 직접적으로 주도하는 상공업활동을 통하여 국제무역의 증진에 필요한 역할을 수행하며 국제무역의 증진, 해운산업의 발달 및 관련 산업을 직·간접적으로 발전시킨다는 점에서 경제적 중요성이 크다.

항만의 주요 기능은 승객 및 무역량 운송을 위한 해상·육상연결지점, 자원의 세계적 배분을 위한 국제간 연결교차지점, 교역증대, 교통, 배분, 고용창출, 무역창출, 국위선양, 국방, 도시개발, 공업생산 증대, 서비스산업 증진 등을 들 수 있다. 이러한 기능은 다음의 네 가지 측면이 효율적으로 이루어져야 경제적 가치가 있다. 첫째, 항만배후지에서 발생하는 국제무역수요를 효율적이고 경제적인 방법으로 원활히 처리할 수 있어야 한다. 둘째, 지역산업개발과 무역을 창출시키는데 보조적 기능을 충분히 수행해야 한다. 셋째, 국내화물과 환적화물의 증가에 효율적으로 대처할 수 있어야 한다. 넷째, 항만은 전·후방기지 및 해·육 연결점으로서 이용 대상에 대한 효율적인 전환시설기능을 다 수행할 수 있어야 한다.

## 2. 항만정책의 필요성

항만정책은 항만물류에 관한 경제정책이며, 교통과 물류정책의 일부이다. 특히 3면이 바다로 둘러싸이고, 부존자원이 부족한 우리나라의 경우 항만은 국가경제에서 중요한 역할을 담당하고 있으며, 항만정책은 국토 전체의 관점, 무역과 물류, 복합운송의 발전, 국토개발 등을 종합적으로 고려하여 추진하게 된다.

항만정책은 항만개발과 유지보수, 항만운영과 관리, 항만안전과 보안 등 항만물류와 관련한 목표를 합리적으로 추구하고 실현하기 위하여 정부나 관련 단체가 나아갈 노선이나 추진해야 할 방향을 가리킨다. 일반적으로 항만정책은 다음과 같이 일상적인 운영뿐 아니라 전략적인 내용까지 포함하여 입안하고 집행하기 위한 방침을 포함한다.

첫째, 화물유치와 처리량의 극대화
둘째, 항만운영관리의 이익 극대화
셋째, 항만서비스 비용의 최소화
넷째, 항만이용 고객서비스의 극대화
다섯째, 국가 또는 지역경제 기여도의 극대화

일반적으로 항만정책은 환경변화와 경쟁 여건은 물론 국제협약, 국제기구, 협정, 외국의 항만정책 등을 고려하여 중앙정부나 지방자치단체, 공공기관 등이 수립하게 된다. 항만정책은 각국의 사회 및 경제정책 목표에 따라 결정된다. 과거 항만정책은 항만이 국가경제에 지대한 영향을 미치는 사회간접자본으로서 국가가 주도적으로 관리해야 한다는 인식하에 항만시설을 기간산업으로 간주하여 공공재로서의 정책을 추진하는 경향이 지배적이었다. 그러나, 최근 각 분야의 규제완화와 민영화 추세에 따라 항만관리의 상업성을 살리기 위하여 항만관리의 주체가 중앙정부에서 지방정부로, 지방정부에서 민간으로 전환되는 정책이 추진되고 있다.

항만은 다음과 같은 특징을 가지고 있기 때문에 적절한 항만정책을 수립하여 추진함으로써 항만의 발전과 더불어 지자체 및 국가경제에 기여하도록 해야 한다.

첫째, 항만은 한 국가의 외부 세계와 연결되는 중요한 접점이자 국가경제의 중요한 사회간접자본이다.

둘째, 항만시설과 장비는 막대한 투자비가 소요되고, 장기간에 걸쳐 투자비를 회수해야 한다.

셋째, 항만은 해상과 육상간 연결뿐 아니라 다양한 부가가치 물류서비스 제공 등 종합물류서비스를 제공하는 공간이다.

넷째, 항만은 도시의 중요한 부분을 구성하고 있으며, 친수공간은 시민과 관광객의 여유시간 활용과 삶의 질을 높인다.

다섯째, 항만은 현재의 경쟁자나 경쟁요소는 물론 장래의 시장진입요소나 잠재적 경쟁자들이 상존하는 치열한 경쟁 환경에 노출되어 운영되고 있다.

여섯째, 교통통신기술 및 물류기술의 지속적인 발전과 더불어 고객의 니즈가 고도화됨에 따라 항만도 고도화된 국내 및 국제물류 서비스를 제공해야 한다.

또한 자본축적이 미흡한 국가에서는 정부가 주도적으로 재정을 투입하여 항만을 개발하고 운영관리하는 경우가 많았다. 아울러 항만은 국가가 항만과 관련하여 일정한 통제와 감시 또는 보고를 받거나 다양한 이해관계자들이 상호 영향을 미치며 활동하는 공간으로서 적절한 항만정책을 수립하여 추진할 필요가 있다.

## 제 2 절 항만의 특성과 산업구조

### 1. 항만의 특성

항만이 제공하는 기능상 경제적 특성은 다음과 같이 요약할 수 있다. 즉 일반소비재와는 달리 공공재의 성격을 가진다는 점, 규모의 경제 및 매몰비용이 존재하고 지역적 독점이 어느 정도 유지될 수 있으나 인접 항만과의 경쟁가능성이 존재한다는 점 등을 들 수 있다.

#### 1) 공공재(public goods)

개인의 항만이용이 다른 사람의 항만이용에 큰 영향을 주지 않고, 항만서비스를 공유할 수 있으며 항만에 대한 가치평가가 서로 상이해도 이용 가능한 항만서비스는 모든 이용자에게 동일하다는 측면에서 항만은 도로, 철도, 정부서비스 등과 마찬가지로 공공재로 인식된다.

항만서비스는 이러한 공동소비성의 원칙 때문에 시장 메커니즘에 따라 충분하게 서비스를 공급하기 어려우므로 일반적으로 공공부문이 항만서비스를 공급해왔다. 그러나 항만이 공공재로서 외부효과를 가지지만 사용료를 징수하는 측면에서는 배제원칙을 적용시킬 수 있다는 점도 고려해야 한다. 또한 항만서비스는 도로, 공항, 철도 등과 마찬가지로 시설능력에 비해 수요가 증가하면 혼잡비용이 발생한다는 점에서 순수공공재(pure public goods)와는 성격이 다른 혼잡가능공공재(congestable public goods)이다.

### 2) 규모의 경제

항만은 시설의 불가분성 때문에 일시에 대규모 항만시설투자(고정비용)가 이루어지고 있다. 항만시설과 장비에 대한 대규모 투자비는 일반적으로 처리물동량의 과다와 관계없이 소요되기 때문에 항만물동량이 증가하면 단위당 항만시설비용이 감소한다는 점에서 항만서비스산업에도 규모의 경제가 나타나게 된다.

규모의 경제 효과 때문에 항만시설을 확장하면 장기평균비용이 인하되어 유리하게 항만을 운영할 수 있다. 그러나 경쟁 여건이나 수요를 충분히 감안하지 않은 대규모 시설투자는 국가 전체적으로 과잉투자를 가져올 수 있기 때문에 세계적인 해운·항만환경 및 경쟁 여건을 신중히 검토하여 투자해야 한다.

### 3) 매몰비용의 존재

항만시설은 항만서비스 이외에 다른 용도로 전용하기 어렵다. 따라서 항만서비스가 중단될 경우 항만시설투자비는 대부분 회수가 불가능한 매몰비용(sunk cost)이 될 수 있다. 수요부족과 화물유치 및 항로네트워크 확대가 어려운 상황에서 과다한 항만개발은 시설과잉을 초래하고 막대한 투자비를 제대로 회수할 수 없다. 결과적으로 수요 이상의 과잉항만투자는 국가재원의 낭비를 초래하게 된다.

### 4) 지리적 독점현상의 감소와 경쟁가능성의 증대

항만을 경유하는 화물은 고정화물(captive cargo)과 유동화물(footloose cargo)로 대별된다. 고정화물은 항만배후단지(hinterland)의 경제활동과 밀접한 관련이 있는 화물이며, 이 화물은 해당 항만을 적극 이용하므로 항만은 독점적 지위를 누릴 수 있다. 유동화물은 배후단지의 발생화물이 아닌 타지역 화물로서 다른 항만도 이용할 수 있는 화물을 나타내며, 해당 항만이 독점적으로 그 화물을 유치하기 어렵다.

그러나 내륙교통망이 발달하여 항만배후단지의 경계가 뚜렷하지 않고, 도시외곽지역이 항만지역까지 팽창함에 따라 배후단지를 구분하는 것이 큰 의미가 없어지고 있다. 인접 항만과 배후지역이 중복되는 지역에서 발생하는 화물은 화물수송비용이 적게 소요되거나 기항 선사의 수가 많고 기항빈도가 높은 항만을 선택할 가능성이 높다. 이러한 경우 해당 항만은 그 지역 화물을 독점적으로 유치하기 어렵다. 최근 국내 항만간 경쟁뿐 아니라 경제권내 외국 항만과도 치열하게 경쟁하는 상태를 나타내고 있다.

### 5) 수요의 고도화 및 다양성의 존재

항만과 관련한 산업의 특성 중 하나는 항만물류서비스의 수요가 고도화·다양화되고 있다는 점이다. 전세계 교역량 중 물동량 기준으로 대부분의 화물이 해상수송되고, 일부 화물이 항공 또는 육상운송되고 있다. 특히 선박의 전용선화, 대형화를 통하여 액체 및 가스화물, 컨테이너화물, 벌크화물, 자동차, 일반화물, 과일과 육류 등 다양한 형태의 화물이 항만을 이용하고 있다. 이들 다양한 화물을 운송하는 전용선은 기본적으로 유사한 항만시설과 하부구조를 갖추고 있으나 신속한 하역과 이송을 위하여 다양한 하역장비와 이송장비 등을 필요로 하고 있다.

항만은 단순히 수출입 및 환적화물의 하역, 이송, 보관작업뿐 아니라 가공, 조립, 포장, 상표부착 등 다양한 부가가치 물류활동을 수행하는 공간으로 변모하고 있다. 해양관광, 해양레저, 친수공간 등은 물론 해운 및 항만 관련 산업과 밀접하게 연계되어 있다.

## 2. 항만의 기능

### 1) 항만의 고유기능

항만은 전통적으로 선박이 접안하여 선적 혹은 하역하는 장소로서 선박이 정박하기 위한 정박시설, 접안시설, 하역장비, 보관시설, 산업적 기초시설, 배후연계수송시설 등 일련의 물적 시설이 갖추어진 조직 또는 운영체로 정의되고 있다.[1] 항만은 해상수송과 육상수송을 연결하고, 다양한 부가가치 물류활동을 제공하는 서비스 기능, 원활한 국민경제 활동을 지원하는 서비스 기능을 제공한다.

항만의 기능은 크게 두 가지로 나눌 수 있다. 첫째는 경제활동에 대한 지원기능으로서 항만은 경제활동에 따라 유발되는 수송수요를 충족시키는 기능을 수행한다. 항만은 육지와 수면, 수면과 수면 사이의 수송수단을 효율적이고 저렴하게 연계·통합하는 서비스를 제공해야 한다. 둘째는 지원기능 이외에 항만은 자체적으로 부가가치 및 고용을 창출하는 산업 활동 장소로서의 기능을 수행한다. 항만의 두 번째 기능인 부가가치 및 고용 창출기능은 독립된 하나의 산업으로서 부가가치 물류활동의 중요성이 강조됨에 따라 점차 강화되고 있다. 항만은 항만배후지에 생산물의 가공, 포장, 조립 등이 가능한 대규모 단지의 조성과 운영을 통하여 물류서비스의 부가가치 증대를 추진하고 있다.

#### (1) 터미널로서 교통서비스의 제공

항만의 가장 중요한 기능은 효율적으로 안전하며, 저렴하게 화물의 하역, 이송, 보관, 관리 등 수출입 화주에게 최상의 물류서비스를 제공하는 것이다. 항만은 수출입 화물이 내륙 화주문전(공장)과 항만간, 국내 항만과 외국 항만간 출발점에서 종착점까지 이음새 없이(seamless) 흐르는 통합적인 수송사슬(transport chain)의 일부로서 수송결절점의 역할을 수행한다. 항만은 선박의 회전율을 제고하고, 항만터미널의 비용을 최소화하며, 원활한 다양한 물류활동을 수행하기 위한 하역장비, 이송장비, 보관시설, 연계수송시설 등을 갖추고 있다.

항만은 육상과 해상, 해상과 해상, 수송수단간 효율적인 연계를 통하여 연속적인 화물흐름이 이루어지도록 해야 한다. 항만의 이러한 기능은 재화의 장소적 이동을 통한 효용 창출시 시간단축과 비용의 최소화를 도모하면서 고객서비스를 극대화시키며, 결과적으로 수출상품의 경쟁력 향상을 통한 국가경쟁력 강화를 도모하고, 지역경제를 활성화시킨다.

#### (2) 물류기능의 수행

항만은 해륙 연계수송거점으로서 재화의 생산과 소비에 있어서 공간적, 시간적 격차를 효과적으로 해소해주는 물류기능을 수행한다. 효율적인 물류기능을

1) Alan E. Branch, *Elements of Port Operation and Management*, Chapman and Hall, 1986, p. 2.

수행함으로써 원자재, 부품, 반제품 등의 원활한 수출입 활동을 가능하게 하고, 생산과 소비시장을 확대하며 생산력 확대에 의한 경제성장이 가능하도록 해준다.

특히 부존자원이 부족한 우리나라는 원료 수입과 제품 수출시 해상운송과 항만에 크게 의존하고 있기 때문에 생산과 유통측면의 합리화를 통하여 물류비를 절감함으로써 우리 상품의 국제경쟁력을 강화시키는 데 기여한다. 항만은 다양한 물류서비스의 생산과 판매 공간으로서 이용되며, 특히 환적화물의 유치를 통한 다양한 부가가치 물류서비스의 제공은 국부창출, 지역간 상호교류, 외국과 교역증진 등의 효과를 가져온다.

### (3) 항만유발 효과 창출

항만은 직·간접적으로 해당 항만이 위치한 지역경제에 영향을 미치며, 국민경제에 파급효과를 가져오게 된다. 항만유발효과는 항만개발시 항만공사효과와 항만이용시 항만이용효과로 구분할 수 있다.

항만공사효과는 항만건설단계에서 다른 공공사업과 마찬가지로 건설업을 중심으로 지역에 경제적 효과를 미치게 된다. 항만공사효과 중 직접경제효과는 항만공사 착수시 발생하는 인건비와 건설업체가 항만건설에 필요한 석재, 시멘트, 철재 등 건설자재를 구입함으로써 발생하는 자재비로 구성된다. 간접경제효과는 이들 건설자재를 생산하여 판매하는 산업에 수익을 발생시키는 효과이며, 유발경제효과는 이들 산업에 종사하는 근로자들의 소득의 일부가 물품과 서비스의 소비를 가져와 이러한 물품과 서비스를 생산공급하는 많은 산업에 새로운 수익을 발생시키는 효과를 나타낸다.

항만이용효과는 항만시설 완공 후 선박의 입출항, 화물의 적양하 등으로부터 발생되는 효과이다. 항만이용효과 중 직접경제효과는 선박 및 화물의 입출항에 따라 항만에서 발생하는 총수입 혹은 소득으로 항만을 통하여 수송된 수출입화물은 물론 국내연안화물까지도 포함된다. 간접경제효과는 항만시설과 항만서비스를 이용함으로써 이에 대한 수요를 창출하는 항만이용자들이 지역경제에 발생시키는 부가가치로서 나타나게 된다. 유발경제효과는 직간접 경제효과에서 얻어진 소득을 소비함으로써 2차적, 3차적으로 지역에 소득을 발생시키는 효과이다. 당해 지역에서 생산되는 소비재와 서비스의 구매량이 클수록 지역경제에의 유발효과는 커지게 된다.

#### (4) 도시 관련 기능 수행

항만은 터미널 활동을 통하여 무역, 상거래, 공업, 정보, 금융 등 산업기반을 강화하는 역할을 하고, 직간접적으로 관련 경제활동의 클러스터(cluster)화와 인구집중을 가져온다. 항만은 도시의 일부 기능을 담당하며, 항만 배후단지가 확대될 경우 항만도시로 발전하게 된다. 항만은 도시형성 기능을 가지고 있으며, 클러스터화가 확대될수록 항만도시의 규모가 커지게 된다. 대도시 항만의 경우 항만의 친수공간화를 통하여 시민과 유기적인 관계를 형성하고, 도시와 조화된 기능을 수행하게 된다. 즉 항만은 도시와 문화의 형성, 도시 재개발, 시민의 해양관광과 레저 등 사회적 기능을 수행하고, 지역주민의 수입증대로 복지와 문화생활의 향상을 도모하고 있다.

### 2) 항만의 기능변화

#### (1) 기능변화의 요인

항만은 과거에 터미널 기능만을 수행함으로써 신속한 선박회항이 곤란하여 원활한 화물유통을 지연시키는 경우가 많았으나, 점차 선박에 대한 수요가 증대하고 하역장비 등 항만시설이 현대화됨에 따라 항만의 기능은 접안기능, 보관기능, 통관기능, 수송기능을 담당하게 되었으며, 보다 넓은 항만배후지를 필요로 하게 되었다.

오늘날 항만 기능은 해륙교통의 연결을 가능하게 하는 물류기능, 자원의 세계적 배분을 위한 국제간 자원배분기능, 창고·금융·보험·대리점·통관 등 서비스 제공을 위한 서비스기능, 국제무역을 촉진시키는 교역증대기능, 항만노동자를 고용하는 고용창출기능, 배후도시와의 연계개발을 가능케 하는 도시개발기능 등 다양한 기능을 갖고 있다.

이와 같은 항만기능의 변화는 주로 첫째는 선박의 크기, 속도에서의 규모의 경제를 추구하고자 하는 선주들의 노력과 해운의 기능 특화와 그에 따른 선형의 변화이다. 둘째로는 화물취급에서 경제성을 추구하고자 하는 화물의 물리적 형태의 변화에 따른 취급, 보관, 가공 등에서의 새로운 기술의 도입이다. 셋째로는 화물의 벌크화, 규격화와 같은 화물형태의 특수화에 따른 새로운 시설의 요구이다.

항만 기능은 여건 변화에 따라 달라지며, 항만 기능의 변화는 다음과 같은 요인에 의하여 초래되고 있다. 첫째, 선박 · 하역 · 정보통신 · 수송기술 여건의 변화, 둘째, 경제 성장 · 산업구조 · 무역 · 기타 경제 여건의 변화, 셋째, 물류산업 여건의 변화, 넷째, 사회적 여건의 변화 등을 들 수 있다.

첫째, 선박 · 하역 · 정보통신 · 수송기술의 변화는 항만 기능을 변화시키는 주요 요인이다. 특히 선박의 대형화, 전용선화, 컨테이너화, 하역 · 보관 · 창고 기술의 발전, 정보관리체제의 고도화 등은 항만 기능의 고도화와 아울러 시설 및 장비규모의 증대와 자동화, 정보화 및 효율화를 촉진시키고 있다. 선박의 크기, 속도에서의 규모의 경제를 추구하고자 하는 선주들의 노력과 해운의 기능 특화와 그에 따른 선형의 변화 등에 기인한다.

둘째, 국제적으로 개방체제가 확산됨에 따라 항만의 경제활동 지원기능이 증대되고 있다. 항만의 기능변화에 따라 주요국들은 물류비용의 절감과 서비스의 개선을 도모하고 있다. 즉 항만 시설의 확충과 더불어 하역장비와 시설의 현대화, 자동화, 정보화 등은 항만의 기능변화를 나타낸 것이다. 화물취급에서의 경제성을 추구하고자 하는 화물의 물리적 형태의 변화에 따른 취급, 보관, 가공 등에서 새로운 기술을 적극 도입하고 있으며, 화물의 벌크화, 규격화와 같은 화물형태의 특수화에 따른 새로운 시설도 도입하고 있다. 그리고 산업과 무역구조의 변화에 따라 벌크화물과 일반화물 중심에서 고부가가치 컨테이너화물로 화물 구성이 진화하고 있으며, 이에 따라 컨테이너 물동량 증가와 컨테이너 터미널의 확충이 지속되고 있다.

셋째, 물류산업은 과거 공공성이 중시되어 국가와 공기업 주도로 운영되었으나 점차 민영화·개방화되고 있다. 개방체제가 확산됨에 따라 시장의 경쟁환경이 바뀌고 있으며, 공급사슬관리의 발전에 따라 물류기업 및 하주의 통합물류서비스의 요구가 증가하고 있다. 이러한 물류산업의 여건변화에 따라 항만은 전체 공급사슬체계 내에서 하주 및 물류관련 기업의 가치창조에 기여해야만 고객을 유치할 수 있게 되었다. 개별 항만의 비용절감이나 효율성 증대도 중요하나 해당 항만을 이용하는 고객에게 전체 공급사슬체계 내에서 얼마나 비용절감과 효율성을 향상시키고 가치를 창출할 수 있는가 하는 능력이 중요하다. 따라서 항만은 기능과 연계성의 확대·강화가 요구되고 있으며, 공급사슬관리의 발전과 상호보완적·선순환적 관계를 유지하면서 발전해야만 생존할 수 있게 되었다.

넷째, 물류환경측면에서 경쟁성의 원천, 생산의 본질, 환경, 조직측면에서

후기 포디즘(Fordism) 사회로 전환된 영향 등을 들 수 있다.

### (2) 항만의 새로운 기능

항만의 기능은 경제활동의 글로벌화, 국제물류체계의 고도화, 정보통신과 교통기술의 발전 등에 따라 전통적인 항만의 기능이 크게 진화하고 있다. 최근 변화되고 있는 항만의 기능은 종합물류기능, 산업공간기능, 쾌적한 생활공간기능이다.

#### ① 종합물류기능

종합물류기능은 항만이 대량의 화물을 저렴한 비용으로 부가가치 물류서비스를 신속하게 이음새 없이 제공함으로써 지역간, 국가 간의 물류활동을 촉진시키는 기능을 말한다. 종합물류기능은 화주들의 다양하고 고도화된 물류서비스 요구에 부응하기 위하여 접안시설의 확충과 현대화된 하역 및 이송장비 확보, CY와 배후부지 등 충분한 항만공간의 확보, 부가가치 물류서비스 공간 제공, 신속한 환적을 비롯한 내륙연계시스템의 확충 등을 통하여 물류서비스를 종합적으로 제공하는 물류거점화를 의미한다.

항만은 컨테이너부두의 경우 컨테이너선의 대형화에 따라 충분한 CY와 부가가치 물류서비스를 제공할 수 있는 충분한 항만배후부지 등을 중심으로 종합물류서비스를 제공하도록 요청받고 있다. 아울러 내륙연계수송의 원활화를 위한 복합운송시설은 물론 신속한 입출항 수속과 통관 등을 지원할 정보시스템 그리고 항만관련 물류기능을 집적화한 클러스터화 등이 추진되고 있다.

#### ② 산업공간기능

산업공간기능이란 항만이 내륙과 해상을 연결하고 부가가치 물류서비스를 제공하는 공간으로서 항만공간과 항만배후단지를 자유무역지역으로 지정하여 조립가공, 포장, 상표부착, 분류와 혼재 등 다양한 부가가치 물류관련산업을 유치하고 원료, 반제품, 완성품의 수출입과 환적활동 등 국제물류거점 또는 산업기지로서 역할을 수행하고 있다. 특히 항만의 이러한 기능은 국제분업이 확대되고 물류체계가 고도화됨에 따라 과거보다 중시되고 있으며, 정부와 지자체는 항만배후부지를 부가가치 물류서비스를 제공하는 물류거점화를 통하여 국내 및 외국기업을 유치하기 위해 노력하고 있다.

항만관련산업과 항만의존산업은 [표 2-1]에서 알 수 있는 것처럼 다양하다.

항만과 관련한 산업은 항만관련업무와 관련된 산업활동, 항만관련업무에 수반되는 금융, 유통물류, 무역 등 관련 경제활동을 유발시켜 고용과 소득의 확대, 부가가치 서비스 증대를 통해 지역과 국가경제의 견인차 역할을 수행하게 된다.

따라서 주요국의 항만과 배후단지는 자유무역지역으로 지정되어 다수의 국내외 물류 및 제조기업이 활동하는 물류거점이자 산업기지로 활용되고 있다. 국내외 기업이 선호하는 국제물류거점으로서 입지 여건을 갖추기 위해 첨단화된 시설과 장비, 연계교통시설, 정보시스템, 상업시설과 업무시설, 연구과 전시시설, 주거공간 등 항만물류 클러스터화를 적극 추진하고 있다.

표 2-1 항만관련산업과 항만의존산업의 예

<table>
<tr><th>업 종</th><th>내 역</th><th>항만의존산업</th></tr>
<tr><td>해운업</td><td>내항여객운송업, 내항화물운송업, 외항화물운송업, 내륙수상여객운송업, 내륙수상화물운송업, 해운대리점업, 선박임대업, 해운중개업</td><td rowspan="6">농업, 임업, 어업, 수산양식업, 광업, 제조업, 도·소매업, 금융보험업, 전기, 가스, 수도, 서비스업</td></tr>
<tr><td>입출항 선박 지원업</td><td>도선업, 예선업, 통관업, 항만운송부대사업(항만용역업, 물품공급업, 선박급유업)</td></tr>
<tr><td>항만운송 사업</td><td>하역업, 검수업, 검량·감정업, 컨테이너운송업</td></tr>
<tr><td>보관창고업</td><td>보통창고업, 냉장창고업, 위험물창고업, CFS, 농산물창고업, 기타창고업, 집배송센터, CY</td></tr>
<tr><td>항만관련 공공기관</td><td>지방해운항만청, 세관, 동식물검역소, 출입국관리소, 시청, 기타(병무청), 해양경찰대, 수산진흥원</td></tr>
<tr><td>기 타</td><td>항만건설업, 항만정보산업, 해양개발산업, 컨테이너 제조·수리업, 조선업, 선박수리업</td></tr>
</table>

### ③ 생활공간기능

쾌적한 생활공간기능이라 함은 화물처리만을 위한 획일적인 부두개발을 지양하고 인공과 자연이 조화를 이룰 수 있게 개발하여 지역주민으로 하여금 항만과 해안에 친밀감을 느끼게 하고, 항만시설의 중요성을 인식할 수 있도록 하는 것을 의미한다. 이에 따라 항만은 해양유적의 보존, 해안경관의 유지, 해양행사 개최공간의 확보, 해양성 레크리에이션 기지의 정비, 항만공원의 확보, 녹지공간의 확보 등을 통하여 쾌적한 생활공간기능을 점차 살리고 있다.

## 3. 항만과 산업구조

항만은 터미널 활동을 기반으로 물류업, 무역업, 상공업, 금융업 등의 산업활동의 성장과 발전에 기여하며, 이러한 경제활동을 배경으로 항만 배후지역의 산업기반 강화와 함께 항만의 도시 관련 기능의 확충, 클러스터 구축 등 기능을 수행함으로써 지역발전에도 중요한 역할을 담당하고 있다. 특히 항만은 지역의 고용, 임금, 세수, 산업발전 등에 상당한 영향을 미치며, 이러한 영향은 해당 지역주민에 대한 고용, 소득 및 세수의 증대 등 직접적인 편익뿐 아니라 지역내 다른 산업들과 클러스터화를 통한 시너지 효과를 통해 항만활동이 지역경제의 산업발전과 산업구조의 변화를 가져오는 중요한 역할을 하고 있다.

항만이 위치한 도시는 항만발전의 초기단계에서는 제한된 공간적 범위 내에서 항만기능이 이루어지고, 항만배후의 산업 및 도시와 직접적인 상관관계를 가지고 발전하게 된다. 항만은 항만도시의 초기단계로서 지역경제발전의 필수적 요소로 인식되고 있다. 즉 항만개발에 따라 항만이 위치한 지역은 경제활동이 집중되고, 이를 통해 항만은 자연스럽게 성장을 하게 된다. 항만의 기능이 확대되고 지리적으로 범위가 확대되면 항만배후지역까지 그 효과가 확산되며, 거리가 다소 먼 배후지역까지 경제활동의 확장을 가져온다. 항만이 발전하면 할수록 항만활동은 강화되고, 항만의 배후세력권은 더욱 확장되어 다른 기반시설의 발달과 함께 개발의 효과가 더 넓은 배후지역으로 퍼지게 된다. 따라서 항만의 발전과 항만배후지역의 확대는 항만 대도시로 성장하게 하는 기회를 부여하게 된다.

항만이 배후지역의 성장·발전에 어떻게 영향을 미치는지 공간적 측면과 경제적 측면으로 구분하여 살펴볼 수 있다. 먼저 항만과 배후지역의 공간적 측면에서 미치는 영향을 살펴보면 다음과 같다.

첫째, 항만의 발전은 고용창출을 통해 인구유입을 가져온다. 항만이 발전하면 관련 산업들이 항만지역에 집적되고 성장하면서 항만관련산업 종사자의 수요가 증가하여 인구증가효과를 가져오며, 특히 항만과 그 배후단지 등 인접지역에 더 많은 인구를 집중시킨다.

둘째, 항만은 지역내 산업구조를 변화시킨다. 항만이 성장하면 배후지역에 위치한 산업단지에 항만을 이용하여 물류비를 절감하려는 다수의 업체들이 입지하게 되고, 관련 업체들이 클러스터화되면 R&D센터, 금융 및 물류기업 등 보다 더 다양한 업체들이 입지하여 시너지 효과를 발휘하게 되어 특정 산업에 특화된 산업구조로 전환되게 된다. 궁극적으로 항만이 발전하여 국내 및 외국 기업이 선호하는 물류거점으로 발전하면 다국적기업이 지역유통센터, 유류나 자동차 등 특화된 산업클러스터로 발전하게 된다.

셋째, 항만은 배후지역의 토지이용을 변화시킨다. 항만과 배후단지를 중심으로 한 임해지역은 부두시설과 배후단지내 물류센터나 창고 등을 중심으로 다수의 관련업체가 입주하여 물류거점을 형성하며, 항만과 내륙지역간 연계교통시설을 중심으로 교통망이 발달하여 교통망 주변으로 유통센터나 물류센터 등이 건설되는 등 토지이용을 변화시킨다.

넷째, 항만은 산업단지를 조성하고 활성화한다. 항만에 의존도 높은 중화학공업, 원료수입과 수출의 비중이 높은 산업은 항만과 가까운 지역에 입지함으로써 물류비를 절감하게 된다. 또한 인구가 많고, 관련 산업이 집적화된 대도시와 가까운 항만의 배후단지를 활용하려는 업체의 경우에도 항만과 인접한 지역의 공업단지를 선호하게 되고, 이에 따라 항만배후지역은 산업단지로서 널리 활용되고 있다.

한편, 항만과 배후지역의 지역경제적 측면에서 미치는 영향을 살펴보면 다음과 같다. 첫째, 항만은 지역경제발전과 지역간 균형발전을 도모한다. 항만은 항만관련 서비스산업을 창출하고, 서비스산업의 성장은 다른 산업분야에 지대한 영향을 미쳐 지역경제발전에 기여한다. 또한 항만과 연계된 배후도로의 확충을 통하여 내륙지역의 경제활동을 촉진시켜 국토의 효율적인 이용과 더불어 균형적인 지역경제발전을 촉진할 수 있다.

둘째, 항만은 지역산업에 대한 투자활동을 촉진시킨다. 항만시설, 연계수송망 등 사회간접자본의 확충은 경제성장과 국내외 기업유치에 필수적인 요소로서 장기적으로 물류비 절감, 생산자본의 생산효율을 제고시켜 생산량의 증대를 가져오고, 결과적으로 지역내 산업활동의 활성화와 기업유치를 촉진하는 등 투자활동이 촉진된다.

셋째, 항만은 물류유통산업의 근대화를 촉진한다. 항만은 수출입 및 물류유통기능을 수행하고 있을 뿐 아니라 금융, 해운, 무역, 부가가치 물류활동 등 종합물류기능을 수행하는 방향으로 발전하고 있기 때문에 물류유통구조 개선에 핵심적 역할을 담당한다. 특히 항만은 다국적기업이 항만배후단지에 글로벌 소싱 센터, 글로벌유통센터 등을 설치하여 전 세계적으로 글로벌 공급사슬체계를 구축하기 위한 국제물류거점으로서 활용하고 있다.

넷째, 항만은 지역소득수준을 향상시킨다. 항만이 창출하는 지역소득은 직접수입에 의한 창출과 간접창출로 구분할 수 있다. 직접수입에 의한 소득 창출은 입·출항 선박의 선박입출항료, 하역수입 그리고 도로와 해상운임수입 등의 합계액에서 발생하는 부가가치 지출액을 말한다. 지역소득 간접창출은 선원과 관광객의 관광, 유흥비 등의 지출에 따른 서비스업종의 수입, 항만 관련 유치 기업체 및 단체들에 의해 파생되는 수입의 부가가치 유발액을 의미한다.

다섯째, 항만은 고용을 창출한다. 항만은 선사, 하역사, 검수검정사, 통관업체, 포장업체, 운송사, 부대서비스 업체, 금융과 보험. 무역업체 등 다수의 업체가 활동하기 때문에 고용을 유발한다. 항만이 성장하고 항만물류 클러스터화가 이루어지면 고용창출효과도 커진다.

여섯째, 항만은 기술혁신에도 기여한다. 항만은 선박대형화에 따른 하역장비의 대형화와 자동화, 첨단화된 물류센터, 자동화된 하역 및 이송장비 등의 기술개발을 촉진시킨다. 다양한 항만하역 및 이송, 보관장비 기술의 고도화는 철강, 고무, 전기, 유리부품공업 등 전후방 관련 산업의 기술고도화를 동시에 촉진시킨다. 또한 항만의 발전은 준설장비의 개량, 조선 및 선박수리기술의 발달, 이동 장비간 통신기술 등을 촉진시킨다.

# 제 3 절 세계 항만시장의 구조변화

## 1. 세계 항만환경변화

### 1) 항만간 경쟁 심화

선사는 선박대형화를 통하여 경제의 규모효과를 도모함과 아울러 항만에서 재항시간을 최소화하여 비용절감은 물론 선박가동률을 높이기 위해 노력하고 있다. 머스크(Maersk)사를 필두로 12,000 TEU급 컨테이너선(Emma Maersk) 등 대형화를 통하여 치열한 컨테이너시장에서 경쟁우위를 확보하는 한편 재항비용을 축소하기 위해 기존 기간항로상의 항만 중 일부 대형항만에 직기항하고 다른 항만은 피더서비스로 연결하는 전략을 시행하고 있다. 주요 선사와 선사의 전략적 제휴그룹들은 소수 대형항만에만 기항하고 나머지 항만은 피더서비스로 연결하는 간선·지선(Hub & Spoke)체제로 전환함에 따라 각국 항만당국은 고객들이 선호하는 거점항으로 발돋움하기 위한 전략을 추진하고 있다. 그만큼 항만간 경쟁이 치열하게 전개되고 있으며, 중국과 동남아 국가는 대규모 항만과 배후단지 시설 확충에 노력하고 있다.

거점항은 기존의 컨테이너선 간선항로상에 위치하고, 배후지역에서 수출입 화물의 발생량이 많거나 여러 가지 항만 여건이 우수하여 환적화물을 유치할 수 있는 여건을 갖춘 항만을 의미한다. 거점항은 배후지역의 수출입 화물은 물론 주변 항만의 화물을 집화 또는 환적해주는 역할뿐 아니라 주변지역과의 경제협력에 중추적인 역할을 수행하고, 기본적인 항만 서비스와 다양한 부가가치 서비스를 제공하여 지역경제 및 국가경제에 기여한다.

특히, 동북아 주요국 항만간 경쟁은 치열하게 전개되고 있으며, 싱가포르, 홍콩, 중국 등 주요 항만은 아시아 지역의 핵심적인 국제물류거점항으로 발돋움하기 위해 항만시설과 장비의 확충, 첨단화된 정보시스템 구축 등 전략을 추진하고 있다. 아울러 항만과 배후단지에 다수의 국내 및 해외 기업을 유치하기 위하여 다양한 인센티브를 제시하는 등 항만간 경쟁이 가속화되고 있다. 최근 우리나라

**표 2-2 환적화물에 대한 항만시설사용료 감면 현황**

| 국가(항만) | 감면율(%) | 내 용 |
|---|---|---|
| 일본(요코하마) | 50 | - 중국선사에 대해 대폭 할일<br>- 1개월에 10회 이상 기항선박에 대해 추가 입항시 입항료 면제 |
| 대만(카오슝) | 20~50 | - 화물입항료 입출항료 중 1회만 사용료 부과<br>- 환적료 폐지<br>- 컨테이너선이 대만 항만에만 12시간 이상 기항하거나 첫 번째 기항지로 선택시 기항료(port call fees) 50% 감면 |
| 중국(상해) | - | - 수입 공컨테이너에 대해 하역 후 4일간 장치료 면제<br>- 신규 원양 간선항로에 첫 출항 후 1년간 예선료 40% 감면 |
| 싱가포르 | 34~35 | - 환적화물은 수출입 화물보나 평균 34~35% 낮은 요율 적용<br>- 환적화물 양하선박과 적하선박의 기항일정 등이 사전통보된 경우 환적하역료의 15% 환급<br>- 72시간내 재선적되는 환적화물은 10~51달러(싱가포르) 환급<br>- 100총톤당 135달러(싱가포르) 납부시 1년간 기항회수에 관계없이 추가 선박입항료를 징수하지 않음 |

자료: 부산항만공사, 부산항 화물유치를 위한 인센티브 제도 연구, 2005.

부산항, 광양항은 물론 아시아 주요국 항만당국은 환적화물을 유치하기 위하여 항만시설 사용료 감면 등 다양한 인센티브를 제시하고 있다.

### 2) 컨테이너 선사의 전용터미널 증가

세계 컨테이너시장은 컨테이너선의 대형화와 선사와 선사그룹의 항로다양화 등 치열한 경쟁을 전개하고 있다. 이처럼 컨테이너시장의 경쟁이 치열한 것은 특성상 서비스의 동질화가 용이하게 이루어질 수 있어 컨테이너선 경영전략의 차별화가 어렵고, 전산시스템 구축을 통한 차별화도 용이하지 않기 때문이다. 선사간 해상운송부문의 경쟁력 차이가 크지 않고 서비스 수준이 평준화되는 경향이 있다. 따라서 주요 컨테이너 선사는 주요 경제권에 전용터미널을 확보하여 서비스 향상과 비용절감 그리고 협상력 강화 등 물류서비스의 경쟁력 확보를 추진하고 있다.

세계 주요 컨테이너 선사들은 주요 간선항로와 남북항로상 수출입 및 환적화물의 유치에 필요한 전략적 입지에 위치한 전용터미널을 확보하기 위해 노력하고 있다. 또한 컨테이너 터미널을 상호연계 운영함으로써 시너지 효과를 창출하는 전략도 추진하고 있다. 이처럼 컨테이너 선사들이 전용터미널을 확보하는 이유는 선석을 탄력적으로 운영할 수 있고, 개별 또는 제휴그룹 선대의 하역작업을 효율적으로 운영할 수 있으며, 선석, 야드, 창고시설, 배후수송망 등을 통합한 항만물류 서비스를 제공함으로써 고객서비스 향상을 도모하기 위함이다. 궁극적으로 서비스 향상과 차별화를 통한 경쟁우위를 확보하기 위함이다.

선박대형화에 선도적이며, 세계 1위 컨테이너 선사인 머스크(Maersk)사는 글로벌 터미널 운영사인 APM Terminal사를 운영중이며, 세계 각 지역에 전용터미널을 확보하여 운영중이다. 우리나라 부산신항과 중국 상하이의 양산항에도 전용터미널을 확보하기 위해 노력해왔다. 또한 중국 선사인 코스코(COSCO)사도 자국의 막대한 수출입 컨테이너 화물과 관련하여 원활한 글로벌 수송 네트워크를 구축하기 위해 북미와 유럽 등의 주요 항만에 전용터미널을 확보하기 위해 노력하고 있다. 코스코사는 미국 서안 롱비치(Long Beach)항의 항만터미널을 임대하여 사용중이며, 벨기에 앤트워프 항만터미널에는 25%의 지분을 확보하고 있다. 글로벌 항만네트워크를 구축하기 위해 미동부와 지중해 연안 항만 지역에도 전용터미널을 확보할 예정이며, 로테르담항의 유로맥스(Euromax) 터미널을 인수 등도 추진하였다.

한국 컨테이너 선사인 한진해운은 이미 국내는 물론 북미, 대만 등에 전용컨테이너 터미널을 확보하고 있으며, 지속적으로 글로벌 항만네트워크를 구축하기 위하여 30개 이상의 전용터미널을 확보할 예정이다. 향후 중국, 베트남, 인도 등 이머징 시장에도 전용터미널을 확보하여 글로벌 물류체제를 구축할 예정이다. 현대상선은 롱비치항 California United Terminal(CUT)의 공동 소유자인 미국 GSI사가 보유하였던 지분 33%를 823만 달러에 인수하여 100% 자가 전용터미널 체제를 구축하였다. 경영사정이 좋지 않아 부산과 광양의 컨테이너 터미널을 매각하였으나 향후 국내 및 해외에 15개 내외의 전용터미널을 확보하려는 중장기 계획을 추진하고 있다.

주요 컨테이너 선사는 해상운송 서비스에서 정시인도 등 고객서비스 향상을 도모하고, 글로벌 터미널 운영업체들이 주요 경제권별로 거점항 네트워크를 구축해 감에 따라 협상력 또는 주도권 확보를 위한 차원에서 전용터미널 확보를 적극 추진하고 있다. 특히 북미 서안 항만 등 일부 거점항의 체선현상에 대한 대비와 글로벌 물류체계를 구축하고 부가가치 물류서비스를 제공함으로써 명실상부한 글로벌 물류업체로 발돋움하기 위한 차원에서도 주요 선사들의 전용터미널 확보 전략을 지속적으로 추진될 것으로 전망하고 있다.

표 2-3 컨테이너 선사 전용터미널 현황(2005년 기준)

| 업체 | 대륙별 터미널 수 | 총터미널 수 |
|---|---|---|
| Maersk(APM Terminal) | 북미(13), 중동(4), 아시아(10), 유럽(6), 남미(3), 아프리카(6) | 42 |
| Evergreen | 북미(3), 남미(1), 아시아(8), 유럽(1) | 13 |
| MSC | 북미(2), 유럽(11) | 13 |
| APL | 북미(4), 아시아(5) | 9 |
| Hanjin | 북미(3), 아시아(8) | 11 |
| OOCL | 북미(5), 아시아(1) | 6 |
| NYK Line | 북미(5), 아시아(5), 유럽(1) | 11 |
| CMA CGM | 유럽(6), 아프리카(1) | 7 |
| MOL | 북미(2), 아시아(6) | 8 |
| K Line | 북미(3), 아시아(4) | 7 |
| COSCO | 아시아(14), 유럽(1) | 15 |

자료: Drewry Shipping Consultants, *Annual Review of Global Container Terminal Operators*, 2006.

컨테이너 선사의 터미널 운영은 고객에게 양질의 컨테이너 서비스를 제공하고, 글로벌 터미널 운영업체의 급속한 네트워크 확장시 협상력 약화 등을 고려하여 전용터미널을 확보하여 운영하고 있다. 따라서 컨테이너 선사들은 전용터미널을 비용센터의 일부로 인식하고 있으며, 터미널 운영을 통한 부가가치 서비스 제공 등을 목표로 광범위한 터미널 네트워크를 구축하여 효율성을 향상시키기 위한 전략을 추진하고 있다. 글로벌 터미널 운영사와 컨테이너 선사의 터미널 운영특성은 다음과 같이 요약할 수 있다.

표 2-4 글로벌 터미널운영사와 컨테이너 선사의 터미널 운영특성

| 구분 | 업 체 | 특 징 |
|---|---|---|
| 글로벌 터미널 운영사 | Hutchson Ports Holdings, PSA Corp., Dubai Ports World, Eurogate, SSA Marine, HHLA, ICTSI | • 터미널운영이 핵심사업<br>• 터미널을 이익센터로 인식<br>• 터미널 생산성 향상을 위한 네트워크를 통하여 높은 효율성 달성<br>• 투자위험을 회피하기 위해 광범위한 글로벌 네트워크 구축 |
| 컨테이너 선사 | CMA CGM, Evergreen, Hanjin, APL, K Line, MSC, MOL, Yangming Line, Hyundai Merchant Marine | • 컨테이너 해운이 핵심사업<br>• 터미널 운영을 비용센터로 인식<br>• 광범위한 서비스망과 터미널 운영을 결합하여 높은 효율성 달성<br>• 광범위한 네트워크는 해운활동과 전략을 지원함 |
| 중간형 | APM Terminal, NYK Line, OOCL, COSCO | • 하역업체를 자회사로 둠<br>• 모기업의 서비스 제공을 우선으로 하고, 글로벌 네트워크 구축 추진 |

자료: Drewry Shipping Consultants, *Annual Review of Global Container Terminal Operators*, 2006.

### 3) 글로벌 터미널 운영사의 영향력 확대

1990년대 들어 글로벌 터미널 운영사(Global Terminal Operator: GTO)의 네트워크 확대와 처리물동량의 증가 등으로 지배력이 확대되고 있다. 글로벌 터미널 운영사의 처리실적은 전세계 물동량의 1/2을 상회할 만큼 전세계 터미널 시장에서 영향력이 확대되었으며, 터미널 개발은 물론 생산성 향상 등 항만운영의 효율화를 주도하고 있다. 대표적인 글로벌 터미널 운영사는 홍콩의 Hutchison Ports Holdings(HPH), 싱가포르의 PSA, 최근 P&O Ports를 인수한 아랍에미리트의 Dubai

Ports World, 독일의 Eurogate 등을 들 수 있다.

### (1) 주요 글로벌 운영사가 컨테이너 터미널 시장 주도

글로벌 터미널 운영사들은 2005년 기준 세계 컨테이너 터미널의 50% 이상을 확보하고 있을 뿐만 아니라, 세계 컨테이너 물동량의 50% 이상을 처리하는 등 시장지배력을 강화하고 있다. 주요 글로벌 터미널 운영사는 매년 지속적으로 시장 점유율을 확대하면서 세계 컨테이너 터미널 시장의 주도권을 강화해왔다. 2005년 세계 10대 글로벌 터미널 운영사의 처리실적은 약 2억 2,000만 TEU로 2002년 1억 2,740만 TEU보다 무려 73%나 증가하였고, 시장점유율도 2002년 46.1%에서 2003년에는 48.2%로, 그리고 2005년에는 55.4%로 증가하는 등 실질적으로 컨테이너 터미널 시장을 지배하고 있다.

HPH, PSA, APM Terminal, P&O Ports, COSCO 등 상위 5대 터미널 운영사의 성장세가 두드러진다. 이들 5대 업체의 처리실적은 2002년에 9,760만 TEU였으며, 2005년에는 1억 7,100만 TEU를 처리하는 등 급성장하고 있다. 주요 터미널 운영사의 2005년 처리실적은 HPH 5,180만 TEU, PSA 4,030만 TEU, APM Terminal 4,040만

**표 2-5 세계 10대 글로벌 터미널 운영사의 실적 추이** (단위: 백만 TEU, %)

| 순위 | 업 체 | 2007 | 2006 | 2005 | | 2004 | | 2003 | | 2002 | |
|---|---|---|---|---|---|---|---|---|---|---|---|
| | | 실적 | 실적 | 실적 | 점유율 | 실적 | 점유율 | 실적 | 점유율 | 실적 | 점유율 |
| 1 | HPH | 66.3 | 60.9 | 51.8 | 13.3 | 47.8 | 13.3 | 41.5 | 13.1 | 36.7 | 13.3 |
| 2 | PSA | 54.7 | 47.4 | 40.3 | 10.1 | 33.1 | 9.2 | 29.7 | 9.1 | 26.2 | 9.5 |
| 3 | APM Terminal | 60.3 | 52.0 | 40.4 | 10.1 | 31.9 | 8.9 | 21.4 | 6.8 | 17.2 | 6.2 |
| 4 | P&O Ports | – | – | 23.8 | 6.0 | 21.9 | 6.1 | 16.0 | 5.1 | 12.8 | 4.6 |
| 5 | COSCO | 27.3 | 22.0 | 14.7 | 3.7 | 13.3 | 3.7 | 7.4 | 2.3 | 4.7 | 1.7 |
| 6 | Eurogate | 13.2 | 11.7 | 12.1 | 3.0 | 11.5 | 3.2 | 10.8 | 3.4 | 9.5 | 3.4 |
| 7 | DP World | 43.0 | 41.6 | 12.9 | 3.2 | 11.4 | 3.2 | 9.6 | 3.1 | 8.0 | 2.9 |
| 8 | Evergreen | NA | NA | 8.7 | 2.2 | 8.1 | 2.3 | 6.7 | 2.1 | 5.7 | 2.1 |
| 9 | SSA Marine | 7.7 | 7.6 | 7.3 | 1.8 | 6.7 | 1.9 | 5.4 | 1.7 | 4.4 | 1.6 |
| 10 | MSC | NA | NA | 7.8 | 2.0 | 5.7 | 1.6 | 4.1 | 1.3 | 2.2 | 0.8 |
| 합 계 | | – | – | 219.8 | 55.4 | 191.4 | 53.4 | 152.6 | 48.0 | 127.4 | 46.1 |

주: DP World는 2006년 P&O Ports를 인수하여 2위로 부상함.

자료: Drewry Shipping Consultants, *Annual Review of Global Container Terminal Operators*, 2006, 2005 및 국토해양부, SP-IDC.

TEU, P&O Ports 2,380만 TEU, Eurogate 1,210만 TEU, DPW 1,290만 TEU 등이다. 5대 터미널 운영사의 시장점유율은 2002년 35.4%에서 2003년에 36.6%, 2004년에 43.2%로 계속 증가하고 있다.

### (2) 신규 글로벌 터미널 운영사의 부상

글로벌 터미널 운영사간 네트워크 확장과 시장지배력 확대를 위한 경쟁이 치열하게 전개되는 가운데 DP World와 COSCO가 새로운 터미널 운영사로 부상하였다. 2002년까지 HPH, PSA, APM Terminal, P&O Ports 등 4대 글로벌 터미널 운영사가 시장을 주도하였으나 2006년 P&O Ports를 인수한 DP World가 PSA, APM Terminal과 2~3위 경쟁을 하고 있다. DP World는 3,650만 TEU를 처리하여 4위로 격상되는 등 컨테이너 터미널 운영사간 지각변동이 이루어지고 있다. 또한 중국 선사인 COSCO는 매년 급증하는 자국의 수출입 물동량과 튼튼한 재원조달 능력을 배경으로 2004년에 세계 5위의 글로벌 터미널 운영사로 부상하는 등 터미널 운영사간 경쟁이 치열하게 전개되고 있다.

상위 4대 글로벌 터미널 운영사는 전세계 컨테이너 터미널의 과점화를 유지해 왔으나 2005년을 기점으로 운영사의 순위가 변화하고 있다. 2005년 5월 머스크사가 P&O Nedlloyds사를 인수함에 따라 세계 컨테이너 시장뿐 아니라 글로벌 터미널 업계에도 큰 변화를 가져왔다. 글로벌 터미널 운영사들은 네트워크 확대를 위해 컨테이너 터미널의 개발과 운영은 물론 인수와 제휴를 통한 신규 프로젝트에 적극 참여하고 있다.

홍콩의 Hutchison Port Holding(HPH)는 전세계 30개 항만에서 사업을 전개하고 있으며, 2005년 세계 컨테이너 처리실적의 약 13%인 연간 5,200만 TEU 이상을 취급하였고, 2007년에는 6,600만 TEU를 처리하였다. 1991년 영국 최대의 Felixstowe 항만을 인수하고, 1997년 Thamesport 항까지 인수하는 등 유럽지역에서의 투자를 확대하고 있다. 최근에는 자유항인 바하마항에 Grand Bahama Development Company와 합작투자중에 있다.

PSA는 국제물류거점화 전략의 추진, 싱가포르 항만운영 이외의 수입원의 확보, 향후 싱가포르 항만의 물동량과 연계한 중국과 유럽지역 항만과 해외네트워크를 구축하고 있다. 또한, 세계 주요 항만의 컨테이너 터미널 개발, 건설, 장비선정, 운영에 적극 진출하고, 중국 대련항, 인천항 등 해외 항만개발운영에 적극 참여하고 있다. 2007년에는 5,470만 TEU를 처리하였다.

2004년 DPI(Dubai Ports International)는 막대한 오일머니를 배경으로 홍콩과 미국에서 컨테이너 터미널을 운영하던 CSXWT사를 인수하였고, 2006년 P&O Ports를 인수함으로써 세계 컨테이너 터미널 시장의 강자로 부상하였다. 2005년 두바이 항만공사(Dubai Ports Authority: DPA)와 DPI가 합병하여 DP World가 출범하였으며, DP World는 2006년 세계 4위의 컨테이너 터미널 운영사인 P&O Ports를 인수하면서 글로벌 컨테이너 터미널 시장의 대형화를 선도하였다. DP World는 총 45개 터미널을 확보하여 운영중이며, 터미널 수는 세계 1위, 처리실적과 시장점유율은 세계 2위로 부상하였다.

표 2-6 세계 5대 터미널 운영사의 순위 변화

| 순위 | 터미널 운영사 | | 터미널 수(개) | 2004 처리실적(백만 TEU) | 시장점유율(%) |
|---|---|---|---|---|---|
| 1(1) | HPH | | 30 | 47.8(51.8) | 13.3(13.0) |
| 2(7) | DP World | P&O Ports | 30 | 21.9(23.8) | 6.1(6.0) |
| | | CSXWT | 10 | 3.3(-) | 0.9(-) |
| | | DPI | 5 | 8.1(12.9) | 6.1(3.2) |
| | | 소 계 | 45 | 33.3(36.7) | 13.0(9.2) |
| 3(2) | PSA | | 13 | 33.1(40.3) | 9.2(10.1) |
| 4(3) | APM Terminal | | 33 | 31.9(40.4) | 8.9(10.1) |
| 5(5) | COSCO | | 17 | 13.3(14.7) | 3.7(3.7) |

주: 처리실적과 점유율의 ( )은 2005년 처리실적이며, 순위의 ( )는 P&O 인수 전 순위를 나타냄.

자료: Journal of Commerce, 2005.7.11 및 Drewry Shipping Consultants, *Annual Review of Global Container Terminal Operators*, 2006.

P&O Ports는 영국, 이탈리아, 홍콩, 태국, 러시아, 모잠비크 및 아르헨티나 등 모두 30개 항만의 터미널 관리와 운영에 참여하였으나 2006년 DP World에 항만운영권을 매각하였다. Stevedoring Services of American(SSA)는 항만과 철도 터미널, 벌크화물 터미널, 자동차시설 등 다양한 화물을 처리할 수 있는 터미널 사업을 운영하고 있으며, 미국 서해안 15개주의 8개와 동해안과 걸프만에 9개 등 150개 터미널을 운영하고 있다. 최근 동남아시아, 호주, 남아프리카, 인디아, 중앙아메리카 등지에도 많은 관심을 보이고 있다.

표 2-7 주요 터미널 운영사의 터미널 처리능력(백만 TEU)

| 운영사 | 2004 | 2005 | 운영사 | 2004 | 2005 | 운영사 | 2004 | 2005 |
|---|---|---|---|---|---|---|---|---|
| HPH | 53.9 | 64.3 | DP World | 13.1 | 16.7 | HHLA | 6.9 | 8.1 |
| APM T. | 40.6 | 57.8 | Eurogate | 14.0 | 15.4 | Hanjin | 5.4 | 7.9 |
| PSA | 39.4 | 49.3 | MSC | 7.1 | 11.0 | NYK | 6.6 | 6.6 |
| COSCO | 15.7 | 34.2 | Evergreen | 9.1 | 9.8 | APL | 6.0 | 6.5 |
| P&O Ports | 27.7 | 30.0 | SSA | 8.5 | 8.5 | Dragados | 4.5 | 6.0 |

자료: Drewry Shipping Consultants, *Annual Review of Global Container Terminal Operators*, 2006.

### 4) 종합물류거점으로서의 항만기능 확대

세계 컨테이너 수송체계가 대형 컨테이너선을 활용한 거점항 중심체제로 전환됨에 따라 동북아 각국 항만은 중심항으로 발돋움하기 위하여 과감한 인센티브 제시 등 고객유치 전략과 함께 다양한 부가가치 물류서비스를 제공하는 등 종합물류거점항으로 발전하기 위한 전략을 추진하고 있다.

세계 주요 항만들은 다국적기업이 선호하는 국제물류거점으로서 종합물류서비스를 제공하기 위해 노력중이다. 특히 항만은 단순환적은 물론 재분류, 조립가공, 상표부착, 혼재 등 부가가치서비스 제공과 관세면제 등의 혜택을 부여하는 자유무역지역(FTZ)과 같은 제도를 이용하여 고객유치를 통한 항만발전을 도모하고 있다. 수출입 화물은 항만을 경유하는 것이 아니라 항만배후단지에서 가공, 조립, 상표부착, 분류, 전시, 판매될 수 있도록 하고, 자유무역지역으로 지정된 항만과 배후단지는 관세는 물론 부가가치세, 주세, 재산세, 등록세 등 조세를 면제하고 저렴한 시설사용료를 제시하여 화물창출을 유도한다.

따라서, 항만은 단순한 화물처리를 위한 공간이 아닌 하역, 보관, 유통, 전시, 판매, 통관 및 물류정보의 제공 등 다양한 부가가치 서비스가 동시에 이루어지는 종합물류거점으로서의 역할이 강조되고 있다. 또한, 항만인접지역에는 국제전시판매장, 국제무역센터, 국제컨벤션센터 등을 유치하여 항만이 화물은 물론 사람과 정보가 동시에 모이는 국제물류거점으로서 지역 및 국가 산업센터로서 역할을 수행하도록 하고 있다.

싱가포르의 경우 단순 환적보다 부가가치 물류활동 수행시 1 TEU당 약 12배의 부가가치가 창출되는 것으로 나타났다. 예를 들면 싱가포르 배후단지 규모는 약 400만 ㎡이며, 이 배후부지는 연간 20억 싱가포르달러의 부가가치를 창출하는 것으로 알려졌다. 또한 상하이항과 로테르담항의 경우 각각 800만 ㎡, 260만 ㎡의 배후부지에 5,000개 내지 4,500개의 국내외 물류관련 기업을 유치하여 종합물류거점으로 도약하기 위한 전략을 추진중이다.

### 5) 중국 항만의 물동량 증가 및 동일 권역내 항만간 경쟁 심화

중국 주요 항만의 물동량은 연평균 20% 이상 증가 추세를 보이고 있으며, 특히 닝보항, 센젠항, 상하이항은 높은 급증세를 보이고 있다. 특히, 상위 5위 항만 중 센젠항만 홍콩항과 인접해있고, 다른 항만은 상하이항 이북의 북중국에 위치하고 있어 부산항이나 광양항 등과 직접 화물유치 경쟁을 해야 한다.

중국 컨테이너 물동량은 매년 급속히 증가하고 있으며, 이러한 수요를 충족시키기 위하여 상하이 양산항을 포함한 다롄항, 칭다오항, 텐진항 등 북중국 항만의 개발이 적극 추진되고 있다. 중국 수출입 컨테이너 중 중소 항만의 화물은 한국, 일본, 싱가포르 등 다른 거점항을 경유하여 환적하게 된다. 현재 동북아 시장의 컨테이너 수송체계는 중국 컨테이너 물동량이 급속하게 증가함에 따라 주변 동북아 항만의 동반성장을 유도하고 있으나 다른 한편으로는 북중국 항만간 치열한 경쟁도 유도하고 있다.

표 2-8 중국 주요 항만의 컨테이너 처리 실적 (단위: 천 TEU)

| | | 2007 | 2006 | 2005 | 2004 | 2003 | 2002 | 증가율(%) |
|---|---|---|---|---|---|---|---|---|
| 1 | 상해항 | 26,150 | 21,710 | 18,084 | 14,557 | 11,283 | 8,610 | 26.0 |
| 2 | 심천항 | 21,090 | 18,469 | 16,197 | 13,660 | 10,615 | 7,614 | 24.8 |
| 3 | 청도항 | 9,462 | 7,702 | 6,307 | 5,140 | 4,239 | 3,410 | 22.6 |
| 4 | 영파항 | 9,350 | 7,068 | 5,208 | 4,006 | 2,772 | 1,860 | 39.6 |
| 7 | 광주항 | 9,300 | 6,600 | 4,685 | 3,308 | 2,762 | 2,180 | 31.9 |
| 5 | 천진항 | 7,103 | 5,950 | 4,801 | 3,814 | 3,015 | 2,410 | 25.3 |
| 6 | 하문항 | 4,650 | 4,019 | 3,342 | 2,872 | 2,331 | 1,750 | 23.1 |
| 8 | 대련항 | 3,813 | 3,212 | 2,655 | 2,210 | 1,630 | 1,352 | 24.2 |
| 9 | 종산항 | | 1,170 | 1,010 | 1,004 | 750 | 640 | 16.3 |
| 10 | 푸조항 | | | | 700 | 580 | 480 | 20.8 |
| 합 계 | | | | | 51,260 | 39,977 | 30,306 | |

자료: *Containerization International*, 2005. 3.

### 6) 항만장비와 시설의 기술발전

항만은 대형화, 자동화, 무인화, 안전 및 보안 강화 추세가 나타나고 있다. 항만의 대형화는 항만 물동량의 지속적인 증가, 선박의 대형화 그리고 부가가치 물류서비스 기능의 확대 등에 의해 촉진된다. 최근 컨테이너 터미널은 선박의 대형화에 따라 적정 규모가 항로수심 23~25m, 선회장 650m 이상, 전면수심 17m 이상, 안벽길이 380m 이상 등으로 확대되고 있다. 뿐만 아니라 초대형선의 기항에 따라 하역장비는 물론 터미널 이송장비, 컨테이너 야드 운영장비 등도 대형화, 고속화되는 추세를 보이고 있다.

세계 주요 항만들은 항만의 대형화 추세에 발맞추어 아웃리치(Outreach) 60m 이상인 슈퍼 컨테이너크레인을 서둘러 도입하는 한편, 트랜스퍼 크레인(Transfer Crane), 스트래들 캐리어(Straddle Carrier) 등 CY 장비의 대형화도 적극 추진하고 있다. 또한, 세계 주요 항만들은 본선 하역과 이송, 보관, 반출입 및 게이트 반출입 등의 작업을 자동화하여 생산성 향상, 작업신뢰도 제고, 산업재해 경감, 인건비, 운영비 절감 등을 도모하고 있다. 뿐만 아니라 터미널 형태의 혁신과 시스템의 자동화를 결합한 신개념의 터미널 개발이 빠르게 진행되고 있다.

이러한 예는 터미널 지붕에 설치된 스파이더(Spider)라는 특수 장치를 이용하여 하역, 이송, 보관 등 터미널 전 프로세스를 수행하는 스피드포트(Speedport), 터미널을 'ㄷ자'로 배치하여 양현하역을 가능하게 한 Indented Terminal, 해상에 부유시설을 설치하고 여러 방면에서 동시에 하역할 수 있도록 설계한 Floating Terminal 등이 있다. 항만은 우선 선박대형화에 맞추어 항만시설 대형화가 촉진되고, 나아가 크레인 등 장비의 대형화와 함께 신속한 화물처리를 위한 고속화도 추진되고 있다. 항만장비와 시설의 기술발전이 급속히 이루어지는 이유는 다음과 같다.

첫째, 항만은 수심, 선석길이, 컨테이너야드 등 인프라스트럭처의 확대와 더불어 갠트리 크레인을 비롯한 상부시설과 장비의 현대화가 필수적이다.

둘째, 선사와 화주들의 적기수송(JIT Delivery) 수요에 대응하기 위해 자동화터미널과 같은 하역시스템의 고도화 및 터미널 운영시스템의 전산화 등 항만의 정보화가 요구되고 있으며, 국제물류체계상 가시성(visibility)을 확보하기 위해서 첨단화된 정보시스템은 필수적이다.

셋째, 국제물류관리체계 변화에 따라 글로벌 기업들은 항만배후지역에 국제물류거점을 구축하고 생산, 물류, 비즈니스 기능을 군집화하여 종합물류서비스를 제공하고 있다. 글로벌 기업들의 물류 효율화전략에 따라 항만기능은 과거의 단순한 국제운송거점에서 지능형 종합비즈니스거점(Intelligent Business Hub)으로 발전해 나가고 있다.

항만운영업체들도 선사의 시장지배력 강화에 대응하기 위해 글로벌 항만네트워크 구축 전략을 추진하는 한편, HPH사의 중국 진출 사례에서 보듯이 내륙운송사업에까지 사업영역을 확대해 나가고 있다. 도로운송업체들은 선사들의 내륙운송사업 진출 확대 및 화주의 문전수송(Door to Door Delivery) 수요 증대에 대응하기 위해 대형 전문트럭운송회사로의 전환을 모색하고 있으며, 철도회사들은 Block Train 서비스 등 복합운송서비스를 확대함으로써 향후 선사와의 전략적 제휴관계를 강화해 나갈 것으로 전망된다.

## 제 4 절 항만간 경쟁과 경쟁력 변화

경제활동의 글로벌화로 국제분업이 확대되고 국제물류체계의 고도화가 추진됨에 따라 전세계 교역이 증대되고 항만기능의 고도화와 동시에 항만간 경쟁도 갈수록 치열해지고 있다. 항만은 과거보다 현대화, 대형화된 시설과 장비가 필요하기 때문에 항만건설비도 커지고, 글로벌 네트워크의 구축이 확대되며, 항만운영관리기법도 점차 고도화되고 있다.

### 1. 항만경쟁의 의의

컨테이너선의 대형화, 중국 항만에 직기항 선박 증가, 컨테이너 선사와 글로벌 터미널 운영사의 글로벌 항만개발과 운영 참여 확대 등으로 거점항 중심으로 화물이 집중되는 현상이 나타나고 있다. 항만의 집중화는 항만간 경쟁이 치열하게 전개되면서 나타나고 있다. 다른 항만과 비교하여 경쟁력을 갖춘 항만은 지속적으로 처리물동량이 증가하며 발전할 수 있으나 그렇지 않은 항만은 막대한 투자비가 소요된 항만시설과 장비를 놀리게 되고 생존하기 어렵다.

다른 항만과 경쟁에서 생존 내지 앞서가기 위해서는 다른 항만과 비교할 때 약점은 무엇이고, 강점은 무엇인지를 환경변화와 자신의 역량을 고려하여 판단하고, 고객인 항만이용자를 만족시키기 위해 어떤 전략을 수립하여 추진해야 할 것인가를 결정해야 한다. 결국 항만개발에서부터 운영과 관리 그리고 항만활성화를 위한 항만마케팅 전략을 수립하고 치열한 경쟁환경에서 경쟁우위를 확보하는 것이 중요하다.

과거 항만은 항만구역 내에서 경제활동을 수행하던 항만이용자들이 한정적이었고, 항만배후지역도 범위가 넓지 않았기 때문에 항만간 경쟁이 치열하지 않았다. 항만이용자들은 다른 항만을 이용하려 해도 내륙운송수단 발달하지 않았거나 비용이 많이 소요되거나 또는 행정적인 규제 등으로 다른 항만을 이용하기 어려운 실정이었다. 이와 같은 경쟁제한적인 환경 때문에 항만운영관리는 다소 보수적이었고, 항만간 경쟁에 대해 심각하게 고려하지 않았다. 당해 항만을 이용하던 화물은 당연히 그 항만을 이용하고 다른 항만으로 전이될 가능성이 낮았기 때문에 적극적으로 화물을 유치하기 위한 마케팅 활동이나 전략을 수립하지 않았으며, 다른 항만이 어떤 마케팅 전략을 수립하여 활동을 하는가에 대해 크게 신경쓰지 않았다.

그러나 컨테이너화의 진전과 규제완화 등으로 국내 및 외국 선사나 하역사 등이 항만사업에 진출하여 항만네트워크를 구축할 수 있고, 글로벌 터미널 운영사나 컨테이너 선사들이 항만개발과 운영에 적극 참여함으로써 항만간 경쟁이 치열하게 전개되고 있다. 해당 항만의 배후지역에 위치한 화주의 화물을 유치하기 위해서 적극적인 마케팅 활동을 전개하지 않을 수 없는 상황이다.

## 2. 항만경쟁의 유형

항만경쟁은 항만내 경쟁과 항만간 경쟁 그리고 타운송수단과 경쟁으로 크게 구분할 수 있다.

### 1) 항만내 경쟁

항만내 경쟁은 1개 항만 내에서 다수의 시설공급자나 항만운영자가 활동할 경우 이들간 경쟁관계를 의미한다. 항만 또는 항만관리자의 입장에서 볼 때 항만내 경쟁은 항만활동에 활력을 불어넣고, 항만관리운영과 서비스 향상에 기여하는 긍정적인 역할을 하는 것으로 인식할 수 있다.

우리나라에서 시행중인 부두운영회사제(terminal operation company: TOC)는 이러한 항만내 경쟁을 확대하기 위하여 도입되었다. 치열한 항만간 화물유치경쟁 등 국제환경 변화에 탄력적으로 대처하고, 다양한 항만서비스 수요를 충족시키기 위하여 부두운영회사제를 도입하였다.

항만내 경쟁은 항만운영사간 자유로운 경쟁환경하에서 고객이 원하는 서비스를 제공함으로써 비용절감이나 시간단축 등 효과를 가져올 수 있다. 그러나 1개 항만내 항만운영사들이 독과점 체제를 구축하여 항만내 경쟁을 왜곡시킴으로써 이익극대화를 도모하는 경우가 발생할 가능성도 있다. 공공성을 강조하는 항만의 경우 항만내 경쟁을 조장할 경우 부작용이 나타날 가능성을 고려하여 암암리에 항만내 경쟁을 금지하거나 독과점 체제를 방치하는 경우가 나타날 수 있다. 만약 항만내 항만운영사간 경쟁이 없는 경우 항만의 생산성 또는 능률의 개선이 이루어지기 어렵고, 궁극적으로 해당 항만의 경쟁력 상실을 초래할 가능성도 배제할 수 없다.

한편 막대한 투자비가 소요되는 항만시설과 장비를 갖춰야 하는 항만운영자의 입장에서는 규모의 경제나 고객서비스 향상을 위해서는 항만내 경쟁이 반드시 바람직하지 않다고 주장하는 경우도 있다. 그러나 항만간 경쟁이 없는 항만의 경우 항만내 경쟁을 통하여 지속적인 생산성 향상, 비용절감 그리고 고객서비스 개선이 이루어지도록 해야 한다.

### 2) 항만간 경쟁

항만간 경쟁은 글로벌화, 내륙운송과 복합운송의 발달, 환적화물의 증가, 경제적·정치적 환경변화, 글로벌 터미널 운영사간 경쟁 등으로 갈수록 확대되고 있다. 일반적으로 항만은 지리적 여건 및 배후지역의 산업단지 등에 따라 특정한 배후경제권을 가지고 있으며, 특정 배후경제권의 화물유치시 거리상·비용상·거래관계상 다른 항만보다 경쟁상 유리한 여건을 가지게 된다. 특히 내륙운송과 복합운송이 발달하고, 신속성과 저렴한 비용을 고려하여 적절한 복합운송경로나 운송수단을 선택할 수 있는 기회가 확대됨에 따라 고객은 언제라도 다른 항만을 이용할 수 있게 되면서 항만간 경쟁은 치열하게 전개되고 있다. 배후경제권의 화물을 유치하기 위해서 다른 항만과 경쟁해야만 한다.

예를 들면 중국 화물을 유치하기 위하여 부산항과 광양항, 오사카항과 동경항, 홍콩항과 심천항 등이 상호 경쟁을 하게 된다. 또한 유럽의 앤트워프항, 로테르담항, 함부르크항 등은 북유럽 전체를 배후경제권으로 두고 경쟁하고 있으며, 지중해의 지오이아 타우로(Gioia Tauro)항과 피라에우스(Piraeus) 등이 지중해 허브로서 상호 경쟁하고 있다.

컨테이너 선사들은 중국 수출입 화물의 급증과 대규모 중국 항만의 건설에 따른 중국 항만 직기항 등 운항패턴의 변화에 따라 주요 거점항에만 기항하고, 다른 항만의 화물은 피더서비스로 연결하면서 주요 항만들은 환적화물유치를 위해 피나는 경쟁을 하고 있다.

아시아의 부산항, 광양항, 싱가포르항, 홍콩항, 카오슝항, 고베항, 요코하마항 등은 중국과 동남아 국가의 환적화물을 유치하기 위하여, 북유럽의 로테르담항, 함부르크항, 앤트워프항, 르아브르항, 펠릭스토항 등은 유럽의 환적화물 유치를 위해 경쟁하고 있다.

과거 지리적으로 인접한 국가의 항만간 경쟁은 여러 가지 정치적, 경제적 여건으로 인해 화물이 자유스럽게 이동하기 어려운 환경이었기 때문에 항만간 직접적인 경쟁이 제한적이었다. 그러나 WTO를 중심으로 자유경쟁, 규제완화가 대폭 추진됨에 따라 시장진입이 자유롭고, 특히 EU의 경우 경제통합으로 동유럽 지역까지 단일 경제권으로서 거의 모든 장벽이 제거되었기 때문에 항만간 경쟁은 한층 치열해지고 있다.

아울러 국제복합운송인은 복합운송에 대한 전문지식을 바탕으로 운송수단 선택에 직접적인 영향을 미치며, 항만간 경쟁에도 영향을 미친다. 복합운송인은 자신의 독자적인 정보네트워크를 바탕으로 고객인 화주에게 여러 항만의 비용, 편리성 등 장단점을 제공함으로써 고객이 항만을 선택할 수 있도록 하고 있다. 이러한 복합운송체계의 고도화도 항만간 경쟁을 가속화시키는 한 요인이 되고 있다.

### 3) 항만과 다른 운송수단과 경쟁

국제복합운송체제가 발달함에 따라 화주는 비용, 시간, 납기 등을 고려하여 다양한 수송수단과 복합운송경로를 활용하고 있으며, 이에 따라 항만은 공항, 철도터미널, 복합화물터미널 등과도 경쟁해야 한다. 국제물류체계상 물동량 기준으로는 해상화물량의 비중이 절대적으로 크지만 금액 기준으로는 항공화물량의 비중이 증가하는 점에서 항만은 공항과도 경쟁해야 한다. 고가의 경박단소형 상품이나 납기나 마케팅 차원에서 항공운송을 이용하는 화물이 증가하면서 항만을 이용하는 해상화물에 영향을 미치기 때문이다.

또한 시베리아횡단철도(Trans Siberian Railway: TSR) 또는 중국대륙횡단철도(Trans China Railway: TCR) 등 랜드브리지도 유럽 또는 중동지역 해상화물의 운송에 영향을 미치고 있다. 북미대륙에서도 LA, 시애틀 등 서안 항만에서 이단적 열차(double stack train: DST)로 NY/NJ 등 동안이나 걸프지역까지 운송하는 컨테이너 물동량도 전구간해상운송(all water service)의 물동량에 영향을 미쳐 항만 물동량을 감소시키게 된다.

## 3. 동북아 항만경쟁의 현황

동북아 주요 항만은 1990년 50대 항만 중 9개 항만이 포함되었고, 2000년에는 20개 항만, 2004년 23개 항만으로 점차 그 비중이 커지고 있다. 동북아 주요국의 컨테이너항만 중 2004년 기준 세계 20위권에 해당하는 항만은 9개로 세계 1위의 홍콩을 포함하여 중국이 6개 항만, 그리고 일본, 한국 및 대만이 각각 1개 항만을 보유하고 있다.

표 2-9 동북아 항만의 순위변화

| 구 분 | 1990 | 2000 | 2004 |
|---|---|---|---|
| 10대 항만 | 홍콩, 고베, 카오슝, 싱가포르, 부산, 키룽 | 홍콩, 싱가포르, 부산, 카오슝, 상해 | 홍콩, 싱가포르, 상해, 심천, 부산, 카오슝 |
| 20대 항만 | 요코하마, 고베 | 포트클랑, 동경, 마닐라, 탄정프리옥 | 포트클랑, 청도, 탄정펠레파스, 영파, 천진, 탄정프리옥, 램차방 |
| 50대 항만 | 마닐라, 나고야, 탄정프리옥, 포트클랑, 오사카, 상해, 기타규슈 | 요코하마, 고베, 얀티안, 청도, 키룽, 나고야, 천진, 오사카, 광주, 하문 | 동경, 광주, 하문, 요코하마, 마닐라, 대련, 고베, 나고야, 키룽, 오사카 |

자료: KMI, 동북아 주요 항만간 코피티션(Co-opetition) 전략에 관한 연구, 2006. 12.

특히 일본 항만은 1980년대 동아시아 중심항만의 역할을 담당했던 도쿄항, 고베항, 요코하마항, 나고야항 및 오사카항은 전통적인 기간항로체제가 변화되고, 중심항만의 물동량 증가세가 둔화되면서 1990년대 후반부터 거점항의 지위를 상실했으며, 최근 중심항만으로서 지위를 회복하기 위한 슈퍼중추항만 전략 등을 추진하고 있다. 중국은 1990년에 50대 항만에 2개 항만이 포함되었으나, 2000년에 7개, 2004년에는 9개로 꾸준히 증가하였다. 일본은 6개 항만에서 5개 항만으로 1개 항만이 줄어들었지만 순위에서 매년 뒤처져 20위권 밖으로 떨어지고 있다.

일본은 고베항, 도쿄항, 요코하마항 등을 집중적으로 육성하는 슈퍼중추항만 계획을 추진하여 자국 항만의 경쟁력을 확보하기 위한 노력을 경주하고 있다. 2002년 7월 기존 항만개발전략을 대체하는 새로운 항만정책을 채택하였으며, 국가경쟁력을 강화하고 국민생활 향상에 기여하는 해상 및 항만물류 서비스 확보를 주요 목표로 설정하였다.

일본은 항만과 국제물류산업의 국제경쟁력을 획기적으로 강화하기 위하여 물류 네트워크의 확충, 다목적 국제 터미널 재배치, 연안해운 네트워크 정비 및 동북아 허브 항만의 집중육성 등을 추진하고 있다. 새로운 항만정책의 구현을 위하여 '선택과 집중'에 의한 항만산업 육성전략으로 '슈퍼중추항만'(super hub port)의 선정 및 집중지원을 추진하고 있다.

중국은 2010년까지 중국 양산항, 북중국의 대련항, 청도항, 천진항 등 8대 중추항만과 간선항만이 1억 2,948만 TEU를 처리할 수 있는 항만시설을 확보할 계획이다. 상해항의 경우 양산항(2010년까지 30선석, 2007년까지 9선석) 개발을 통해 총 52선석을 확보하고, 북중국의 항만도 대규모 개발을 추진하고 있다.

대련항, 청도항, 천진항 등 북중국 3개 항만은 환발해 항만으로서 중국이 전략적으로 육성하는 3대 항만 중 하나이며, 이들 항만의 지속적인 개발은 한중간 수출입 무역항으로서의 실질적인 거점항으로 성장할 것으로 예상된다. 중국의 급속한 경제성장으로 컨테이너 선사들은 기존의 간선항로체제를 무시하고 수출입 물동량이 많은 중국 항만에 직기항하는 체제로 전환을 추진하고 있다. 중국 항만에 직기항하는 체제는 기존 간선항로체제 및 중국 항만 물동량 피더수송 형태에 많은 변화를 초래하였으며, 북미 항로 및 유럽 항로의 서비스 체제의 급속한 개편을 초래하였다. 이러한 현상은 컨테이너 선사들의 서비스 변화에서도 알 수 있듯이 단일선사의 경우 다항 기항체제, 제휴그룹 선사의 경우 1~2개 항만을 교차기항하는 패턴으로 변화하고 있다.

이러한 중국 항만물동량의 증가와 직기항 체제의 확대에 따라 상해 이북 항만의 2005년도 컨테이너 처리비중은 전체의 42.9%이며, 2010년에는 중국 전체 물동량의 40.7%인 5,700만 TEU를 처리할 것으로 전망되고 있다. 수도권의 관문항만이라는 장점을 보유한 천진항과 동북 3성의 관문항인 대련항도 2010년 1,000만 TEU의 처리능력 확보를 목표로 하는 개발계획을 추진중이다.

**표 2-10 중국 주요 항만의 물동량 전망** (단위: 만 TEU, %)

| 항만 | 2005 | | 2010(전망치) | | 증가율(%) |
|---|---|---|---|---|---|
| | 물동량 | 비중 | 물동량 | 비중 | |
| 상해항 | 1,809 | 24.3 | 2,500 | 17.9 | 38.2 |
| 청도항 | 630 | 8.5 | 1,200 | 8.6 | 90.5 |
| 천진항 | 480 | 6.5 | 1,000 | 7.1 | 108.3 |
| 대련항 | 266 | 3.6 | 1,000 | 7.1 | 275.9 |
| 소계 | 3,185 | 42.9 | 5,700 | 40.7 | 79.0 |
| 기타 | 4,245 | 57.1 | 8,300 | 59.3 | 95.5 |
| 합계 | 7,430 | 100.0 | 14,000 | 100.0 | 88.4 |

자료: KMI, 동북아 주요 항만간 코피티션(Co-opetition) 전략에 관한 연구, 2006. 12.

아시아권의 중심항만은 중국 항만의 물동량이 증가하면서 점차 남 → 북, 동 → 서 방향으로 이동하고 있다. 1970년대 일본의 도쿄항, 고베항에서 1990년대 한국의 부산항으로, 2000년대에는 중국의 상해항, 선전항 등으로 이동하고 있다. 동북아 항만경쟁은 대륙간 기간항로에서 초대형 선박의 지속적인 출현으로 기항지의 재편이 불가피하게 되며, 상해 양산항의 개장과 더불어 중국 항만의 위상변화로 인한 항만경쟁은 더욱 치열하게 전개될 것으로 예상된다.

그림 2-1 동북아지역 향후 항만경쟁구도

| | 현 재 | | 장 래 |
|---|---|---|---|
| 상해항 경쟁 포지션 | - SCT, Waigaoqiao 터미널<br>- 장강수심제한과 시설부족<br>- 거점항 경쟁대열에서 소외 | ⇒ | - SCT, Waigaoqiao, 양산 터미널<br>- 항로집중, 선박집중 기지<br>- 거점항 경쟁의 중심항으로 부상 |
| | ⇓ | | ⇓ |
| 동북아지역 항만경쟁구도 | - 환적화물경쟁: 부산, 홍콩, 카오슝<br>- 상해항은 직기항 항만 | ⇒ | - 환적화물경쟁: 부산, 홍콩, 카오슝, 상해<br>- 상해항: 동북아지역 선박 집중항 |
| | ⇑ | | ⇑ |
| 항로구조 | - 주력선대: 5천~6천 TEU급<br>- 모선 + 피더선 항로가 주류<br>(간선항로와 지선항로 연결) | ⇒ | - 대륙간 주력선대 : 8천~1만 TEU급<br>(모선 + 피더선 항로 주력선대)<br>- 대륙간 직항로: 4천~6천 TEU급<br>(동북아, 유럽, 북미항로)<br>- 대륙간 시규항로: 4천~6천 TEU급<br>(동북아, 중남미, 인도, 중동 항로) |

자료: KMI, 동북아 주요 항만간 코피티션(Co-opetition) 전략에 관한 연구, 2006.12

2000년 이후 각 경제권별 항만간 경쟁이 치열하게 전개되고, 중국 항만이 부상함에 따라 세계 상위 컨테이너항만에 싱가포르항, 홍콩항이 위치하며, 상해항, 심천항, 청도항 등도 급속히 상위권 항만으로 부상하고 있다. 특히 상해항은 2010년 세계 1위 항만으로 부상할 것으로 전망하고 있고, 가까운 장래에 청도항 등도 10위권 항만으로 성장할 것으로 예상하고 있으며, 부산항은 8위권, 카오슝항은 10위권 밖으로 밀려날 가능성도 높다.

이러한 동북아 항만경쟁구도의 변화는 동북아 항만간 치열한 경쟁을 가져와 항만운영에 불리한 요소로 작용할 것으로 보인다. 새로운 국제물류거점항으로 발돋움하기 위한 중심 항만들 간의 경쟁이 어느 때보다 더 치열하게 전개되고, 항만배후시장이 취약한 국내 항만의 경우 넓은 배후시장을 배경으로 막대한 수출입 물동량이 발생하는 중국 항만들의 피더항으로 전락할 가능성이 상당히 높다고 할 수 있다.

표 2-11 세계 주요 컨테이너항만의 순위변화 (단위: 천TEU)

| 1990 | | | 2000 | | | 2004 | | | 2005 | | | 2007 | | |
|---|---|---|---|---|---|---|---|---|---|---|---|---|---|---|
| 순위 | 항만 | 실적 | 순위 | 항만 | 실적 | 순위 | 항만 | 실적 | 순위 | 항만 | 실적 | 순위 | 항만 | 실적 |
| 1 | 싱가포르 | 5,223 | 1 | 홍콩 | 18,100 | 1 | 홍콩 | 21,984 | 1 | 싱가포르 | 23,192 | 1 | 싱가포르 | 27,932 |
| 2 | 홍콩 | 5,101 | 2 | 싱가포르 | 17,040 | 2 | 싱가포르 | 21,329 | 2 | 홍콩 | 22,427 | 2 | 상하이 | 26,150 |
| 3 | 로테르담 | 3,666 | 3 | 부산 | 7,640 | 3 | 상해 | 14,567 | 3 | 상하이 | 18,084 | 3 | 홍콩 | 23,881 |
| 4 | 카오슝 | 3,495 | 4 | 카오슝 | 7,425 | 4 | 심천 | 13,625 | 4 | 심천 | 16,197 | 4 | 심천 | 21,099 |
| 5 | 고베 | 2,596 | 5 | 로테르담 | 6,275 | 5 | 부산 | 11,442 | 5 | 부산 | 11,843 | 5 | 부산 | 13,270 |
| 6 | 부산 | 2,348 | 6 | 상해 | 5,613 | 6 | 카오슝 | 9,714 | 6 | 카오슝 | 9,470 | 6 | 로테르담 | 10,791 |
| 7 | LA | 2,116 | 7 | LA | 4,879 | 7 | 로테르담 | 8,220 | 7 | 로테르담 | 9,300 | 7 | 두바이 | 10,653 |
| 8 | 함부르크 | 1,967 | 8 | 롱비치 | 4,601 | 8 | LA | 7,321 | 8 | 함부르크 | 8,050 | 8 | 카오슝 | 10,257 |
| 9 | NYNJ | 1,898 | 9 | 함부르크 | 4,248 | 9 | 함부르크 | 7,003 | 9 | 두바이 | 7,619 | 9 | 함부르크 | 9,900 |
| 10 | 키룽 | 1,807 | 10 | 앤트워프 | 4,082 | 10 | 두바이 | 6,429 | 10 | LA | 7,485 | 10 | 청도 | 9,462 |
| 11 | 요코하마 | 1,648 | 11 | 포트클랑 | 3,207 | 14 | 청도 | 5,140 | 11 | 롱비치 | 6,710 | 11 | LA | 8,355 |
| 12 | 롱비치 | 1,598 | 14 | 동경 | 2,899 | 16 | PTP | 4,020 | 12 | 앤트워프 | 6,482 | 12 | 앤트워프 | 8,177 |
| 13 | 동경 | 1,555 | 25 | 청도 | 2,120 | 17 | 영파 | 4,006 | 17 | PTP | 4,800 | 17 | PTP | 5,500 |
| 43 | 상해 | 456 | 31 | 천진 | 1,708 | 22 | 동경 | 3,358 | 19 | NYNJ | 4,169 | 19 | NYNJ | 5,400 |

자료: *Containerization International Yearbook*, 각 연호.

## 4. 항만의 경쟁력

항만은 항만내 경쟁 또는 항만간 경쟁에서 생존하고 경쟁우위를 확보하기 위해서 항만의 경쟁력을 강화해야 한다. 항만의 개발전략을 수립하고, 항만의 생산성과 비용절감을 통한 고객유치를 확대하기 위해서는 항만의 경쟁력에 영향을 미치는 요소를 면밀히 분석하여 경쟁우위를 확보하기 위한 전략을 수립·추진해야 한다. 항만의 경쟁력을 좌우하는 요소는 여러 가지가 있겠지만 항만이용자에게 보다 양질의 서비스를 신속하고 저렴하게 제공하는 데 있다.

항만간의 경쟁은 경쟁대상이 되는 항만에 비해 비교우위를 획득하기 위하여 차별화된 전략이나 방안을 개발·모색하고 실행하는 것을 의미한다. 따라서 항만의 경쟁력은 항만경쟁을 주도하며 다른 항만을 이길 수 있는 힘이라고 정의할 수 있다. 항만의 경쟁력은 해당 항만을 많은 이용자들이 선호하여 활성화되고, 많은 물동량을 처리함으로써 비용절감과 수익성 증대를 꾀할 수 있으며, 지역경제와 국가경제에 기여할 수 있다. 결국 항만의 경쟁력 여부는 이용자(선사나 화주)의 기항지선택 기준과 밀접한 관련이 있다.

컨테이너항만의 생산효율성 및 국제경쟁력분석과 관련하여 항만선택 결정요인(항만입지, 항만시설, 물동량 구성, 항만비용, 서비스수준, 부두운영형태 등)과 투입요소 및 산출요소를 고려하여 국내외적으로 다양하게 연구들이 수행되었다. 즉, 컨테이너항만에 대한 연구는 첫째, 컨테이너 항만의 생산효율성을 측정한 연구, 둘째, 컨테이너항만의 국제경쟁력을 다양한 요소들을 도입하여 분석한 연구, 셋째, 특정항만을 선택하게 되는 선사와 화주들의 선택행동에 관한 연구가 수행되었다.

항만의 경쟁력과 관련한 주요 선행연구는 다음과 같다. 전일수 외(1993)는 다속성효용함수를 이용하여 세계 20대 컨테이너항만의 경쟁력을 분석하였는데, 항만입지, 항만시설, 항만비용, 서비스수준, 분두운영 형태, 항만관리 주체를 경쟁력 요인으로 도출하였다. 하동우·김수엽(1998)의 연구는 항만입지, 항만시설, 항만물류비용, 물류서비스환경 등을 주요 경쟁력 요인으로 제시하였다. 여기태 외(1996)는 퍼지알고리즘을 이용한 계층평가법을 도입하여 입지, 시설, 물동량, 비용, 운영형태 등을 경쟁력 요인으로 분석하였고, 정태원·곽규석(2001)은 총물동량, 선석수, 안벽길이, 야드넓이, 1인당 GNP 등을 항만선택의 결정요소로 선정하였다. 항만의 경쟁력을 좌우하는 요소는 항만의 지정학적 위치, 항만의 시설, 서비스 수준, 비용을 기항지 선택의 주요 요소로 제시하고 있다.

표 2-12 연구자별 항만의 경쟁력 관련 요소

| 연구자 | 전일수 외<br>(1993) | 여기태 외<br>(1996) | 하동우,<br>김수엽(1998) | 정태원,<br>곽규석(2002) | 송동욱(2002) |
|---|---|---|---|---|---|
| 항만<br>선택<br>요인<br>등 | -항만입지<br>-항만시설<br>-항만비용<br>(하역료,<br>경과보관료,<br>시설사용료)<br>-서비스수준<br>(EDI)<br>-부두운영형태<br>-항만관리주체 | - 입지<br>- 시설<br>- 물동량<br>- 비용<br>- 서비스<br>- 운영형태 | -항만입지<br>-항만시설<br>-서비스수준<br>-항만물류비용<br>-물류서비스<br>환경 | -총물동량<br>-선석수<br>-G/C<br>-안벽길이<br>-야드넓이<br>-수심<br>-TEU/선석<br>-TEU/GC<br>-TEU/안벽길이<br>-취항선사수<br>-인구(백만)<br>-1인당GNP | -항만입지<br>-항만인프라,<br>상부시설<br>-항만비용(하역료,<br>경과보관료,<br>시설사용료)<br>-항만서비스수준<br>-항만연계성<br>-배후단지 접근성<br>-물류센터<br>-정보시스템 |

항만의 경쟁력은 항만의 입지나 시설, 비용, 서비스 수준 등도 중요하나 항만을 둘러싼 정부의 정책, 항만관련 지원산업의 클러스터화 수준, 국내외 항만경쟁 여건 등이 종합적으로 평가되어 나타나게 된다.

그림 2-2 항만의 경쟁력 관련 모델

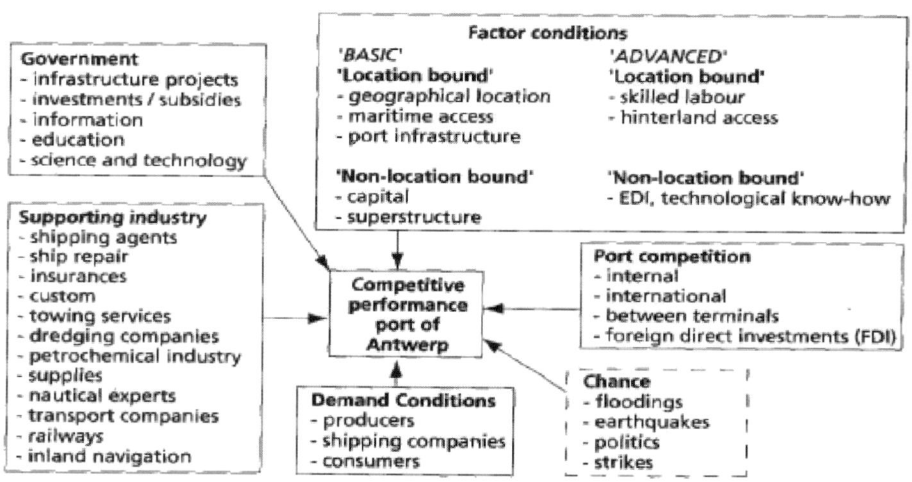


자료: E, Haezendonck, G. Pison, P. Rousseeuw, P. Struyf & A. Verbeke, "The Competitive Advantage of Seaports' in:, *International Journal of Maritime Economics* Ⅱ-2(2000), pp. 69~82.

해양부는 컨테이너 부두의 경쟁력 향상을 위한 평가시스템 구축방안을 발표했다. 평가시스템 구축 계획은 우리 항만의 생산성과 만족도 등 전반적인 서비스 수준을 높이기 위한 것이다. 최근 선박의 재항시간 단축이 대형선 기항의 중요한 요소로 등장하면서, 각국 항만은 생산성 제고를 바탕으로 한 작업시간 단축을 통하여 대형선을 유치하는 데 전력을 기울이고 있다. 특히 청도항, 상해항 등 중국 항만의 경우, 경쟁적으로 시간당 물량처리 신기록 수립 실적을 발표하며, 대외적인 홍보에 열을 올리고 있다.

컨테이너 부두에 대한 평가는 크게 부두 생산성, 이용자 만족도, 안전도 이행실태 등 세 분야이며, 부두별 처리실적 등 정량적 평가와 함께, 소비자 만족도. 항만보안 등 정성적 내용에 대한 평가도 포함된다. 생산성평가의 경우, 안벽길이, 야드 면적, C/C당 처리실적 등과 함께 노동 및 장비생산성 등도 함께 평가되어 부두별 특성을 반영하여 종합적인 평가한다. 만족도 평가의 경우, 터미널별 선사 유치실적, 화주, 선사, 물류업체 등 부두 이용자에 대한 심층 인터뷰와 설문조사를 통해 부두 이용시 만족도 등이 평가된다. 항만안전도 이행평가는 항만 보안시설 및 장비의 유지, 보수상태 등이 평가된다.

**표 2-13 주요 항만별 총선석 생산성 현황**

| 지역 | 항만 | 터미널 | 총선석 생산성(GBP) | 순위 | 지역 | 항만 | 터미널 | 총선석 생산성(GBP) | 순위 |
|---|---|---|---|---|---|---|---|---|---|
| 아태 지역 | 부산 | A | 96 | 2 | 미주 지역 | 롱비치 | I | 69 | 7 |
| | 상해 | B | 89 | 4 | | 오클랜드 | J | 38 | 14 |
| | 도쿄 | C | 57 | 11 | | 타코마 | K | 52 | 12 |
| | 나고야 | D | 42 | 13 | | 벤쿠버 | L | 58 | 10 |
| | 카오슝 | E | 78 | 5 | | 뉴욕 | M | 62 | 9 |
| | 홍콩 | F | 103 | 1 | 구주 지역 | 로테르담 | N | 58 | 10 |
| | 싱가포르 | G | 90 | 3 | | 함부르크 | O | 63 | 8 |
| | 두바이 | H | 70 | 6 | | 테임즈포트 | P | 38 | 14 |
| | | | | | | 르하브르 | Q | 34 | 15 |

주: 총 선석생산성(GBP)은 연간처리실적(VAN) / 총접안시간(h)을 의미하며, 컨테이너 부두(선석)생산성에 대한 국제 통계는 발표되지 않음.
자료: 동북아 물류중심화 실천전략 연구(2005.12)에서 인용.

제 3 장

# 유럽의 해운정책

## 제 1 절 유럽연합의 해운정책에 대한 일반원칙

유럽연합 회원국의 해운정책에 대한 일반원칙은 자국의 강력한 경쟁우위를 바탕으로 한 자유경쟁체제(free competition system)와 시장원리(market principle)를 근간으로 하고 있다. 유럽연합의 해운정책에 대한 일반원칙은 크게 다자간 협상, 국가간 무차별 원칙, 내국민과 외국민의 동등한 대우, 자유공정경쟁, 경쟁우위 개선, 해상안전 및 보안향상으로 요약할 수 있다.[1)]

**첫째, 다자간 협상이다.**

이는 유럽연합 회원국의 해운산업에 영향을 미치는 사태가 발생하여 신규규제 도입이 필요할 경우, EC는 일방적 조치를 취하기보다는 광범위한 다자간 협의를 통한 협정을 추구한다.

**둘째, 동등대우원칙이다.**

해운협정에서의 무차별원칙은 최혜국 대우(most favored nation treatment)원칙

1) 조계석, "EU 대외해운정책의 발전단계별 주요 내용과 시사점," 「월간 해양수산」, 통권 제 222호, pp. 7~8.

과 내국민대우(national treatment)원칙으로 구성된다. 최혜국대우원칙은 국가간 무차별 원칙을 의미하고 내국민대우원칙은 내외국민간 동등대우를 의미한다. 유럽연합 회원국의 선박에 대해 무차별원칙을 적용하고, 선주에 대한 동등한 대우(내국민 대우)를 확보한다.

**셋째, 자유공정경쟁원칙이다.**

EC는 유럽연합 회원국의 해운기업의 이해관계뿐만 아니라 무역항로 당사국(개발도상국 포함)의 이해관계를 고려하는 동시에 자유공정경쟁원칙을 적용하는 비호호주의적 해운정책을 추구한다.

**넷째, 경쟁우위 개선이다.**

EC는 유럽연합해운의 경쟁우위를 도태로 하여 경쟁력 개선을 확보할 수 있도록 즉 유럽연합 회원국 선주들의 경쟁력 확보차원에서 대외해운정책을 추구한다.

**마지막으로 해상안전 및 보안향상이다.**

EC는 해상안전과 보안기준을 유지하고 개선하여 해운의 품질향상으로 경쟁우위를 확보하는 데 대외해운정책의 초점을 맞추고 있다. 따라서 선박과 선원의 안전관리기준과 해양오염방지를 위한 국제기준의 강화와 준수에 전폭적인 지지를 나타내고 있다.

이상 다섯 가지 원칙 중에서도 가장 핵심사항은 유럽연합 해운산업의 이해관계를 증진시키는 것을 비롯하여 국제해운시장에 자유롭게 진입하여 공정한 경쟁을 추구할 수 있는 비즈니스 환경을 조성하는 것이다.

## 제 2 절 유럽 공통해운정책의 배경

역사적으로 볼 때, 근대 해운의 발생으로부터 성장기에 걸쳐서 유럽 국가의 해운력은 막강하였으며 이에 대항할 수 있는 세력은 거의 전무한 상태였다고 볼 수 있다. 특히 1849년 영국의 항해조례가 폐지된 후, 해운자유주의의 원칙이 서유럽해운의 절대적 우위라는 현실을 바탕으로 서유럽 제국에 의해 지지되어

왔음은 주지의 사실이다. 즉 해운자유주의도 이론적 타당성보다는 경쟁력상 우위에 있는 서유럽의 전통 해운국들이 그들의 우세한 해운력을 유지하는 데에 해운자유의 원칙이 보다 유리하다고 판단하였기 때문인 것으로 볼 수 있다.

해운산업이 근대적인 형태를 갖추기 시작한 이래, 영국 등을 포함한 전통해운국이었던 유럽의 해운산업은 미국 등과 함께 20세기 전반까지 중추적인 역할을 수행했다. 서유럽 해운의 우세는 2차 대전 후까지 지속되었다. 그러나 이후 해운자유화 원칙을 최대한 활용한 편의치적선대(Flag of Convenience)의 출현과 서유럽해운보다 원가경쟁 측면에서 우위에 있는 개발도상국과 사회주의국가 해운의 출현 등으로 서유럽 해운의 절대적 우위가 위협받기 시작하였다.

1970년을 전후로 하여 개발도상국들과 편의치적국들의 선대규모가 급격히 증가하였고 반면에 경쟁력을 잃은 EC 회원국들의 해운산업은 국제해운시장에서 차지하는 비중이 점차 감소하기 시작하였다. 특히 1980년대 유럽연합 회원국 해운의 급격한 쇠퇴는 유류파동에 의한 세계경제의 침체와 선복과잉에 의한 장기 해운불황 등의 기본적 요인이 배경에 있다. 또한 1980년대 이후 유럽연합 회원국에 등록된 선박량의 직접적인 급격한 감소 원인은 다음과 같이 요약할 수 있다. 첫째, 인건비와 사회보험료 부담 등 높은 비용이 유럽연합 회원국 선적의 경쟁력 저하를 초래하였다. 이에 따라 선박 소유자는 운항선박의 경쟁력을 확보하기 위해 각종 세제 혜택 및 비용 부담이 낮은 편의치적국(Flag of Convenience)으로 이적(flagging out)하였다.

둘째, 사회주의 국가의 국영해운에 의한 저운임 공세와 개발도상국에 의한 자국선 우대정책에 의해 유럽연합 회원국은 시장을 상실하고 있었다. 종전부터 유럽연합 회원국의 상선대는 고품질의 기술력과 양질의 서비스를 제공함으로써 사회주의 국가와 개발도상국의 상선대에 대항하여 왔지만, 전세계적인 선박의 근대화와 개발도상국 등의 상선대에 의한 낮은 운임정책에 의해서 높은 선원임금으로는 이들 국가에 대해서 경쟁력 우위를 확보할 수 없기 때문에 유럽연합 각국 상선대의 선박량 감소와 함께 내국인 선원도 감소하는 현상을 초래하였다. 1983년 약 21만 명이던 유럽연합 각국의 선원은 1990년대에는 약 12만 명으로 43%가 감소하였다.

## 1. 정기선동맹과 브릿셀 패키지

### 1) 정기선해운동맹협약(1974년)

EC는 1974년 4월 6월 UN무역개발회의(UNCTAD)에서 정기선해운동맹협약을 채택하였는데, 19세기 이래 해운업자가 항로의 안정을 위해 유지한 국제카르텔인 정기선동맹에 대해 개발도상국의 주도하에 다음과 같은 법적 규약이 만들어졌다. 첫째, 화물의 적취비율은 당사국 선사 간에는 50 : 50, 제 3 국 선사가 있는 경우에는 당사국 A의 선사, 당사국 B의 선사, 그리고 제 3 국의 선사는 40 : 40 : 20으로 한다. 둘째, 동맹과 하주 사이의 권리 의무 관계의 명확화이다.

UN정기선동맹의 행동규범에 관한 협약(일명 UN Liner Code)의 핵심은 40 : 40 : 20 규정으로 정기선 무역항로의 시장 점유율을 무역 당사국이 각각 40% 점유하고 나머지는 20%는 무역 당사국이 자율적으로 상업적 기준을 적용하여 제 3 국 선박의 시장 점유율을 결정하자는 내용이다.

### 2) 브릿셀 패키지(1979년)

상기에서 제시한 적취비율 설정은 경제협력개발기구(OECD)의 무역외 거래의 자유화에 관한 규약에 확인되어 있는 해운자유의 원칙과 상반되고 로마협약의 제 원칙인 국기차별금지(제 7 조), 독점 금지(제85조, 제86조)에 상충의 소지가 있었다. 또한 "특히 중요한 사항에 대해서는 유럽경제공동체(EEC: European Economic Community)로서 공동으로 대응할 것"이라는 내용을 포함한 로마협약 제116조에 위반한 결과를 초래하여 로마협약과 해운동맹헌장협약과의 관계를 조정할 필요성이 제기되었다. 상기에서 제시된 문제점들을 정리하여 유럽연합 각국이 해운동맹헌장협약을 최종적으로 비준하기 위하여 통일적인 유보조건을 정한 규칙 1954/79가 1979년 5월에 채택되었는데, 이 규칙을 브릿셀 패키지라 한다. 즉, 회원국가간 정책조율을 통하여 개발도상국의 정기선해운동맹협약에 대한 공동대응조치로서 브릿셀 패키지를 내 놓은 것이다. 브릿셀 패키지는 유럽연합 회원국들이 국별로 자국의 해운시장 확보를 위해 개발도상국들과 양자협정을 체결하는 과정에서 유럽연합 회원국간 차이가 발생하게 되어 해운정책에 혼선과 갈등이 일어났기 때문에 생겨난 정책이다. 이러한 브릿셀 패키지의 주요 내용은 다음과 같다. 첫째, 유럽연합 회원국간, 유럽연합 각국/경제협력기구(OECD) 회원국 간의 거래에서는 적취비율에 관한 정기선동맹헌장협약의 규정(50 : 50 또는 40 : 40 : 20)을 적용하지 않는다.

둘째, 유럽연합 각국과 동맹헌장협약에 가입하고 있는 비경제협력개발기구 회원국과의 거래에서는 적취비율에 관한 규정은 적용하지 않지만, 유럽연합 각국의 적취비율(50% 내지 60%)에 대해서는 유럽연합 각국 및 경제협력개발기구 회원국 간에 시장원리에 기초하여 재배분한다.

브릿셀 패키지는 회원국간 정책혼선과 갈등으로 야기될 수 있는 문제점을 방지하기 위해 제시된 타협조치라고 할 수 있으나, 시행에도 불구하고 그다지 큰 역할을 못하였다.[2)]

## 2. 1차 공통해운정책(1986년)

EC는 1977년 처음으로 해운에 대한 정보 수집 및 분석에 있어서 회원국 상호 간에 긴밀한 협력을 내용으로 하는 의결서를 제정하는 등 자국선대를 보호하기 위해 해운정책수립에 있어서 공동의 보조를 취하기 시작하였다.

브릿셀 패키지의 채택에 의해 로마협약 제 7 조와 제116조의 문제는 해결되었지만 해운동맹과 독점금지조항(제85조, 제86조)과의 관계는 정리되지 않았기 때문에 유럽공동체위원회는 이 문제에 대해서도 해결할 필요성이 제기되었다. 따라서 EC가 EU 차원에서 해운정책을 전반적으로 정리하여 제시한 것이 1986년 12월에 개최된 각료 이사회에서 제시한 공통해운정책 패키지(유럽연합 Shipping Policy Package)이다. 이를 1차 공통해운정책 패키지라 하며 유럽연합의 본격적인 공통해운정책의 기조를 형성하고 있다. 공통해운정책 패키지는 첫째, 유럽연합 회원국간 및 유럽연합 회원국과 제 3 국 간의 해상운송서비스 제공 자유의 원칙(규칙 4055/86), 둘째, 로마협약 제85조 및 제86조의 해운 적용(공정경쟁원칙), 셋째, 해운에 관한 불공정 운임설정의 규제(역외 해운기업의 불공정 가격경쟁 대항조치, 규칙 4057/86), 넷째, 해상운송에서 화물적취의 자유를 보호하기 위한 공동대

2) 미국과 일본 등 주요 해운국이 동맹헌장에 가입하지 않아서 협약이 발효된 이후에도 그 기능을 다하지 못했다는 점과 동 협약 비준국 중에도 적취비율 배분원칙에 상충되는 일방적인 화물유보(cargo reservation)를 행하는 국가가 많이 존재하였기 때문임.

응(규칙 4058/86)를 포함하고 있다.[3)]

### 1) 유럽연합 회원국간 및 제 3 국간의 해상운송서비스 제공 자유의 원칙

이는 유럽연합 회원국간 및 유럽연합 회원국과 제 3 국간 해상운송서비스에 대해 유럽연합 회원국뿐만 아니라 역외 선사에게도 무차별적인 참여의 자유를 허용하였다. 단, 1986년 7월 1일 이전에 각국에서 시행하고 있던 일방적인 화물유보 조치에 대해서는 다음의 일정에 의해 단계적으로 폐지되어야 한다는 내용을 담고 있다.

첫째, 유럽연합 회원국 선사에 의한 유럽연합 회원국 간의 해상운송은 1989년 12월 31일부터 폐지한다.

둘째, 유럽연합 회원국 선사에 의한 유럽연합 회원국과 제 3 국 사이의 해상운송은 1991년 12월 31일부터 폐지한다.

셋째, 기타 선사에 의한 유럽연합 회원국간 및 유럽연합 회원국과 제 3 국간 해상운송은 1993년 1월 1일부터 폐지한다.

이에 따라 벨기에, 프랑스, 독일, 이탈리아, 포르투갈, 스페인 등은 화물유보 조치를 상기 유예기간에 철폐하였다. 또한 유럽연합 회원국과 제 3 국간 화물적취 비율 연계협정에 관해서는 폐지 혹은 브릿셀 패키지에 따라 수정하여야 한다는 내용을 포함하고 있다.

### 2) 로마협약 제85조 및 제86조의 해운 적용(공정경쟁원칙)

로마협약 제85조 및 제86조는 기업 간의 카르텔을 금지하고 있었지만, 공정경쟁원칙 제정을 통해 정기선동맹이 로마협약의 독점금지조항의 적용 제외 대상이 되었다. 이 규칙의 내용은 다음과 같다.

첫째, 기술의 향상과 협력 목적을 위한 기술협정(technical agreement) 및 정기선동맹이 행하는 운임 등의 운송조건에 관한 협정은 로마협약 제85조 제 1 항의 금지 대상에서 제외한다.

둘째, 부당한 경제적 사유로 인한 기항지, 하주간 차별을 금지한다.

셋째, 상기 적용 제외 조건으로서 운임 등의 이용조건에 관한 선사와 하주의

---

3) 공통해운정책 패키지는 회원국에서 1995년 1월 1일까지 국내법으로 수용하도록 규정하였다. 이 규정은 해운패키지가 발효된 지 4년이 경과한 1990년 12월 17일 발효되었다.

협의와 성실협정(loyalty)[4]의 내용 한정 등의 의무를 부과한다.

### 3) 해운에 관한 불공정 운임설정의 규제

이 규칙은 유럽연합 회원국간 및 유럽연합 회원국과 제3국 간의 정기항로에서 국가의 지원을 받아 비정상적으로 높은 이익을 향유하고 있는 선사가 낮은 해상운임을 설정하여 유럽연합 선사에 손해가 발생하거나 발생할 소지가 있다고 판단하는 경우 이사회는 해당 선사에 과징금을 부과할 수 있다는 내용이다. 과징금[5]을 지급하지 않는 경우, 유럽연합 역내의 항만에서 하역을 허용하지 않는다는 내용을 규정하고 있다.

### 4) 해상운송에서 화물적취의 자유를 보호하기 위한 공동대응

이 규칙은 제3국 또는 그 대리인에 의해 유럽연합 선사의 자유로운 해상무역 참여가 방해되는 경우, 유럽연합은 해당 3국과 선사 등에 공동의 외교적 항의 및 화물적취 제한 등의 대응조치를 내용으로 하는 공동행동을 취할 수 있다는 내용을 규정하고 있다.

전술한 바와 같이 1986년 공통해운정책 패키지는 정기선동맹헌장협약과 제

표 3-1 EU 공통해운정책 패키지의 주요 내용

| 이사회 규칙번호 | 내 용 | 비 고 |
|---|---|---|
| 4055/86 | 해상운송 서비스 공급의 자유화<br>제3국 해운시장 진입시 양자협정 인정 | 회원국 간 및 회원국과 제3국 간 해상운송에 적용 |
| 4056/86 | 경쟁관계 법규<br>해운동맹 허용 | 정기선 해운부문/업계자율 규제존중/화주와의 협의의무화 |
| 4057/86 | 불공정 관행 대처방안 | 역외 해운기업의 불공정 관행에 대한 처벌 가능 |
| 4058/86 | 해운보호주의 퇴치수단<br>해운시장의 자유진입에 대한 조정과 대책 | |

자료: 조계석(2003), "EU 대외해운정책의 발전단계별 주요 내용과 시사점," 「월간 해양수산통계」.

4) 정기선동맹과 하주 간에 성립하는 협정으로 하주의 자신의 화물을 계약 당사자인 운임동맹 선사의 선박에 선적할 것을 약정하고 이 대가로 운임동맹은 하주에게 운임을 할인하여 줌.

5) 과징금은 시정세라고 불리며 징수기한은 5년이지만 연장이 가능함.

3국의 불공정한 보호주의적 조치에 대해 유럽연합 각국이 결속하여 당면 문제를 해결하고자 한 것이었다. 그러나 유럽연합 상선대의 경쟁력 제고와 국제 해운에서의 지위 상승을 실현하기 위한 방법으로는 충분하지 않았다. 이러한 배경에서 1989년 6월 제2차 공통해운정책이 수립되었다.

## 3. 2차 공통해운정책(1989년)

유럽공동체위원회는 1989년 6월 유럽통일선적의 창설을 주된 내용으로 하는 '유럽연합 해운업의 미래: 유럽연합 해운의 운항조건을 개선하기 위한 방안(A Future For The Community Shipping Industry: Measures To Improve The Operating Conditions Of Community Shipping)'을 제안하였다. 이것이 제2차 공통해운정책 패키지로 주요 목적은 경제적 혹은 기술적 경쟁 조건의 왜곡 시정, 이적에 의한 선적의 대폭적인 감소 사태 방지, 유럽상선대의 보호 및 선원의 감소 현상 방지를 통해 제3국 상선에 대한 경쟁력을 높이는 데 있다.

유럽통일선적의 창설을 통해 유럽연합 국적 상선대의 경쟁력을 높이고 이적을 억제하고자 하는 목적을 가지고 있었으며 이를 위해 유럽연합 역내 국적상선대가 유지되어야 한다고 주장하였다. 그 내용은 다음과 같다.

첫째, 유럽연합 자국적 상선대의 유지를 통해 전시 등 긴급상황 발생시 적절한 대응,
둘째, 자국적 선박의 확보를 통해 안정적인 운송의 확보,
셋째, 신뢰할 수 있는 자국 선원의 일정한 확보,
넷째, 유럽연합기 게양을 통해 유럽시장 통합에 대한 상징성 부여 등이다.

유럽통일선적의 창설 및 유럽연합국기 게양에 관한 이사회 규칙안은 다음과 같다.

첫째, 유럽연합 회원국의 선적에 대하여 유럽통일선적으로 2중 등록할 수 있다.[6)]
둘째, 유럽통일선적에 등록할 수 있는 선박소유자는 유럽연합 회원국의 국민

6) 유럽공동체 위원회는 당초 유럽연합 통일선적에 등록하는 단일 선적을 검토하였지만, 관련 법규 및 국제협약 등의 문제로 인해 현실적인 안으로서 2중 선적제도를 제안하였다.

에 한정한다.

셋째, 유럽통일선적에 등록할 수 있는 선박은 총톤수 500톤 이상의 선박으로서 유럽연합 회원국의 선박으로 한정한다.

넷째, 안정성에 대해 유럽연합 회원국이 요구하는 모든 증명서를 소지한다.

다섯째, 유럽통일선적에 등록한 선박의 선원은 적어도 선박 직원 전원과 부원의 반은 유럽연합 회원국의 국민이어야 한다.

여섯째, 유럽통일선적에 등록된 선박은 자유로의 다른 회원국의 선적에 이적 가능하다.

마지막으로, 유럽통일선적의 선박에 승선하는 선원의 해기사 자격은 각 회원국에 의해서 인정한다.

제안된 유럽통일선적안은 몇 차례(1990년, 1992년 그리고 1995년)에 걸쳐 수정작업이 이루어졌지만, 각국의 제 2 선적과 역외선적(off-shore)[7]에 비하면 외국인 선원 배승의 비율이 낮고, 제 3 국과의 비용 경쟁의 격차를 줄이기 위한 재정적 지원 조치가 없음으로 인해 유럽연합 회원국에게 실질적 수혜를 주지 못하였기 때문에 이사회 논의가 더 이상 진전되지 않아 유럽연합규칙으로 채택되지 못하였다.

## 제 3 절 연안해운의 자유화(1993년)

연안해운정책은 유럽연합 제 1 차 공통해운정책의 개설 시 영국이 주장하였지만 남유럽 각국의 강력한 반대로 채택되지 못하였다. 각국별로 수차례 논의와 수정을 거친 후 1992년 12월 7일 각료이사회규칙이 채택되어 1993년 1월 1일 이후부터 유럽연합 회원국 내 해운서비스 자유화가 유럽연합 선박 소유자[8]에게 적용되었다. 규칙의 주요 내용은 다음과 같다.

---

7) 1989년 영국의 만섬, 홍콩 카이만섬, 버뮤다, 프랑스의 케흐그 엘렝섬, 네덜란드의 안티르제섬, 독일의 아이알에스 등의 제 2 선적 또는 역외선적이 존재하였으며 유럽연합 각국은 자국 상선대의 감소를 방지하기 위해 독자적으로 제 2 선적 또는 역외선적제도를 창설하였다.

8) 유럽연합 선박소유자라 함은 회원국 내 선박등록을 하고 회원국기를 게양하는 자를 말한다(단 유럽통일선적이 실시될 경우 유럽통일선적기를 포함).

첫째, 본토 연안해운(도서에 기항하지 아니하는 서비스)을 영위하는 선박과 크루즈선의 배승에 관한 모든 문제는 선박이 등록된 국가의 책임이 됨. 단, 총 톤수 650톤 미만의 소형선은 연안해운이 행해지는 나라의 조건을 적용한다.

둘째, 도서 연안해운을 영위하는 선박에 대해서는 배승에 관한 모든 문제는 연안해운이 행해지는 나라의 책임이 됨. 그러나 1991년 1월 1일 이후, 도서에서 연안해운을 영위하는 총 톤수 650톤 이상을 초과하는 화물선은 국제운송의 일부로서 연안해운서비스를 제공하는 경우 배승에 관한 모든 문제는 기국의 책임이 된다.

셋째, 연안해운 자유화로 인해 국내운송시장에 중대한 교란이 있을 경우 회원국은 유럽공동체위원회에 최장 1년간의 보호조치 채택을 요청할 수 있음. 해당 국가가 신청서를 접수할 경우 유럽공동체위원회는 다른 회원국과 협의를 거쳐 신청서 접수 후 30일 이후에 필요한 보호조치를 적용할 범위를 결정. 30일 이후에도 아무런 결정을 내리지 않은 경우에는 해당 국가는 요청한 조치를 채택할 자격을 가지는 것으로 간주한다.

또한 지중해와 스페인, 포르투갈, 프랑스 연안에서 영위되고 있는 해운서비스는 규칙의 실시가 일정기간 동안 잠정적으로 제외되었으며, 주요 내용은 다음과 같다.

첫째, 크루즈서비스는 1995년 1월 1일까지,

둘째, 전략적 물자의 운송(석유, 석유제품, 음료수)은 1997년 1월 1일까지,

셋째, 650톤 미만의 소형선박에 의한 서비스는 1998년 1월 1일까지,

넷째, 정기여객선 및 페리서비스는 1999년 1월 1일까지,

다섯째, 그리스에서의 페리, 650총톤 미만의 소형 선박에 의한 서비스는 2004년 1월 1일까지 제외된다.

영국, 독일, 네덜란드, 벨기에, 덴마크 등의 유럽연합 북부 국가들은 연안해운 자유화 규정이 채택되기 전부터 이미 연안 해운이 개방되어 있었다. 반면 지중해 등의 주요 도서간 연안 해운 자유화에 대해서는 적용 제외 규정에 의해 해결되었다. 유럽연합의 해운 경쟁력을 증대하고 상선대의 규모와 고용을 확보

하기 위해 2차에 걸친 정책 패키지의 책정이 시도되었다. 그렇지만 2차에 대해서는 채택되지 않고 그 일부만이 연안해운 개방 등의 형태로 채택된 것에 불과하다.

# 제 4 절 유럽연합의 해운동맹정책

## 1. EC 설립조약(로마조약)의 경쟁규칙

EC 설립조약의 제81조와 제82조는 독점을 금지하는 경쟁의 기본원칙을 다음과 같이 제시하고 있다.

### 1) 제81조

(가) 공동시장과 조화되지 않는 것으로서 금지하는 행위(1항): 사업체 간의 모든 협정, 사업체 협회의 결정 및 일치된 관행으로서 회원국 간의 무역에 영향을 미치고 또한 공동시장 내의 경쟁을 저해 · 제한 · 왜곡할 것을 목적으로 하거나 초래하는 행위 중 특히 다음과 같은 행위를 포함한다.

- 구매 혹은 판매 가격 또는 기타의 상거래 조건을 직간접적으로 설정하는 행위
- 생산, 시장, 기술발전 또는 투자를 제한하거나 통제하는 행위
- 다른 상거래 당사자와의 동등한 거래에 상이한 조건을 적용함으로써 그로 하여금 경쟁상 불리한 위치에 놓이게 하는 행위
- 계약을 체결하면서 다른 당사자로 하여금 그 계약의 주제와는 성질상, 상업관행상 관련이 없는 보족적인 의무를 수락할 것을 조건으로 하는 행위

(나) 81조의 규정에 따라서 금지되는 협정이나 결정은 자동적으로 무효로 한다.

(다) 그러나 제 1 항의 규정은 다음에 경우에는 적용이 배제된다.

사업체 간의 협정 또는 협정 부류, 사업체 간의 협회에 의한 결정 또는 결정 부류, 그리고 일치권 관행 또는 관행 부류로서 생산 또는 물품의 유통 또는 기술적 경제적 진보의 개선에 공헌하고 그 결과로 생기는 이득의 공정한 몫을 소비자에게 허용하고 또한 다음에 해당하지 않는 것이어야 한다.

- 이들 목적을 달성하는 데 있어서 불가피하지 아니한 제한을 관계 사업체에게 부과하는 것
- 그러한 사업체가 문제의 생산품의 실질적인 부문에 관하여 경쟁을 배제할 가능성 여지가 있는 것

### 2) 제82조

(가) 공동시장 내부 또는 공동시장의 실질적인 부분에서 지배적인 위치에 있는 하나 이상의 사업체에 의한 남용은 회원국 간의 교역에 영향을 미치는 한 공동시장과 조화되지 않는 것으로 금지됨. 그러한 남용의 경우는 다음과 같다.

- 불공정한 구매 혹은 판매 가격 또는 기타의 불공정한 상거래 조건을 직간접으로 부과
- 생산, 시장 또는 기술발전을 제한함으로써 소비자의 권리를 침해
- 다른 상거래 당사자와의 동등한 거래에 상이한 조건을 적용함으로써 그로 하여금 경쟁상 불리한 위치에 처하는 행위
- 계약을 체결하면서 다른 당사자로 하여금 그 계약의 주체와는 성질상으로나 상업관행상 관련이 없는 보족적인 의무를 수락할 것을 조건하는 경우

## 2. EU 이사회 규칙 4056/4058

EU 이사회 규칙 4056/86은 1984년 미국의 해운법이 제정된 2년이 경과한 후에 EC가 해운동맹에 대한 정책을 천명한 중요한 법률로서 미국의 해운정책과 유사한 내용을 담고 있다.

그 당시까지만 하더라도 유럽의 해운동맹 정책은 영국의 경우처럼 '모든 국제해상운송서비스'에 대해 독점금지법(Restrictive Trade Practices Order, 1980)의 적용으로부터 포괄적이고 무조건적인 면제를 부여하고 정부의 간섭이 없는 업계의 자율규제에 맡기고 있었다. 이 규칙은 회원국을 구속하는 강행법으로 두 가지 기능을 한다. 첫째, EC 집행위원회로 하여금 EC조약 81조와 82조의 규정을 해운산업분야에 적용할 수 있게 한다. 둘째, 정기선 해운동맹에 대하여 독점금지법의 적용으로부터 집단 면제의 혜택을 부여한다. 또한 선사 간의 정기선 운항에 관한 협정을 금지규정으로부터 면제시켜 주고 있다. 이러한 독점금지법에서 적용 제외

되려면 그 목적인 운임률과 운송조건의 결정에 있어야 하며 이에 추가하여 다음 중 하나 이상을 수행하여야 한다.

(가) 운항 시간표, 출항일정 또는 기항일정의 조정
(나) 출항 또는 기항 빈도 결정
(다) 해운동맹 가입 선사 간의 출항 또는 기항 조정 또는 배정
(라) 동맹의 각 회원선사가 제공하고 있는 운송능력의 규제
(마) 회원선사 간의 화물 또는 운임수입의 분배

규칙 제 4 조는 해운동맹이 독점금지법 적용을 면제받기 위한 조건을 규정하고 있다. 즉, 선사간 협정은 출발국 혹은 도착국 또는 적하항 혹은 양하항에 따라서 정당한 사유없이 상이한 운임률 또는 운송조건을 적용함으로써 항만, 운송이용자 또는 운송인에게 지장을 초래하여서는 아니 된다고 규정하고 있다. 해운동맹이 독점금지법의 적용으로부터 개별적인 아닌 집단면제를 받으려면 일정한 의무가 따른다.

(가) 정기선 동맹은 운송 이용자와 협의해야 함

(나) 성실계약을 체약할 수 있으나 운송이용자에 대한 보장조항이 들어 있어야 함

(다) 운송이용자는 내륙운송과 부두 서비스 이용에 관하여 자신이 자유롭게 계약을 체결할 수도 있어야 함

(라) 해운동맹의 운임표와 기타의 운송조건은 운송이용자가 요청하면 받아볼 수 있거나 검토하는 데 이용이 가능하여야 함

상기에서 제시한 사항과 조건을 준수하지 않을 경우 EU 집행위원회는 독점금지법 적용에서 해운동맹을 집단 면제하는 혜택을 철회할 수 있으며 벌금을 부과할 수도 있다. 또한 정기선사간 컨소시엄에 대해서는 별도로 이사회규칙이 제정되어 유럽연합 독점금지법 적용을 면제한 것과 동일한 조치를 취하고 있다. 1995년 4월 20일 유럽공동체위원회에서 채택되어 동년 4월 21일에 공포되었는데 주요 내용은 다음과 같다.

(가) 이 규칙은 국제 항로에 적용되고 일괄 적용 제외 대상이 되는 행위로서

운항일정의 조정, 선복의 상호 융통, 수입풀, 컴퓨터에 의한 자료 교환 시스템의 실시, 단 용량(capacity) 이용 제한 및 가격카르텔은 대상에서 제외해야 함

(나) 상기 행위가 일괄 적용 제외 대상이 되기 위해서는 활발한 경쟁이 존재해야 하며, 동맹 내에서 운용되고 있는 컨소시엄에 대해서는 해당 컨소시엄의 운송분담률이 30% 미만이어야 하고 동맹 외의 경우에는 35% 미만이어야 함

(다) 상기 항에 해당하지 않는 운송분담률이 50% 미만인 컨소시엄의 경우도 유럽공동체위원회에 적용제외 신청을 한 날로부터 6개월 이내에 유럽공동체위원회가 반대하지 않으면 적용 면제됨

(라) 컨소시엄의 구속기간은 18개월, 탈퇴 통지 기간은 6개월로 함. 단, 순수익풀과 고도의 투자를 행하고 있는 높은 정도의 통합의 경우에는 구속기간을 30개월로 함

(마) 규칙의 적용기간은 5년으로 함

## 3. 정기선 해운동맹의 폐지 검토

EU에서 독점금지법의 적용에서 집단 면제되는 산업분야 중에서 단 해운동맹에 대해서는 집단 면제되는 기간이 무제한으로 되어 있다. 뿐만 아니라 이 규칙에 대해 재검토하는 조항도 존재하지 않고 있다. 그러나 정기선사 컨소시엄에 가입하고 있는 선사 간의 협정에 독금법 적용을 집단 면제하는 규칙에 대해서는 5년 후에 재검토하는 규정이 포함되어 있다.

이에 따라 2006년 10월 유럽집행위원회는 1986년부터 해상운송에 있어서 공동가격설정(collective price fixing) 및 선복량 규제(capacity regulation)를 예외적으로 인정하고 있는 이사회 규칙(council regulation) 4056/86[9]을 개폐하겠다는 백서(white paper)를 발간하고 구체적인 입법 작업에 들어갔다. 1875년 8월 캘커타동맹을 결성한 이래 유지되고 있는 해운동맹의 공동가격설정 및 선복량 규제 행위에 제동이 걸릴 것으로 보인다. EU의 검토가 진행되고 있는 가운데 미국, 호주, 캐나다, 일본 등 주요국에서도 해운동맹에 대하여 독점금지법의 적용에서 제외하거나 면제하는 문제를 재검토한 바 있거나 검토가 진행되고 있어 정기선사의

9) EU의 일반적 경쟁규칙(competition regulation)의 적용을 면제한다는 의미에서 반카르텔(antitrust immunity), 블록면제(bloc exemption)이라고 함.

경쟁 환경이 크게 변화할 것으로 예상된다.

### 4. OECD 정기선해운 경쟁정책 보고서

EU 규칙 4056/86의 재검토 작업에 착수하도록 하는 데 있어서 가장 큰 영향을 미친 것은 OECD 사무국에서 작성한 해운동맹에 관한 보고서라 할 수 있다. OECD는 1995년 각료회의의 요청으로 회원국의 규제제도를 연구하는 규제개혁계획의 일환으로 사무국에서 항공화물운송의 OECD개관(OECD Review of Air Cargo Transport)과 병행하여 1999년 5월 국제해상운송의 규제개혁에 관한 토의문서(Discussion Document on Regulatory Reform in International Maritime Transport)를 제출하였다. 제출한 문서에 의하면, 공통된 운임률을 설정하는 협정은 더 이상 독점금지법의 적용에서 면제되거나 제외되도록 하여서는 아니 된다고 권고하고 있다.

## 제 5 절 유럽연합의 톤세제도

### 1. 톤세제도 도입의 배경

유럽의 주요 해운국가들은 1980년 말에서 1990년 초에 이르러 부분적 조세지원을 통한 제 2 선적제도를 도입하여 국적선대 증가 및 해운관련 산업 활성화를 꾀하였으나 중장기적으로 비용 및 제도 측면에서 편의치적보다 나은 이점을 제공하지 못하였기 때문에 단기적 성과에 머물렀다.

이에 1990년대 중반 이후 유럽의 주요 해운국들은 국적선대 감소와 해운기업의 해외이전, 해운관련 활동의 위축 등 해운산업 침체를 탈피하기 위한 선결과제는 해운기업에 대한 조세환경의 근본적 개선이라는 데에 초점을 맞추고 이의 개선을 위해 톤세제도의 도입을 채택하였다.

일반 법인세제도를 개선하지 않고 톤세제도의 도입을 선택한 이유는 동 제도를 도입한 국가의 주요 정책목표가 자국선대의 편의치적화를 막기 위한 것이므로 조세 환경을 개선하려면 편의치적국과 경쟁할 수 있는 조세제도어어야 한다고

표 3-2 톤세 도입까지의 해운정책 변화 추이

| 제2차 대전 이전 | 1970~1980년 | 1980~1990년 | 1990년대 말~ |
|---|---|---|---|
| 중상주의<br>국력=무역 및 해운<br>(직접보조금) | 편의치적 확산<br>(조세회피) | 제2선적제도 확산<br>(부분적 조세지원) | 톤세제도 확산 |
| 해운이 국력<br>척도(무역확대수단)<br>자국선대 확대<br>각종 보조금 지원 | 공정경쟁체계 확대<br>자국선대 감소<br>해운산업 경쟁력약화<br>현상 확대 | 자국선대 확장<br>(이적방지) 도모<br>자국해운 및<br>관련산업 육성 | 자국선대유지 및<br>확대정책 적극추진<br>관련산업발전 및<br>경쟁력강화 도모 |

자료: 한국선주협회(2004), 「한국해운의 국제경쟁력을 제고하기 위한 방안」.

판단하였으며 그러한 정책목표를 효과적으로 달성하기 위한 조세제도로 톤세제도를 채택하였다. 이러한 톤세제도는 유럽연합 선적의 유지와 재정보조의 목적을 가지고 있다. 즉 유럽연합 선적을 취득하고 있는 선주에게 지속적으로 선적을 유지하도록 하는 재정적 혜택을 주는 것이며 유럽연합에 새롭게 가입하고자 하는 국가에게 제공되는 유인책의 하나이다.

## 2. 톤세제도의 정의와 특징

톤세제도란 해운기업의 실질적 경영실적, 즉 경상이익을 기준으로 세금을 부과하는 일반적 법인세제와 다르게 소유 선박의 톤수를 기준으로 한 추정이익을 과세표준으로 하여 세금을 부과하는 조세제도이다.

법인세제 = 경상이익 × 법인세율

톤세제 = 추정이익 × 법인세율

(추정이익 - 선박순톤수 × 운항일수 × 단위톤세율)

유럽연합 협약상 유럽공동체 승인 없는 정부 지원은 전면 금지되며 그 범위는 아래와 같다.

① 특정 기업체에 혜택을 부여하게 되는 경우

② 그 혜택의 출저가 정부 보유 자금일 경우

③ 유럽연합국가 간의 자유무역과 경쟁에 영향을 미치는 사안일 경우

④ 특정 기업체나 특정 상품 등 특정 부분에 한정된 지원일 경우

톤세제도는 본질적으로 회사 손익과 관계없이 해운기업의 보유 선박톤수에 기초하여 세금을 부과하는 제도이며 기본적으로 해운기업의 자국내 투자 유치와 고용 창출을 그 목적으로 하고 있다. 이런 목적으로 인해 톤세제도하에서의 세금 부담은 기존의 일반적인 법인세 부담에 비해 줄어들게 된다. 즉, 톤세제도는 일반적 방식에 따른 법인세보다 낮은 세금 납부로 인해 특정 국가에 소재한 해운기업은 경제적 이익을 얻게 되므로 ①번 항목에 반하며 이에 따라 특정 국가는 그 부족액을 국고에서 충당하여야 하므로 ②번 항목에 반하게 되는 것이며 톤세제도를 실시하지 않는 여타 국가에 비해 경쟁력을 얻게 되어 이는 ③번 항목에 반하게 되고 해운기업 외에 다른 분야에는 적용되지 않으므로 이 또한 ④번 항목에 반하게 된다.

그럼에도 불구하고 유럽공동체는 해운분야에 한정하여 특별히 고안된 가이드라인을 공포하였다. 동 가이드라인의 요점은 "톤세제도는 정부 지원의 하나로 분류할 수 있으나 해운인력 자질 강화의 세이프가드임이 증명되었으므로 동종의 세제혜택 제도는 전반적 관점에서 승인 가능하다"라는 것이다. 이처럼, 유럽공동체는 여타의 다른 산업 분야와 달리 해운산업 분야에서의 정부 지원에 대해 다소 유연한 반응을 보이고 있다. 유럽공동체는 영국 톤세제도 승인시 "톤세제도 도입은 영국적선과 해운 노하우 쇠퇴를 방지하고 전략적 상업적 선대 운영의 복귀를 위해 매우 중요하고 필수불가결하다"라는 입장을 표명하였다. 또한 톤세제도 도입은 유럽연합 기업국 간의 경쟁력에 영향력을 미친다는 관점에서 보기보다는 제 3 국(편의치적국)과의 경쟁에서의 경쟁력 강화를 위한 방편이다라는 입장을 보이고 있다.

표 3-3 톤세제도의 적용규정 비교

| 구분 | | 영 국 | 네덜란드 | 노르웨이 |
|---|---|---|---|---|
| 도입시기 | | 2000. 7. 28 | 1996. 1. 1 | 1996. 6. 1 |
| 전환가능성 | | 적응기간 경과 후 법인세 전환 가능 | 적용기간 경과 후 법인세 전환 가능 | 적용기간 경과 후 법인세 전환가능 |
| 적용기간 | | 10년 | 10년 | 1년 |
| 적용기준 | 기업 | 법인세 대상기업 (전략적, 상업적 위치) | 법인세 대상기업 (선박의 전략적관리) | 법인세 대상기업 (경영, 금융전략 수행위치) |
| | 선박 | - 운항선박(100 GT)<br>- 운항선박의 70% 이내 용선선박 포함<br>- 국적조건 없음 | - 운항선박<br>- 선박소유 순톤수의 3배 이내 나용선 인정<br>- 국적조건 없음 | - 운항선박(100 GT 이상)<br>- 국적조건 없음 |
| | 선원 | 사관 15명당 1명 훈련 | 없음 | 없음 |
| | 운송구간 | 내, 외항선박 | 국제운송 | 내, 외항선박 |
| 산출방법 | | 톤수, 운항일수에 따른 톤세 수익에 법인세율 적용 | 톤수, 운항일수에 따른 톤수 수익에 법인세율 적용 | 톤수, 운항일수에 따라 바로 톤세 산출 |
| 특기사항 | | - | - | - 일정 톤세 수입은 톤세 활동 부문에 유보 또는 재투자하여야 함<br>- 친환경 선박은 25%까지 감면 |

자료: 한국선주협회(2004), 「한국해운 국제경쟁력을 제고하기 위한 방안」.

표 3-4 국가별 톤세제도의 규정 및 톤세 비교

| 구분 | 프랑스 | 독일 | 그리스 | 아일랜드 |
|---|---|---|---|---|
| 신청시기 | 2004년 말까지 | 외항해운수입 증명 후 2년내 | - | Finance Act 2002 Section 53 발효 후 3년내 |
| 적격회사 | 상선운영 매출이 회사 총매출의 75% 이상 | 영내 실질 관리법인 주재 및 국제해운거래선박 운영 | - | 영내적격선박 운영 |
| 적격선박 | 50톤 이상 상선/여객선/화물선/조력선/구조선 등 | 독일등록선박 | 상업목적선박 | 외항항해증명서 구비 (100 Capacity Ton 이상) |
| 자국등록 | - | 필수 | 필수 | - |
| 탈퇴요건 | 자격요건 불이행 퇴출을 제외하고 10년내 탈퇴금지 | 자격요건 불이행 퇴출을 제외하고 10년내 탈퇴금지 | 그리스등록선박 탈퇴시 | 자격요건 불이행 퇴출을 제외하고 10년내 탈퇴금지 |
| 제도악용 | 비적격 대상 수익을 톤세제 회사에 전가하는 세금회피를 막는 데 목적 | German Tax Code Section 42에 준함 | - | 톤세제도 악용시 제도권 밖으로 퇴출 |
| 대상수익 | 적격선박 운영과 직접 관계된 활동에 따른 수익 | 해운거래선박 운영수익 | 선박운영과 관계한 선주의 모든 세금 부담 부분 | 적격선박 운영수익 |
| 감가상각 | 불가능하나 회계 목적상에는 가능 | 불가능 | 불가능 | 불가능 |
| 금융리스 | 투자자본공제 청구 액수 제한 없이 금융리스 | - | 그리스 리스특별법하에서 선박리스 금지 | 투자자본공제 청구불가 |
| 기타 | - | - | - | - |
| 톤세 (유로) | 24,781 | 72,197 | 101,878 | 12,556 |

| 구분 | 네덜란드 | 노르웨이 | 스페인 | 영국 |
|---|---|---|---|---|
| 신청시기 | 해운수입 발생 당해년도 | 세금공제신청일 (보통 2월 말) 전 | 회계연도 시작 최소 3개월 전 | 적격회사 자격획득 후 12개월 내 |
| 적격회사 | 해운거래수입증명 기간용선 리스나 위탁운영의 경우 추가요건 존재 | 적격선박의 직/간접 소유권. Norwegian 1997 Act에 준한 회사 | 스페인등록선주로 EU영내 선박운영 | 적격선박 운영 |
| 적격선박 | Floating Platform을 포함하여 매우 광범위 | 100 GT 이상 선박석유탐사에 사용되는 선박 또는 구조물 | 외항항해 적합선박, EU영내에서 전략적/상업적 관리 | 100 GT 이상 |
| 자국등록 | - | - | 필수 | 필요 없으나 구비시 운영상 이점 |
| 탈퇴요건 | 자격요건 불이행 퇴출을 제외하고 10년내 탈퇴금지 | 상시탈퇴 가능하나 세금정산 실시 | 상시탈퇴 가능하나 자격요건 불이행시 퇴출과 동일결과 | 자격요건 불이행 퇴출을 제외하고 10년내 탈퇴금지 |
| 제도악용 | - | 세법상 일반적 조항 명시 | - | 톤세제도악용시 세도권 밖으로 퇴출 |
| 대상수익 | 해운거래수익 | 적격선박 소유권 및 운영 수익 | 외항활동 서비스로부터의 수익 | 적격선박 운영수익 |
| 감가상각 | 불가능 | 불가능 | 불가능 | 불가능 |
| 금융리스 | - | 1척 이상 적격선박 소유시 나용선 선박을 적격선박으로 이용 | 임차인은 소유권 문제로 톤세제 가입 불가하나 톤세제도하 회사에 리스 가능하고 경우에 따라 고속상각혜택 보유 | 경우에 따라 가능하며 임차인은 일반적인 법인세 지불 |
| 기타 | 종업원세제혜택 | - | 환경안전 준수 여부 및 EU선원 고용 여부가 승인에 영향 미침 | 선원교육강제조항 |
| 톤세 (유로) | 25,809 | 98,350 | 23,250 | 22,300 |

자료: 한국선주협회(2004), 「한국해운 국제경쟁력을 제고하기 위한 방안」.

# 제 6 절 유럽연합의 통합물류정책

## 1. 통합물류정책의 개요

2001년 유럽교통백서에서는 물류는 유럽의 지속성장과 환경보호, 그리고 에너지 공급의 안정 확보에 크게 기여한다고 지적하고 있다. 유럽의 교통정책은 자유화와 화합이라는 목표에 있으며 이는 오늘날 유럽 교통시스템을 구축하는 데 기반이 되었다.

화물운송의 급속한 성장은 경제성장과 고용창출에 많은 기여를 했지만 반면에 교통혼잡, 교통사고, 소음공해, 대기오염 그리고 에너지 낭비 등 많은 부작용도 초래하고 있다. 따라서 이를 예방하고 방지하는 적절한 조치가 없다면 여건은 더욱 악화될 것이며 결국 유럽의 경쟁력 저하로 귀결될 것이라고 지적하였다. 결국 이러한 문제점을 해결하기 위해 유럽의 교통시스템은 고도의 물류기법을 활용하여 최적화시켜야 한다는 통합물류정책이 제기되었다.

유럽의 통합물류정책은 교통정책에 기반을 두고 있으며 유럽 교통정책 백서에 유럽 교통정책의 현안 문제점과 정책 방향을 제시하고 있다. 유럽연합에서 추진하고 있는 통합물류정책은 동유럽 국가 및 남유럽 국가들까지 포함한 광범위한 물류네트워크를 구축하기 위한 정책이다. 특히 교통정책의 목표는 환경친화적이고 일괄복합운송체제를 구축하는 것으로 도로운송 중심에서 탈피하여 운송수단의 다양성과 역할 분담을 통하여 물류 효율성을 향상시키고 환경보호를 강화하는 것이다.

## 2. 통합물류정책의 발전

(가) 통합교통정책(1975년): 화물운송시장의 7%를 차지하는 컨테이너운송의 확대정책

(나) 복합운송정책 1단계(1997년): 운송 효율화를 위한 체계적인 운송시스템 정책 도입 — 교통수단간 상호의존성 및 보완성을 인식하였지만 도로운송의 혼잡과 환경을 보호하는 정책의 미비

(다) 복합운송정책 2단계(2001년): 운송수단간 통합정책 — 2001년 교통백서는 복합운송개념을 정립하고 도로교통 혼잡을 완화하는 방안 제시

2001년 교통백서의 정책 방침에 의하면, 유럽연합은 수송거리 단축과 운송수단간 수송분담률 조정이 필요하다고 인식하고 이러한 목표를 달성하기 위해 도로운송에 높은 운송료를 부과하고 기타 다른 운송수단을 활성화시키고 범유럽 교통인프라 네트워크(Trans-European Networks) 건설에 집중 투자하는 운송물류정책 방침을 설정하였다.

## 3. 주요 해운물류 추진정책

### 1) 해상고속도로(Motorway of the Sea) 정책

해상고속도로는 연안운송의 개발을 통하여 유럽 내의 물류효율화를 추진하는 정책으로 도로운송의 혼잡을 해소하고 복합운송의 효과를 증진시키는 방법의 일환이다. 해상고속도로 정책은 해상운송, 내륙수로운송과 철도운송을 연계하는 수송정책이다. 근해운송시스템(Short Sea Shipping System)은 유럽연합 차원에서 유럽의 내륙운송 물류시스템의 문제점을 해결하기 위한 대안으로 채택되어 지난 10년 전부터 정책과제로 추진되고 있다. 이러한 근해운송시스템은 해상고속도로 건설 계획으로 다음 4가지 목적을 가지고 있다. 첫째, 정기적이며 서비스 빈도가 높은 해상운송망의 건설을 위해 기존의 시스템을 개선하여 새로운 시설을 건설한다. 둘째, 공로와 철도를 포함한 육상의 범유럽 운송네트워크(Trans-Eropean Network)와 버금가는 수준의 초국가적 해상운송망(Transnational Maritime Link)을 건설한다. 셋째, 해상고속도로의 건설을 통해 지리적 장벽에 의해 고립된 회원국과의 연계망을 개선한다. 마지막으로 도서 및 주변국가와의 연계를 통해 해상인프라에 대한 보안기능을 확대한다.

유럽위원회에서는 이러한 개념을 범유럽 순환네트워크(TEN-T) 안에서 작동될 수 있도록 유럽연합 집행부와 유럽연합 의회 사이에 활발한 논의를 진행하고 있다. 해상하이웨이의 건설이란 새로운 개념 도입을 통해 역내 물류의 효율성을 증가시킬 계획에 있다. 이와 관련하여 유럽공동체는 2004년 7월 근해운송촉진방

안[10]을 수립하였다. 2003년 10월 EC는 TEN-T 개발을 위해 가이드라인을 제시하고 이를 수행하기 위해 최종 2020년에 완료되는 29개 사업을 제시하고 있으며 이 가운데 21번째 사업이 해상고속도로의 개발이며 이는 아래와 같이 4개로 구분된다.

표 3-5 해상고속도로 개발 계획

| 해상고속도로 | 루트 |
|---|---|
| Motorway of the Baltic Sea | 발틱해 국가들과 중앙/서유럽 국가를 연결하며, North Sea/Baltic Sea 운하 루트도 포함 |
| Motorway of the Sea of western Europe | 대서양을 경유, North Sea와 Irish Sea에서 포르투갈, 스페인에 이름 |
| Motorway of the Sea of south-east Europe | Adriatic Sea Ionian Sea와 Cyprus를 포함한 동 지중해를 연결 |
| Motorway of the Sea os south-west Europe | 서 지중해와 스페인, 프랑스 이탈리아 및 몰타를 연결하고, Motorway of Sea-east Europe 및 흑해를 연결 |

자료: EC(2004).

### 2) Marco Polo Programme[11]

Marco Pole 프로그램은 1997년 연계수송 시범사업으로 2001년 말까지 실시된 복합운송시범조치(Pilot Actions for Combined Transport: PACT)의 연장으로서 도로, 철도, 내륙수로, 근해수송 분야에서 시장 중심적이고 혁신적인 프로젝트를 수행하는 업체에게 재정을 지원하는 프로그램이다. 이 프로그램의 목적은 국제화물의 도로중심 구조를 연안운송, 철도운송, 내륙수로운송, 항공운송 등 다양한 운송수단으로 전환하여 복합운송체제를 구축하는 것이다. 사업기간은 총 2단계(2003년~2013년)[12]로 구성되며 투자예산은 다음과 같다.

---

10) 첫째, 근해운송이 많은 잠재력을 가지고 있다고 분석하고 있으며 둘째, 근해운송이 도로에 비해 에너지 효율이 높고 환경친화적 운송수단이라고 지적하고 있고 마지막으로 해상고속도로 건설의 추진하고 있다.

11) 유럽연합의 교통문제를 해결하기 위한 한 해법으로 운송수단 전화의 하나로써 연간 600억 톤킬로씩 증가하는 유럽지역의 도로화물운송수요를 완화하는 것을 목표로 하고 있다. 2004년 공식 출범한 이 프로그램은 2010년까지 약 1억 유로를 투입하여 도로의 화물운송 증가분 가운데 120억 톤킬로를 철도와 해운 등 타운송수단으로 전환하도록 유도하는 계획이다.

12) 1단계: 2003년~2006년, 2단계: 2007년~2013년임.

표 3-6 Marco Polo II[13] 프로그램의 연도별 투자액 (단위: 백만유로)

| 구분 | 2007 | 2008 | 2009 | 2010 | 2011 | 2012 | 2013 |
|---|---|---|---|---|---|---|---|
| 금액 | 30 | 50 | 100 | 130 | 130 | 150 | 150 |

자료: Eropean Commission, 2004.

### 3) TEN-T(Trans European Network-Transport)

유럽연합의 운송 및 교통정책은 유럽연합의 경제통합이 진전됨에 따라 공동체적 접근이 필요하였다. 특히 유럽연합이 핵심과제로 추진하고 있는 도로운송 분담률 축소는 개별 회원국가의 노력에 의해서만 해결될 수 없었다. 이에 유럽공동체는 1996년 교통인프라 계획에 네트워크 구축을 포함하는 범유럽 교통인프라 네트워크 지침(Guidelines for Trans-European Transport Infrastructure Network: TEN-T)을 채택하였다. 이는 유럽전역을 지리적, 경제적으로 연계시키고 장거리 화물운송의 운송수단 전환, 도로, 철도, 내륙수로, 공항, 항만 및 교통관리시스템 등에 관해 규정하고 있다. 특히 공동체 차원에서 운송 분야의 과제는 다음과 같다.

첫째, 도로, 철도, 항공, 해운, 내륙수로 등 여러 운송 수단 사이에서 어떻게 조화롭게 균형을 맞추고 기존의 연결망을 완전히 활용할 수 있는가, 둘째, 국가별 지역별로 발전해 온 교통망을 유럽연합 차원에서 어떻게 적절히 통합시키는가, 셋째, 다른 운송수단을 어떻게 하면 효율적으로 잘 연계할 수 있는가, 그리고 최근 진행하고 있는 범유럽 교통망을 효과적으로 구축하는 문제 등이다. 이러한 문제점을 극복하기 위한 공동체 차원의 종합 대책이 바로 범유럽 교통망(Trans European Networks: TENs)의 구축이다. 1980년대부터 논의가 시작된 바 있는 교통 및 에너지를 위한 범유럽교통망은 마스트리히트 조약의 주요 정책 목표가 되었다. 이는 개별 국가별로 단절되어 있는 교통망을 통합하여 모든 종류의 교통수단에 대한 범유럽 교통망을 창출하는 것을 목적으로 한다. 이를 위해 2010년까지 총 14개의 프로젝트를 완성하기로 예정되어 있다. 범유럽 운송네트워크 개요는 다음과 같다.

13) Parco Polo II 프로그램은 25개 회원국 외에 러시아, 벨라루시, 우크라이나, 지중해까지 포함한 지역으로 범위를 확대하여 통합운송시장을 지향하고 있으며 철도분야에 우선순위를 부여하여 기존 철도 인프라 활용을 극대화하여 시너지 효과를 제고하는 데 초점을 두고 있다.

표 3-7 범유럽 운송네트워크 개요

| 구분 | 주요 내용 |
|---|---|
| 추진 목표 | · 2020년 범유럽 운송네트워크 개요<br>- 도로 89,500Km<br>- 철도 94,000Km(고속철도 20,000Km 포함)<br>- 내륙수로 11,250Km(내륙항만 210개)<br>- 항만 294개, 공항 266개<br>· 추진 방향<br>- 단절 구간 우선 연결<br>- 네트워크 연장 : 도로 4,8000Km, 철도 12,500Km<br>- 시설 개선 : 도로 3,500Km, 철도 12,300Km, 내륙수로 1,740Km<br>· 추진 효과<br>- 운송시간 절감 및 도로혼잡 14% 감소<br>- 연 80억 유로 절감 효과 |
| 소요 재원 | · 총사업비 6,000억 유로 예상<br>- 2020년까지 30개 핵심 복합운송망 구축에 2,250억 유로 소요<br>→ GDP의 0.16% 투자하여 GDO 0.23% 증가 효과 예상<br>· 회원국 분담 및 펀드, 유럽개발은행 등 차관 이용 |
| 주요 사업 | · 30개 핵심 축<br>- 철도: 북유럽~(알프스)~이탈리아 철도망(베를린~베로나/밀란~볼로냐~나폴리~메시나~팔레르모) 및 파리~브뤼셀~쾰른~암스테르담~런던 고속철도망 등 20개 축<br>- 도로: 그리스~불가리아 도로망 등 3개 축<br>- 내륙수로: 라인~마인~다뉴브 네트워크 등 2개 축<br>- 기타: 갈릴레오 프로젝트, 해상고속도로(Motorways of the Sea), 교량 및 공항 건설 |

국가별 사업 투자비와 재정조성 형태는 다음과 같다.

표 3-8 국가별 TEN-T 사업투자비 (단위: 백만 유로)

| 국가명 | 1996/1997 | 1998/1999 | 2000/2001 | 2002/2003 | 2004/2005 | 2006/2010 | 합계 |
|---|---|---|---|---|---|---|---|
| 벨기에 | 5,077 | 5,673 | 3,515 | 2,270 | 2,144 | 4,310 | 22,989 |
| 덴마크 | 2,715 | 4,474 | 1,365 | 145 | 78 | 72 | 8,849 |
| 독일 | 12,562 | 14,251 | 1,655 | 13,088 | 8,852 | 13,188 | 71,594 |
| 스페인 | 3,085 | 5,183 | 5,077 | 9,457 | 9,472 | 16,803 | 49,077 |
| 프랑스 | 6,199 | 11,243 | 8,757 | 10,794 | 8,043 | 9,435 | 54,471 |
| 아일랜드 | 515 | 838 | 1,965 | 3,471 | 2,671 | 1,509 | 10,967 |
| 이탈리아 | 3,765 | 8,826 | 9,422 | 15,825 | 11,835 | 16,449 | 66,122 |
| 룩셈부르크 | 80 | 60 | 110 | 160 | 160 | 400 | 969 |
| 네덜란드 | 3,953 | 5,274 | 9,864 | 10,690 | 8,551 | 6,189 | 44,521 |
| 오스트리아 | 882 | 1,353 | 854 | 1,736 | 1,415 | 2,428 | 8,668 |
| 그리스 | 2,216 | 2,508 | 2,798 | 2,607 | 2,521 | 1,680 | 14,326 |
| 포르투갈 | 1,128 | 1,184 | 1,281 | 1,101 | 534 | 217 | 5,448 |
| 핀란드 | 748 | 912 | 700 | 1,015 | 1,130 | 1,748 | 6,252 |
| 스웨덴 | 1,559 | 1,283 | 632 | 1,701 | 1,954 | 2,548 | 9,676 |
| 영국 | 1,318 | 6,095 | 7,697 | 12,336 | 13,554 | 20,630 | 61,630 |
| 합계 | 45,801 | 69,159 | 63,690 | 86,393 | 72,911 | 97,604 | 435,557 |

# 제 4 장

# 미국의 해운정책

## 제 1 절 주요 해운정책

### 1. 보조금 지급제도

#### 1) 운항비차액보조(ODS: Operating Differential Subsidy)

운항비차액보조(ODS)는 1973년 1월부터 도입되었으며 국제항로에 취항하는 미국적 선박에 대하여 외국의 경쟁선박과 운항원가 측면에서 대등한 수준을 유지할 수 있도록 지원하는 보조금 지급제도이다. 운항업자가 지원금을 받기 위해서는 해당선박을 국방상 필요에 맞게 설비하고, 국가 비상시 동원을 수락한다는 취지의 20년간 ODS 계약(20-year ODS contract)을 미국정부와 체결하여야 한다.

이러한 운항비차액보조계약의 체결은 미국시민의 운항업자에 한정되며, 기타 일정한 필요요건을 갖추어야 한다. 그리고 정부당국은 해당선박의 보조금 지급 여부를 결정[1]한다. 운항비차액보조(ODS)제도는 해운안보계획(MSP: Maritime

1) 미국의 국제무역을 위하여 필수불가결한 항로에 취항하고 있는지, 해외통상의 진흥에 필요한지, 그리고 외국선박과 경쟁하기 위하여 보조금을 필요로 하는지 등에 대한 판단을 기초로 결정한다.

Security Program)에 의한 지원제도로 대체되었으며, 1997년 이후 신규의 ODS 계약 체결은 중단된 상태이다. 다만 이미 체결된 ODS 계약은 기간이 만료될 때까지 유효하다.

운항비차액보조금(ODS)의 지급은 선원임금 수준, 선박 유지·보수비, 선체보험료, P&I 보험료 등을 기준[2)]으로 결정된다. 지급방법은 매달 종료되는 항차에 대하여 개략적인 금액을 가지급하되, 최종금액은 1년 단위로 계약자의 실제 비용 및 항해 자료를 근거로 정산되었다.

운항비차액보조(ODS)가 도입된 이래 1998년 9월 현재까지 운항업체에 지급된 보조금 총액은 약 101억 5,600만 달러이며, 구 소련 곡물수송계획(Soviet Grain Program)에 의한 보조금(약 1억 4,700만 달러)을 합하면 약 103억 300만 달러에 이르고 있다.

### 2) 해운안보계획(MSP: Maritime′ Security Program)에 의한 보조

해운안보계획(MSP)은 미국선원이 승선한 미국적 선박에 대하여 국가비상시 동원 가능한 체제를 유지하기 위한 제도이다. 이 계획은 해운보안법(The Maritime Security Act, 1996)에 의하여 1996년 이후 10개년 계획으로 시행되고 있다. 대상선박은 47척까지이며, 소요예산은 연간 총 1억 달러[3)]를 한도로 하고 있다. 해운안보계획에 참여하는 선박에 대한 지원은 척당 연간 210만 달러로 이전 시행된 운항비차액보조금(ODS)에 의한 지원금의 절반 이하 수준이다. 이와 같이 척당 지원금액을 외국 경쟁선박과의 운항비 격차에 크게 못 미치는 수준에서 일정금액으로 고정시킨 것은 해당선박의 운항효율화 및 원가 절감 노력을 유도하기 위한 것이었다.

이미 언급한 바와 같이 이 계획은 기존의 운항비차액보조(ODS)계획을 대체한 것이다. 다만 기존의 계획(ODS)이 미국상선의 실제 운항비 발생액과 외국경쟁선박의 운항비 차액을 전액 보상해 주는 것임에 비하여, 이 계획(MSP)은 연간 척당 210만 달러로 지원 금액을 고정시킴으로써 해당선박의 원가절감을 유도하고 있다는 차이가 있다. 또한 해운안보계획은 미국 소유 편의치적선의 미국적 회복에도 기여하였다.

---

2) 노동통계국(Bureau of Labor Statistics)에서 매년 결정한다.

3) 해운안보계획(MSP)은 연간 1억 달러 이하의 예산투입으로 비상시 미국상선대의 동원 체제를 유지함으로써 85억 달러 이상의 안보적 가치를 창출하는 것으로 자체 평가되고 있다.

해운안보계획(MSP)에 참여 가능한 선박은 국가방위 및 기타 안보목적과 국제 상업적 해운에서의 미국의 위상확보에 적합하도록 운항이 가능해야 하며, 군사적으로 유용한 민간 소유의 미국적 선박이어야 한다. 해운안보선대에 편입 가능한 선박의 구체적 요건은 다음과 같다.

(가) 상업서비스, 국방부(Department of Defense) 업무 또는 기타 목적으로 운항되는 선박으로서 8만 $ft^3$ 또는 500 TEU 이상이거나, 부선으로서 75바지 이상의 적재능력을 가졌거나, 기타 선박의 경우는 당국에 의하여 전시 또는 국가비상시 국가방위 및 군사적 목적에 적합한 것으로 결정된 것이어야 함

(나) 미국적 선박으로서 LASH 선의 경우는 선령 25년 이하, 기타 선박의 경우는 선령 15년 이하이어야 하고(단, 당국이 선령요건을 적용하지 않기로 한 경우는 예외), 국제해운시장에서의 미국의 위상확보에 필요한 것으로 운수부에서 결정된 선박으로서, 국방부와의 협의결과 국가비상시 군사적으로 유용한 선박으로 인정을 받아야 함

(다) 한편, 미국시민이 75% 이상의 지분을 보유하고 있고 직원이 모두 미국인인 미국시민 소유의 선박으로서 선령 10년 미만인 경우에는 선정의 우선권이 주어짐

### 3) 자발적 복합운송계약(VISA: Voluntary Intermodal Sealift Agreement)

자발적 복합운송계약(VISA)은 1997년 1월 운수부의 승인을 받아 미국해사청(MARAD)이 방위생산법(the Defence Production Act.1950) 및 상선법(the Merchant Marine Act.1936 as amended)에 의거 시행하는 것이다. 자발적 복합운송계약(VISA)의 주요 목적은 군수물자의 운송을 위한 복합운송 능력을 확보하는 데 있다.

즉, 자발적 복합운송계약(VISA)은 국방부(DOD)로 하여금 국가비상시 해상운송능력의 확보를 가능하게 하고, 미국 해운의 건전한 발전에 기여하며, 국가안보상의 수송에 있어 국방 및 경제적 요인의 균형을 도모할 수 있게 한다. 자발적 복합운송계약(VISA)에 의한 운송능력의 동원은 국방부(DOD)의 필요에 따라 단계적으로 이루어진다. 제Ⅰ단계(VISA stage Ⅰ)와 제Ⅱ단계(VISA stageⅡ)에 있어서는 민간업체들이 자유롭게 참여 여부를 선택할 수 있다. 그러나 제Ⅲ단계(VISA stageⅢ)에 있어서는 해운안보계획(MSP) 비참여업체의 경우 수송능력의 50% 이상,

해운안보계획(MSP) 참여업체의 경우 해당 선박의 100%를 동원에 응하여야 한다. 이와 같이 위기의 수준에 따라 민간기업의 의무부담 정도를 차등 적용하는 것은 민간기업에 대한 최대한 자율성을 부여하는 동시에 국방상의 목적을 달성하기 위한 것이다.

자발적 운송계약(VISA)은 특성상 해운안보계획(MSP)과 밀접한 연관성을 가지고 있다. VISA stage Ⅲ에는 미국상선으로서 군사적으로 이용가치가 있는 선박의 80%가 가입되어 있으며, 그 중에서 70%의 선박은 해운 안보계획(MSP)에 참여하고 있는 선박이다.

자발적 복합운송계약(VISA)에 참여한 업체는 해당 선박, 복합운송장비 및 경영서비스를 제공하여야 한다. 국방상 필요사항, 동원계획, 훈련계획 등과 관련된 사항은 정부 및 미군출신의 전문가로 구성된 합동 계획자문단(Joint Planning Advisoty Group)에서 토의 결정된다. 참여업체에 대한 장비 및 시설동원과 이와 관련된 위험감수에 대한 보상은 별도 절차에 의거 결정된다.

## 2. 금융지원제도: 융자보증(Loan Guarantee)

금융지원제도로는 상선법(Merchant Marine Act.1936 as amended) 제11편(title XI)에 의한 융자보증(Loan Guarantee)제도가 있다. 융자보증은 선박의 건조(construction), 개조(reconstruction), 수리(reconditioning)를 위한 소요자금 조달에 있어 원금 및 이자의 상환에 대하여 정부가 보증하는 것이다.

이 제도의 목적은 선박의 건조, 개조 및 수리에 필요한 비용을 정부가 직접 보조하기보다는 민간부문의 금융으로 충당하도록 하는 한편, 일정한도에 대하여 정부가 그 상환을 보증함으로써 금융의 원활화 및 관련 비용부담의 경감을 도모하기 위한 것이다.

융자보증의 지원이 가능한 선주는 미국인이어야 하며, 선주 또는 운항업자는 일정 자격요건을 갖추어야 한다. 융자보증 한도는 금융조건 및 대상선종에 따라 관련 비용의 75~87.5%로 제한된다.

융자보증제도는 선박의 건조 개조, 수리 등과 관련하여 이루어지는 금융지원제도이나(수산부문에 투입되는 선박의 경우에는 구입자금도 포함된) 지원대상이 조선업체가 아닌 해운업체라는 점에서 해운 산업 지원의 한 유형으로 분류될 수 있다. 보증대상은 다음과 같다.

(가) 연구 또는 상업용 선박으로서 미국 연안, 오대호, 만, 강, 항만, 내륙호수 또는 국제항로에 취항하는 선박의 건조, 개조, 수리비용
(나) 해양 열에너지 전환 설비 또는 선박, 부유식 선거
(다) 수산부문의 연구 또는 상업용 선박의 건조, 개조, 수리 또는 구입자금의 금융

융자보증에 대하여 동일한 가액의 선박 또는 기타 담보가 제공되어야 한다. 융자보증의 한도는 일반적으로 실제 발생비용의 75%까지이다. 다만 계약금 지불액 비율이 12.5% 이상인 경우, 부선 또는 해양열에너지 전환 설비나 플랜트 선박으로서 건조차액보조(Construction Differential Subsidy)를 받지 않았거나 받았더라도 이를 상환했을 경우에는 비용의 87.5%까지 융자보증이 가능하게 된다. 그리고 어선 및 어업시설의 경우에는 융자보증 한도가 관련비용의 80%까지이다.

보증기간은 선박인도 후 25년 이내로 하되, 개조 또는 수리선박의 경우는 선박 인도 후 25년 및 선박 내구연수 중 먼저 도래하는 기간을 대상으로 한다. 한편, 융자보증 제도에 의한 전체보증잔액 한도는 120억 달러이며, 그 중에서 어선 및 어업시설에 대한 보증한도는 8억 5천만 달러이다.

## 3. 세제지원제도

### 1) 선박건조자금 조성기금(CCF: Capital Construction Fund)

선박건조자금 조성기금(CCF)제도는 1970년에 개정된 상선법(the Merchant Marine Act)에 의거하여 도입되었다. 이 제도는 선박 운항업자에 대하여 일정 적립금의 연방 소득세 과세를 유예함으로써 선박건조, 취득 및 개조 자금 확보를 지원하는 것이다.

이 기금은 미국의 국제항로, 오대로, 비인접 내항운송(예를 들면 미국 서부연안과 하와이 간의 항로), 어업 등을 위한 선박의 건조 및 확보를 지원하는 것이다. 대상 선종은 컨테이너선, 유조선, 건화물선, 예인선, 부선, 보급선, 여객선 등 다양하다.

이 제도가 도입된 1971년부터 1997년 말까지의 총 적립금액은 65억 달러이고 그 중 54억 달러가 인출되었다. 인출된 자금은 미상선대의 현대화 및 확충에 이용되었다. 선박건조자금 조성기금으로 적립할 수 있는 자금은 다음과 같다.

(가) 선박건조자금 조성기금(CCF) 계약서에 기재된 선박의 운항으로 획득한 수입
(나) 계약서에 기재된 선박의 매각 또는 처분이나 선박이 멸실될 경우 보험금 또는 배상금으로부터 발생한 순익금
(다) 적립금의 투자 또는 재투자로 획득한 수입
(라) 계약서에 기재된 선박의 감가상각 공제금액(단, 감가상각 적립금은 제외)

여기에서 선박의 범주에는 선박에 부속된 부선 및 컨테이너용기가 포함된다. 그리고 선박운항업자의 과세수입은 당해 연도의 기금적립금에 상응하는 액수만큼 감소된다. 연기된 세금은 선박건조자금 조성기금(CCF)이 사용된 자산의 정률법에 의한 감가상각으로 공제된다.

기금은 당국에서 설정한 요건을 충족하는 수탁기관에 적립되며, 당국이 승인한 이자발생 금융상품에 투자된다. 다만 기금총액의 60% 이내에 주식에 대한 투자가 허용되는바, 주식투자는 관련분야에 식견을 갖춘 신중한 전문가에 의하여 이루어져야 한다. 그리고 주식투자 대상은 주식시장에 정식으로 상장된 것이어야 한다.

투자주식의 가격변동 또는 기금의 인출 등을 기금총액에 대한 시장가격 비중이 한도를 초과하게 될 경우에는 주식 편입비중을 조정하여야 한다. 기금의 인출에 있어서 세제 혜택을 받기 위해서는 해당 자금이 다음과 같은 용도에 투입되어야 한다.

(가) 적격선박의 취득, 건조 및 개조
(나) 적격선박에 부속된 부선 및 컨테이너용기의 취득, 건조 및 개조
(다) 적격선박 및 해당 선박에 부속된 부선 및 컨테이너 용기의 취득, 건조 및 개조와 관련하여 발생된 부채와 원금 상환

여기에서 부선 및 컨테이너용기는 당국이 별도로 규정한 경우 이외에는 미국 내에서 제작된 것에 한하여 세제 혜택이 주어진다.

한편, 기금적립 25년이 경과한 후 인출된 자금은 원칙적으로 과세대상이 된다. 다만 과세대상금액의 비율을 연도별 차등적용하고 있는데, 26년째 잔여 적립금에 대하여는 20%가 과세대상이 되고, 27년째 잔여 적립금에 대하여 40%, 28년째 잔여 적립금에 대하여는 60%, 29년째 잔여 적립금에 대하여는 80%, 30년째 잔여 적립금에 대하여는 100%가 각각 과세대상이 된다.

### 2) 선박건조예비기금(CRF: Construction Reserve Fund)

선박건조예비기금(CRF)에 의한 지원제도는 선박의 매각 또는 기타처분의 결과 발생된 자본 이득(capital gain)에 대한 과세를 3년간 유예함으로써 미국적 선박의 확보를 지원하는 것이다. 따라서 선박건조예비기금(CRF)과 앞에서 본 선박건조자금 조성기금(CCF)의 궁극적 목적은 동일하다고 할 수 있다. 다만 전자의 자금원이 선박의 매각 등 처분에 의한 자본이득으로 한정되어 있는 데 비하여 후자는 자금원이 운항수익, 자본이득 등 매우 광범위하며 대상선박도 전자는 내항, 내륙수로 등에 취항하는 선박으로 제한되고 있는 데 비하여 후자는 원양항로 취항 선박 및 어선을 위주로 하고 있다는 점에서 근본적으로 차이가 있다.

선주가 선박 건조예비기금(CRF)에 의한 세제혜택을 받기 위해서는 해당 자금을 일정 기금에 적립하여야 하며, 적립 후 3년 이내에 인출, 재투자하여야 한다. 이 제도는 상선법(Merchant Marine Act, 1936 as amended) 제511조에 의하여 도입, 운영되고 있다.

선박 건조예비기금(CRF)에 의한 세제혜택이 주어지는 선박은 연안운송, 내륙수로운송 및 기타 선박건조자금 조성 기금(CCF)의 수혜대상에서 제외되는 항로에 취항하는 선박이 대상이 된다. 따라서 이 제도에 의한 세제지원의 대상범위는 선박건조자금 조성기금(CCF)에 비하여 상대적으로 제한되어 있다.

## 4. 화물우선적취권(Cargo Preference)제도

화물우선적취권은 정부기관이 소유하거나 재정 지원하는 화물에 대하여 일정 비율 이상 미국적 상선에 의한 운송을 보장하는 것이다. 美 海事廳(MARAD)은 화물적취권 보장과 관련된 규정의 이행을 보장하고 관련 이행 실적을 매년 의회에 보고한다. 화물우선적취권제도에 대한 관련규정은 다음과 같다.

(가) 1954년 화물우선적취법(Cargo preference Act, 1954 as amended)

모든 정부 관련 화물은 최소한 50%를 미국적 상선이 운송하도록 하고 있다. 이때 해당 미국적 선박의 운임은 적절한(fair and reasonable) 수준이어야 하다는 전제조건을 충족하여야 한다.

한편, 1985년 이후에는 상선법(the Merchan Marine Act)의 개정 및 식량보안법(the Food Security Act, 1985)의 시행으로 특정 농산물의 미국선박적취율은 75% 이상으로 상향 조정되었다.

(나) 1904년 화물우선적취법(Cargo Preference Act, 1904)

국방부(DOD) 및 방위관련 기구에서 수입하거나 소유한 화물은 전량(100%) 미국적 선박을 이용하여 수송하도록 규정하고 있다. 해당 화물은 주로 국방부(DOD)와 미국 내 및 해외공급업자와의 계약에 의하여 거래되는 것이다. 우선적위 대상이 되는 화물은 최종재뿐만 아니라 관련 부품도 포함된다.

(다) Public Resolution(PR)

정보의 내부 또는 금융지원의 결과 발생한 화물은 별도의 웨이버(waiver)가 허용되지 않는 한 모두 미국적 선박에 의하여 운송되어야 한다. 현행 웨이버 발급절차는 1997년 2월에 제정된 것이다.

주요화물 종류별 우선적취 상황은 다음과 같다.

(가) 수출입은행(Eximbank) 관련화물

수출입은행(Eximbank) 관련화물은 PR 17에 의하여 규제되는데, 전량(100%) 미국적 선박에 의하여 운송하도록 하고 있다. 장기 웨이버(extended waiver)와 관련하여서는 하주가 모든 요건을 충족할 경우(예를 들면 선적 45일 전 운송요청을 하였음에도 미국적 선박의 수배가 이루어지지 못한 경우 등) 최장 6개월 간의 웨이버를 요청할 수 있다. 그리고 해사청(MARD)은 첫 6개월이 경과할 때까지 적격 미국적 선박의 수배가 불가능할 경우 3개월까지 웨이버 연장조치를 할 수 있다.

(나) 민간기구의 이스라엘 현금 이전에 의한 화물유보

이스라엘 정부와 국제개발청(AID: Agency for International Development)의 합의에 의거 이스라엘 현금이전 계획(Israeli Cash Transfer Program)과 관련하여 연간 약 160만 톤의 곡물이 공급되고 있다. 그리고 해당 곡물의 수송에 있어서는 최소한 50%의 화물이 미국적 선박에 의한 운송으로 유보된다.

(다) 군용화물

군용화물은 1904년 화물우선적취법(the cargo Preference Act, 1904)에 의거 적정운임수준의 미국적 선박이 수배 가능한 경우 100% 미국적선에 의하여 운송하도록 규정되어 있다. 사실상 대부분의 국방부(DOD)관련 화물은 군수송관리본부(MTMC: Military traffic Management Command)와 미국선사와의 계약에 의거 수송되고 있다.

(라) 농산물

농산물의 우선적취와 관련하여서는 공법(PL: Public Law) 83-480 제 Ⅰ, Ⅱ, Ⅲ편(title Ⅰ, Ⅱ, Ⅲ), 농산물법(the Agricultural Act, 1949) 제416조, 식량발전법(the Food for Progress Act, 1985) 등에 의하여 75% 이상을 미국적선으로 운송하도록 의무화되어 있다.

한편, 1985년 식량안보법(the Food Security Act, 1985)에 의거 위에 언급된 식량 수송의 미국적선 의무 적취비율이 50%에서 75%로 상향조정됨에 따라 운수부(DOT)는 추가의 25% 화물에 대한 운임차액(외국적선 운임과의)을 미 농무부(USDA: United States Department of Agriculture)에 보상하는 해상운임 차액(OFD: Ocean Freight Differential) 보상제도를 시행하고 있다.

또한 미 농무부(USDA) 농산물 수출의 해상운임 및 해상운임차액(OFD)보상금이 운임(및 운임차액)을 포함한 수출가격의 20%를 초과하게 될 경우에는 해사청이 그 초과분을 보상해 주도록 하고 있다.

## 5. 연안운송의 보호

연안운송은 존스법(the Jones Act)에 의하여 미국에서 건조되고, 미국시민이 소유하며, 미국선원이 승선한 선박에 의하여 수행하도록 하고 있다. 동법에는 신뢰성이 있는 연안수송서비스의 발전 및 국가비상시 연안해운산업의 국가통제에 관한 사항이 규정되어 있다. 또한 동법은 환경친화적 수송수단의 제공 및 미국시민의 취업기회 확보에도 기여하고 있는 것으로 평가되었다.

1980년대 동유럽으로부터 유입된 Zebra Mussel이 오대호 지역에 50억 달러의 피해를 끼친 후 외항선들이 선박의 평형을 유지하기 위해 공선 항해시 유입시키는 밸러스트수가 환경과 생태계 파괴의 주요 원인으로 지목되고 있다. 현재 미 연방법률은 밸러스트수를 교환하는 모든 선박은 오대호로 진입하기 전에 공해지역에서 밸러스트수를 방류하도록 의무화하고 있으니 해안 연안에는 이러한 연방규정이 없는 상태이다. 캘리포니아주와 워싱턴주는 밸러스트수로 인한 피해를 예방하기 위해 2000년 주 관할 수역에서 밸러스트수 교환을 금지시키는 주법을 통과시켰다.

## 6. 관련산업 · 기타 지원제도

### 1) 선박건조비차액 보조(CDS: Construction Differential Subsidy)

선박건조비차액보조(CDS)는 1936년 상선법(the Merchant Marine Atc, 1936) 제 5 편(title Ⅴ)에 규정되어 있다. 선박건조비 차액보조(CDS)의 목적은 미국 내 조선소가 경쟁관계에 있는 외국조선소와 대등한 조건에서 선박을 건조할 수 있게 하여 미국적 선사로 하여금 자국 조선소에서 경쟁력 있는 가격으로 선박을 구입하도록 하기 위한 것이다.

그러나 이제도는 1981년에 제정된 종합예산조정법(the Omnibus Budget Reconciliation Act, 1981)에 의거 연방예산항목에서 관련 보조금이 삭제되어 1982년 이후 지급되지 않고 있다.

### 2) 신조 촉진을 위한 노후선박의 취득

해사청(MARD)은 미국 내항 및 외항수송에 취항할 안전하고 효율적인 선박의 신조를 촉진하기 위하여 신용을 제공하는 조건으로 노후선을 취득할 수 있다. 해사청에 의한 노후선의 취득은 선주가 신조계약을 체결한 시점 또는 신조선의 취득 후 5일 이내에 가능하게 된다. 그리고 제공되는 신용의 금액은 노후선 취득 당시 해사청에서 결정된다.

### 3) 선원 교육훈련지원

해사청(MARD)은 뉴욕의 킹스포인트(kings point)에 소재한 美 상선대학(the US Merchant Marine Academy)을 운영하고 있다. 졸업생들은 항해사 혹은 기관사 면허를(또는 두 가지 면허를 동시에) 美 연안경비대(US cost Guard)로부터 받게 된다.

美 상선대학 졸업생들은 8년간 해군 예비역으로 편입되어(별도의 기타 서비스에 복무한 경우는 제외) 전시 또는 국가 비상시 동원된다. 또한 의무적으로 5년 이상 해사관련분야에 근무하도록 하고 있다(해기사 자격은 6년 이상 유지).

또한 1980년 해사교육훈련법(Maritime Education and Training, 1980)에 따라 6개의 주립해사대학(즉, california Maritime Academy, Great Lakes Maritime Academy, Marine Maritime Academy, Massachusetts Maritime Academy, State University of New York Maritime College, Texas Maritime Academy Program) 등에 재정 지원을 하고 있다. 주립해사대학의 학생 인센티브지급(Student Incentive Payment) 프로그램에 참여한 학생에 대하여는 연간 3천 달러 한도의 학비지원을 받는다. 그리고 학비지원을 받은 학생은 ⅰ) 관련과정을 이수하고, ⅱ) 미연안경비대에서 시행하는 해기사 시험에 합격하여야 하며, 해당 자격을 6년 이상 유지하고, ⅲ) 졸업 후 6년 이상 예비군으로 편입되며, ⅳ) 해운업계에 3년 이상 근무하여야 한다. 그리고 해사청(Maritime Administration)은 연안에 소재한 5개의 대학에 훈련용 선박을 제공하였다.

## 제 2 절 미국의 해운정책과 관련법규

미국의 해운정책은 해운법(Shipping Act)과 상선법(Merchant Act)으로 구성되어 있으며 전자는 해운동맹 및 외항해운에 대한 미국의 정책을 법제화한 대외 해운정책에 관한 법이며 후자는 대내적인 해운산업의 육성을 위한 법이다.[4)] 미국의

4) 임석민(1998), "1988년 미국의 개정 해운법," 「해양정책연구」, 제13권, 제2호, 한국해양수산개발원, p. 245.

대외 해운정책은 국가 안보와 자유해운에 의한 국가경쟁력 강화라는 2대 목표를 법제도의 형태로 표현하고 있다.

# 1. 대외해운정책과 주요 관련법규

## 1) 1916년 해운법 제정

미국의 해운규제정책의 명문화는 1916년 해운법이 제정되기 시작하면서부터이다. 1890년 연방의회에서는 각 주간 또는 국제 거래에서의 독점 및 거래 제한을 금지하기 위하여 제정된 독점금지법(Anti-Trust Act)에 의해 국제 카르텔인 해운동맹의 결성을 금지하였다. 이처럼 미국은 전통적으로 독점금지법에 의한 자유경쟁을 경제의 대원칙으로 유지해 온 나라로 해운동맹의 결성을 인정하지 않았으나 1916년 해운법 제정을 통해 해운동맹에 대한 독점금지법의 적용을 면제하고 이를 합법화하였다. 해운법 제정은 다음과 같은 배경을 가지고 있었다.

(가) 제 1 차 세계대전으로 건조, 구입, 용선 중에 있었던 국영 선대의 관리 및 종전시 이들 선대의 운영 방법, 장래 국가 비상시의 대처방법 등의 자국선 관리 정책의 수단 필요

(나) 미국 상선대의 해외 진출에 따른 해운동맹에 대한 정책 수립 필요

(다) 해운동맹을 독점금지법의 적용 면제 대상으로 하여 정기선 해운시장에서 독특한 지위를 부여하고자 함

이러한 배경에도 불구하고 이 법은 사장되었으나 전쟁 물자를 적절히 수행하였고 정기선 해운의 폐쇄동맹을 개방동맹[5]으로 바꾸는 데 기여하였다.

## 2) 1961년 해운법

1961년 해운법은 보너(Herber C. Bonner) 의원에 제안되어 보너법으로 불린다. 보너법에서는 이중운임제를 허용하였을 뿐만 아니라 연방해사위원회(Federal Maritime Commission: FMC)의 권한에 대해서 명문화하고 미국 항로 취항 정기선 해운에 대한 미국 정부의 본격적인 규제를 위한 기존 법 체제를 재정비하였다.

5) 선사의 자유로운 가입과 탈퇴를 허용.

이 법은 전문 7개조에 지나지 않으나 연방해사위원회[6]의 발족과 함께 미국 해운규제에 전기를 가져온 중요한 법률로서 주요 내용은 다음과 같다.

#### (1) 이중운임계약의 허용(동법 제14조 b 신설)

해사위원회는 다음의 경우를 제외하고는 이중운임계약을 공시 또는 인가를 거쳐 인가하여야 한다.

(가) 이중운임계약이 미국의 통상에 유해하거나 공공의 이익에 반하는 경우
(나) 하주, 수출업자, 수입업자 또는 항만사업자 사이에서 미국의 수출업자와 외국의 경쟁자 사이에 부당한 차별적 또는 불공정한 경우

#### (2) 동맹협정에 대한 규제 강화(동법 제15조 대폭 개정)

해운동맹의 차별적 협정에 관하여 해사위원회의 권한을 '불인가할 수 있다'에서 '하여야 한다'로 개정하여 해사위원회의 권한을 대폭 강화하였다.

#### (3) 운임요율표에 관한 규제의 개시(동법 제18조 b 신설)

해운동맹의 회원선사는 운임요율표에 따라 품목별 운임을 부과하여야 한다. 동맹에 따라 특정화물의 운임을 요율표에서 제외하여 가입선사의 자유결정(Open cargo)에 맡기는 경우도 있으나, 요율표는 동맹의 기본적인 내부 규약이었다. 이중운임계약의 감시 및 감독을 위해 운임요율표의 공개 의무, 운임요율표의 준수 의무 및 위반시의 벌칙을 강화하였다.

### 3) 1978년 원양해운법

1916년 해운법을 수정[7]한 1978년 원양해운법[8](Ocean Shipping Act of 1978)은 운임덤핑을 무기로 한 동구권 사회주의 국가의 동맹 외 선박의 활동을 규제대상으

---

6) 미국의 대표적인 해운기관으로는 해운규제의 기능을 수행하는 연방해사위원회와 해운산업 진흥업무를 수행하는 해사청이 있다. 당초 미해운 규제와 진흥의 두 기능은 1916년 해운법 제정 이후부터 1950년 정부의 행정조직 개편 때까지 해운국(Federal Maritime Board)의 관할이었다. 이후 해운국은 규제기능의 연방해사국과 진흥기능의 해사청으로 분리되었다. 이후 다시 연방해사국은 상무부로부터 독립하여 현재의 미연방해사위원회가 되었으며 해사청은 교통부 산하로 바뀌었다.

7) 해운법 제1조와 제18조.

8) 1972년 미소해운협정의 체결 이후 미국 항만이 소련 선박에 개방되어 해운시장을 잠식해 감에 따라 미국 의회는 국영해운회사의 기능을 조사하기 시작하여 소련과 같은 제3국 선적 운항업자가 지나치게 낮은 운임을 부과하는 것에 대항하기 위해 원양해운법을 제정하였다.

로 한 법률이다. 이 법의 주요 내용은 다음과 같다.

(가) 국영선사는 연방해사위원회에 신고된 수준 이하의 '공정하고 합리적(Just and Reasonable)'이지 못한 운임요율과 요금을 부과하지 못하도록 규정
(나) 국영선사의 운임요율, 요금, 등급, 규칙, 규정 등이 공정하고 합리적임을 증명할 입증책임은 선사가 부담
(다) 연방회사위원회에 신고된 운임요율이 불공정하고 비합리적이라고 판단되면 선사에게 운임요율의 변경 사유를 설명하도록 요구 가능
(라) 운임요율에 대한 정지명령의 기한은 최고 180일을 초과할 수 없음

상기 외의 주요한 변경 사항은 연방해사위원회의 운임 승인권을 증대시킨 것이다. 해사위원회는 국영선사가 운임의 정당성과 합리성을 증명하지 못하면 그러한 운임을 거부할 수 있는 권한을 부여받았다. 따라서 이 법은 국영선사가 제공하는 운임의 정당성과 합리성을 결정할 수 있는 기준을 제시하였다. 상기에서 제시한 법의 적용을 면제받을 수 있는 국영선사는 다음과 같이 규정하였다.

(가) 미국으로부터 최혜국대우(Most Favored Nation: MFN를 받는 국가의 선사
(나) 경제협력개발기구의 'Code of Liberalization of Current Invisible Operation'에 서명한 국가의 선사
(다) 1916년 해운법 제15조를 승인한 '비국영선사'의 동맹에 가입한 선사
(라) 양국간 해운협정을 맺은 항로에 취항하는 선사
(마) 국영선사만이 독자적으로 취항하는 항로에 운항하는 선사

### 4) 1984년 신해운법

#### (1) 배 경

1970년대 접어들면서 2차에 걸친 석유파동으로 인한 세계경제의 침체에 따라 해운시장 역시 수급불균형이 초래되었다. 또한 개발도상국 및 사회주의권 국가의 대거 해운시장 참여와 신조선의 급등 등으로 인한 선복과잉 현상으로 인하여 미국 해운산업의 국제경쟁력이 크게 저하되었다. 이외에도 1960년대 후반부터 시작된 컨테이너선의 대두와 함께 미국의 해운이 쇠퇴하기 시작하여

상선대가 격감하자 해운진흥을 위한 정책수립의 요구가 해운 분야를 중심으로 일어나게 되었다. 따라서 이러한 국내외적 환경 변화에 대처하기 위해 새로운 해운 규제정책을 포함한 해운법[9]이 필요하게 되었던바, 그 주된 배경은 아래와 같다.

(가) 해운에 있어서 미국의 국제적 지위의 상대적 하락으로 해운규제정책 변화 불가피

(나) 미국의 해운 규제정책에 대한 비판 제기[10]로 독점금지법 적용제외의 원칙 확립과 협정의 인하 기준의 명확화 및 신속화 요구

(다) 국제해운시장의 구조 변화[11]로 인해 미국 정기선사의 시장 퇴출 등으로 해운 규제정책의 재검토 필요

(라) 정기선동맹행동규범협약[12]의 발효로 미국의 선사들과 대형 하주를 보호하는 방향으로 정책 전환

(마) 컨테이너화의 영향으로 인한 복합일관운송체제의 출현[13]과 종래의 동맹과는 다른 새로운 기업결합형태[14] 등장 및 무선박운송인[15]의 등장으로 이에 대한 규제정책 필요

(바) 미국 정부의 일반경제정책 환경의 변화[16]

---

9) 1984년 해운법은 외항 해운 규제만을 분리, 독립시켜 22개의 조문으로 구성.

10) 기존 해운법의 공익우선 기준과 이중운임계약제 및 동맹협정의 인하 기준 및 해운동맹에 대한 독점금지규제의 강화는 대외적인 불만을 고조시켰으며 대내적으로도 규제기관의 절차의 복잡성과 지연, 소송의 증가로 인한 비용 지출 등으로 불만이 발생하였다.

11) 국외적으로 신흥선사가 등장하였고 또한 개발도상국가의 국영, 민영선사 그리고 소련을 위시한 사회주의권 국영선사들이 외항정기선시장에 참여하여 혼란을 가중시켰고, 특히 미국 항로는 개방동맹(Open Conference)제도로 인한 선박의 집중으로 선복 과잉, 운임 불안정, 치열한 경쟁에 직면하였다.

12) 'Code of Conduct for Liner Conference'이 1983년 미국, 일본 및 대부분의 유럽공동체 국가들이 서명하지 않은 채 발효되었고 세계적인 운임 보호주의에 대처하기 위해서는 미국 해운정책의 전환이 필요하였다.

13) 컨테이너화로 인해 하역생산성의 제고와 규모의 경제가 실현되었으며 내륙운송 수단과의 연계에 따라 복합일관운송체계가 출현하였다.

14) 컨소시엄(Consortium), 공동배선(Joint Service), 선복교환(Space Charter) 등의 형태.

15) NVOCC(Non-vessel operating common carrier).

16) 1981년 레이건 대통령은 미국의 경제 활성화 정책을 적극 추진하였는데 이러한 방안으로 정부개입의 축소, 시장기구의 최대 활용 등 전통적인 자유경쟁체제를 정착시키고자 하였고 또한 항만, 철도, 트럭 등의 운송 분야와 통신, 금융 분야에서의 규제완화정책들이 시행되었다.

### (2) 입법목적

1984년 신해운법의 입법목적[17]은 세 가지로 요약할 수 있다.

(가) 미국의 대외 수상화물운송에 대한 최소한의 정부개입 및 규제 비용에 의한 비차별적 규제 절차 확립

(나) 미국 외항해운의 국제해운 관행과의 조화 유지 및 이에 부응하는 효율적이고 경제적인 운송 조직 제공

(다) 국가안보에 부응하는 경제적으로 건전하고 효율적인 미국적 정기선대의 발전 촉진

이러한 목적을 통해 규제와 진흥을 겸하고 있던 1916년 해운법의 목적을 외항 해운 규제정책으로 단일화하였고, 자국 상선대 존립 필요성도 국가안보와 통상 목적을 겸하도록 하던 것을 국가안보를 목적으로 하여 단일화한 것이 특징이다.

### (3) 독점금지법의 적용 제외 대상

1916년 해운법은 미국의 독점금지법과 해운동맹이 서로 상충되었기 때문에 특례법으로 제정되었다. 1984년 신해운법이 제정되기까지 독점금지 적용 제외의 내용이 명확하지 않았을 뿐더러,[18] 일련의 여러 판결에서 해운동맹이 독점금지법에 위반되는 사례[19]가 발생하였다. 이에 따라 기존의 추상적인 협정허가조건을 명확히 하기 위하여 1984년 신해운법은 동법에 따라 제출된 모든 협정 및 동법 제16조에 따라 동법상의 의무가 면제된 협정이나 그러한 협정에 합리적 근거를 두고 행한 행위나 협정은 모두 독점금지법 적용에서 제외됨을 명시하고 있다(동법 제 7 조).

### (4) 동맹협정에 관한 규정

(가) 벌금 부과 없이 가입과 탈퇴가 자유로운 개방동맹을 인정

---

17) 동법 제2조 정책선언(Declaration of Policy)에서 볼 수 있음.

18) 협정인가 조건으로서 미국의 통상에 위해가 없을 것, 공공의 이익에 반하지 않을 것, 그리고 해운법에 위반하지 않을 것 등으로 추상적이다.

19) 이중운임계약제가 차별에 의한 보복적 조치라는 이유로 독점금지법 위반이라는 대법원판결(1958년)과 연방해사위원회가 승인한 해운동맹의 활동도 경우에 따라 독점금지법 위반되는 것으로 판시한 사건(1968년).

(나) 연방해사위원회의 심사 엄중 및 지연에 따른 선사의 불만을 해소하기 위하여 권한을 대폭 축소하여 실질적 심사에 따른 사전승인권 폐지하고, 단 제출된 협정이 법정기재요건을 갖추지 못한 경우에만 거부할 수 있음

(다) 해사위원회가 협정이 부당하다고 판정했을 경우에는 법원에 정지명령 청구가능. 과거와는 달리 정지명령을 내리기 위한 입증 책임은 연방해사위원회가 지게 되어 법원은 제 3 자의 개입을 허락하지 않을 수 있다고 규정

(라) 제출한 협정은 신청 후 45일 또는 연방등록부(Federal Register for Publication)에 고시한 후 30일 중 늦은 날짜에 자동적으로 발효됨

(마) 일단 발효된 협정에 대하여 법원이 독점금지법 적용 제외 취소를 결정할 경우에도 그 결정은 당해 결정 이전까지는 소급되지 않음

(바) 금지된 행위로 인한 손해의 경우 독점금지법에 의한 3배액이 아닌 2배액을 보상하도록 규정

**(5) 독자행동권의 도입**(Independent Action: I/A)

이는 동맹에 가입된 선사가 동맹이 정한 운임 및 서비스와는 별도로 하주에게 보다 유리한 운임 및 서비스 등을 독자적으로 정할 수 있는 행동권을 의미하며 10일 전 사전 통지하여야 한다. 따라서 독자행동권[20]의 신청인은 동맹의 회원사이면서 동맹 외 선사와 같은 행동을 취할 수 있다. 독자행동권의 주요 내용은 다음과 같다.

(가) 모든 동맹협정은 모든 회원에게 독자행동권을 인정할 수 있는 규정을 두어야 함

(나) 독자행동권 행사의 예고기간은 10일을 초과하지 않아야 함

(다) 동맹은 독자행동권을 행사한 회원의 새로운 운임요율 및 서비스 항목을 운임요율표에 포함시켜야 하며 예고를 받은 후 10일 이내에 발효

(라) 동맹의 다른 회원은 현행의 동맹 운임요율표 대신 독자행동권의 새로운 운임 및 서비스 항목을 발효일 또는 그 이후에 채택하려면 그 의사를 동맹에 예고해야 함

20) 독자행동권을 인정하게 된 이유는 물동량이 많은 미국 하주를 적극적으로 보호하고 미국 선사들에게는 해운원가의 최소화를 통해 경쟁상의 우위를 점하여 시장점유율을 확대하게 가능하도록 하는 데 있다.

(마) 독자행동권의 적용범위[21]는 동법 제 8 조 (a)에서 규정한 운임요율표상의 새로운 운임과 서비스 항목에만 한정

이러한 독자행동권의 도입으로 특정 품목에 대해 모든 동맹 선사가 모든 하주에게 동일한 운임요율로 서비스를 제공하였던 것이 하주별, 선사별로 운임이 달라지어 동맹 내의 운임 경쟁으로 인한 혼란의 야기와 함께 동맹을 약화시켰다.

### (6) 기간별·물량별 운임(Time/Volume Rate: TVR)의 도입

이는 선사 및 동맹이 특정 기간에 걸쳐 제공되는 화물량에 따라 상이한 운임요율을 제공하는 것이다. 기간별·물량별 운임은 화물량과 선복에 관해 특정한 보증을 하고 있지 않기 때문에 독자행동권 행사가 가능하다. 따라서 이를 이용하는 하주는 선사 및 동맹과의 협정에 따른 선적에 앞서 동 운임요율을 사용할 의사를 통지하여야 한다. 이는 궁극적으로 대량화물을 가진 하주들이 운임을 할인받는 데 적절한 제도라고 할 수 있다.

### (7) 대량하주우대계약(Service Contract: S/C)의 도입

이는 하주가 일정 기간 일정 화물량을 제공할 것을 약속하는 하주와 선박회사 또는 동맹과의 계약이다. 우대계약과 기간별·물량별 운임은 하주 또는 하주단체가 동맹 또는 선사와 일정 기간의 물량에 대해 계약을 체결할 수 있다는 점에서는 동일하지만, 다음과 같이 상이한 점이 있다.

(가) 대량하주우대계약은 선복의 보장, 경유시간, 기항 순서 등과 같은 서비스의 질적 수준이 계약에 포함되어 있음

(나) 기간별·물량별 운임은 운임요율표상에 공시되어야 하므로 독자행동권 행사 가능함

(다) 기간별·물량별 운임은 무선박운송인을 포함한 모든 공중 운송인과의 계약에 적용되는 반면 대량하주우대계약은 선사와 하주 간에만 유효함

(라) 기간별·물량별 운임은 약속된 화물을 선적하지 못한 경우에도 손실보상 조항이 없는 반면 대량하주우대계약은 그러한 경우 배상책임을 짐

(마) 당사간의 계약불이행으로 분쟁이 발생시, 기간별·물량별 운임은 연방해

21) 대량하주우대계약(S/C)은 동법 제8조 (a)에서의 운임요율표로 보지 않으므로 독자행동권을 의무화하지 않음.

사위원회에서 이를 취급하나 대량하주우대계약은 법원[22]에서 처리
(바) 독자행동권을 동맹에 도입하는 것은 강제적이지만 대량하주우대계약의 도입은 동맹의 재량임

대량하주우대계약을 통해 동맹의 하주 구속수단이었던 이중운임제가 동법에 의해 실질적으로 소멸되어 하주는 자기 화물의 일부만 선사에게 맡길 수 있게 되었다. 또한 하주는 계약기간에 제공할 일정 물량을 놓고 자유롭게 선사와 협상할 수 있었다.

#### (8) 이중운임계약제[23]의 실질적 금지

1984년 신해운법에서는 독점금지법에 합치되는 경우 이외에는 이중운임계약제를 사용할 수 없다고 규정[24]하고 있다. 2개사 이상의 협정에 의한 이중운임계약제는 독점금지법에 저촉되므로 이를 금지시키고 대신 독자행동권, 기간별 · 물량별 운임, 대량하주우대계약으로 대체되었다.

#### (9) 미국 선사의 보호 조치

1974년 개발도상국을 중심으로 채택된 정기선동맹의 행동규범에 관한 협약(UNCTAD Liner Code)[25]은 미국의 반대에도 불구하고 1983년 10월 6일 발효되었다. 이에 개발도상국을 포함한 서명국들의 화물유보(Cargo reservation)정책을 미국적선의 선대보호 조항으로 명문화하였다. 미국 선박을 배제할 경우에 보복 조치를 규정하여 미국선사를 보호하고 있으며 주요 내용은 3국간 항로에서 타국 선박이나 정부로부터 미국적 선박이 부당한 차별대우[26]를 받았거나 화물 적취를 방해받았다고 인정되는 경우 연방해사위원회가 당해 외국선사의 운임요율표를 12개월을

22) 대량하주우대계약은 운임요율표와는 별도로 계약 전문의 비밀을 유지하기 위해 신고는 하되 기본적 조건에 관해 기재한 설명서만 연방해사위원회에 제출한다.
23) 이중운임계약제는 동맹선만을 이용하는 계약 하주에게는 계약운임을 그리고 비계약 하주에게는 보다 고율의 비계약운임을 적용하는 이중의 요율체계를 말한다. 이는 하주들의 미동맹선 사용을 견제하기 위한 해운동맹의 운임제도이다.
24) 1961년 보너법에서는 맹외선 대책과 하주 구속 수단으로 이중운임계약제(Dual Rate System), 즉 성실계약제도(Loyalty Contract)를 시행하였다.
25) 화물적취제한 등 반경쟁적인 내용을 포함하고 있다.
26) 미국적 선박에 타국적 선박과는 상이한 요율 부과로 타선박과의 경쟁을 배제하는 행위, 항로 전체 물량 중 일부를 국적선사 또는 타선박에 배정하여 미국 선박의 이용을 방해하는 행위, 약탈행위, 미국 선박의 항만 내륙 운송시설이나 서비스 이용에 불편을 주거나 부당한 결과를 초래하는 정부의 조치 또는 상행위, 3국간 항로에서 미국적 선박에 대한 기타 모든 부당한 행위를 말한다.

초과하지 않는 범위에서 일부 또는 전부의 효력을 정지[27]시킬 수 있다.

### (10) 하주단체[28]의 인정

미국은 1890년 독점금지법의 제정으로 이익단체인 하주협회의 결성을 철저히 금지시켜 왔으나, 1942년 주간 통상법(Interstate Commerce Act)에서는 하주조합 성격의 하주단체의 구성을 정식으로 인정하였다. 외항정기선해운에 대해서는 1984년 신해운법에서 이를 정식으로 인정하게 되었다. 하주단체를 인정한 목적은 기간별·물량별 운임이나 대형하주우대계약 등은 대형 하주를 중심으로 한 규정이어서 중소형 하주의 권익을 옹호할 필요가 있었다. 공중운송인의 경우 독자적이든 공동이든 또는 직접적이든 간접적이든지를 불문하고 하주단체와의 협상을 거부해서는 안 된다고 규정하고 있다. 중소형 하주가 하주단체 구성을 통한 협상력 강화로 대형하주와 상응하는 수준의 운임할인 혜택을 받을 수 있다. 그러나 하주단체의 시장 점유율을 15% 이내로 제한했다.

### (11) 무선박운송인의 법적 지위 인정

동법은 선박을 직접 소유하여 운항하지 않는 운송인으로서 해상운송인(Ocean common carrier)의 관계에서는 송하인(shipper)의 지위를 갖는다고 규정하고 있다. 따라서 무선박운송인은 실제 운송인에 대해서는 송하인 그리고 실제 송하인에 대해서는 운송인의 자격을 갖는다. 운송인의 자격으로 하주로부터 화물을 집하하기 위해서는 사전에 연방해사위원회에 자신의 운임요율표를 신고하여야 한다. 또한 하주의 자격으로 동맹이나 비동맹선사와 대량하주우대계약 또는 기간별·물량별 운임계약의 체결이 가능하다.

### (12) 해운동맹자문위원회의 설치

1984년 신해운법은 해운동맹자문위원회의 설치를 규정하고 있으며 위원회 구성은 대통령이 임명한 관료급 1명, 상원의원 4명, 하원의원 4명, 대통령이 임명한 민간기업 대표 8명, 총 17명으로 구성되며 위원장은 대통령이 지명한다. 동 위원회는 해운동맹에 관한 연구, 특히 해운동맹의 금지, 폐쇄동맹, 개방동맹 가운데

27) 이 규정에 따라 효력이 정지된 운임요율표를 사용하는 경우 한 건에 5만 달러 이상의 벌금을 부과할 수 있도록 규정하였다.

28) 'Shipper's Association'은 화물의 확보나 기타 기간별 물량별 운임 및 대량하주우대계약을 체결할 목적으로 하주를 위해 비영리적으로 화물을 모으거나 배분하는 단체를 말한다(동법 제3조).

어느 것이 국익에 유리한가를 중점으로 취급하도록 규정하고 있다.

### 5) 1984년 신해운법의 영향

1984년 신해운법은 해운동맹을 상당 부분 제한적으로 허용하면서 미국의 하주를 보호하기 위한 정책으로 전환하였음을 보여주는 법률로서 해운동맹의 기능 약화에 기여하였다. 특히 정기선 해운시장에 큰 변화를 초래하였다.

(가) 해운동맹의 기능 약화로 이를 극복하기 위한 초대형 동맹 등장[29)]의 계기
(나) 규모의 경제 구현을 위한 선박의 대형화 촉진[30)]
(다) 북미 항로에서의 하주의 해운동맹 또는 비동맹선사와의 협상력 강화[31)]
(라) 해운동맹의 복합운송 용이[32)]
(마) 무선박운송인의 역할 증대

### 6) 1998년 외항해운개혁법

1984년 신해운법에서 독자행동권 및 대량하주우대계약 등이 허용됨에 따라 대하주의 확보가 유리하여 미국의 선사는 점유율 확대를 기대했다. 그럼에도 불구하고 1980년대 하반기부터 한국, 대만, 중국의 선사가 대량하주우대계약 등의 공세적인 마케팅을 전개하면서, 미국의 선사를 포함한 동맹사의 점유율은 오히려 감소하였고 또한 상당수의 미국 선사들이 도산 또는 인수·합병되었다. 이러한 시대적 변화에 부응하여 4년여 입법과정을 통해 1998년 외항해운개혁법[33)](U.S

29) 동맹선사의 독자행동권과 대량하주우대계약의 남용으로 인한 운임 체계 붕괴로 1984년 10월 태평양서안동맹(PWC)이 해체되고 동맹, 비동맹선사 간의 협조체제하에 정기선 시장의 질서유지와 안정을 도모하기 위하여 북미항로수입운임협정(Transpacific Westbound Rate Agreement: TWRA)과 북미항로수출운임협정(Asia North America Eastbound Rate Agreement: ANERA) 등장.

30) 미국, 일본 등 대형 하주의 단위당 운임 감소를 통한 규모의 경제 실현이라는 경영목적이 선박의 대형화를 촉진.

31) 대형하주의 경우 독자행동권과 대량하주우대계약 등을 통한 운임 협상력이 증가하였고 중소형 하주의 경우도 하주단체의 설립 인정을 통해 협상에서 유리한 위치에 설 수 있었다.

32) 해운동맹에 복합운송권을 인정하여 복합운송운임을 연방해사위원회에 신고한 후 적용할 경우 독점금지법 적용에서 면제함으로서 종전에 비해 복합운송이 용이해짐.

33) 1998년 제정된 외항해운개혁법은 Sealand사와 NITL(National Industrial Transportation League: 전 미국산업운수연맹)이 1995년 의회에 제안했던 안을 항만노동단체, 중소형 하주, 그리고 연방해사위원회뿐만 아니라 미국정기항로에 취항하던 외국적 선사의 강력한 반대로 통과되지 않았지만 1998년 상원 본회의에 상정해 통과되어 미연방해사위원회에서 시행

Ocean Shipping Reform Act of 1998)이 제정되어 1999년 5월 발효되었다.

### (1) 운임요율표 신고 및 면제품목

1998년 외항해운개혁법에서는 연방해사위원회에 운임표 신고 의무를 폐지[34]하는 대신에 전문 민간업체가 개발한 인터넷 웹사이트(전자방식) 등의 매체를 이용해 선사가 자체적으로 운임표를 공개하도록 하고 있다. 또한 1984년 해운법에서는 연방해사위원회에 제한적인 신고면제 권한만을 부여하였으나 1998년 외항해운개혁법은 신고 면제 확대 권한을 부여하였다. 운임요율표 신고 면제 품목은 벌크화물, 임산물, 재생용 고철, 폐지 등에서 수출을 목적으로 하는 조립자동차가 추가되었을 뿐만 아니라 연방해사위원회에게도 독자적으로 운임요율표 신고 면제 대상 품목을 확대할 수 있는 권한을 부여하였다.

### (2) 운임요율표 신고기관 및 신고방법

1984년 신해운법에서는 운임요율표를 자동신고방식(Automated Tariff Filing and Information: ATFI)을 통해 미연방해사위원회에 신고하고 신고된 요율표는 동 위원회 감독[35]을 받아야 했으나, 외항해운개혁법하에서는 운송인(선사 및 무선박운송인을 포함)과 동맹의 운임표 신고 및 필수조건의 공표 의무를 폐지하는 대신에 운송인과 동맹이 아무런 제약 없이 원거리에서도 이용 가능하도록 민간업체가 운영중인 자동신고 방식을 통해 열람토록 하였다. 우대운송계약과 관련해서는 계약 필수조건 중에서 출발항과 최종 목적항, 품목, 최소 물량과 계약기간은 계속 공표하도록 하였다. 또한 터미널 운영업자가 원할 경우 요율 규정과 관행을 공개할 수 있도록 규정하고 있다.

### (3) 우대운송계약에 관한 조치

1998년 외항해운개혁법에서는 최초로 상호 관련이 없는 하주들이 공동으로 우대운송계약(S/C)을 체결할 수 있는 권한을 허용하고 있으며 운임동맹 이외의 해상운송인 간 체결한 협정(공동운항협정 등)에 대해서도 공동 우대운송계약 제공을 허용하고 있다.

---

세칙 제정을 거쳐 발효되었다.

34) 운임표의 연방해사위원회 신고의무는 더 이상 필요하지 않으나 운임 인상의 경우 30일 전에 통지하도록 한 의무를 변하지 않았다.

35) 1961년 해운법은 외항 정기선사의 미연방해사위원회에 운임표 신고 의무화와 감독권을 부여했다.

1984년 신해운법하에서는 우대운송계약의 필수조건인 운송구간, 품목명, 계약운임, 계약기간, 서비스 약속 및 계약불이행시의 범칙금을 반드시 해사위원회에 사전에 신고해야 했다. 그러나 외항해운개혁법에서는 우대운송계약 내용 중 내륙운송구간(최초 출발지와 최종 목적지), 계약운임, 서비스 약속, 계약불이행시의 범칙금은 대외비로 할 수 있도록 하였다. 또한 미국 내 항만노조가 우대운송계약 내용 중 일부를 선사에 요청할 경우 선사는 그와 같은 내용을 제공해야 한다.

#### (4) 내륙운송비협상에 관한 조치

내륙운송비에 관한 선사들의 공동협상을 1984년 신해운법에서는 금지시켰으나 외항해운개혁법에서는 독점금지법의 심사를 거쳐 선사들과의 공동협상을 허용하도록 하였다. 이는 복합운송에서 주로 해상운송인이 주 운송인으로 전 운송구간에 대한 운송책임을 지고 있고 기타 구간의 운송인은 하도급운송인으로서의 기능을 한다.

#### (5) 운임동맹의 운임요율표 및 우대운송계약에 과난 독자행동권

기존 독자행동권 통보기간은 10일이었으나, 계약 자유의 원칙 존중과 신속한 해운서비스 거래를 위한 운임율 조정을 통하여 하주에게 유리한 운송조건을 허용하기 위하여 5일로 단축하였다. 또한 운임동맹이 체결한 우대운송계약에는 독자행동권 실시를 허용하지 않았으나 외항해운개혁법에서는 이를 허용하였다.

#### (6) 미국선사 보호

미국선사 보호에 관한 조치로 미연방해사위원회에 운임 약탈행위를 단속할 수 있는 권한, 외국적 선사의 부당하고 불합리한 정기선 운임 적용시, 그러한 운임 적용 금지 및 감시할 수 있는 권한을 위임했다. 또한 불공정한 외국 해운관행의 시정 방안으로 우대운송계약의 발표 중지를 규정했다.

#### (7) 해상화물 및 운송주선인, 무선박운송인(NVOCC)에 관한 조치

1998년 외항해운개혁법에서는 해상화물운송주선인과 무선박운송인을 각각 구분하되 해상운송중개인(Ocean Transportation Intermediary)으로 통칭을 개칭한다. 선박운송인은 면허대상이 되며 운송인의 지위에도 불구하고 하주와 서비스계약을 체결하는 것을 금지하고 있으며 운송주선업자는 이전과 마찬가지로 선사로부터 커미션을 받을 수 있으나 무선박운송인은 허용되지 않는다. 또한 동법은 운임동맹이 운임설정시 무선박운송인 및 하주단체를 차별하는 것을 명백히 금지하고 있으나 개별선사에는 동 조항이 적용되지 않는다.

### (8) 외항해운개혁법의 주요 변화

외항해운개혁법은 규제제도에 커다란 변화를 초래했다. 가장 중요한 변화는 우대운송계약, 운임요율 그리고 단체행동 분야이다. 첫째, 하주와 운송인 사이의 우대운송계약은 양 당사자 간에 엄격한 비밀을 유지할 수 있게 하였다. 더구나 필수 계약조항도 극히 제한적인 범위 안에서만 공시되도록 허용하고 있다. 또한 '모방(mee-too)' 규정도 완전히 철폐되어 동맹과 운송인들은 유사한 상황에 있는 하주들에게 동일한 주요 계약 조항을 강요할 수 있었다. 둘째, 아직까지 우대운송계약은 연방해사위원회에 신고하도록 되어 있지만 중요한 요율정보는 계약 당사자 사이에서 기밀로 유지될 수 있다. 우대운송계약의 파일이나 강제 규정 모두가 철폐된 것은 아니다. 셋째, 외항해운개혁법은 연방해사위원회에 대한 운임요율표 파일 규정을 없었다. 운송인은 요율표를 정확하고 쉽게 접근할 수 있는 방식(웹사이트 등)으로 공시하면 되며 연방해사위원회는 이를 감시한다. 이는 투명성 확보 및 감독을 요구하는 쪽과 완전한 철폐를 요구하는 쪽의 절충이었다. 넷째, 독점금지법에서 면책을 아직도 인정하고 있지만 이러한 면책의 범위는 점점 더 제한되어 왔다. 즉, 동맹과 협정이 더 이상 우대운송계약 조건을 요구할 수도 없고 회원사들이 우대운송계약을 제공하지 못하도록 할 수 없다. 운송인이 동맹 또는 협정에 속하든 속하지 않든 불문하고 개별운송인은 하주 또는 하주 단체와 협상을 벌이고 계약을 체결할 권리가 있다.

# 제5장 동북아의 해운정책

## 제 1 절 일본의 해운정책

### 1. 일본해운조성정책의 범위

일본의 해운조성정책을 한마디로 정의하는 것은 매우 어려운 일이다. 조성책의 범위를 광의로 해석하면 해운정책의 전부가 해운조성정책으로 볼 수 있다. 그리고 해운조성정책을 협의로 해석하면 정부가 해운기업에 대해 보조금을 지급하는 시책에 한정하여 정의할 수 있다. 이런 의미에서 일본의 해운정책은 제 2 차 세계대전 이전의 일본해운정책 및 외국의 해운정책과 비교하여 금융조치의 색채가 강하다. 제 2 차 세계대전 이전의 항해장려법과 조선장려법에 근거한 보조금에서부터 그 이후에 실시한 원양항로보조, 선질개선조성시책, 우수선 건조조성 등, 모든 시책에는 보조금의 직접적인 교부가 행하여졌다. 그리고 일본을 비롯한 거의 모든 국가에서 시행되고 있는 해운정책도 협의의 해운조성정책이 지배적으로 많이 시행되고 있다.

한편, 제 2 차 세계대전 이후 일본의 해운정책은 계획조선에 대한 거액의 재정융자를 시작으로 하여 이자보조정책을 실시하였으며, 이러한 정책 역시 보조금의 지급 및 일정기간 이자의 징수유예조치로서 일종의 금융조치라고 말할 수 있다. 물론, 3국간 수송보조, 이도항로보조 등 협의의 해운조성정책도 실시하였다.

이러한 일본의 제 2 차 세계대전 이후의 해운정책 가운데, 일본정부가 해운기업에 대하여 해운의 발전을 목적으로 직접적 혹은 간접적으로 실시한 모든 재정정책에 대해 살펴보고자 한다. 이런 의미에서 일본의 해운정책은 각년도의 정부예산, 재정투자금융, 감세조치 등에 대한 구체적인 자료를 연도순으로 정리하여 살펴보고자 한다.

이러한 일본의 해운정책에 대한 분석은 광의의 해운정책을 대상으로 하는 것이며, 이는 해운정책도 원래는 국가정책의 일환으로 실시되었기 때문이다. 따라서 일본해운정책은 각각의 조성정책에 대한 내용의 기술 및 그 시대의 경제적 사회적 환경변화에 대한 국가의 해운에 대한 요구사항 및 방향에 대하여 기술한다.

## 2. 미군점령기

1945년 8월 15일 일본은 연합국에 대해 정식으로 항복하였고 3년 8개월에 걸친 태평양 전쟁이 끝났다. 이 전쟁으로 인한 경제적, 물적 피해는 광범위하고 심각하여서 일본국토가 황폐화되고 일본경제는 재기불능의 상태라고 생각될 정도로 심각한 타격을 입었다. 그 중에서도 해운분야는 타산업과 비교할 수 없을 정도로 심각한 피해를 입어서, 전쟁전의 100 GT 이상의 등록선 609만 GT를 기록한 선복량 및 전쟁중에 급조된 선복량을 포함하여 805만 GT의 선박을 상실하였으며 종전시에는 약 150만 GT의 선복량만이 남아 있었다. 이 피해율은 80%를 넘었으며 전쟁 전의 성능이 우수한 선박은 전쟁중에 침몰되고 전후의 잔존선박의 70%는 성능이 열악한 전시표준선이었고, 30%는 재래선이었으며 경제성이 떨어지는 노령선이었다.

### 1) 운항체제의 추이

종전 후 각 국가 정부들은 해운에 대하여 보호주의 정책을 실시하였고, 일본해운의 잠재적 군사화 가능성에 대한 기본인식으로 인하여 연합군은 일본 해운에 대하여 선박운항의 관리 및 지배정책을 실시하였다. 일본상선관리는 연합군의 진주와 동반하여 혼란방지를 위하여 100 GT 이상 선박의 운항을 일부항로를 제외하고는 운항금지조치를 취하였다. 또한 선박의 상황을 미국태평양함대사령부에 보고하도록 하였고, 지휘 및 감독을 받도록 하였다. 이후 민생유지를 위하여 영해내의 기선, 이도항로선, 세토나이카이선 등의 취항이 허락되었다.

일본의 상선관리는 당초 미국태평양함대사령부가 장악하여 관리하였으나 1945년 10월부터 전문기관으로 사령부 내의 일본상선관리국(SCAJAP: U.S. Naval Shipping Control Authority for Japanese Merchant Marine)이 설치되어 일본상선의 지배, 운항, 수리 등 일체의 업무를 관리하였다. 이후 일본상선관리국의 통제를 용이하게 하기 위하여 일본상선관리위원회(CMMC: Civilian Merchant Marine Committee)가 설치되어 운영되었다.

해운의 국가관리체제는 통제경제의 존속이라는 국내적 이유와 미군사령부에 의한 군사적 이유인 외부적 이유로 실시되었다. 미군의 군수물자 및 수출입물자의 일본상선에 의한 수송은 일본상선관리국을 통해 총사령부의 지휘를 받았으며, 국내물자의 수송은 해운총국이 관계관청의 수송요청에 근거하여 운영회가 배선을 계획하고, 이것을 수송협의회가 조정한 후에 실시되었다.

선박운영이 복잡한 통제기구의 틀 안에서 행하여짐에 따라 운항효율의 저하는 피할 수 없었으며, 해상운임은 안정가격정책으로 인하여 억제되어 운임수입의 증가는 기대할 수 없었다. 반대로 운항비, 선원비 및 일반관리비 등의 지출은 물가상승 등의 요인으로 인하여 지속적으로 증가하여 선박운영회의 수지계산은 매분기 적자를 반복하여 국고의 부담을 증가시켰다. 이러한 사정으로 인하여

표 5-1 선박운영회의 수지 (단위: 1,000엔)

| 연 도 | 수입 | 지출 | 수익 | 정부보조금 |
|---|---|---|---|---|
| 1945 | 359,286 | 1,138,034 | -778,748 | 600,000 |
| 1946 | 728,222 | 1,896,117 | -1,167,895 | 1,340,104 |
| 1947 | 2,595,680 | 6,293,451 | -3,697,771 | 3,526,105 |
| 1948 | 12,469,483 | 18,632,500 | 6,163,017 | 6,500,000 |
| 1949 | 16,447,963 | 25,687,711 | 9,239,748 | 9,070,991 |

자료: 運輸省(1985), 「續 日本海運戰後助成史」, 海事産業研究所, pp. 430~433.

하루라도 빨리 해운을 민간에 이전하고 통제를 철폐하고, 선주의 창의적 경영과 경쟁을 추구하는 분위기가 조성되기 시작하였다.

해운업계는 해운의 민간 환원 및 자주적 기관에 의한 운영을 목표로 하여 신운항체제의 확립에 노력하였다. 그러나, 운영회와 전일본해원조합은 국가관리를 주장하여 선주 간에도 의견이 일치하지 않았다. 따라서 급속한 민간이관에는 문제점이 있다고 생각하여 단계적 민간이관이라는 방침이 채택되었고, 먼저 운영회의 관리형태에서 선원, 선박보수업무를 분리하는 나용선 방식에서 정기용선 방식으로의 전환이 추진되었다.

### 2) 선대 재건의 한계성

종전 후 해운업계는 선복의 확보가 최대 급선무였다. 그러나 가동가능선박은 367척, 665,000 GT 정도에 불과하였으며 잔존선복의 약 절반 정도가 전화를 입은 상태로 방치된 불가동선 및 취항불가능 선박이었다. 선복확충책으로서 불가동선의 수리가 요구되었지만 당시 일원적인 운항업무를 담당하던 선박운영회의 재정상태로는 수리 보수를 실시하는 것이 불가능한 상태였다. 또한 선주도 전쟁 전에 실시하던 "선박건조융자보조 및 선실보상법" 및 해운조성정책의 폐지, 전시보상특별조치법의 실시에 따른 보험금·보상금 청구권 금지 등으로 선대재건의 재원을 상실한 상태이었으며, 물가상승에 따른 선가의 상승, 낮은 운임수입, 등으로 인하여 선복의 확충을 실현하는 것이 용이 하지 않았다. 그러나 1947년 부흥금융금고가 설치되어 선주에 대한 융자의 길이 열림과 동시에 선박의 발주조성기구로서 선박공단이 설립되어 드디어 선복의 확충이 추진되기 시작하였다.

### 3) 부흥금융금고

부흥금융금고의 설립은 가격차액보조금의 지출과 동시에 그 기간의 경제정책을 지지하는 기둥의 역할을 하였다. 가격차액보조금은 자본상실에 의해 자주적인 극복이 힘든 산업 간의 생산성과 채산조건의 격차를 외부의 힘으로 지원할 목적으로 실시되었으며, 부흥금융금고는 전시보상이 금지된 기업의 재건과정상에 부흥자금을 확보하기 위한 목적으로 추진되었으며, 적자재정정책이라는 특징을 가지고 있다.

즉, 동금고는 전액 정부출자로 설립되었으며 미지불자본액에 상당하는 채권의 발행이 허락되어 1949년 일본정부의 출자는 250억 엔이었으나 부흥금고채권의 발행잔고는 1,019억 엔에 달하였고, 그 64%를 일본은행이 인수하였다. 이러한 이유로 부흥금고채권은 당시 급속히 발생한 인플레이션을 조장한 한 원인으로 지적되어 1949년 4월 이후에는 신규대출업무가 정지되었다. 그리고 부흥금고채권 전액이 정부지출에 의해 상환되어 1952년 1월 일본개발은행이 일체의 채권업무를 인계받아 해산하게 되었다. 그러나 이 시기에 부흥금융금고는 재건자금의 자력조달이 거의 불가능한 상태였던 일본해운의 재건에 커다란 밑거름으로 활용된 것은 인정받아야 하며 선박건조를 위하여 선주에게 46억 엔, 선박공단에 85억 엔이 융자되었으며, 이 부흥금융금고의 융자를 통해 선주가 건조한 선박은 134척, 245,000만 GT, 수리 및 개조한 선박은 250척, 235,000 GT를 상회한다.

### 4) 선박공단

한편, 경제적 기반이 약하고 거액의 재건자금을 자력으로 조달하는 것이 거의 불가능한 실정에 놓여 있던 해운업계는 부흥금융금고의 설립으로 융자의 길이 열렸으나, 산업설비운영단이 폐쇄기관으로 지정됨과 더불어 속행선의 건조 등에 문제가 발생하였다. 따라서 속행선의 건조를 지원하기 위하여 선박의 조선 및 수리에 관한 융자 및 기타 관련 업무를 담당하는 선박공단법이 1947년 4월에 제정되었으며 이 법에 근거하여 동년 5월 선박공단이 설립되었다. 공단의 기본금은 전액 정부의 출자(3억 엔)로 하며, 사업자금은 부흥금융금고의 융자를 활용하여 해운의 신속한 부흥을 촉진하는 것을 목표로 하여 선박, 선박용 기관, 및 선박의장품의 제조 주문을 받아 판매하거나, 선박의 보유, 임대, 해체, 개조, 수선의 주문, 기타 선박용자재의 매매, 또는 정부의 위탁에 의한 선박의 관리 등의 업무를 행하면서 선박의 신조 및 수선에 대한 비용을 부담하는 한편 선박을 공유하여 다음과 같은 업무를 수행하였다.

① 속행선에 대한 선가를 분할하여 그 지분을 가짐
② 개조, 수리, 침몰선 인양에 대한 비용을 분할하여 그 지분을 가짐
③ 5,000 GT 이상의 선박에 대해서는 전액 공단이 지분을 행사함
④ 신조선에 대해서는 공단 및 선주가 소유비율을 7 : 3으로 하며 공단지분은 10년 이내에 공유하는 선주에 매각함

이후, 선박공단은 일본해운의 재건에 중요한 역할을 하였다. 그 중에서도 공단의 주요 업무였던 신조선의 건조는 전후 해운업계와 조선업계의 재건에 밑거름이 된 화물선의 계획조선에 커다란 공헌을 하였으며, 선박공단이 부흥금융금고를 근거로 하여 선주와 공동으로 신조한 선박은 167척, 373,000 GT에 달한다. 또한 수리 및 개조한 선박은 166척, 331,000 GT에 이른다.

그러나, 1949년도 균형예산편성시에 부흥금고채권의 신규발행에 의한 자금조달이 불허되어, 산업자금의 신규대부는 사실상 정지되었다. 이로 인해 선박공단은 신규사업을 정지하고 연속사업만을 수행하다가 1950년 3월 해산되었으며 선주와의 공유선의 지분은 정부에 이관되었다.

## 3. 한국전쟁시기

### 1) 연안해운 과잉선복문제

1950년 4월 일본해운은 수년 간의 미군태평양사령부에 의한 관리통제에서 독립하여 본래의 해운업 형태로 전환되었으며 해운 재건을 위하여 본격적인 활동을 시작하였다. 그러나 신운항체제도 외항해운의 제약, 연안해운의 선복과잉 등의 악조건으로 인하여 출발이 순조롭게 진행되지는 않았다. 외항해운의 경우 통상항해조약이 성립되지 않은 상황에서 출발함으로써 경쟁력을 확보하지 못한 상태인 일본 해운으로서는 앞날이 밝지 않았다.

표 5-2 계선 선복의 추이

| 구분 | 화물선 | | 유조선 | | 계 | |
|---|---|---|---|---|---|---|
| | 척 | 중량톤 | 척 | 중량톤 | 척 | 중량톤 |
| 1950년 5월 | 204 | 828,423 | 40 | 79,186 | 244 | 907,609 |
| 1950년 6월 | 234 | 932,066 | 42 | 78,846 | 276 | 1,010,912 |
| 1950년 7월 | 211 | 861,323 | 34 | 71,395 | 246 | 932,718 |
| 1950년 8월 | 195 | 745,823 | 27 | 50,889 | 222 | 796,712 |
| 1950년 9월 | 173 | 615,987 | 30 | 60,856 | 203 | 676,843 |

자료: 運輸省(1985), 「續 日本海運戰後助成史」, 海事産業研究所, pp. 430~433.

또한 내항해운의 경우, 선복과잉이 심각한 상태이었다. 전후 수년간에 걸친 인플레이션과 미국을 비롯한 세계경제의 침체로 인하여 일본정부의 적자재정정책과 부흥금융금고에 의존하고 있던 해운업계에 심각한 타격을 입혔다.

당시, 일본국내 해상물동량은 월평균 약 100만 톤 정도이었으며, 이에 대한 소요선복량은 약 50만 중량톤으로서 약 100만 중량톤 이상의 과잉선복이 발생한 상태였다. 선박운영회 지시로 인해 월평균 약 60만 총톤 이상이 계선을 행하고 있었지만, 선주가 계선을 회피하고 배선을 강행하면 운임의 급락, 시장의 혼락이 예상되는 위험한 시기였다.

따라서, 연안해운의 수급조정을 위하여 일본정부는 1950년도 상선관리위원회 예산으로 확보해 두었던 예산 약 42억 엔을 계선보조금으로 지급하였으며, 계선하

표 5-3 계선 비용 지급액

| 구분 | 선형 | 1DWT당 계선보조금액(엔) | 1DWT당 계선비용(엔) |
|---|---|---|---|
| 전시표준선 | 1그룹 | 217.21 | 173 |
| | 2그룹 | 282.23 | 225 |
| | 3그룹 | 418.56 | 335 |
| | 4그룹 | 356.84 | 285 |
| | 5그룹 | 329.31 | 265 |
| 재래선 | 5,000~4,000DWT (R, T) | 163.85 | 130 |
| | 4,000~3,500DWT (R) | 186.99 | 150 |
| | 3,500~3,000DWT (R, T) | 201.43 | 160 |
| | 3,500~3,000DWT (D) | 187.69 | 150 |
| | 3,000~2,500DWT (R) | 223.14 | 180 |
| | 2,500~2,000DWT (R) | 247.80 | 200 |
| | 2,000~1,500DWT (R) | 303.64 | 240 |
| | 1,500~1,000DWT (R) | 377.96 | 300 |
| | 1,500~1,000DWT (D, T) | 329.07 | 260 |
| 신조선 | KD (D, T) | 297.67 | 140 |
| | KD (D) | 284.22 | 115 |
| | KC (D, T) | 292.96 | 135 |
| | 전후 신조선 2,000DWT 이상 R, T | 257.65 | 115 |
| | 전후 신조선 2,000DWT 이상 D | 250.00 | 100 |

자료: 運輸省(1985), 「續 日本海運戰後助成史」, 海事産業研究所, pp. 430~433.

는 선주는 감가상각비, 금리의 자기부담을 제외한 선원비, 연료비, 선용품비, 보험료의 보조를 받을 수 있었다.

정부의 계선보조금에 대하여 업계측에서도 공동계선에 중점을 둔 대책을 신속히 마련한 결과, 유력선주를 중심으로 하는 블록(Block)제를 통한 계선, 집화, 배선에 관한 공동기구를 설치하고, 상호연대에 의한 시황대책안이 작성되었다. 그러나 동 시황대책안은 독점금지법 및 사업자단체법과 상충하는 부분으로 인하여 대책을 전환하여 운임동맹을 결성하는 방향으로 전환되었다.

### 2) 저성능선박 매입법

계선보조금은 선박의 종별에 따라서 4가지로 분류되어 최초의 6개월 간은 모든 계선선박에 대하여 지급하며, 6개월 이후에는 보조금을 차감하거나 정지하는 방법으로 시행되어, 선박이 미군태평양사령부에서 민간에 환원되는 시기의 혼란을 방지하기 위한 잠정적 조치로서의 의미밖에 지니지 못하였다. 따라서 과잉선복에 대한 적극적 대책으로서 계선을 요하는 저성능선박을 해운시장에서 말소시켜 시황의 안정을 추진하는 근본적인 대책이 요구되었다.

한편, 일본정부도 선복조정에 대한 시책이 급선무임을 인식하고 계선보조금의 잔여예산을 가지고 저성능선박을 매입하여 처분하는 것을 골자로 하는 법안을 입안하였으며, 매입법에서 정하는 한도액은 27억 엔이었다. 즉, 전시표준선 및 선령 30년 이상의 저성능선박을 정부가 매입하여 연안해운의 과잉선복을 감소시키고, 연안해운사업의 정상적인 운영을 목적으로 하여 1950년 8월에 "저성능선박매입법"이 공포되고 9월부터 선박의 매각신청을 받았다.

매입법의 대상이 되는 선박은

- 5,000총톤 이상 27척, 187,221총톤
- 2,000~5,000총톤 75척, 183,269총톤
- 2,000총톤 미만 297척 278,840총톤

이었으며, 매입 예정은 상기의 선박중 5,000톤 이상 22척(158,706총톤), 2,000~5,000총톤 41척(98,987총톤), 2,000총톤 미만 152척(142,307총톤)으로 합계 215척(40만총톤)이 산정되어, 대상선박의 약 60%에 달하는 선박이 해체되는 획기적 시책이었다.

그러나 본법 시행 전인 6월 25일 한국전쟁이 발발하여 선복수요가 급증하여 이 시책도 소기의 성과를 달성하지 못하고, 당초 예정된 40만톤 중 33%만이 해체되었다.

### 3) 한국전쟁의 발발

경제적으로 어려운 시기에 놓여있던 일본은 한국전쟁의 발발로 인하여 일변하는 상황에 놓이게 되었다. 1950년 미국의 국방생산법의 공포, 10월 중공군의 참전 및 12월 미국의 비상사태선언과 공산주의 제국에 대한 융화정책의 폐기가 연속적으로 이어지면서 전쟁 초기의 예상과는 달리 전쟁이 장기화되었다.

한국전쟁 발발 이후 미군 및 연합군의 장비 및 기타 물자의 조달을 일본에서 대량으로 행한 결과, 전쟁특수가 발생하여 일본 경제활동이 현저히 증대되어 일본의 각 산업부문이 일제히 증산체제로 전환되었다.

이러한 내외정세의 전환은 일본 해운수송의 신장과 고운임을 초래하였으며, 대량계선에 시달리던 일본 해운업계에 회생의 계기로 작용하였다. 먼저, 계선 가운데 전시표준선의 일부는 미국군사해상수송부(Military Sea Transportation Service)의 용선으로 출동하였으며, 외항배선이 증가하였다. 이러한 상황변화에 대하여 일본정부는 1951년 1월 외항선복의 긴급증강대책을 협의하여, 전시표준선의 개조, 신조선의 건조, 침몰선의 인양, 외국선박의 구입 및 용선의 촉진, 등을 결정하였다. 해운업계에서도 세계해운업계에의 복귀를 목표로 정부정책에 동참하여 외항선복의 정비 및 확충을 서둘렀다. 연안해운 부분에서도 외항배선에 의한 선복 감소, 전쟁특수에 의한 화물수송의 증가로 인해 업계 전체가 호황기를 맞이하였다.

## 4. 한국전쟁 이후의 불황기

### 1) 한국전쟁의 휴전

한국전쟁으로 인하여 활황을 구사하던 일본산업은 1951년 3월경 한국전쟁이 마무리과정에 들어서자 전쟁특수 및 수출무역이 감소하여 경제기조가 다시 이전의 불황기에 접어들었다. 특히 유럽권의 수입제한 강화와 미군의 군대확장의 둔화는 세계경제의 부진을 초래하여 경기후퇴의 양상을 보였다. 세계시장의 부진과 더불어 국제수지의 악화와 동반한 금융제제, 수입제한 등의 디플레이션 정책의 시행으로 일본의 무역은 경색되었으며, 물동량 감소 및 운임 하락으로 인하여 해운업도 불황을 맞이하였다.

한국전쟁으로 인하여 선가가 폭등하였고, 선비, 운항비 등 제 비용이 폭등하였으며, 선복과잉문제도 한국전쟁으로 인한 일시적인 선복부족현상으로 인하여 일본정부가 추진하였던 저성능선박의 매입처분정책도 실효를 거두지 못하였다.

한편, 일본선대의 재건을 목표로 하여 추진되었던 신조선의 건조 및 개조자금은 그대로 차입금의 형태로 남아서 해운기업의 경영에 중압감으로 작용하였으며 원금의 상환 및 이자의 지불도 곤란한 상황에 이르렀다. 또한, 신조선의 건조선가는 국제수준과 비교하여 일본국내 건조가격이 고가이었으며 차입금의 금리도 높았다.

### 2) 외항선박 건조융자 이자보조 및 손실보상법

해운업계는 악화된 해운기업에 대한 금융기관의 신조건 건조비 융자의 소극화 및 고금리의 부담을 경감하여 국제경쟁력을 강화하기 위하여 선주협회를 중심으로 적극적인 조성정책의 신속한 확립을 요구하였다. 일본정부는 해운업계의 요구와 외항해운의 신속한 경쟁력 강화를 위하여 1953년 1월 외항선박건조융자이자보조법을 시행하였다. 그러나 이 이자보조법은 제 9 차 전기선에 대하여 실시한 시중은행융자에 대하여, 개발은행의 금리와 시중은행의 금리 간의 차액을 보조하는 것에 지나지 않았다.

그리하여 융자의 범위를 확장하고, 보조율을 증가하기 위하여 8월에 개정절차를 거쳐 "외항선박의 건조에 필요한 자금의 융자에 대하여 정부가 이자보조금을 지급하고 손실보상을 행하여 외항선박의 건조를 촉진함과 동시에 일본해운의 건전한 진흥을 기함"을 목적으로 외항선박건조융자이자보조 및 손실보상법이 공포 시행되었다.

외항선박 건조융자 이자보조 및 손실보상법의 요점은

① 일본개발은행융자에 대한 기준이율 연 7.5% 가운데 1.5%는 정부에 의해 개발은행이 보조하며, 2.5%는 연기로 정하여, 선주의 부담을 3.5%로 하였다.

② 시중금융기관의 융자에 대해서는 선주부담이자를 연 5%로 하며 그 차액을

보조한다.

③ 이자보조를 받은 회사에 대하여 장래에 일정부분 이상의 수익이 발생한 경우에는, 일정비율로 이자보조금을 정지하거나 반환하게 한다.

④ 또한, 손실보상금에 대해서는 시중금융기관에 협조를 구하여 악화된 시황에서도 선박융자에 협력하도록 하며, 이자보조 이외에 대부금이 회수불능이 된 경우 정부는 시중금융기관의 융자금액의 30%에 해당하는 금액까지 손실보상을 실시한다는 것이다. 이를 위하여 운수성은 해운감독실을 설치하고 이자보조를 받은 해운 기업의 업무 및 경리를 감독하게 하였다.

외항선박건조융자이자보조 및 손실보상법이 시행됨으로써 일본 해운의 국제경쟁력 상승에 최대의 문제점이었던 금리가 많이 경감되었다.

### 3) 선가의 절감 및 세법에 관한 특별조치

국제경쟁력을 감퇴시키는 요소 가운데 하나는 높은 선가 문제이다. 높은 선가가 건조자금의 증가, 금리부담의 가중 및 감가상각비, 보험료, 선박세 등의 면에서 운임원가에 부담으로 작용하여 경쟁력을 결여시키는 커다란 요인으로 발생한다. 당시 일본의 건조선가는 일반적으로 영국, 서독과 비교하여 약 10~15% 높았으며, 특히 선가의 25% 정도를 점하는 조선용 철강제에 대해서는 영국, 서독과 비교하여 20~40% 정도 높았다. 따라서 선가의 절감책으로서 조선용 철강제의 인하조치로서 동철강제에 대한 보조금제도의 창설을 주장하였다. 이것은 재정정책적 입장에서 추진하기 힘든 시책이었으나 해운에 대한 이자보조제도의 실시와 더불어 조선에 대해서도 동일한 방법의 적용에 통하여 선박가격을 절감하는 정책이 구상되었다. 이후 "조선비용 인하에 관한 잠정조치"가 실시되어 1953년 8월부터 1954년 4월까지 잠정적으로 철강업자에 대한 융자이율을 인하하고, 인하된 해당액수만큼 조선용 철강제의 가격을 인하하게 하였다. 그 결과 16노트 이상의 고속선의 1톤당 계약선가가 평균 176,000엔에서 167,000엔으로 약 5% 절감되었다. 특히, 15~16노트 미만의 선박에 대해서는 132,000엔으로 절감되었으며, 15노트 미만의 선가는 118,000엔으로 대폭하락하여 이전의 평균선가와 비교하면 약 17%의 절감효과를 거두었다.

다음으로는 해운조성책의 일환으로 선박에 대한 고정자산세에 대해서도 경감

조치가 구상되었다. 선박에 대한 과세는 1950년 세제개혁에 의해 종래의 선박세가 폐지되고 지방세법에 의해 고정자산세로서 징수되고 있었다. 지방자치청은 국제경쟁력을 고려하여 외항선에 대하여 특별경감률을 적용함에도 불구하고, 선박의 고정자산세는 선박가격의 16/1,000의 세율로 부과되어, 1953년도 선박고정자산세 총액에 대해서 살펴보면 구선박세에 의한 세금의 8배에 달하는 금액이었다.

따라서 일본정부는 지방세법을 개정하여 이자보조법의 적용을 받는 외항선박에 대하여 고정자산세의 세율을 16/1,000에서 4/1,000으로 경감하였으며, 등록세의 경감에 대한 특별조치를 구상하게 되었다.

#### 4) 임시선질 등 개선조성 이자보조법

이전에 실시하려 했던 저성능선박매입법은 한국전쟁의 발발로 소정의 실효만을 거두었을 뿐, 선복과잉은 연안해운에 대하여 지속적인 문제점으로 지적되고 있었으며, 특히 화물선의 경우, 추정물동량 월평균 155만 톤에 대하여 필요선복을 73만 중량톤으로 산정하면 월평균 24만 톤의 선복과잉이 추정되었다. 더욱이 저성능선박은 전시표준 E형 선박을 비롯하여 많은 선복을 점하고 있었다. 따라서 선복과잉을 조정하기 위하여 "저성능선박의 소유자로서 그 선박을 해체하거나, 해체를 위하여 처분하는 선박이 외항선박의 건조를 위하여 행하여지는 경우 그 건조에 필요한 자금의 융통을 위하여 정부가 이자보조금을 지급함으로써 저성능선박의 감소와 외항선박의 건조를 촉진시켜 일본해운의 선박의 질 및 구성의 개선을 기함"을 목적으로 1953년 8월 임시선질 등 개선조성이자보조법이 공포 시행되었다.

이것은 E형 전시표준선 및 500 GT 이상 1,500 GT 미만의 선박을 해체하여 4,500 GT 이상, 만재속도 12노트 이상의 선박을 건조하는 자에 대하여 정부는 건조자금의 시중은행융자 가운데 본선인도일까지의 융자잔액에 대하여 연 2%, 이후의 융자잔액에 대해서는 연 0.5%의 이율로 계상한 금액을 한도로 하여 이자보조를 실시하는 것이다. 이 시책의 시행으로 인하여 신조선 1척에 대한 당해 저성능선박 2척을 해체하는 조치가 채택되었다. 이 조치로 인하여 74척, 67,755 GT의 선복이 해체되었으며 선복사정이 조금 개선되었으나, 절대적인 선복과잉 문제는 해결되지 않았다.

한편, 1947년 9월 전후 처음으로 미군태평양사평부로부터 신조화물선의 건조가 허가된 이후 조선소의 조업회복을 기원하는 의미도 포함하여 계획적인 선박의 건조가 활발히 추진되려고 하였으나 1949년도 이후의 계획조선에 대해서는 균형예산의 강행으로 인하여 부흥금융금고 및 선박공단도 폐지되는 운명을 맞이하였다. 선박공단에 의한 계획조선을 대체하는 정책으로 추진된 것이 대형외항선박을 미국의 대일원조자금으로 건조하는 것이었다.

## 5. 수에즈 운하와 그 후의 불황기

### 1) 이자보조제도의 정지

한국전쟁발생 이후, 일본기업은 전쟁특수 및 수출의 파도를 타고 생산과 경영규모를 확대하였고, 해운업계도 해외정기항로 개설에 기대를 걸고 확대에의 의욕을 표하기 시작하였다. 그러나 그 실천을 위해서는 성능이 떨어지는 선박의 정비가 급선무로 부상하였으며, 자본이 없었던 선주는 금융기관으로부터의 차입금을 통해 막대한 투자를 강행하며 선대의 확충을 서둘렀다. 그러나 투자의 강행에 의한 차입금 누적의 결과는 금리부담을 증가시켜 기업의 채산성을 악화시켰으며, 경쟁력의 결여를 발생시켰다. 여기에 일본정부는 전술한 바와 같이 '외항선박건조융자이자보조법' 및 그 일부를 개정한 '외항선박건조융자이자보조법 및 손실보상법'을 제정하여 국제경쟁력의 단점을 완화하려는 노력을 전개하여 왔다. 그런데, 1954년 9월 농산물의 작황 상태가 나빴던 유럽국가들은 북미, 남미에서 곡물의 긴급수입을 행한 것을 계기로 하여 해상운임이 상승하기 시작하여 해운시장에 활기를 불어넣었다. 이것을 영국해운회의소의 운임지수로 살펴보면 1952년을 기준으로 1954년 8월까지는 70~80 사이에 위치하고 있던 지수가 10월에는 100, 11월에는 116, 12월에는 140을 돌파하여 4개월 사이에 운임이 50% 상승하였으며, 1955년 7월에는 130이 되었으며, 12월에는 140.1을 기록하였다. 또한 수에즈 운하의 통행이 폐쇄된 1956년 11월에는 171.4, 12월에는 189.4를 기록하는 폭등세를 보였다.

이러한 운임폭등세는 직접적으로는

① 정치적 긴장완화와는 별도로 미국과 구소련의 후진국에 대한 원조경쟁이 격화되는 경향에 의한 것
② 1956년 초기의 유럽제국을 엄습한 한파의 영향으로 유럽에 대량의 곡물과 난방용 석탄의 긴급 매수가 발생한 것

③ 1956년 이집트 대통령에 의한 수에즈 운하 국유화 선언 및 수에즈 동란의 발발에 의한 운하의 폐쇄 등에 의해 수송거리가 연장되었으며 이것이 선박수요에 박차를 가한 것 등을 원인으로 들 수 있다.

그러나 그 배경에는 미국을 비롯한 자유자본주의 국가의 경제가 전후 최대의 번영을 기록한 것이 기본적으로 중요한 요인으로 지적되고 있다.

자본주의 사회의 경제적 번영은 1955년 이후의 기술혁신을 배경으로 한 설비투자와 건설투자의 지속적인 지출에 의한 왕성한 투자수요가 원인으로 생각되며 이러한 세계적 호황을 반영한 일본경제도 1954년 철강, 선박, 화학을 중심으로 수출의 증대가 이어졌으며, 수출경기는 다른 산업에도 파급되어 경제적 번영을 구가하였다.

이러한 경제적 요인은 해운산업에도 영향을 미쳐 해상운송수입의 증대를 가져왔다. 일본의 해상운임수입은 1954년 783억 엔이었으나 1956년에는 1,562으로 약 2배 증가하였다. 그리고 기업의 감가 전 수익을 보면 1955년(대상기업 49개사)에는 24억 엔이었으나 1956년(대상기업 53개사)에는 493억 엔으로 증가하였다.

표 5-4 일본선박 수송량 및 운임수입

| 연도 | 취항선박<br>(1,000중량톤) | 수송량<br>(1,000톤) | 운임수입<br>(100만엔) |
|---|---|---|---|
| 1952 | 21,148.1 | 15,023.3 | 67,162.9 |
| 1953 | 28,761.2 | 18,642.6 | 67,915.4 |
| 1954 | 33,351.3 | 22,130.2 | 78,328.4 |
| 1955 | 39,051.1 | 26,793.1 | 115,228.7 |
| 1953 | 43,605.5 | 30,916.4 | 156,219.7 |

자료: 運輸省(1985), 「續 日本海運戰後助成史」, 海事産業研究所, pp. 430~433.

해운시황의 견실한 성장은 해운업의 높은 수익을 거둘 수 있게 하였으며 동시에 선복에 대한 강력한 부가수요를 환기시켰다. 이러한 이유로 세계의 선복투자는 극히 활발하게 전개되어 1955년, 1956년의 2년간에 당시 세계 선복량의 25%에 해당하는 2,900만 총톤의 신조선이 발주되었다. 일본도 많은 선박이 건조되어 상선의 선복량 증가는 1955년~1958년 사이에 365척, 140만 GT를 기록하였다.

이 시기의 특징은 선주간에 자기자본에 의한 신조선의 건조비율이 높았으며 당시의 금융정세, 조선소사정 등을 감안하여 실력있는 선주들은 속속 자기자본선 건조를 단행하였다. 이러한 해운정세, 특히 자기자본건조회사의 속출은 이자보조제도 혹은 재정융자에 의한 계획조선방식에 대하여 재검토를 주장하는 소리가 강하게 나왔으며 이자보조제도의 폐지를 주장하는 목소리도 있었다.

이에 따라 1956년도의 계획조선에 대한 이자보조율을 50%로 감액하는 조치가 시행되었으며 1957년에는 이자보조제도의 예산이 전액 감액되어 기존의 계약분까지를 포함한 이자보조제도는 1959년 정지되었다.

이자보조제도의 폐지는 해운시장의 호조가 상당기간 지속될 것이라는 예측과 이자보조제도보다 더욱 적극적인 해운정책의 실시를 요구하는 것에 기인한 것이다. 그리고 이자보조제도가 당시의 해운시황 호조 속에서 이처럼 간단히 폐지된 가장 큰 원인은 이 제도가 단기적인 불황시기의 대책으로 작성된 정책이라는 점이다.

표 5-5 해운업과 전 산업간 평균 재무비율 비교

| 구분 | | | 1957년 상반기 전산업 | 1957년 상반기 해운업 | 1936년 전산업 | 1936년 해운업 |
|---|---|---|---|---|---|---|
| 자본구성 | 자기자본 | | 37 | 22 | 61 | 75 |
| | 부채 | 유동 | 42 | 26 | 20 | 10 |
| | | 고정 | 21 | 52 | 19 | 15 |
| 자산구성 | 고정 | | 53 | 83 | 57 | 69 |
| | 유동 | | 47 | 17 | 43 | 31 |
| 유동비율 | | | 107 | 89 | 220 | 310 |
| 고정비율 | | | 150 | 253 | 92 | 92 |
| 부채비율 | | | 119 | 208 | 64 | 33 |
| 총자본회전율 | | | 1.12 | 0.61 | 0.44 | 0.63 |
| 고정자산회전율 | | | 2.14 | 0.75 | 0.77 | 0.90 |
| 총자본수익률 | | | 5.6 | 5.5 | 5.9 | 4.6 |

자료: 運輸省(1985), 「續 日本海運戰後助成史」, 海事産業研究所, pp. 430~433.

한편, 일본개발은행은 이자보조가 폐지됨과 동시에 이자보조와 병행하여 실시되고 있던 조선자금의 이자차액의 징수유예조치의 폐지를 운수성에 요구하였으며, 1953년 10월 이후 계획조선 융자분에 대한 이자율 6.5% 가운데 3.0%에 대해서만 징수유예를 실시하여 59개사에 대한 징수유예총액이 1956년 3월분까지

58억 엔이었다. 이에 대하여 일본개발은행은 1957년 4월부터 약정이자 6.5%를 징수하였으며 그 당시의 징수유예이자액을 5년 이내에 분할 변제할 것을 해운회사에게 통지하였으며, 이로서 대출금리의 징수유예조치는 중지되었다.

### 2) 해운기업 경영기반 강화에의 움직임

일본운수성이 당시에 채택하고 있던 해운정책은 상선대의 정비 및 확충에 중점을 두고 있었으며 그 평행선상에서 해운기업의 건전화를 위한 시책도 추진하였다. 그러나 장기 불황시에 일본해운기업의 경영기반의 취약점이 나타났으며 이러한 점을 개선하지 않으면 세계적인 해운기업의 육성, 일본경제가 필요로 하는 선대의 확충이 불가능하다는 결론이 나왔다. 그리하여 운수성장관은 1958년 4월 해운조선합리화심의회에 대하여 "해운기업기반강화방책"을 자문하였다. 자문 결과 장래의 해운정책에 대해서 '전 부분에 걸쳐 해운재건에 심혈을 기울여야 하며, 국민의 세금 부담에 의한 조성책이 필요하다'는 결론이 나왔으며,

① 기업내부의 합리화 노력을 철저히 하기 위한 시책
② 기업상호 간의 협력태세 확립
③ 정부가 반드시 추진하여야 하는 조성책의 방향 등이 논의되었다.

구체적인 내용은 첫째, 기업기반의 강화는 기업 스스로가 그 필요성을 충분히 인식하고 먼저 기업내부의 합리화를 위하여 노력을 하는 것을 출발점으로 하여, 일반관리비에 대해서는 특히 접대비, 출장경비, 기타 유사한 비용을 철저히 절약하여야 하며, 노사협력을 근거로 하여 임원, 관리자 및 일반사원의 감원, 감봉 등을 고려하여야 하며, 해상승무원 정수의 재검토를 실행하여야 한다. 또한, 화물비, 연료비, 항비, 선용품비, 수선비 등의 영업비에 대해서도 5% 정도를 절약하여야 하며, 해외지점, 출장소, 주재원은 최소필요분만을 유지하여야 하며, 용선요율의 결정시 채산성을 계산한 후에 용선료를 정하여야만 한다는 등의 기업합리화에 대한 자주적 노력을 촉구하였다.

둘째, 기업내부 합리화와 병행하여 오퍼레이터 간의 과당경쟁의 방지, 또는 억제를 위하여 기업 간의 협조태도의 확립이 필요하다고 서술한 후에 NYK, K-Line, MOL에 의한 3사간 협정, 기타 오퍼레이터 5개 회사 또는 6개 회사의 협조를 통한 협조체제의 확립을 촉구하였다.

한편, 정부에 대해서도 기업간 협조체제를 확립을 촉진하기 위하여, 해운동맹을 강화하여 일본기업상호간 정기항로의 분쟁을 처리하기 위한 필요 조치를 취할 것을 주문하였으며, 화주 측에 대해서도 일본상선대의 효율적인 이용을 추진함과 동시에, 기업간 협조태세가 진전되고, 대기업상호간, 계열상호간, 중소기업상호간에 합병의 분위기가 조성되고 실제로 합병통합이 되면 해운업계가 더욱 발전할 것으로 기대하여 기업간 협조태세의 확립을 희망하였다. 이를 위하여 정부와 금융기관 간에는 이 기본방침을 적극적으로 실행하기 위한 협력지도 조치를 마련하였다.

셋째, 기업의 합리화 노력과 기업간 협조는 기업기반 강화를 위하여 절대적으로 필요한 사항이지만 제반 사항을 고려해 볼 때 이것만으로는 기반강화를 달성하는 것이 곤란하며 기업 상황 측면에서 국가의 정책을 고려하여야 하는 단계이기 때문에 다음과 같은 구체적인 정책을 제시하고 있다.

**- 금리부담 감면을 위한 정책**

해운기업측면에서 볼 때 기업경영을 압박하고 있는 것은 차입금의 금리부담이 과중한 것이며, 또한 국제경쟁력의 문제로서 금리를 검토하여도 외국해운에 비해 열세임이 밝혀졌다. 이런 의미에서 국가의 해운에 대한 정책으로서는 업계의 합리화 및 협조를 전제로 하여 시중융자에 대한 이자보조제도의 부활, 일본개발은행 금리의 인하, 시중융자 금액을 일본개발은행으로 전환, 등의 여러 정책에 대한 검토가 진행되어 유효하고 타당한 정책을 실시할 필요가 있다.

**- 오퍼레이터에 대한 정책**

오퍼레이터는 해운의 중추적인 존재이며, 이것의 강화는 일본해운의 건전한 발전을 위하여 필요하다. 이와 관련한 정책으로는 항로보조 혹은 항해장려금정책 등이 있으며, 이주선과 같이 특수한 선박에는 항로보조를, 기타 화물선에 대해서는 일본해운시장을 확대하는 근거가 되는 삼국간 수송에 대하여 장려제도를 구체화하는 것이 타당하다.

**- 세제상의 보호**

세제상의 조치에 의한 해운기업의 조성은 불황기에는 그다지 효과가 낮지만 장기적으로 볼 때 기업의 내부유보촉진을 위하여 가장 정당한 정책이다. 장래의 문제로서는 이를 위하여 건조유보금제도의 창설, 선박내용연수의 단축, 특별감가상각제도의 확충 등의 정책을 채택하여야 한다.

이상의 정책 토의를 거쳐 이후 정책에 반영된 제도로서 먼저 삼국간 항로조성 및 이주선 운항보조제도가 있다.

### 3) 삼국간 항로 조성

삼국간 조성항로의 목표는 일본의 수출입물자의 수송에 직접적인 관련 없는 제 3 국간의 상품 무역수송을 수행하는 일본선박에 보조금을 지급하여 3국간 시장을 적극적으로 개척하도록 하여 외자의 획득을 장려하는 정책이다.

일본해운의 3국간 수송 실적은 삼국간 항로조성제도가 시행되기 이전에는 그 점유율이 크지 않았다. 예를 들어 삼국간 실적이 가장 높았던 1958년도를 살펴보아도 수송량기준으로 전체의 13%, 운임수입면에서 14% 정도를 점하고 있었다.

따라서, 삼국간 수송을 일본해운의 항구적 활동분야로 채택하는 것이 국제수지 개선 및 일본해운활동을 국제적 수준으로 제고시키는 데 필요한 사항으로 인식하게 되었다.

세계해운 가운데 자유시장인 삼국간 무역수송에서 타국해운과의 경쟁에서 승리하기 위한 일본해운의 당시 조건을 살펴보면 일본해운기업은 악조건에 둘러쌓여 있었다. 그래서 일본의 운수성은

① 세제특별조치법에 의한 수출소득공제는 이익을 얻는 것을 전제로 하고 있으나, 불황기의 해운기업은 이익을 얻는 것이 어려우며 따라서 세제특별조치법의 혜택을 받지 못하고 있고

② 외국의 항비, 대리점수수료, 수선비 등을 고려할 때 자국의 상품무역을 운송하는 기업보다도 3국간 수송에 참여하는 기업의 채산성이 더욱 낮다는 점

③ 3국간 수송의 화물적하는 다른 외국해운기업과의 격렬한 경쟁을 통하여 획득하는 것으로 기존의 기반이 열악한 일본해운기업으로서는 계약상 불리한 입장에서 경쟁하고 있음을 설명하며, 이러한 환경의 개선을 위한 시책이 필요함을 강조하였다.

표 5-6 일본의 3국간 수송실적

| | 수송량(1,000톤) | | | | 운임수입(백만 엔) | | | |
|---|---|---|---|---|---|---|---|---|
| | 정기선 | 부정기선 | 유조선 | 계 | 정기선 | 부정기선 | 유조선 | 계 |
| 1953년 | 1,202 | 637 | 653 | 2,492 | 6,283 | 1,894 | 1,060 | 9,237 |
| 1954년 | 1,454 | 1,152 | 703 | 3,309 | 8,877 | 3,512 | 1,240 | 13,629 |
| 1955년 | 1,723 | 585 | 1,171 | 3,479 | 13,145 | 2,479 | 2,042 | 17,666 |
| 1956년 | 1,962 | 769 | 1,159 | 3,890 | 16,149 | 4,111 | 3,146 | 23,406 |
| 1957년 | 2,068 | 1,505 | 938 | 4,511 | 16,341 | 4,813 | 2,802 | 23,956 |
| 1958년 | 2,213 | 1,916 | 1,757 | 5,886 | 15,811 | 5,302 | 2,607 | 23,720 |

자료: 運輸省(1985),「續 日本海運戰後助成史」, 海事産業硏究所, pp. 430~433.

따라서 이것을 개선하기 위하여 1959년도 예산에 3국간 수송 조성을 위하여 5억 엔이 책정되었으며, 그 내역은 4억 6,000만 엔이 항로보조에, 그리고 3국간 항로에 관계가 있는 외국항만에 선원의 후생시설을 정비하기 위한 4,000만 엔의 선원후생시설정비비가 책정되었다. 3국간 수송조성제도를 실시하기 위하여 법령으로 조성금 교부 규칙이 정해졌으며 그 내용은 다음과 같다.

**① 지급 자격**

- 일본선박을 소유하고, 일본선박에 의해 3국간 수송에 종사하는 자

**② 조성금의 지급방법**

- 과거 5년간(1953년부터 1957년까지) 삼국간 운임수입의 10%를 지급년도(1958년 10월 1일부터 1959년 9월 30일까지)의 운임수입에서 공제한 후 그 잔액을 조성금지급대상으로 하며, 이것에 고시에서 비율을 곱하여 나온 금액을 조성금으로 교부한다.

**③ 지급액의 최고 및 최저**

- 1회사의 취득 조성금은 각년도에 고시로 정한 금액을 초과할 수 없으며, 또한 100만엔 미만의 경우 지급을 하지 않는다.

이러한 3국간 수송조성제도는 해운정책으로서는 금액 측면에서 충분한 지원이라고 할 수는 없지만, 해운발전을 위한 신개척분야에 대한 정책이라고 할 수 있으며, 일본해운정책이 근본적으로 사후에 채택된 정책이 아닌 사전에 선행된 정책이라는 점에서 높은 평가를 받고 있다.

한편, 조성금 교부규칙은 1960년도 시행에 앞서 전면적으로 개정되어, 조성금

의 신청이 가능한 자는 해운전문업자(선박운항사업에 의한 수입액이 총 수입액의 1/2 이상인 자)로 한정하는 등 변경이 있었다.

### 4) 남미 이민선 항로보조

전후, 남미로의 이민수송 재개는 MOL의 'Santos Maru'가 1952년 파나마를 경유하여 남미에 도착한 것이 시발점이다. 그 후 MOL은 지속적으로 일본인의 남미 이주를 위하여 선박을 투입하였으며 1955년에는 연간수송능력이 8,000명에 달하였다. 그러나 이민수송선은 본래가 운임부담력이 낮은 이민을 수송하기 위한 선박이었으며, 운임은 사회적으로 제약을 받기 쉬운 입장이었기 때문에 왕복화물이 없는 경우에는 적자운항의 가능성이 컸다. 실제, 해운업계가 불황기였던 1957년에는 9,000만 엔, 1958년에는 1억 6,000만 엔의 적자가 발생하였다.

운수성은 이 사태를 중시하고 남미 이민 수송항로의 적자는 국가정책상 이것을 방치하여서는 안된다는 인식하에 1959년 항로보조금 3억 9,476만 엔, 건조보조금 5억 엔을 외무성과의 협조하에 외무성예산으로 국회에 제출하였다. 결과는 건조보조금은 전액 삭감되었으나 운항보조금으로 6,256만엔이 인정되었으며, 매년도의 예산에 운항보조금의 반영되었다.

### 5) 국내여객선 공단

일본 본토와 그 주변에 산재한 섬을 연결하는 항로는 본토와의 문화적, 경제적 맥락을 유지하는 데 중요한 역할을 하였으나, 전쟁 이후 이도항로는 황폐화되었으며 해난사고가 빈번히 발생하고 있었다. 이도항로는 대폭적인 이익이 발생하는 항로가 아니기 때문에 대기업이 진출하지 않고 있었으며, 영세업자에 의해 유지되고 있었다. 또한 전후의 해운정책이 외항선의 복원 및 확충에 중점을 둔 시책이 추진됨에 따라 이도항로는 더욱 어려운 처지에 있었다.

이러한 문제를 해결하기 위하여 일본정부는 1952년 "이도항로정비법"을 입법하고 이 법안에 근거하여 선박건조를 위한 시중융자에 대한 이자보조제도를 실시하였으나, 사업의 영세성, 공익성측면에서의 운임 인상 제약, 낮은 수익성, 등의 이유로 충분한 효과를 거두지 못하였으며 선박의 개선 정비도 불가능한 실정이었다. 따라서 선박의 개선과 정비에 필요한 자금조달이 곤란한 사업자에 협력하여 노령선의 대체건조 혹은 개조를 계획적으로 추진시키기 위하여 정부출자의 국내여객선공단이 설치되었다. 정부는 국내여객선공단에 저리정부자금을 대부하고 여객선의 대체건조 혹은 개조를 진행하여 국민의 안전상 필요한 항로의 유지개선을 추진하였다.

국내여객선공단은 자금조달에 곤란을 겪고 있던 여객정기항로사업자와 비용은 분담하여 국내여객선의 건조 혹은 개선을 행하며, 선박을 공유하면서, 사업자에게 사용을 시켜 최종적으로는 공유선박을 사업자에 양도하는 것을 업무로 하였다.

특히, 공단과 공동으로 선박을 건조한 사업자는 선박의 70%에 해당하는 자금을 연리 7%라는 낮은 금리로, 철강선의 경우 20년, 목선은 12년간 원금균등상환을 하면 되었다.

### 6) 국제경쟁력 강화와 이자보조제도의 재개

전후 일본의 해운기업은 계획조선을 중심으로 하는 급속한 대량건조에 의해 외항선대를 정비하였으며, 국민경제상의 요청에 의해 국제시장에 진출하였다. 그러나 자기자본을 축적하지 못한 채 차입금에 의한 신조선의 건조로 일본해운기업은 금리면에서 불리함을 지닌 채 외국해운과 경쟁하고 있었다.

이것이 수에즈 붐 이후 심각한 해운불황기에 기업내용을 극도로 악화시켜 국제경쟁의 약점이 일시에 수면 위로 부상하였다. 즉, 일본해운기업의 존재가 위험한 상황으로 보였다. 이러한 사태에 대처하기 위하여 해운조선합리화심의회에서는 "해운기업기반강화대책"을 책정하였으며 기업의 경비 절감, 기업간 협조, 등의 시책이 추진되었으며 정부에서는 3국간 수송조성을 강화하는 정책을 실시하였다.

그러나 해운불황이 장기화되고 기업기반이 강한 외국해운기업과의 격렬한 경쟁에서 승리하기 위하여 일본해운은 더욱 근본적인 체질개선이 요구되었다. 이러한 관점에서 해운조선합리화심의회에서는 해운기업의 합리화를 위하여 자주적 노력과 이것에 대한 금융기관의 협력을 전제로 하여 다음과 같은 정책을 추진하였다

#### ① 기업측 노력에 의한 기반강화책으로서

- 정부는 해운기업에 강화계획을 제출하도록 하며, 그 내용을 심사하고 적정하다고 인정되는 계획에 한하여 조성책을 진행한다.

- 기업이 강화계획을 정부에 제출하는 경우에는 융자를 받고 있는 시중은행 및 일본개발은행의 동의를 얻어야만 한다.
- 강화계획의 내용은 자산처분, 부채처리, 감자 혹은 증가, 경영기구의 간소화, 기업간 협조, 제휴, 합병 등의 내용으로 한다

② **정부의 조성책으로서**

- 일본개발은행 융자에 대해서는 그 대부기간을 외항선박의 내용연수를 기준으로 산정한 기간으로 하며, 시중은행 융자에 대해서는 그 대부기간을 10년으로 한다.
- 상기기간을 전제로 하여 이자보조 및 손실보상제도를 적용한다

이러한 이자보조제도는 1960년도부터 일부 부활실시되는 것으로 정하여졌으나 이와 관련한 "외항선박건조융자이자보조 및 선실보상법"의 개정이 필요하게 되었다. 운수성은 대장성과 법률개정 검토를 진행하였으며, 그 과정에서 이자보조제도를 항구적으로 사용하지 않고 시황상황에 따라 적용하는 것과 자본금에 대해 8% 이상의 이익을 얻은 경우에는 이자보조제도를 정지하는 것을 조건으로 협의가 진행되었다.

협의의 결과는 다음과 같다.

① 운수성장관이 부당한 회계의 시정을 권고한 경우에는 결산의 계상이익을 재계산하여야 함
② 일본개발은행에 대한 이자보조에 관한 규정을 폐지함
③ 1960년도 이후 당분간 손실을 보상하는 취지의 계약 체결 금지
④ 1957년 4월부터 1960년 3월까지의 외항선박 건조융자에 대한 이자보조를 지급함

이상의 내용으로 1960년 "외항선박건조융자이자보조 및 손실보상법의 일부를 개정하는 법률" 제정되었으며 동년도에 9억 5,000만 엔이 예산으로 책정되었다.

## 6. 계획조선제도

### 1) 배 경

제 2 차 세계대전 이전의 일본의 선복량은 1941년 기준으로 1962척, 609만 GT로 세계 2 위의 해운국이었다. 그러나 전쟁으로 인한 여파로 제 2 차 세계대전 동안 이후인 1945년 8월에는 873척, 150만 GT로 크게 감소하였다. 또한 이 중 70%가 성능이 크게 저하되는 선박이었으며, 나머지 30%는 노령선으로 일본해운의 경쟁력은 저하되어 있는 상황이었다.

따라서 전후 일본 해운재건에 가장 큰 장애요소는 선복량의 부족이었다. 일본국내해상수송에도 선복량이 부족하였으며 원료를 수입하여 가공 수출하는 일본의 경제체제에서는 외항선대의 복구는 필수불가결한 요소였다. 당시의 일본기업은 전쟁중에 징발당한 선박에 대한 전시보상금 24.5억 엔이 일본정부로부터 지급거절당하여 신조선의 건조에 필요한 자금원을 상실하였으며 자력으로 상실선대를 회복하는 것은 불가능한 상황이었다.

또한 조선업의 조업률을 향상시키기 위하여 국가가 재정자금을 투입하고 민간자금을 도입하여 필요한 자금을 확보하여 선박의 정비확충 및 조업확보를 기하는 것이 요구되었다. 일본정부는 장기적인 선복확충계획을 설립하고 일본의 적정선복량을 400만 GT로 책정하였다. 일본정부는 해운의 부흥을 촉진하기 위하여 선박, 조선기자재 등을 전담 관리하는 선박공단법을 1947년에 제정하고 선박공단을 발족하였다. 선박공단은 부흥금융금고의 해운자금을 활용하여 선복확충정책을 실시하였다. 이후 1950년 해운이 민간에 환원되었으며 1953년부터는 이자보조법이 실시되어 본격적인 계획조선이 추진되었다.

이자보조법이란 계획조선의 건조자금을 대출한 금융기관에 국가가 일정비율의 이자보조금을 교부하여 선주의 금리부담을 경감시키는 제도로서 지속적인 외항선박의 건조를 촉진시키기 위하여 계획조선의 보강책으로 도입된 정책이다.

즉, 1952년부터 시작된 해운불황기에 계획조선에 의한 선복확충을 위하여 필요한 시중금융기관의 협조자금을 확보하기 위하여 실시된 정책이다. 당시 일본의 해운기업들은 대량의 선박건조에 필요한 자금을 자력으로 확보하는 것이 불가능하였으며, 시중 금융기관으로부터 차입을 하는 경우에도 금리가 높은 단기차입금에 의존하고 있는 실정이었다. 또한 일본의 금융기관들도 과거에는 계획조선에 대한 대출에 호의적이었으나 해운불황기에 접어들자 계획조선에 대한 융자에 소극적인 입장을 보였다.

한편, 당시 일본정부가 실시하고 있던 계획조선정책상의 융자조건은 선진해운국에 비해 열세인 상황으로, 금리면에서 7.5~11.3%, 상환기간에서 3~5년으로 정해져 있는 상황이었다. 이에 비해 선진해운국의 신조선건조융자조건은 금리면에서 3.5% 전후, 상환기간은 15~20년으로 일본의 계획조선보다 유리한 융자조건을 받고 있었으며, 일반적으로 신조선을 건조할 때 자기자본비율이 50%를 점하고 있음으로 해서 이자부담이 일본해운기업에 비해 적었다.

이자보조법은 1953년 제정·공포된 '외항선박건조융자보급법'에 근거하고 있으며, 이후 손실보상제도 및 이자보조법의 내용을 강화한 '외항선박건조융자이자보조 및 손실보상법'으로 개정되었다.

### 2) 계획조선의 내용

일본의 계획조선은 해운정책의 간접보조정책 중 금융보조정책의 형태로 실시되었으며 일본정부가 당해 연도의 필요 조선량을 결정하고, 선박의 건조를 희망하는 선주 중에서 선정된 선주에 대하여 선가의 일부를 저리의 재정자금을 융자하여 건조를 촉진하는 방식으로 추진되었다. 일본의 계획조선 추진과정은 일본개발은행자금에 의해 추진된 금융지원 및 이자보조제도가 실시된 1953년을 기준으로 구분하여 분석할 수 있다.

#### (1) 부흥금융금고 및 선박공단

1947년부터 1948년까지 2년 동안 부흥금융금고와 선박공단을 활용하여 계획조선을 실시한 방식으로, 선박공단이 70% 이하, 선주가 30% 이상의 비율로서 건조선박을 공유하며 10년 이내에 선주가 선박공단의 지분을 매입하여 선박을 자사선박으로 매입하는 방식이다. 선박의 공유에 필요한 선박공단의 지분은 부흥금융금고가 해운자금을 융자하며 선주는 입찰제를 도입하여 선발하였다.

한편, 1949년에는 일본에 인플레이션이 발생하여 부흥금융금고를 활용한 기존의 융자방식은 정지되었으며 그 대신에 미국의 대일원조특별회계가 설치되었고 이 자금으로 재정융자를 실시하였다.

표 5-7 계획조선 건조량과 융자상황 추이

| 구분 | 건조량 | | | | | | 건조자금(100만엔) | | | |
|---|---|---|---|---|---|---|---|---|---|---|
| | 화물선 | | 유조선 | | 합계 | | | | | |
| 연도 | 척 | GT | 척 | GT | 척 | GT | 자기 | 재정 | 시중 | 총액 |
| 1947 | 51 | 7만8308 | – | – | 51 | 7만8308 | – | 4132 | 1143 | 5275 |
| 1948 | 36 | 9만4900 | – | – | 36 | 9만4900 | – | 4592 | 4223 | 8815 |
| 1950 | 33 | 21만7750 | 2 | 2만5000 | 35 | 24만2750 | – | 1만3217 | 8905 | 2만2122 |
| 1953 | 32 | 24만8360 | 5 | 6만4000 | 37 | 31만2360 | – | 2만6683 | 1만7817 | 4만4500 |
| 1955 | 16 | 12만9645 | 3 | 5만3920 | 19 | 18만3565 | – | 1만5233 | 3808 | 1만9041 |
| 1960 | 14 | 13만3940 | 2 | 5만7800 | 16 | 19만1740 | – | 1만3328 | 6018 | 1만9346 |
| 1965 | 48 | 101만4950 | 17 | 81만0400 | 65 | 182만5350 | – | 8만5032 | 2만5805 | 11만0837 |
| 1970 | 33 | 123만4270 | 12 | 139만0200 | 45 | 262만4470 | 1만5824 | 10만7230 | 5만2078 | 17만5132 |
| 1975 | 11 | 59만2800 | 3 | 35만2000 | 14 | 94만4800 | 1만8192 | 7만4260 | 2만5380 | 11만7832 |
| 1980 | 18 | 93만1900 | 13 | 90만7200 | 31 | 183만9100 | 2만2553 | 18만2300 | 5만8305 | 26만3158 |

자료: 運輸省(1985), 「續 日本海運戰後助成史」, 海事産業硏究所, pp. 430~433.

### (2) 일본개발은행에 의한 계획조선

1953년 이후의 계획조선은 부흥금융금고를 대신한 일본개발은행의 융자에 근거하여 행하여졌다. 이전까지 계획조선의 재정자금을 공급했던 미국의 대일자금특별회계는 1954년에 폐지되었으며 중요산업의 장기설비투자에 관한 재정자금의 공급은 일본개발은행을 통하여 추진되었다. 또한 이자보조법이 공포되어 시중금융기관과의 원활한 협조금융의 활용이 가능하게 되어 선주의 금리부담이 축소되었다.

1954년 일본경제는 급속한 중화학공업화에 동반하여 경제구조가 변화하였으며, 수에즈 운하 폐쇄로 인한 세계적인 해운호황을 맞이하여 유조선 및 광석전용선 등 각종 전용선에 대한 수요가 급증하였다. 또한 운임절감효과 및 대량수송권 확보 측면에서 선박의 대형화 및 선복량의 증가가 진행되었다. 이러한 상황하에서 해운기업 자체의 체질개선 및 일본경제부흥을 배경으로 하여 지금까지 계획조선에 한하여 추진되었던 선복확충이 '자기자본선'이라는 명칭으로 재정지원을 받지 않고 해운기업 독자적으로 민간자본을 조달하여 신조선을 건조하는 방식이 추진되었다.

그러나 전후처리과정에서 충분한 자본축적이 이루어지지 않은 일본해운기업은 차입금에 의존한 선대확충과정에서 연간 차입금에 대한 이자부담이 증가하였으며, 일시적 해운호황기에도 수익을 충분히 올리는 것이 불가능하였다. 해운기업에 대한 이자부담은 해운기업의 경쟁력을 약화시켰으며 수에즈 붐 이후의 해운불황기에 경영상태가 급속도로 악화되어 건조선박의 감가상각 및 차입금 상환에 어려움을 겪고 있었다.

한편, 일본경제는 해운산업과는 반대로 호황기를 누리고 있었으며 증대되는 수출입물량으로 인해 선복의 수요는 꾸준히 증가하고 있었고 이로 인해 계획조선하의 선복확충은 지속적으로 추진되었다.

이러한 모순점을 해결하기 위하여 일본정부는 1960년 '국민소득배증계획' 정책을 채택하고 일본해운의 선복량을 향후 10년간 970만 GT로 증가하는 정책을 추진하였다.

이후 1963년 '해운업의 재건정비에 관한 임시조치법' 및 '외항선박건조융자이자보조 임시조치법의 일부를 개정하는 법률'을 제정하여 해운집약을 추진하였다. 해운산업집약 이후에 계획조선량은 매년 증가하였으나 이것은 일본경제의 고도성장을 배경으로 한 선복수요를 충족시키기 위한 것이었다. 1973년 오일쇼크로 인하여 이자보조제도가 정지되었으며 이로 인하여 계획조선도 점차 감소하는 시기가 있었으나, 1976년부터 이자보조제도가 다시 시행되어 계획조선량은 다시 증가하였다. 이후 1980년대에 일본의 편의치적선이 확대됨에 따라 계획조선의 역할은 축소되었다.

한편, 일본의 이자보조제도는 1953년에 공포된 '외항선박건조 융자이자보조법'에 근거하여 실시되었다. 그러나 시행초기에는 선주부담비율이 7.5%로서 국제금리수준에 비해 높은 수준이었으며, 당초 예정되었던 시중금융기관에 대한 손실보상제도의 규정이 누락되어 시중금융기관의 참여가 저조하였다. 따라서 추가로 개정된 '외항선박건조융자이자보조법 및 손실보상법'의 공포와 더불어 시행에 들어갔다.

개정법안에는 계획조선의 조성내용이 강화되었으며 선주의 이자부담을 5%로 제한하는 내용이 삽입되었다. 또한 융자상환기간도 시중금융기관에 대해서는 준공일시 이후의 5~10년, 일본개발은행에 대해서는 화물선 15년, 유조선 13년간의 균등상환으로 규정하였다.

이후 1956년 수에즈 운하 폐쇄로 인한 일시적인 해운호황기에 이자보조제도의

표 5-8 이자보조계약내용의 추이

| 구분 | 일본개발은행 | | | | | 일반금융기관 | | | | | |
|---|---|---|---|---|---|---|---|---|---|---|---|
| 연도 | 대부 이자 | 이자 보급률 | 선주부담 금리 | 이자보조 기간 | 대부 기간 | 대부 이자 | 이자 보급률 | 선주부담 금리 | 이자보조 기간 | 대부 기간 | 비고 |
| 52 | 7.5 | — | 7.5 | — | 유조선: 13년<br>화물선: 15년 | 11.315 | 3.815 | 7.5 | 건조기간 +5년 | 건조 기간 +5년 | |
| 53 | | | | | | | | | | | *1 |
| 54 | | 1.5 | 6.0 | 47일 | | | 6.315 | 5.0 | | | |
| 55 | 6.5 | - | 6.5 | - | | 10.585 | 5.585 | | | | |
| 56 | | | | | | 9.855 | 2.424 | 7.428 | | | |
| 57 | | | | | | 9.49 | - | 9.49 | - | | |
| 58 | | | | | | | | | | | |
| 59 | | | | | | | 1.99 | 7.5 | 건조기간 +5년 | | |
| 60 | | | | | | 9.125 | | 7.135 | | | *2 |
| 61 | | 1.5 | 5.0 | 5년 | | | | | | | |
| 62 | | | | | | | - | 9.125 | | | |
| 63 | | - | 6.5 | | | | 1.99 | 7.135 | | | |
| 64 | | 1.5 | 5.0 | | | | 1.99~ 3.125 | 7.135~6.0 | 건조기간 +7년 | 건조 기간 +7년 | *3 |
| 65 | | 1.5~2.5 | 5.0~4.0 | 10년 | | | 3.125 | 6.0 | | | |
| 66 | | 2.5 | 4.0 | | | 8.76~ 8.943 | 2.76~ 2.943 | | | | |
| 67 | | | | | | 8.76 | 2.76 | | | | |
| 68 | | | | | | 8.395~ 8.76 | 2.395~ 2.76 | | | | |
| 69 | | 1.0 | 5.5 | 건조기간 +8년 | 정기선: 13년<br>기타 :11년 | 8.2 | 2.2 | | 건조기간 +8년 | 건조 기간 +8년 | |
| 70 | | | | | | 8.5 | | 6.3 | | | |
| 71 | | 0.7~1.0 | 컨: 5.5<br>기타: 5.8 | | | 8.2~8.5 | 1.7-2.0 | 6.2~6.5 | | | |
| 72 | | | | | | 7.7~8.0 | 1.2-1.5 | 6.2~6.5 | | | |
| 73 | 6.5~ 6.75 | | | | | 7.7~7.9 | 1.2 | 6.5~8.7 | | | *4 |
| 74 | 6.5~ 8.0 | 0.7~ 1.625 | | | | | 1.2~2.5 | 6.5~7.4 | | | |
| 75 | 7.5~ 8.0 | - | 7.5~8.0 | - | 13년 | 9.2~9.9 | - | 9.2~9.9 | - | | *5 |
| 76 | 7.5 | - | 7.5 | - | | 9.2 | - | 9.2 | - | | |
| 77 | 6.5~ 7.5 | - | 6.5~7.5 | - | | 7.6~9.2 | - | 7.6~9.2 | - | | |

| | | | | | | | | | | | |
|---|---|---|---|---|---|---|---|---|---|---|---|
| 78 | 6.05 | - | 6.05 | - | | 7.1 | - | 7.1 | - | | |
| 79 | 6.05~<br>7.15 | 컨:<br>3.5<br>부정기:<br>3<br>탱크:<br>2.5 | 컨:<br>4.5~5.0<br>부정기:<br>5.0~5.5<br>탱크:<br>5.0~5.5 | 건조기간<br>+8년 | | 7.1~8.8 | 컨:<br>3.5<br>부정기:<br>3<br>탱크:<br>2.5 | 컨:<br>3.6~6.0<br>부정기:<br>4.1~5.9<br>탱크:<br>4.6~7.0 | 건조기간<br>+8년 | | *6 |
| 80 | 8.0~<br>8.5 | | | | | 8.8~9.5 | | | | | |
| 81 | 7.5~<br>8.0 | | | | | 8.5~8.8 | | | | | |
| 82 | 7.3~<br>7.5 | - | - | - | | 8.4~8.9 | - | - | - | | *7 |

주 *1: 1953년 8월 15일 이후 발생분에 대한 계약에 한함
*2: 1959년 10월 1일 소급하여 계약
*3: 최초 융자일까지 소급하여 계약보조율인상 등의 변경계약
*4: 1973년(29차)의 대출금리변경에 부합되지 않는 최초의 융자일까지 소급하여 계약보조율인상 등의 변경계약
*5: 신규이자보조계약 정지
*6: 신규이자보조계약 정지
*7: 신규이자보조계약 정지
자료: 運輸省(1985), 「續 日本海運戰後助成史」, 海事産業硏究所, pp. 430~433.

내용을 축소하였으며, 1959년에는 폐지하였다. 그러나 1960년부터 해운에 불황이 시작되자 '일본개발은행에 관한 외항선박건조융자이자보조제도 임시조치법'을 제정하여 이자보조제도를 재개하였다.

1963년에는 이자보조대상을 해운집약에 참가하는 기업으로 한정하고 이자보조금을 상향조정하여 선주의 금리부담을 경감시켰다. 즉, 일본개발은행의 선주부담금리를 5%에서 4%로 감소시켰으며, 시중금융기관의 선부부담금리는 7.135%에서 6%로 낮추었다. 또한 이자보조기간도 일본개발은행에 대해서는 종래의 5년에서 10년으로 연장하였으며, 시중금융기관에 대해서도 건조기간 이후의 5년에서 건조기간 이후의 7년으로 연장하였다.

이후 일본경제의 흑자기조가 정착되었고 일본경제가 예상을 상회하는 성장률을 기록하자 일본수출입물량의 안정적인 수송망 확보를 위하여 계획조선정책의 재검토가 요구되었으며 일본정부는 1970년 '개정 신해운정책'을 책정하여 선대증강을 추진하였다.

그러나 1971년의 환율조정 및 1973년의 오일쇼크로 인하여 선대구조의 개편이

필요하게 되었으며 일본의 해운정책도 종래의 양적 확대정책에서 필요최소 선대유지로 전환되었다. 이후 1979년 일본 조선업체의 도산을 방지하기 위하여 종래보다 강력한 이자보조율인 2.5~3.5%로서 이자보조제도를 실시하여 해운기업의 신조선 발주를 유도하였으며 이를 통하여 일본 조선업의 도산을 예방할 수 있었다. 또한 1987년 심각한 불황에 처해 있는 해운산업을 지원하기 위하여 이자보조제도의 일부를 시행하여 일본개발은행을 통해 177억 엔을 지원한 적은 1982년 이후 전면적인 이자보조제도의 시행은 중단되었다. 즉 1982년 이후부터 계획조선을 통한 이자보조제도의 실시는 폐지된 상태이다.

### 3) 계획조선의 성과

일본의 계획조선정책의 성과로서는 첫째, 풍부한 재정자금을 바탕으로 하여 대량의 선복이 확충되었다는 점이다. 일본정부는 계획조선을 통하여 일본외항선대의 선복량을 전후 30년 만에 세계수위의 수준까지 비약적으로 발전시켰다. 재무구조상의 약점과 전후 기업의 신용도가 결여되어 있던 해운산업이 독자적으로 자본을 형성하여 선대를 증가시키는 것은 불가능한 것이었다. 일본외항선대의 60%에 달하는 재정자금의 투입과 이자보조제도를 통하여 일본정부는 시중금융기관의 해운업에 대한 투자를 적극적으로 유도하였으며, 이를 통하여 형성된 자금을 바탕으로 하여 일본외항해운은 경쟁력을 갖춘 대형 선대를 구축할 수 있었다.

일본의 계획조선정책은 일본의 해운산업 및 조선산업에 직접적인 긍정적인 효과를 유발하였으며 타산업에도 파급효과를 유발하였다. 계획조선에 의해 건조된 선박은 일본해운기업의 경쟁력 강화에 도움을 주었으며 일본 화주가 선박을 저렴한 가격에 이용함으로써 운임경쟁력 측면에서 제품의 수출경쟁력을 향상시킬 수 있었으며, 보다 광범위한 지역을 대상으로 하여 수출입을 전개함으로써 신규시장의 개척 및 자원의 안정적인 확보도 가능하게 되었다.

조선산업 측면에서는 안정적인 조업률을 유지하여 건조기술의 축적 및 노동력의 확보를 통하여 세계 수위 수준의 조선국으로 발전하는 것을 가능하게 하였으며 연관된 철강산업의 발전에도 커다란 영향력을 미쳤다.

# 제 2 절 중국의 해운정책

## 1. 중국의 해운산업 현황

중국은 세계에서 가장 오랜 해운역사를 갖고 있는 국가 중의 하나로 왕조시대가 마감되고 1949년 중화인민공화국이 성립되기 전까지 중국 해운은 꾸준히 발전하였다. 그러나 중화인민공화국의 성립과 함께 대부분의 선박들은 대만 정부에 속하게 되었다.

1970년대 초까지 주로 외국선박을 용선하여 자국의 수출입화물을 운송하던 중국은 1970년대 중반 이후 급속한 무역확대로 선박확충이 절실하게 되었다. 따라서 1971년부터 시작된 제 4차 5개년 계획 이후 강력한 해운진흥정책을 채택하게 되었다. 이러한 정책을 추진한 결과 1974~1987년 중국의 선복량은 연평균 15.6%의 높은 성장률을 기록하였으며, 2005년 기준으로 중국이 보유한 상선대는 3,621만 DWT로 세계 6위의 선대보유국이 되었다.

**표 5-9 세계 10대 해운국의 지배선단 규모** (2005년 1월 1일 현재)

| 순 위 | 국 별 | 척 수 | 천 G/T |
|---|---|---|---|
| 1 | 그리스 | 2,960 | 90,363 |
| 2 | 일 본 | 2,921 | 80,551 |
| 3 | 독 일 | 2,617 | 42,876 |
| 4 | 미 국 | 1,656 | 36,937 |
| 5 | 중 국 | 2,614 | 36,210 |
| 6 | 노르웨이 | 1,589 | 32,411 |
| 7 | 홍 콩 | 665 | 26,170 |
| 8 | 한 국 | 943 | 17,982 |
| 9 | 대 만 | 531 | 15,558 |
| 10 | 영 국 | 799 | 14,626 |
| 10개국 계 | | 17,295 | 393,684 |
| 세계상선대 합계 | | 36,252 | 615,536 |

주: 1,000 G/T 이상 선박으로 국가별 해외치적 선박 포함.
자료: 한국선주협회(www.shipowners.or.kr).

중국 해운의 조직은 국무원 산하의 교통부와 대외무역경제합작부에서 관장하는 기구로 구성되어 있다. 기본적으로 중국의 외항해운은 국영선사인 중국원양운수집단(COSCO)이 대부분 담당하며, 선박의 대리업무는 중국외수대리공사(PENAVICO)가 취급하고 있다. 화주측 이익을 대변하는 운송주선업무는 중국대외무역운수공사(SINOTRANS)가 담당하고 있다.

중국원양해운수집단(COSCO)은 컨테이너선, 일반화물선, 건화물선, 중량화물선, 여객선, 페리선, LPG선, 유조선 등 다양한 선종을 보유하고 있는 중국 최대 종합해운그룹이다. 중국원양해운수집단은 세계 160개국의 1,200여 개 항만에 기항하고 있으며, 대표적인 COSCO Container Lines은 선복량 기준으로 세계 9위 수준이다.[1)]

중국외수대리공사(PENAVICO)는 COSCO와 함께 교통부 직속회사로서 주요 업무는 외국선사의 해운과 항만내 운송의 중개를 담당하는 선박대리점 분야이다. 따라서 외국선박이 중국에 배선하게 되는 경우 PENAVICO와 장기 대리점계약을 체결하도록 되어 있다. PENAVICO의 주요 업무내용은 다음과 같다.[2)]

- 중국에 기항하는 모든 선박의 대리업무
- 입출항의 화물운송절차 업무, 세관절차업무 및 바이어의 의뢰에 관한 업무
- 중국의 외국인용 상점에서 외국관광객이 구입한 상품의 운송 등

중국대외무역운수공사(SINOTRANS)는 대외무역부 산하에 무역과 관련된 다목적 기능을 수행하고 있다. 무역부 직속의 무역전업공사가 취급하는 수출입화물의 해상 및 육상운송과 보관을 주된 업무로 하고, 운송, 보관업무와 무역전업공사의 총대리점업무 및 통관업무를 담당하고 있다.[3)]

- 수출입화물의 해상운송에 관련된 선박예약, 부두에서의 화물인수·인도·통관·검사신청 및 운송대행 업무
- 수출입화물의 창고보관, 혼재(CFS) 업무
- 철도운송, 부두와 본선간 운송, 자동차 운송, 항공운송
- 수출입 화물의 내륙 복합일괄운송

1) 한국해운신문(2006. 4. 10) 기사를 인용, BRS-Alphaliner 조사자료로 2006년 1월 기준 컨테이너 선복량 322,326 TEU임.
2) PENAVICO 홈페이지 참조(http://www.penavico.com.cn/penavico).
3) SINOTRANS 홈페이지 참조(http://www.sinotrans.com/wps/portal/sinotrans).

또한 1990년대 후반부터 두각을 나타낸 중국해운집단(CSCL)은 중국을 기지로 전세계에서 가장 빨리 성장한 주요 컨테이너 운송회사로서 주로 국제 및 국내 컨테이너의 해상운송의 운영 및 관리가 주 업무이다. 중국해운집단은 10년 미만의 짧은 기간 동안 컨테이너 선복량 기준으로 세계 6위권[4)]으로 상승시켰으며, 중국에서 가장 중요한 컨테이너 해상 운송업에서 주도적 위치를 차지하고 있다.

그림 5-1 중국의 해운 및 대외무역관계 기구

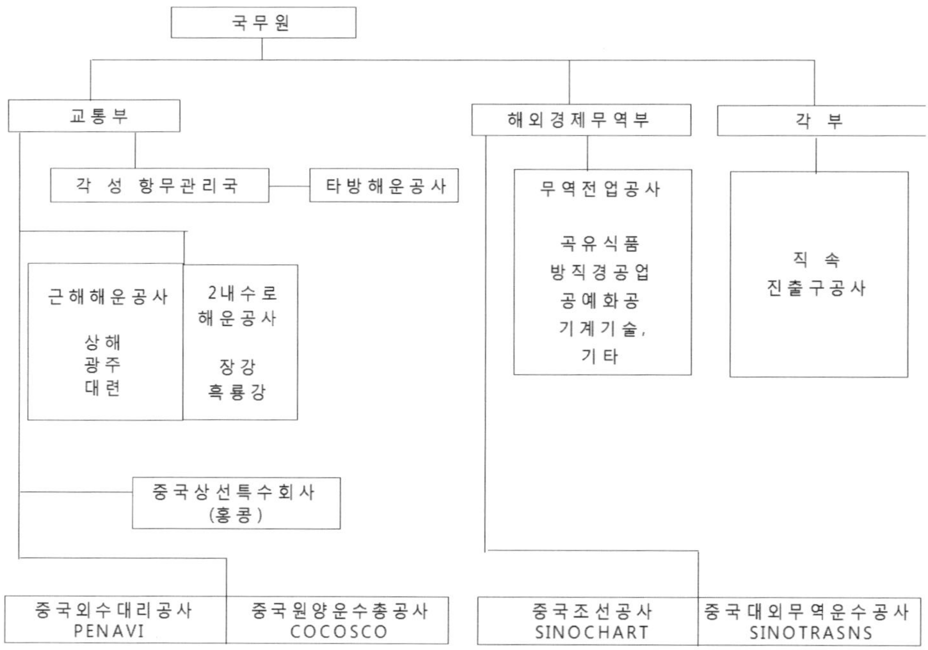


자료: 하명신·장리화(2006), "중국 해운산업의 발전에 관한 연구," 「한국해운학회지」, 제30호, p. 261.

4) 한국해운신문(2006.4.10) 기사를 인용, BRS-Alphaliner 조사자료로 2006년 1월 기준 컨테이너 선복량 346,493 TEU임.

## 2. 해운정책의 전개과정

1949년 중화인민공화국이 성립된 이후 중국은 현재까지 많은 변화를 겪고 있다. 특히 1979년 개혁개방정책을 기점으로 경제제도는 크게 변화되었다. 해운정책에 있어서도 이러한 정책전환을 기준으로 두 개의 시대로 구분할 수 있다. 즉 제 1 기는 사회주의 계획경제체제의 1947~78년 기간이며, 제 2 기는 개혁개방에 따른 사회주의 시장경제체제로의 전환이 개시된 1579년부터 현재 이르는 기간이다.

표 5-10 중국의 해운정책 전개과정

| 시 기 | 전 개 과 정 | 정 책 내 용 |
|---|---|---|
| 제 1 기(1948~1978) | 창설기 (1949~1960) | 국제합병<br>외국용선 |
| | 발전기(1961~1978) | 국영외항해운 창설 · 운영<br>지원 및 규제조치 병행 |
| 제 2 기 (1979~현재) | 개혁 · 개방정책의 도입 | 해운시장의 점진적 개방<br>각종 지원정책의 단계적 축소 |

자료: 한국해사재단(2000), "주요국 해운산업 보호 · 지원정책과 대응방안 연구."

중국 해운의 창설기에 있어서 선대정비는 국제합병에 따라 시작되었으나 전후시기에 있어서 중국 정부와의 국제합병 상대는 폴란드였다. 1951년 6월 폴란드 정부의 제안에 따라 중국과 폴란드는 텐진(天津)에 양국정부를 주주로 하는 중국-폴란드 윤선주식회사를 창설했다. 이것이 중국 원양운수공사의 전신이지만 선박은 폴란드의 국기를 게양하였다. 또한 1975년 7월 체코슬로바키아 정부와 2척의 외항선박의 위탁운항에 관한 협정을 체결하였다.[5)]

1950년 8월 중국 정부는 텐진에 국제운수공사를 성립하고 1952년 8월에는북경으로 이전하였다. 국제운수공사는 1953년에 중국해외운수공사와 중국대회무역운수공사로 변경되었으며 중국조선공사로도 불리었다. 중국대회무역운수공사는 국가를 대신해 외국에 있는 화교, 화인상인 및 외국인의 상선을 용선하여 대외무역을 전개하였다. 한편, 1850년대 후반에는 국제해운시장의 운임이 저하되었음에도

5) 한국해사재단(2000), "주요국 해운산업 보호·지원정책과 대응방안연구," p. 92.

불구하고 중국관계 항로의 운임은 상승하여 중국에 불리하게 작용하였다. 중국 정부는 이에 대응하기 위하여 1950년 2월 운임에 관한 규제를 발표했다. 여기에는 정기선동맹의 중국화물을 수송하는 불공정한 운임의 폐지, 중국이 제정한 운임 적용, 이를 적용하지 않는 선박은 중국의 수출입 화물을 적재할 수 없다는 점 등을 주요 골자로 한 것이다. 그 결과 1959년 극동/구주항로의 정기선동맹은 해당 항로의 운임을 30% 인하하였다.

1961년 중국원양운수총공사(COSCO)의 설립과 동시에 중국 정부는 적극적으로 외항상선대의 정비를 계획하였다. 이 때 그리스와 노르웨이로부터 구입한 2척의 객선과 자국에서 건조한 3척을 합한 5척 3,400톤이 중국의 최초 외항상선대를 구성하였다. 중국과 인도네시아 간에 객선취항을 계기로 외항해운활동을 개시하였다. 1963년 11월 중국 정부는 중국은행의 해외융자를 이용해 교부금제도에 따라 중고선을 매입하였다. 그 이후 중국 외항선대는 이 제도에 따라 선박정비의 제2기에 돌입하였다. 당시 선박취득에 대한 우대정책으로 세제, 감가상각제도상의 조치와 화물유보, 운항상 조치 등이 있었다.[6] 한편, 사회주의 시장경제체로의 전환이 개시된 개혁·개방 이후의 해운정책 시기는 1979년부터 현재에 이르는 기간으로 중국의 개혁·개방 정책은 해운업에도 상당한 영향을 미쳤다.

## 3. 중국의 주요 해운정책

### 1) 운항보조정책

운항보조정책은 일반적인 것은 아니나 해운정책의 중요한 일부를 형성하고 있다. 운항보조는 국제경쟁력 향상을 목적으로 운항코스트가 높은 자국상선대에 일정한 운항코스트 차액을 보조하는 것이다.[7] 1980년대 이전 중국의 경제제도는 사회주의경제체제로 국영해운기업의 손실은 국가가 부담하여 실질적으로 국가가 운항보조정책을 실행해 왔다. 그러나 개혁개방 이후 국영해운기업의 경영형태가 기업의 자기책임제로 이행되고 있지만 국영해운기업에 큰 손실이 발생할 경우 국가는 이자와 세금을 경감하는 형태로 보조를 행하고 있다.[8]

중국은 1980년대 이전까지 기본적으로 자국화물의 자국선 수송이 원칙인

6) 한국해사재단(2000), "주요국 해운산업 보호·지원정책과 대응방안연구," p. 98.
7) 진형인·정홍주(2002), 「국제물류의 이해」, 박영사, p. 84.
8) 박명섭(1997), 「국제해운론」, 법문사, p. 243.

정책을 실시해 왔다. 국제수송화물은 국가의 대외무역회의에서 통일적으로 관리되어 각 선사에 국가의 지령·계획에 따라 할당되는 것이 일반적이었다.

양국간 무역 및 운송계약에 있어서도 자국선 우선 운송의 의무조항이 설정되어 있었다. 그러나 개혁·개방정책이 시작된 1979년 이후 국가는 국제관행에 따라 해운기업을 국제시장에 개방시킴으로써 종전까지의 생산형 기업에서 경영형 기업으로의 전환을 진행시키고 있다. 1988년 이후 대외무역화물의 수송에는 자국선의 적취비율에 대한 규정을 폐지함으로써 기본적으로 국제해운에 있어서 화물적취유보정책은 철폐되었다. 이에 따라 중국의 수출입화물은 중국 및 외국선사 모두에게 개방되었으며, 하주는 운송인 선택에 자유롭게 되어 운임규제를 받지 않게 되었다.

### 2) 금융·조세 지원정책

중국 정부도 타국가와 마찬가지로 해운산업을 장려하기 위하여 선박취득에 있어 자본조달상의 우대제도를 실시하였다. 신조선 건조 및 선박매입을 포함한 선박취득을 위한 자금투입은 종래정부의 계획지출금을 해운기업에 제공해 오던 방식을 1981년부터 은행으로부터의 차입방식으로 변경하였다. 그러나 1984년 중국 정부는 은행에 대해 선박매입을 위한 대부자금을 낮은 금리로 제공할 것을 유도하는 한편 상환기간을 연장함으로써 세금을 경감하는 조치를 실시하였다. 그러나 중국인민은행은 1995년 7월부터 전체기업에 대한 대출금리를 15.3%로 통일하여 인상하였다. 중국의 선박자금관련 은행대출 금리는 [표 5-11]과 같다.

표 5-11 중국 선박 자금 대출이자율

| 대출기간 | 연 이 자 율 | | |
|---|---|---|---|
| | 1984년 | 1986년 | 1995년 |
| 1~3년 | 8.64% | - | 15.3% |
| 3~5년 | 9.36% | 5.76% | 15.3% |
| 5~10년 | 10.8% | 6.48% | 15.3% |
| 10년 이상 | 10.8% | 7.2% | 15.3% |

자료: 한국해사재단(2000), "주요국 해운산업 보호·지원정책과 대응방안 연구."

해운기업은 신조선을 해외에서 건조하지 않고 해외자금을 차입해 국내에서 건조할 경우 국가로부터 심사·허가를 받은 이후에 국무원에 보고하게 되어 있었으며 또한 해외에서 중고선을 매입하는 국내선주도 국가의 담당기관에서 심사를 받도록 하고 있었다. 그리고 해당 선박을 중국국적으로 등록할 경우 9%의 등록세와 17% 선박취득세를 지불해야 하였다.

세수는 국가재정수입의 중요한 원천의 하나로서 관련 정책은 국가의 해운업에 대한 간접적인 관리수단으로 활용되었다. 중국은 1983년부터 세제개혁에 착수해 1991년부터 새로운 세제를 도입·실시하였다. 이전 세제로서 국가가 외항해운기업에 부과한 세금의 종류는 영업세, 소득세, 조절세, 국가에너지원 교통중점건설기금, 도시보전건설세, 교육비부가세, 차선사용세, 가옥부동산세, 연료유특별세, 건축세, 장금세 등이 있었으며, 이 중 삼국간 화물수송에 따른 운항수입에 대해서는 영업세가 면제되고, 차입금에 의한 선박건조에 대해서는 소득세와 조절세가 면제되었다. 그 외 세전 상환에 대한 우대조치가 있었으나, 1994년 세제개혁 후 세전 상환의 우대조치는 폐지되었으며, 소득세율이 33%로 통일되었다. 그리고 특별한 사정이 없는 한 소득세 감면에 대한 우대조치도 폐지되었다.[9)]

### 3) 개방정책

중국은 WTO 가입과 국제경쟁력 강화를 목적으로 개방화 정책을 추진하였으며 이는 해운분야에서도 활발히 이루어졌다. 1985년 4월 중국정부는 '국제해운에 종사하는 해운기업에 관한 일시적인 관리방법'에 의거해 외국선사가 중국에서 합병기업의 형태로 국제해상 수송에 종사하는 것을 최초로 허가하였다. 1988년 이후 중국 정부는 자국화물의 자국선박에 의한 수송 입장을 철회하여 자국화물을 자국선사뿐만 아니라 외국 선사들을 통해서도 수송될 수 있도록 하는 조치를 단행하였다. 이에 따라 중국 정부가 대외무역에 있어 중국과 상대국간 수송비율을 결정해 오던 것과 행정수단을 통해 중국 선사의 물량처리를 규정해오던 것을 폐지하였다.

시장경제로의 이행에 따라 중국의 선사 및 하주들은 자유로운 상태에서 거래상대를 선택할 수 있게 되었으며, 운임도 시장의 수급원리에 따라 결정되게 되었다. 화물유보에 관한 상대국 정부와의 해운협정에 기초한 적취율 조항이 브라질,

9) 한국해사재단(2000), "주요국 해운산업 보호·지원정책과 대응방안연구," p. 72.

태국, 방글라데시, 자이레, 알제리, 아르헨티나, 미국 등 7개국에 대하여 상존해 있으나 이들 국가와의 해운협정에 있어서 향후 화물의 적취율을 명기하지 않기로 하여 실질적으로 적취율 규제는 존재하지 않게 되었다. 1992년 4월부터 중국선과 외국적선의 항만요금에 대해 차별시정에 착수하여 외국선은 중국항에 입항할 경우 서비스와 시설 모두 완전한 내국민대우를 누릴 수 있게 되었다. 1993년 9월에는 외국선사가 중국과 공동으로 설립한 합병기업의 형태만이 중국 법률에 적법한 것으로 간주되어 상업활동을 할 수 있게 되었다.

이와 같은 규제완화조치가 가져온 결과는 해운기업들의 경영방침 변화로 나타났다. 즉 지금까지 국영해운회사들에게 주어진 특권적 지위는 규제완화에 따라 약화되어, 자유로운 집하 경쟁과 새로운 시장 환경하에서 해운경영을 추구하도록 하였다.

특히 중국해운의 독점적 기반을 구축해 오던 화물할당제도가 폐지되어 외국선사들의 참여가 가능하게 됨에 따라 중국 해운기업의 특권적 지위 유지가 어렵게 되었다. 중국 해운의 규제완화는 대형 국영해운기업의 국내 화물시장에의 진입을 촉진해 내륙에 거점을 가진 복합수송회사와의 제휴를 촉진하게 되었다.[10]

중국은 시장경제로 전환한 이후, 해운기업에 대해 재정지원이나 화물 우선적 취제도와 같은 자국선 보호주의적 지원제도의 시행을 금하였으며, 국유해운 기업에 대한 정책도 자유기업 원칙을 적용하고 있다. 국유해운기업은 중국 회사법에 따라 설립되었고, 일부 해운회사는 중국의 주식시장에 상장되어 있다. 중국 해운기업은 정부의 영향력에서 독립되었기 때문에 해운기업은 시장에서 독자적인 활동을 할 수 있다.

중국 정부는 국제기준에 부합하도록 해운규정과 시장 개방을 지속한다는 입장으로, 항만건설과 운영사업에 외국인 투자를 유치하기 위하여 매우 적극적이며 컨테이너항만 확보와 효율 극대화를 달성하기 위해 중국과 외국기업간 합작회사 설립을 촉진하고 있다. 현재 중국에는150여 개 이상의 정기선사들이 영업활동을 하고 있으며, 국제해운정책을 위해 63개국과 해운협정을 맺고 특히 미국, 한국, 일본, EU 등과 해운협의기구를 가동하고 있다. 2001년 12월 11일 중국은 WTO에 가입하게 됨으로써 세계해운질서에도 큰 영향력을 행사하고 있다.

10) 조계석(2003), "중국의 WTO 가입 이후 해운정책 동향과 우리 해운물류업계의 대응방안," 「해양수산동향」, 제1093호, p. 3.

중국개방 정책의 큰 틀은 외국인 투자유치 촉진 정책이다. 외국투자자가 중국 내에 국제해상운송업무 및 국제해상운송 관련 보조업무에 투자하여 경영할 경우 국무원 교통주관기관의 허가를 거쳐 외국투자자는 관련 법률, 행정법 및 국가 기타 관련 규정에 의거 중외합자경영기업 혹은 중외합작경영기업을 설립할 수 있으며, 국제선박운송, 국제선박대리, 국제선박관리, 화물하역, 창고보관업, 컨테이너 CFS 및 야적장 업무를 경영할 수 있다. 그리고 창고보관업은 단독투자도 할 수 있다.

국제선박운송이나 국제선박대리 사업의 경우 중외합자경영기업이나 중외합작경영기업 모두 투자지분이 49%를 초과할 수 없으며 대표이사와 사장은 합자 또는 합작 쌍방이 협의하되 중국 측이 지정한 사람이 맡게 된다. 중국해운산업의 외국인 투자정책에서 제시하는 사업대상은 합작투자 사업 분야와 합작 또는 단독투자부문으로 구분된다.

표 5-12 외국인 투자 가능 업종 분류

| 투자형태 | 투자 가능한 업종 |
|---|---|
| 투자합작 | 국제 해운업, 국제해운대리점, 국제선박관리업, 국제화물 항만하역업, 창고업, 내륙컨테이너기지 운영업 등. |
| 합작또는 단독투자 | 화물주선업, B/L발급, 운임정산이나 서비스 계약 등. |

자료: 조계석(2003), "중국의WTO 가입 이후 해운정책 동향과 우리 해운물류업계의 대응방안," 「해양수산동향」, 제1093호를 참조로 작성.

중국은 국제기준에 일치하도록 해운규정과 시장 개방을 지속한다는 입장을 고수하고 있으며 국제해운분야의 외국인 투자도 촉진한다는 방침이다. 그리고 중국은 상하이항을 비롯하여 물류중심기지화 전략을 강력하게 추구하고 있다. 컨테이너시설과 전용선의 대형화 추세에 대비한 대수심 컨테이너터미널과 함만의 건설, 항로준설을 서두르고 있다. 그리고 항만을 물류단지를 발전시키면서 복합수송체제, 유통시장의 단일시장 체제로 전환, 제 3 자 물류사업발전 등을 추구하고 있다.

외국적 선박은 중국 항만의 전체에 기항 가능하고, 부두 시설의 이용, 연료 및 담수의 공급 등 내국민대우를 누린다. 2000년 이후 30여 개 국가의 70여 개

외국선사가 중국 항만에서 컨테이너 정기 서비스 항로를 개척하였다. 중국의 3000여 개의 근양운항과 700여 개의 원양운항에서, 국외 해상 운송회사는 각각 48%와 70%를 점유하고 있으며 외국적 부정기선은 자유롭게 개방한 중국의 항만을 출입할 수 있으나, 컨테이너 정기선의 항로를 개설하기 위해서는 중국 교통부의 비준을 받아야 한다. 그러나 중국 정부는 연해와 내수 운송은 개방하지 않고 있다. 중국 법률규정에는 외국적 선박은 연해와 내하 항만 사이의 운송에 종사할 수 없다.

중국의 화물운송 시장의 진입 비준(화물 적재의 보존, 화물 적재 배당액)의 개방 정도는 이미 선진국보다 높다. 화물 적재의 보존은 정부가 본국의 운송인에게 안정된 화물 적재를 제공하여 본국의 운송인 시장점유율을 높이는 일방적인 보호조치를 시행하여 왔으나 1988년부터, 중국은 더 이상 행정 수단의 규정으로 국내 운송인의 국산품에 대한 청부 운송의 비율을 시행하지 않고, 운송인과 탁송인은 일반의 상업방법에 따라 직접 운송계약을 상의하여 결정하도록 하고 있다.

외국 해운기업은 소득세 및 항만 서비스 등 분야에서 내국민 대우를 받고 있다. 항만 서비스방면에서 1992년 1월 1일부터 중국 정부가 중국과 외국적 선박 항만 요금 기준을 통일함으로써 외국 선박은 중국에서 완전한 내국민대우를 누린다. 세수 분야에서도 외자 해운 기업은 내국민대우뿐 아니라 또한 최혜국대우를 누린다. 외자 기업의 소득세 세율이 33%고, 이것은 외국투자기업의 규정에 대한 최저 세율이다. 외국투자기업이 만약 연해 도시와 같은 특정지역 혹은 경제특구에 설립되면, 세율은 곧 각각 24% 혹은 15%로 감소한다.

중국 정부는 계획경제에서 시장경제로 전환하는 과정에서 교통 및 해운항만 인프라 확보를 위해 개혁정책을 추진하였다. 또한 시장경제체계에 적응할 수 있는 해상 운송·항만 법률 체계를 세우고, WTO 조직의 규칙과 국제관례에 부합한 법률 법규를 완전하게 제정하는 것을 가속화하고 있다. 국제 해운업의 발전을 위해서 "경쟁, 투명"의 법률적 환경을 제공하며, 중국 정부는 외국투자자의 중외합자, 협력 기업을 설립하는 것을 환영하고 있다. 국제 해운 업무를 취급할 수 있도록 중국 해상운송시장을 개방하고 있으며 더 많은 외국투자자 유치를 위하여 노력하고 있다.

### 4) 경쟁정책

해운업의 자율성 신장, 세계경제의 글로벌화, 무역자유화와 전자상거래의 발전은 세계무역 증가에 기여하고 있다. 세계경제의 의존도가 높아지고 경쟁이 치열해지는 현상은 해운산업에 기회인 동시에 도전으로 받아들여지고 있다. 선복량 과잉과 운임의 하락은 더욱 경쟁을 심화시킴으로써 정기선사의 경영성과를 저조하게 하는 결과를 가져왔다. 정기선사는 전략적 제휴를 통해 원가절감과 영업력 확대를 추구하고 있다.

세계해운은 구조변화를 겪고 있다. 대형정기선사의 인수·합병은 지속되고 있으며, 시장집중이 가속화됨에 따라 상위 20개사의 선복량이 60%를 초과하고 있다. 운항빈도 증가와 서비스 광역화를 위해 정기선사들은 공동운항과 선복임차 방식으로 대처하고 있으며, 컨테이너선의 대형화는 단위운송원가를 낮추지만 선복과잉을 초래하여 해운경영에 큰 부담으로 작용하고 있다.

전통적인 해운동맹은 약화되면서 정기선해운기업의 운임설정 능력도 정기선 동맹시절과는 다르게 서비스계약이 주류를 이루고 있다. 정기선사들은 글로벌 경쟁체제 속에서 생존하기 위해 제휴와 컨소시엄체제로 전환, 원가절감을 달성하고 있다. 현재 중국교통부에는 150여개 이상의 기업들이 등록되어 있다. 그 중 50%가 넘은 외국선사가 중국에서 정기선을 운항하고 있다.

표 5-13 중국 교통부에 등록한 국가별 국제 정기선해운업체 (2005년 2월 기준)

| 국가 | 중국 | 한국 | 일본 | 유럽 | 기타 |
|---|---|---|---|---|---|
| 계(158) | 73 | 18 | 10 | 16 | 41 |

자료: 중국 교통부 홈페이지 참조(http://www.moc.gov.cn/zhuanlan/haiyunzl/t20040201_9459.htm).

현재 중국은 독점규제법이 없으며 1993년부터 불공정경쟁반대법을 시행하기 시작했을 뿐이다. 이 법의 목적은 공정경쟁을 촉진·보호하며, 불법경쟁을 금지하여 사업자와 소비자의 권익을 보호하는 차원이다. 사업자는 자발성, 동등성, 정당성과 신의, 그리고 상도덕의 원칙을 준수하도록 규정하고 있다. 정부는 공정하고 정당한 경쟁 환경을 조성하기 위해 불법경쟁 활동을 금지하는 조치를 취할 수 있다. 중국 정부는 기업들이 시장 진입과 진입 후 활동에 대한 규제를 완화시켜 자유로운 경쟁을 할 수 있도록 법규를 정비하였다. 그동안 중국은 해운업에 대만 엄격한 허가제를 시행함으로써 신규 진입을 억제해왔다. 따라서 해운관련 국영기업들의 기득권이 보호되었다. 그러나 1990년 이후 이러한 진입규제가 점진적으로 완화되는 추세이다. 이러한 완화조치로 지방정부들이 새로운 해운기업을 설립하는 사례가 증가하였다.

전통적으로 중국시장은 정부의 엄격한 통제를 받았으며 경영활동에 약간의 변화만 발생해도 기업은 정부의 허가를 받아야 했다. 중국은 사업 분야별로 특정 업체들에게 독과점적 지위를 부여하는 강제적 역할분담체제를 오랫동안 유지해왔다. 즉 해상운송은 COSCO와 CSCL사에게 맡기고 외국 선사들을 위한 대리점은 SINOTRANS와 PENAVICO가 담당하였다. 그러나 이러한 강제적인 독과점적 역할분담은 점차 해소되고 있다. 시장의 효율성과 기업의 자율성을 강화시켜 자국기업의 경쟁력 제고를 위한 법률을 규정 개정작업을 하고 있다.11)

## 4. 중국 해운정책 관련 규정

중국의 해운정책과 관련된 규정은 WTO 가입 이후인 2002년 1월 1일에 발효된 국제해운조례를 대표적으로 들 수 있다. 중국의 해운관련 규정은 국제해운조례를 기초로 자율화, 체계화, 개방화, 국제화의 방향으로 진행되고 있다. 국제해운조례는 기존의 해운관련 규정들을 정비하고 대체한 것으로 국제해운조례 이전의 해운관련 정책을 수행하기 위한 규제 위주의 규정이 존재한다.

### 1) 국제해운조례 이전의 해운규제 규정

#### (1) 해운시장 진입 규제 규정

중국은 개혁 개방정책을 추진하면서 해운에 대해서도 일련의 규제완화 및 시장개방을 확대해 왔다. 그러나 법률상으로 자국 해운산업에 대한 지원 및 보호정책을 철폐했음에도 불구하고 중국은 외국 해운기업들에 대해 관행적인 차별대우를 유지하였다.

외국선사들에 대한 중국의 규제는 시장접근에서부터 시작된다. 시장접근에

11) 조계석(2003), "중국의 WTO 가입 이후 해운정책 동향과 우리 해운물류업계의 대응방안," 「해양수산동향」, 제1093호, p. 5.

있어서 외국선사들에 대한 중국의 차별대우가 가장 심하게 나타나는 부분은 영업망 구축이다. 중국 정부는 외국선사들이 직접 영업하는 것을 규제하고 있으며 외국선사가 화주를 상대로 직접 영업을 하려면 현지법인을 설립해야 하는데 중국정부는 일정 수준 이상의 자본금을 요구하는 금전적 규제를 하고 있으며, 동시에 현지법인을 설립하더라도 처음 1년간을 대리점영업체제를 강요하고 있다.

중국의 시장접근 규제는 대리점 대표는 중국인으로 임명하도록 강제하고 있으며, 대리점의 영업규모를 제한하기도 한다. 또한 포워딩업체에 대한 규제로 인해 B/L 발급이나, 세관업무의 제한 등 영업활동을 제한하는 직접적인 조치도 시행하고 있다.

표 5-14 중국의 해운시장 접근 규제

| 규제항목 | 규제내용 | 문제점 |
|---|---|---|
| 지리적 제한<br>(영업소 개설) | 외국선사에 대하여 선박이 월1회 이상 직접 기항하는 항만에 한하여 영업소 개설을 허용 | 선박이 기항하지 않는 지역에는 영업소 개설이 어려워 영업활동이 제약됨 |
| 투자규모 제한<br>(지사 설치) | 지사설치에 일정수준 이상의 투자를 의무화 | · 현지법인 설립을 어렵게 함<br>· 외국선사 영업망 구축을 제한 |
| 시간적 제한<br>(지사 설치) | 지사 설치시 영업대리점 체제를 1년 이상 유지하도록 규정 | 외국선사의 영업 직영체제를 어렵게 함 |
| 활동제한<br>(대리점/포워딩) | · 대리점 영업규모를 제한하고 중국 대리인의 이용 등을 의무화<br>· 포워딩활동 제한 | 영업의 한계, B/L 발급 또는 세관업무 수행이 불가능 |

자료: 임종관 · 전형진(2002), "중국의 주요 해운규정 정비와 우리나라의 대응방향," 한국해양수산개발원, p. 98.

### (2) 정기선 해운 규제

정기선 해운에 대한 중국의 규제는 항로개설 또는 변경사항, 허가심사기간, 허가신청행정사항 등으로 구분해 볼 수 있다.12)

중국은 정기선 항로 개설을 허가사항으로 관리하고 있다. 기존 항로의 기항지나 선박운항일정을 변경하는 것도 허가사항으로 규정하고 있다. 허가제는 기업의

12) 임종관 · 전형진(2002), "중국의 주요 해운규정 정비와 우리나라의 대응방향," 한국해양수산개발원, p. 98.

서비스 자율성을 크게 저해한다. 특히 중국의 허가제에서는 자국선사와 외국선사가 차별적으로 취급받을 개연성이 높은 것으로 인식되고 있다.

또한 외국선사는 항로 개설이나 항로변경에 관한 허가신청을 직접하지 못하고 중국 대리점을 통해서만 할 수 있다. 이러한 대리점들은 대부분이 중국 선사의 자회사들이다. 즉 외국 선사의 항로변경전략이 중국 선사의 자회사를 통해서 중국 교통부에 접수되는 것이다.

표 5-15 중국의 정기선 해운 규제

| 규제항목 | 규제내용 | 문제점 |
| --- | --- | --- |
| 정기선 항로 개설 및 변경 규제 | · 교통부의 허가 사항임<br>· 신규항로를 개설할 경우 교통부의 허가를 받아야 함<br>· 기존항로의 기항지 변경이나 선박 운항일정의 변경도 허가를 받아야 함 | · 서비스의 자율성 제한<br>· 선사간 서비스 차별화 제한<br>· 허가제는 자국선사와 외국선사를 차별할 개연성 있음 |
| 허가심사 소요시간 과다 | · 심사과정이 3개월을 초과할 수 없도록 규정되어 있음<br>· 그러나 심사기간이 3개월을 크게 초과함<br>· 허가처리에 19개월이 소요되는 사례도 발생 | · 허가 행정이 규정대로 이루어지지 않음으로써 행정의 예측성과 투명성이 취약함<br>· 장기간 심사로 서비스전략의 신속한 수정이 불가능함 |
| 중국 대리점을 경유하는 허가행정 | · 외국선사는 허가신청을 직접 하지 못함<br>· 중국 국영 선박대리점을 통해서만 신고하여 허가받아야 함<br>· 선박 대리점은 대부분 중국 선사의 자회사임 | · 허가신청 내용이 COSCO나 Sino-trans사에 노출될 개연성 있음<br>· 행정처리가 지연되는 상황에서 전략정보가 경쟁기업에 누출되면 전략차질 초래 |

자료: 임종관·전형진(2002), "중국의 주요 해운규정 정비와 우리나라의 대응방향," 한국해양수산개발원, p. 99.

### (3) 기타 해운 규제

중국은 상해해운거래소를 설립하여 정기선해운에 종사하는 선사들로 하여금 운임을 신고하도록 하고 있다. 운임신고제는 상당수의 국가들이 시행하고 있는 사항이다. 그런데 중국은 선사들의 운임율표뿐만 아니라 계약운임에 대해서도 신고하도록 함으로써 운임계약의 비밀에 간여한다는 지적을 받고 있다.

그러나 중국의 규제 중 더욱 큰 문제는 선박의 항만 입출항 및 화물하역부문에서 발생한다. 외국선사는 중국 소재 대리점사, 중국 터미널 운영사 등과 3자간 하역계약을 체결해야 한다. 이 계약서에는 기항선박의 명세, 운항일정, 선적 또는 하역 화물의 예상량 등을 기재하여야 한다. 뿐만 아니라 선박별 예상수익성, 선하증권, 운임 등 계약의 상업적 비밀사항까지 기재하여 교통부의 허가를 받아야 한다.

표 5-16 기타 중국의 해운 규제

| 규제항목 | 규제내용 | 문제점 |
|---|---|---|
| 운임 해운 거래 신고 | 1997년 설립된 상해해운거래소(SSEX)에 운임 및 해운거래 신고를 의무화 | · 상거래의 비밀유지 어려움<br>· 가격경쟁 자율성 제약 |
| 항만관련 계약내용 허가 | · 항만이용과 관련하여 운항선사, 선박대리점, 터미널운영사 등 3자간 계약을 체결하도록 규정<br>· 선박명세, 기항항만, 선박운항일정, 적양하 화물의 예상량, 선박별 수익성분석, 선하증권, 운임 등 계약내용에 대해 교통부의 허가를 의무화 | 외국선사의 비즈니스비밀이 중국 선사에 노출될 개연성 있음 |

자료: 임종관 · 전형진(2002), "중국의 주요 해운규정 정비와 우리나라의 대응방향," 한국해양수산개발원, p. 100.

### 2) 국제해운조례

국제해운조례는 기존의 해운관련 규정들을 정비하고 대체한 것으로 해운관련 규정의 최상위 법이며 중국해운시장으로의 진입, 사업면허 취득, 영업활동의 범위, 외국인 투자 등에 관한 전반적인 규정을 포함하고 있다.

국제해운조례는 총 7장 61조로 구성되어 있다. 제 1 장은 4개 조항으로 구성되어 있는 총칙으로써 조례의 목적 적용대상 경영활동 종사원칙을 규정하고 있으며, 본 조례에 의한 감독 및 관리기관을 명시하고 있다.

제 2 장은 제 5 조부터 제15조까지이며 국제해상운송업무 경영자 및 국제해상운송보조업무[13] 경영자에 대한 내용이다. 국제선박운송 보조업무로는 국제선박대리업무(대리점업), 국제선박관리업무(선박관리업), 무선박국제운송업무(nonvessel-operation common carrier: NVOCC) 등을 본 조례의 적용대상으로 규정하고 있다.

제 3 장은 제16조부터 제30조까지이며 국제해상운송업무 및 보조업무의 경영활동을 다루고 있다. 특히 국제정기항로에 대해 신청절차, 연합경영(공동운항),

13) 중국 규정에서 국제해상운송보조업무라 함은 해운부대사업을 말함.

항로개설, 운임등록, 회사합병, 금지행위, 외국선사의 준수사항 등을 정하고 있으며, 대리점업과 선박관리업의 업무내용도 규정하고 있다.

제 4 장은 제31조부터 제34조까지이며 외국투자자의 중국시장 참여에 대해서 준수규정, 투자대상부문 및 투자조건, 업무, 중국내 사무소 설치 등에 대한 것이다. 그리고 제 5 장은 제35조부터 제41조까지이며 조사 및 처리관련 사항을 규정하고 있다. 즉 조사대상, 조사기관, 조사반 구성, 조사활동, 피조사인의 의무, 조사 후 조치, 피조사인의 이의제기 등을 정하고 있다.

표 5-17 중국 국제해운조례의 구성과 내용

| 장 구분 | 조항 구분 | 주요 내용 |
|---|---|---|
| 제 1 장 | 1~4조 | 총칙<br>· 목적, 적용대상, 경영활동 종사원칙, 감독 및 관리자 |
| 제 2 장 | 5~15조 | 국제해상운송 및 보조 업무 경영자<br>· 국제선박운송업무, 국제선박대리업무, 국제선박관리업무, 무선박국제운송업무 |
| 제 3 장 | 16~30조 | 국제해상운송 및 보조업무 경영활동<br>· 국제정기노선연합경영, 국제정기노선운송업무의 신청 노선개설, 운임 등기, 운송경영자간 합병, 금지행위, 외국운송경영자의 준수사항, 국제선박대리 경영자 및 국제선박관리 경영자의 업무 등 |
| 제 4 장 | 31~34조 | 외국투자경영자의 국제해상운송 및 기타 보조업무에 관한 특별규정<br>· 외국투자경영자의 준수규정 투자부문 및 조건 업무, 중국내 사무소 설치 등 |
| 제 5 장 | 35~41조 | 조사 및 처리<br>· 조사대상, 조사기관, 조사반구성, 조사활동, 피조사인 의무, 조사 후 조치, 피조사인 이의제기 등 |
| 제 6 장 | 42~55조 | 법률책임<br>· 위반사항에 대한 처벌규정 |
| 제 7 장 | 56~61조 | 부칙<br>· 홍콩, 마카오, 대만 등에 관한 사항<br>· 기존 기업의 보충수속사항<br>· 발효일 및 기존 관련규정의 폐지 |

자료: 임종관·전형진(2002), "중국의 주요 해운규정 정비와 우리나라의 대응방향," 한국해양수산개발원, p. 17.

제 6 장은 제42조부터 제55조까지이며 각종 위반사항에 대한 처벌내용 등에 관한 것이다. 그리고 제 7 장은 부칙으로서 홍콩, 마카오, 대만관련 사항을 정하고 있으며, 본 조례 실행 이전에 참여하고 있는 기업의 보충수속을 규정하고 있다. 그리고 본 조례의 발효일과 기존 규정 중 폐지하는 것을 명시하고 있다.

중국은 WTO 가입을 계기로 "국제해운조례"를 제정하였으나 제정 이후에도 외국 선사의 중국 해운시장 진입 및 영업활동을 제한하는 중요한 규제들이 남아 있어 문제점으로 지적되고 있다. 주요 문제점은 사업허가기준의 주관성, NVOCC의 활동관련 규정 미비, 운임등기관련 사항, 현지사무소 활동 제약, 외국인의 투자제한, 외국선사의 화주접근 제한 등이다

# 제 6 장

# 우리나라 해운정책

## 제 1 절 우리나라 해운의 성장과정

우리나라 해운은 구한말 개화기에 태동되기는 하였으나 발전할 만한 여건이 조성되지 못하였고, 일본의 방해로 선박소유도 어려웠다. 우리나라 해운의 성장은 해방 이후부터 시작되었으며, 1960년대와 1970년대를 거쳐 우리나라 해운이 고도로 성장하였으나, 1980년대 초 해운산업합리화를 거쳐 1990년대 중반까지 조정기를 겪었으며, 1990년대 중반부터 오늘날까지 세계 해운환경변화에 부응하고, 세계 8대 해운국으로서 발돋움하기 위해 노력해왔다. 우리나라 해운의 성장과정은 한국선주협회가 발간한 한국해운 60년사의 자료를 기초로 기술하도록 한다.

### 1. 우리나라 해운업의 준비기(1945~1960)

해방 후 경제사정 등 여러 가지 여건으로 본격적인 해운업이 운영되었다기보다는 장기적으로 우리나라 해운업이 발전할 수 있는 기반을 마련한 기간이다.

미 군정하에서는 해운분야의 정책수립가도 없었고, 국민들도 해운의 중요성을 인식하지 못하였으며, 지도층도 해운업 육성의 필요성이나 의지도 없었다.

정부가 수립되고 6.25 전쟁으로 폐허가 된 이후 휴전으로 경제재건이 이루어지기 시작한 시점이라 우리나라 해운업의 발전하기 위한 기틀을 마련한 기간이다.

**첫째, 군용선 활용과 선박량의 부족**

일제시대에 일부 선박이 있었으나 2차 대전시 일본이 대부분의 상선을 징발하여 군수물자 수송에 투입하였으며, 이들 선박은 2차 대전 후 대부분의 선박이 멸실되었거나 일부 운항가능한 선박도 일본인이 귀국하면서 약탈한 상태로 해방을 맞이하였기 때문에 선박량은 거의 없었다.

해방 후 미국이 2차 대전용으로 건조하였던 전시표준형 선박과 군용선인 LST 등 몇 척을 해운업체에 대여해줌으로써 시급한 해상운송수요를 충당하였다. 전시표준형 선박과 LST를 제외한 파손선박, 연안에 침몰되었던 인양선, 일본으로부터 되돌려받은 일부 선박 등이 해상운송에 투입되었다. 전시표준형 선박과 LST는 군용선으로 상선으로 활용하는 데 많은 어려움이 있었으나 선박량 자체가 부족하였기 때문에 이용할 수밖에 없었다.

**둘째, 한국해양대학 설립으로 해기사 양성 시작**

당시 선박량도 부족하였지만 선원수도 절대적으로 부족한 상황이었다. 해방 당시 일본의 고등상선학교를 졸업한 고급해기사가 10여명 있었고, 진해고등해원양성소를 졸업한 고급해기사가 상당수 있었으나 100명에도 미치지 못하였다. 선박 척당 7~8명의 해기사가 승선할 경우 약 10여 척을 운항할 수준의 해기사밖에 확보하지 못한 실정이었기 때문에 선박량 확충과 더불어 해기사 양성이 시급한 시기였다.

해운선각자들은 우리나라의 백년대계를 위하여 필요불가결한 해기사를 양성할 필요성을 적극 주장하여 한국해양대학이 설립되었다. 해양대학의 설립이 용이한 일은 아니었지만 고급해기사를 대량으로 양성할 수 있는 기반을 마련함에 따라 6.25 전쟁에서 필요한 전시수송과 해군력 증강에도 크게 공헌하였고, 1960년대 이후 우리나라 해운의 고도성장기에 비약적인 발전을 도모하는 중요한 원동력이 되었다.

**셋째, 대한해운공사 설립으로 해운경영의 노하우 습득**

외항해운은 전세계를 대상으로 개방된 시장에서 경쟁해야 하는 특성을 가지고 있다. 해운업은 상당히 오랜 역사를 가지고 있고, 해운경영에 필요한 노하우를 가진 다양한 전문가가 필요한 산업이기 때문에 해운경영을 위해서는 전문지식을 가진 전문가가 필요하다. 해운경영에 대한 이론적인 지식은 해양대학을 비롯한 대학에서 습득할 수 있지만 해운경영에 필요한 지식의 일부에 지나지 않고, 실무적인 전문지식과 노하우를 갖춰야 치열한 세계해운시장에서 경쟁할 수 있다.

당시 우리나라에는 국제항로에 취항하는 일정 수준 이상의 규모를 갖춘 대형 해운회사가 거의 없었기 때문에 해운경영에 대한 실무지식이나 노하우를 습득할만한 기회를 찾기 어려웠고, 전문가를 양성하기 어려운 실정이었다. 정부 수립후 1950년초 국영 해운선사인 대한해운공사를 설립하였는데, 이는 우리나라 해운업 발전을 위한 중요한 계기를 마련하였다고 평가하고 있다. 이후 1960년대 초까지 대한해운공사는 우리나라 해운발전을 선도하였으며, 많은 해운전문인을 육성하는 기관의 역할도 담당하였다.

**넷째, 6.25 전쟁시 해운의 활약**

6.25 전쟁시 해운업은 군수물자 수송 등에 능동적이고 적극적으로 참여하였다. 전쟁 발생으로 해운선사가 보유하였던 선박은 해군에 징발되거나 후방수송선으로 전쟁에 참여하여 해상수송의 역할을 수행하였다. 해군에 징발된 선박 또는 후방수송선으로 참여한 선박과 선원은 전쟁중 크게 활약하였으며, 전시에 훌륭한 업무를 수행한 것으로 평가된 결과 전쟁 후 시행된 징병제도에서 선원요원에 대한 징집면제조치가 취해졌다. 선원을 예비해군으로서 인정하는 이러한 제도는 최근까지 고급해기사의 병역면제조치로 연결되어 우리나라 해운발전의 중추적인 요소의 하나로 인식되고 있다.

**다섯째, 해양주권 확립과 해운력 증강**

1952년 전쟁이 소강상태에 접어들자 정부는 평화선을 선포하여 우리 주변해역에 대한 해양주권을 확립하였고, 이 평화선을 지키기 위한 해양경찰대를 창설하였으며, 1955년 해무청을 설립하여 해양관련 행정업무를 총괄하도록 하였다. 해무청의 설립은 정부의 해운정책에 대한 의지를 반영한 것으로 해운을 교통보조수단이 아닌 국내산업의 보조수단으로서 해운정책을 주도적으로 추진하기 시작하였다. 그러나 정부수립에 따른 국가체제 정비와 전쟁복구 등 당면과제 수행 때문에 해운에 대한 투자나 지원은 미미하였다. 정부는 해운조성을 위하여 특별법에 의한 대한해운공사의 설립, 세제상 조성, 자국선 우선조치(웨이버 제도), 해운사업에 대한 재정지원 등을 시행하였다. 정부와 대한해운공사가 몇 척의 선박을 도입하여 해운력 증강을 도모하였다.

해운준비기는 본격적인 우리나라 해운업의 성장이 이루어졌다기보다는 전후 복구기에 필요한 해운수요를 충당하는 수준에 머물렀다. 그러나 이 해운준비기에 한국해양대학의 설립, 대한해운공사 설립, 해양경찰대 창설, 해무청 설립 등 해운업을 발전시키기 위한 요소들을 하나씩 준비하였던 시기이다. 해운준비기는 1960년대 이후 우리나라 해운이 한 단계 도약할 수 있는 기반을 마련한 시기이다.

## 2. 우리나라 해운업의 고도성장기(1961~1980)

우리나라 해운업의 고도성장기는 정치적으로 4.19와 5.16의 과정을 겪고, 경제개발계획이 강력하게 추진되기 시작한 시기로서 우리나라 해운이 한 단계 도약하는 시기이다. 1차 경제개발계획을 필두로 4차 경제개발계획까지 성공하면서 우리나라 경제가 고도성장을 이루었던 시기로서 우리나라 해운도 경제발전에 따른 수요 증가로 급성장하였다.

1961년 해무청이 해체되고 해운국과 시설국 표지과는 교통부로, 해운국 중 조선과는 상공부로, 시설국은 건설과로, 수산국은 농림과로, 해양감시과는 내무부로 분리, 이관되어 일원화되었던 해사행정이 다원화되었다. 해운, 조선, 항만이 각각 별개의 행정부서로 분리되어 시행되었으나 1976년 해운항만청이 설립되어 해운과 항만기능을 수행해왔다.

1970년대 후반 이후 해운진흥과 연안해운의 현대화가 이루어지기 시작하였으며, 항만개발과 항만운영제도가 개선되고, 국제해운협력과 항만협력이 본격적으로 추진되기 시작하였다. 1970년대 후반 이후 선박량이 급속히 증가하였고, 항만의 하역능력과 접안능력도 급속히 성장하였다.

**첫째, 선원의 해외송출 확대와 선박확보 지원정책**

일본의 해운이 선원비 상승으로 어려움을 겪을 때 우수한 우리나라 선원은 일본 선주의 편의치적선에 승선이 확대되고, 우리나라 선박량이 증가하면서 우리나라 선원과 해운에 세계의 눈이 집중되었다. 우리나라 선원의 해외송출이 일본 선주를 비롯한 선진해운국 선주의 편의치적선에 본격적으로 이루어졌고, 다른 한편으로는 대한해운공사와 민간 해운업체가 국적취득부 나용선 방식 등으로

의욕적으로 선박확보를 추진하였다. 정부도 대한해운공사와 해운업체의 선박확보를 위한 지원정책을 확대하는 등 우리나라 상선대 확충이 본격적으로 이루어지기 시작하면서 세계 해운시장에서 우리나라 해운업이 주목을 받기 시작하였다.

**둘째, 대한해운공사의 민영화와 해운기업 설립 확대**

한편 정부는 국영기업이었던 대한해운공사를 민영화함으로써 민간기업의 상업성 고취와 과감한 투자를 유도하여 해운업의 획기적인 발전을 도모하였다. 그러나 대한해운공사의 민영화는 미처 해운기업의 민영화에 대한 준비부족과 불하받은 대주주가 소극적인 경영으로 일관함으로써 성공적이지 못하였던 것으로 평가하였다. 대한해운공사가 민영화되면서 국영기업체제에서 근무하던 다수의 해운전문인력이 퇴직하게 되었고, 이들 퇴직자들은 대리점, 포워딩업체 등 민간 해운기업을 설립하여 운영하는 계기를 마련하였다는 점은 긍정적으로 평가되었다.

**셋째, 정부 주도의 해운기업 육성정책 실시**

대한해운공사의 민영화와 퇴직자들의 민간 해운기업 참여 등으로 한일항로, 동남아 항로 등 연근해 항로에서의 해운업은 날로 발전하였다. 그러나 석탄, 광석, 곡물 등 대량 원자재의 수송과 관련한 부정기선 시장이나 원양 컨테이너 항로의 개설 등 분야는 외국적선에 비해 경쟁우위를 확보하기 어려운 상황이었다. 이러한 상황에서 박정희 대통령은 대단위 해운기업을 육성하기 위한 정책을 적극 실시하였다.

**넷째, 조선산업과 해운산업의 연계**

1970년대 2차례에 걸친 석유파동 과정에서도 우리나라 경제는 지속적인 성장을 거듭하였다. 우리나라에서 불모지나 다름없던 조선산업을 일으킨 상징적인 존재였던 현대조선은 초대형 유조선(Very Large Crude Oil Carrier: VLCC)을 발주한 선주가 선박의 인수를 거부하였으나, 정부가 주도적으로 해운선사(오늘날 현대상선)를 설립하여 문제를 해결하는 등 정부의 해운육성을 위한 정책이 유지되었다. 조선산업과 해운산업을 연계하기 위한 계획조선제도가 본격적으로 시행되었다.

**다섯째, 항만시설 확충과 해운항만청 신설**

지속적인 우리나라 경제발전으로 수출입 물동량이 증가하고, 원자재 수송을 위한 선박량 확충이 이루어졌으며, 물동량 증가에 따른 항만시설 수요가 증가함에 따라 항만건설도 가속화되었다. 항만시설은 투자재원이 부족하였기 때문에 IBRD 차관을 도입하여 확충하였다. 아울러 해운과 항만행정을 교통부문에서 분리하여 효율적으로 관리하기 위하여 1976년 해운항만청을 신설하였고, 해운항만청은 선박량 확충과 원양 컨테이너 항로를 4개사 체제로 전환하는 등 적극적인 해운발전 정책을 추진하였다.

**여섯째, 해운불황의 시작**

1970년대 말 석유파동 때문에 전세계 해운시장은 불황기를 맞게 되어 우리나라 해운업계도 어려움을 겪었다. 그동안 선박량 확대정책을 추진해왔기 때문에 선령이 높은 중고선 도입 등을 추진해온 우리나라 해운업체는 많은 어려움을 겪기 시작하였다. 해운항만청은 세계적인 해운불황에 따라 우리나라 해운업계가 어려움을 헤쳐나갈 수 있도록 지원함으로써 불황시기를 지날 수 있도록 하였다.

해운업의 고도성장기는 선박, 선원, 경영 등 측면에서 한 단계 도약하는 시기로서, 우리나라 해운은 우리나라 경제발전에 필요한 수송수요를 충족시켜 경제발전에 크게 기여하였고, 우리나라가 세계 해운국가로 발돋움할 수 있는 기반을 마련하였다.

## 3. 우리나라 해운업의 조정기(1981~1995)

1980년대는 우리나라의 민주화 등 정치적 변혁기이기도 하지만 전세계적으로도 냉전시대가 막을 내리고 세계경제체제가 시작되는 시기이다. 우리나라 해운에 있어서 1980년대는 세계적인 해운불황이 지속되는 가운데 1970년대의 급속한 선대팽창에 따른 휴유증으로 해운산업합리화 등 조정을 겪는 시기이다.

**첫째, 규제완화 추진과 자유경쟁시장 확대**

북미, 유럽 등 선진국은 1980년대 초부터 운송 또는 물류분야의 규제완화를 적극 추진하였다. 기업활동의 자유경쟁을 촉진하기 위하여 정부의 지원제도 폐지, 유형무형의 국제경제교류 활성화, 1984년 미해운법 제정 등을 통한 동맹체제 완화 등 자유경쟁시장이 확대되었다.

**둘째, 해운업에도 경쟁체제 도입**

해운업의 경우에도 진입장벽 역할을 하던 사업면허제도가 폐지되고 해운부대사업제도가 등록제로 전환되었으며, 선박소유에 대한 외국인의 소유제한이 완화 또는 폐지되었다. 그동안 포항제철과 한전이 필요로 하던 석탄, 광석 등 원재료 수송시 국적선 우선적취제(웨이버제도)를 운영해왔으나 이러한 조치도 점차 완화되는 등 우리나라 해운시장에도 규제완화와 무한경쟁이 시작되었다. 세계적으로 확산된 자유경쟁체제가 우리나라 해운시장에도 도입되어 해운과 해운부대사업에 대한 진입장벽이 완전 폐지되고, 웨이버제도와 계획조선제도도 폐지되었다.

**셋째, 해운업의 구조적 불황기**

1970년대의 2차례 석유파동과 세계 경제구조의 전환에 따른 해운업의 구조적 불황기가 1980년대의 특징 중 하나이다. 석유파동 전까지 저유가를 바탕으로 한 중화학 공업이 발전하였으나 석유파동 이후 에너지 저소비형의 첨단산업 중심으로 산업구조가 전환되었다. 전세계 경제가 중후장대형 산업구조에서 경박단소형 산업구조로 전환되어 물동량은 점차 감소하였으나, 그동안 전세계 조선소에서 건조된 막대한 선박량이 해운시장에 인도됨에 따라 해상운임이 지속적으로 하락하는 등 해운불황은 지속될 수밖에 없었다. 결과적으로 전세계 해운불황은 지속되고 해운기업은 도산하는 사례가 급증하였다.

**넷째, 해운산업합리화 조치 시행**

우리나라 해운기업도 세계 해운불황의 직격탄을 그대로 받았다. 그동안 선박량 확보 등 해운육성정책에 따라 중고선 중심으로 선박량을 확충해왔던 국적선사들은 1980년대 초 대량 부도사태에 직면하게 되자 해운산업합리화 조치를 받게 된다. 정부가 해운기업의 도산은 물론 해운기업에게 막대한 자금을 대출해주었던 금융기관의 연쇄부도로 이어질 가능성이 높다는 점을 우려하여 해운산업합리화 조치를 취하였다.

해운산업합리화는 해운업계의 통폐합과 통폐합 기업에 대한 선가원리금 상환유예 등 지원정책을 바탕으로 하고 있다. 해운산업합리화 과정을 통하여 해운에 대한 국민의 인식이 국민경제에 피해를 줄 수 있는 위험한 산업이라는 부정적인 이미지를 갖게 되었다.

**다섯째, 1980년대 말 해운경기 회복**

전세계 해운불황은 1980년대 말 점차 회복되기 시작하였고, 우리나라 해운산업도 점차 활기를 찾기 시작하였다. 전세계적으로 우루과이라운드로 대표되는 자유무역, 규제완화, 개방화 등이 추진되고, 냉전체제의 종식으로 새로운 경제질서가 자리잡기 시작한 시기이다. 냉전체제의 종식으로 우리나라 해운산업은 중국, 러시아, 동유럽 국가들과 교역이 확대됨에 따라 시장참여를 확대할 수 있는 계기를 마련하였다. 특히 우리나라는 3면이 바다이고, 북한과 대치상태에 있기 때문에 대륙과 교류가 곤란하였는데 탈냉전체제로 전환되면서 새로운 해운시장에 참여할 수 있는 기회가 확대되었다.

## 4. 세계화 시대의 우리나라 해운(1996~2006)

1996년 이후 최근까지 냉전체제의 붕괴와 경제활동의 세계화가 추진되면서 전세계가 국경이 없는 하나의 경제권으로 인식되고 있다. 중국의 WTO 가입 이후 급속한 중국의 경제성장과 그에 따른 수출입 물동량 증가는 전세계 해운시장에도 막대한 영향을 미쳤다. 또한 한중 수교 이후 한중간 지속적인 수출입 물동량 등에 힘입어 정부의 해운지원정책은 지속적으로 시행되었다.

이 시기에 이루어진 정부의 주요 해운지원정책은 해기사에 대한 병역면제제도 지속, 국제선박등록제도 도입과 국적선의 편의치적화를 줄이기 위한 제주등록제도 도입, 선진해운국이 도입한 톤세제도 도입 그리고 선박투자회사 제도 도입, 국적취득조건부 나용선에 대한 수출입 은행의 자금사용 허용 등을 들 수 있다.

**첫째, 한국선주협회에 가입한 국적외항선사의 증가**

해운산업합리화가 추진된 1986년 이후 2000년까지 국적외항선사의 수는 36개[1)]에 불과하였으나 2005년 65개사, 2006년 9월에는 89개사, 2007년에는 100개사로 증가하였다. 이처럼 외항선사가 증가한 것은 정부의 진입장벽이 철폐된 이후 편법으로 해운업을 운영하던 중소선사가 톤세제도 도입 등 혜택을 누리기 위해 제도권으로 진입하였기 때문으로 평가하고 있다.

**둘째, 선박량과 해운력의 신장**

2005년 말 현재 우리나라 외항상선대는 1,372만 총톤으로 전세계 상선대 6억 3,300만 총톤의 2.2% 수준이며, 전세계 실질선박량 보유순위는 8위이다. 우리나라보다 많은 선박량을 보유한 국가는 그리스, 일본, 독일, 미국, 중국, 노르웨이, 홍콩 등이다. 한편 국적선사가 보유한 선박량 외에 국적선사가 실질적으로 지배하고 운항하는 용선선박량까지 포함할 경우 우리나라 해운력은 세계 5위 정도가 될 것으로 추정하고 있다.

---

1) 1986년 이후에도 선사들이 도산하였으나 정부의 해운업 진입규제에 따라 신규업체는 도산하는 해운기업을 인수하여 신규로 참여하였기 때문에 선사수의 변동이 없었다.

**셋째, 해운전문인력 육성**

해양대학 졸업생을 중심으로 한 해기인력은 우리나라 해운발전에 크게 기여해왔다. 그만큼 우수한 해운전문인력이 풍부하게 공급되어 왔기 때문에 해외에 선원을 송출하기도 하고, 해기사의 이직률이 높음에도 불구하고 초급해기사의 부족을 크게 염려하지 않아도 되는 상황이다. 세계 2위 선박보유국인 일본의 외항선원수는 3,000명 수준이나 우리나라의 경우 취업을 희망하는 해기사의 수가 1,000명을 상회하며, 활용할 수 있는 해기사의 수는 1만 명을 상회하는 것으로 나타나 우리나라 해운발전의 여지는 남아 있다고 볼 수 있다. 우리나라 해기사의 임금수준은 개도국 선원에 비해 경쟁력이 없지만, 해운선진국의 경우 자국 해기사의 부족과 높은 임금수준 때문에 외국 선원에 의존해야 한다는 점에서 볼 때 우리나라는 해운업의 발전 내지 유지할 수 있는 여건을 갖추고 있다고 볼 수 있다.

**넷째, 국제선박등록제도와 제주선박특구제도 도입**

선진해운국이 시행하고 있는 제 2 치적제도 등 해운업을 보다 쉽게, 저렴하게 운영할 수 있도록 하기 위하여 시행한 제도를 우리나라도 도입하여 시행중이다. 이들 제도를 통하여 해운업체의 조세부담을 경감하고 선사들에게 외국과 세금격차를 축소되도록 노력해왔고, 외국인 선원 고용과 승선도 확대하여 우리나라 선박의 국제경쟁력을 향상시키도록 지원해왔다. 그러나 외국선원의 고용문제는 선원노조와의 관계 등으로 전면적으로 개방하지 못하고 있으나, 매년 졸업하는 해기사의 취업이나 취업을 희망하는 선원에 대한 취업기회의 확대라는 측면과 국적선사의 경쟁력 강화를 위해서는 선원비 절감 등 방안도 추진해야 한다는 측면에서 고려하여 추진해왔다.

**다섯째, 선박투자회사제 도입 등 선박확보자금조달 다양화**

우리나라 해운업 발전에 장애요인 중 하나는 선박확보자금의 부족이었다. 국내자금축적도 미흡한 가운데 국내 금융시장에서 장기저리자금 확보도 어렵고, 해외 금융시장에서도 유리한 조건으로 자금을 조달하는 데 한계가 있었다. 최근 정부는 선박투자회사법을 제정하여 선박확보를 위한 민간투자를 장려하는 선박투자회자제도를 도입하였고, 국내리스회사를 통한 선박리스금융의 활용을 활성화시킴과 아울러 국내 선사들도 국적취득부나용선 방식으로 수출입은행의 자금을 활용하여 선박건조가 가능하도록 지원함으로써 선박확보자금조달의 다양화를 추진하였다.

**여섯째, 톤세제 도입**

유럽의 선진해운국과 인도가 도입한 톤세제를 우리나라도 도입하여 소득액에 따라 법인세를 납부하는 것이 아니라 순톤수에 따라 정액제로 납부하도록 하였다. 유럽의 선진해운국은 톤세제를 자국 선사의 탈국적화를 방지하기 위한 차원에서 도입하였다. 톤세제는 호황시에 이익을 사내에 유보하였다가 불황시에 적자를 메워 경영상 안정을 도모할 수 있도록 당해연도의 손익에 관계없이 추정이익을 바탕으로 법인세를 납부하도록 한 제도이다.

**일곱째, 안전, 보안, 환경관련 국제표준 도입**

9.11 사건 이후 전세계적으로 보안문제가 중요한 이슈가 되고 있으며, 안전과 환경도 국제표준에 맞추도록 요구하고 있다. 이들 분야에 대한 국제규제가 날로 강화되고 있는 시점에서 CSI, ISPS Code, Safe Port Act, IMDG 코드 등 국제표준과 관련한 규정 등을 제정하여 시행하고 있다.

## 제 2 절 해운산업합리화

### 1. 해운산업합리화의 추진 배경

세계 경제는 1980년대에 접어들어 제 2 차 석유파동의 여파로 마이너스 성장을 기록하는 등 침체의 늪에서 헤어나지 못하였다. 경제 전문가들은 1980년 말을 고비로 세계 경제가 서서히 회복될 것으로 예측하였으나 이러한 예상과는 달리 세계 경제는 혼미를 거듭하면서 1930년대 이후 최고의 실업과 저성장으로 어려움을 겪었다.

세계 경제의 불황은 세계 해운시장에도 직접적으로 영향을 미쳤다. 세계 교역량은 크게 감소하였으나 1979년과 1980년 초까지 호황기에 발주했던 선박들이 대량으로 해운시장에 투입되면서 선박과잉현상이 나타나게 되었고, 해운시장은 더욱 불황에 허덕이게 되었다.

우리나라 경제도 1980년 5.7%의 마이너스 성장을 기록하였고, 경제불황에 따라 해운시황 역시 급격히 악화되기 시작했다. 특히 국내 해운업계는 세계 해운불황하에서도, 1979년 이후 세계 해운경기의 호황을 배경으로 고가의 중고선

도입을 확대하여 1981년 한 해 동안 100만 톤이 넘는 선박량이 증가하였고, 1981년 10월에 600만 톤을 돌파함으로써 세계 15위의 중진 해운국으로 부상하는 등 양적인 성장을 거듭하였다.

우리나라 선박량이 급증한 것은 해운항만청(해양수산부 전신)이 1981년 2월 해운진흥법을 개정, 외항선사 중 대형업체를 지정하여 이를 중점적으로 육성한다는 정책을 추진한 것도 한 원인이 되었다. 선박량, 보유 척수, 수송실적, 운임실적 가운데 3개 항목 이상의 기준에 해당하여 대형업체로 지정받은 선사는 한국전력과 포항제철의 원료수송권 부여, 계획조선의 실수요자 선정, 해운 진흥기금의 사용, 국제 정기항로 개설 등 우대혜택을 받을 수 있도록 지원하였다.

한편 한일항로는 만성적인 선박과잉으로 그 어느 때보다 경쟁이 치열하였고, 동남아항로는 운임덤핑으로 항로질서가 문란해져 선박 운항에 막대한 어려움을 겪어야 했다. 북미항로도 선사간 과당 경쟁으로 도산하거나 배선을 중단하는 사태가 속출하였고, 유럽항로도 비동맹 선사의 활동으로 혼란이 가중되어 동맹선사의 위상도 심각한 상황에 처하게 되었다. 1981년 1월 400까지 치솟았던 종합운임지수가 1982년 9월에는 193으로 급락했으며, 북미항로 양곡 수송의 경우 톤당 31달러 하던 운임이 14달러로 절반 이하로 하락하였고, 석탄 운임도 톤당 29달러에서 13달러까지 하락하였다. 선사들은 운항수지의 악화로 북미항로에서 양곡운송에 투입되었던 선박의 경우, 연간 400만 달러 이상의 운항 손실을 입었다.

고선가 시기에 중고 건화물선에 과잉투자함으로써 과중한 선가상환부담, 바닥을 치달은 운임수준, 높은 운항경비 등으로 국적선사의 경쟁력은 급격히 저하되었고, 불황기의 적응력이 취약한 일부 국적선사가 도산하거나 일부 선박이 외국에서 압류당하는 사태가 나타나게 되었다. 해운 불황의 양상도 종전과 달리 정기선, 부정기선 어느 부문을 막론하고 동시 불황에 접어들어 부문별 상호 보완이 어려운 실정이었다. 외항 해운업계는 계속되는 운항 수지의 악화로 1983년도에 1,294억원이라는 엄청난 결손을 냈다. 결과적으로 외항선사들은 매년 수천억원의 적자를 기록하였고, 그대로 방치시 원리금 상환도 불가능하여 외항선사의 집단도산이 불가피한 상황에 처하였다.

우리나라 해운업계는 불황을 극복하기 위한 자구 노력이 한계에 이르렀다고 판단하고, 불황을 극복하기 위한 다양한 지원대책을 정부 당국에 요청하였다. 주무관청인 해운항만청은 우리나라 해운산업이 안고 있는 구조적인 문제점을

표 6-1 외항선사의 경영수지

| | 1979 | 1980 | 1981 | 1982 | 1983 |
|---|---|---|---|---|---|
| 선사수 | 55 | 57 | 58 | 59 | 61 |
| 경상손익(억원) | 52 | 121 | 17 | -1,353 | -1,217 |
| 당기손익(억원) | 24 | 170 | 204 | -1,024 | -1,294 |

자료: 한국선주협회, 한국해운 60년사, 2007. 1.

분석하고, 정책적인 해결 방안을 강구한다는 기본 방침 아래, '해운산업 육성대책(안)'을 마련하여 1983년 10월 7일에 열린 경제장관 협의회에 상정하여 의결을 유도해냈다.

이 '해운산업 육성대책(안)'의 주요 내용은 해운산업을 조세(租稅)감면 규제법에 의한 합리화 대상 산업으로 지정하여 기업의 합병을 유도하는 해운산업합리화를 추진하고, 국적 선사 간의 과당 경쟁을 방지하는 한편, 금융 및 세제상의 지원으로 한국 상선대의 국제 경쟁력을 높인다는 것이었다. '해운산업 합리화 계획(안)'은 1983년 12월 23일에 산업정책심의회에 상정되었고, 산업정책심의회는 해운산업을 조세 감면 규제법에 의한 합리화 대상 산업으로 지정하고, 합리화 지정 선사에 대한 지원 내용을 확정하였다. 해운항만청은 1983년 12월 29일 해운산업 합리화 계획(안)을 공고하였고, 우리나라 해운업계의 통폐합이 추진되었다.

## 2. 해운산업합리화의 추진 목표

해운산업합리화는 집단도산의 위기에 처한 외항해운업계를 회생시키기 위해 불가피하게 추진된 조치로 인식되고 있다. 해운산업합리화의 추진 목표는 명시적으로 국내선사간 과당경쟁을 방지하고 국제경쟁력을 확보한다는 것이고, 묵시적으로는 외항해운업계의 집단도산을 방지하고, 선사의 경영을 내실화한다는 데 있다.

외항해운업계에 막대한 자금을 대출해주었던 금융기관은 선사의 원리금 상환이 곤란할 경우 거액의 부실채권을 떠안아 은행경영이 부실해질 수밖에 없었기 때문에 외항해운업계의 도산을 방지함으로써 은행권의 부실을 예방하고, 국민경제에 미치는 악영향을 최소화하는 데 해운산업합리화의 묵시적인 목표를 두었다.

그림 6-1 해운산업합리화의 목표

자료: 한국선주협회, 한국해운 60년사, 2007. 1.

## 3. 해운산업합리화의 추진 내용

### 1) 선사의 통폐합

1983년 12월 해운산업합리화 계획에 따라 1984년 2월 해운산업합리화 심의위원회가 설치되었고, 학계, 금융기관, 해운 및 화주관련 인사로 구성된 심의위원회를 중심으로 합리화계획의 심의, 합리화 추진시 필요한 사항의 조정업무가 추진되었다.

해운산업합리화에 참여하는 선사는 합병, 또는 운영선사 형태로 통합하고, 합병의 경우 주력선사를 중심으로 경영체제를 구축하며, 운항선사의 경우 위탁선

그림 6-2 외항선사의 통합형태

자료: 한국선주협회, 한국해운 60년사, 2007. 1.

사는 개별 합리화 계획 승인 후 2년 내에 운영선사에 완전합병하도록 하였다. 운영선사는 기존 선사가 지분을 보유한 채 운영선사를 통해 정비하기보다는 주력선사에 합병 또는 매각을 유도함으로써 실질적인 선사의 통폐합을 유도하였다. 외항선사의 통합형태는 다음과 같이 추진되었다.

통합되는 선사의 규모는 원양 컨테이너선의 경우 원양취항항로 선박톤수가 100만 총톤 이상이거나 5개 이상의 중소선사가 참여하여 30만 총톤 이상을 운항하도록 하였다. 일반건화물선 원양선사의 경우 선박량이 130만 총톤 이상이거나 8개 이상의 중소선사가 참여하여 50만 총톤 이상을 운항하도록 하였다. 근해선사의 경우 동남아항로에서는 정기선사 1개사, 부정기선사 3~4개사를 인정하였고, 한일항로에서는 컨테이너 선사 1개사, 부정기선사 1~2개 선사를 유지하기로 하였다. 외항선사의 합리화 기준은 다음과 같다.

표 6-2 외항선사의 합리화 기준 조정 내용

| | 원안(1983.12.29) | 조정안(1984.5.12) |
|---|---|---|
| 원양 부문 | ○ 계열선사 선박은 선박량산정에서 제외<br>○ 일반건화물 선사<br>- 원양선박량 130만총톤 이상<br>- 8개 이상 중소선사 참여시 원양선박량 50만총톤 이상<br>○ 컨테이너 전용선사<br>- 원양선박량 100만총톤 이상<br>- 5개 이상 중소선사 참여시 원양선박량 30만총톤 이상 | ○ 선박량에 계열선사분 포함<br>○ 선박량의 충족률이 당초 기준의 90% 이상이어야 함 |
| 근해 부문 | ○ 한일항로<br>- 컨테이너선: 1개 선사<br>- 정기 및 부정기선: 1~2개 선사<br>○ 동남아 항로<br>- 정기선: 1개 선사<br>- 부정기선: 3~4개 선사 | ○ 한일 항로<br>- 컨테이너선: 현행 운임협정제도를 합리화로 인정<br>- 정기 및 부정기선: 3~4개 선사 |
| 특수선 | ○ 기준 없음 | ○ 별개 그룹을 설립함 |

자료: 한국선주협회, 한국해운 60년사, 2007. 1.

1985년까지 지속된 해운산업합리화 조치 이후 도산(7개사), 합병(11개사), 선박매각(2개사) 등으로 정리되었으며, 1986년 말경에야 선사간 통폐합 작업이 마무리되었다. 해운산업합리화에 참여한 선사는 총 112개사이며, 호남탱커와 동영

해운은 외국합작법인으로 그리고 흥아해운은 법정관리업체로 해운산업합리화 대상에서 제외되었다.

항로별 통폐합은 원양항로에서 46개 선사가 참여하여 16개사가 합병하고, 16개사가 운영위탁하여 범양상선, 현대상선, 한진해운, 대한해운, 두양상선, 조양상선 등 6개 통합선사와 8개 계열선사로 정리되었다. 동남아 항로는 12개 선사가 참여하여 5개 선사가 합병하고, 3개사가 운영위탁하여 세양선박, 동남아해운, 조양근해상선, 대보해운 등 4개 통합선사로 정리되었다. 한일항로는 51개사가 운영위탁형태로 정리되어 천경해운, 삼정해운, 우양상선, 금양상선, 부산상선, 장영해운, 태영상선, 창덕해운, 동진상선 등 11개사로 통합되고, 특수선사는 3개사가 참여하여 한국특수선사로 통합되었다.

계열선사로 남은 선사는 보양선박, 선일해운, 한림해운, 중앙상선, 범주해운, 유공해운, 성운물산, 서진해운, 국제상선 등 9개사와 남성해운, 신고려해운이 존속법인으로 남게 되었다. 최종적으로 합리화를 통하여 선사는 22개 주력선사와 9개 계열선사로 통폐합되었으며, 그 내역은 다음과 같다.

표 6-3 항로별 통폐합 내역

| 항로 | 참여선사수 | 참여형태 | | | | 통합결과 | |
|---|---|---|---|---|---|---|---|
| | | 합병 | 위탁매입 | 계열사 | 매입 등 | 통합사 | 계열사 |
| 원양 | 46 | 16 | 16 | 8 | 6 | 6 | 8 |
| 동남아 | 12 | 5 | 3 | 1 | 3 | 4 | 1 |
| 한일 | 51 | 2 | 37 | - | 12 | 11 | - |
| 특수선 | 3 | - | 3 | - | - | 1 | - |
| 합 계 | 112 | 23 | 59 | 9 | 21 | 22 | 9 |

자료: 한국선주협회, 한국해운 60년사, 2007. 1.

항로별, 선사별 통폐합 내역은 다음과 같다.

표 6-4 선사별 통폐합 내역

| 구 분 | 선 사 | 합 병 | 선박 매입 | 계 열 | 기 타 |
|---|---|---|---|---|---|
| 원양 | 범양 | 범양, 세방해운, 익상선, 보운, 대양, 해우 | 세방기업, 삼미, 삼미해운, 대한해운, 영진 | 보양 | 삼보, 삼양 |
| | 현대 | 현대, 동해, 신한, 고려, 한바다 | 한라, 협성, 동서, 삼원 | 선일 | |
| | 한진 | 대한선주, 선주상선, 한진 | (한일매입: 대한선박, 반도목재) | 한림 | |
| | 대한해운 | 대한해운, 코리아상선 | 대한통운해운 | 중앙, 범주, 유공, 성운 | |
| | 두양 | | 아진, 쌍용, 한양, 한림, 현대해운, 태영, 남성 | | 동호, 반도, 해영, 삼원, 벨라인 |
| | 조양 | | 진흥 | 서진 | 남성, 국제해운 |
| 동남아 | 세양<br>동남아<br>조양근해<br>대보 | 세양, 협성, 동성, 동남아, 동서 | 대한선주, 국제해운<br>진흥, 대보<br>용신, 반도 | 국제상선 | 동화<br>신한<br>유남<br>동양종합 |
| 한일 | 천경<br>삼정 | 천경해운, 천경선박 | 창선선박, 고려, 유신, 삼정, 화진, 우경, 남흥, 선일, 조양 | | 태인 |
| | 우양<br>금양 | | 대일, 정금, 대방, 대동, 신한, 금양, 극동, 뉴아세아, 대왕,유남, 대일, 우경 | | |
| | 부산 | | 부산, 부산상선사, 남진, 남도, 온성, 신광, 세동, 연합, 대방, 동화, 한진상운, 진영상운, 진영해운, 부산해운, 광성 | | 신성, 씨웨이 |
| | 장영<br>태영<br>창덕 | | 안진, 영주, 동남, 대경, 범진, 태영, 남성산업, 유남<br>창덕, 태우, 신창, 서진 | | |
| 특수선 | 특수선 | | 케미칼, 미원, 일우 | | |
| 한일컨테이너 | 남성<br>고려 | | | | |

자료: 한국선주협회, 한국해운 60년사, 2007. 1.

## 2) 해운산업합리화 참여선사에 대한 지원

### (1) 세제지원(감면)

해운산업합리화에 참여한 선사들은 합병 또는 자산 양수도시 합병과 관련하여 다양한 세제감면혜택을 받았다. 합병법인은 취득세, 등록세를 면제하고, 운영선사는 자산의 양수도에 따른 취득세, 등록세를 면제하였으며, 합리화 지정기업 상호간 자산양수, 양도에 따른 법인세, 등록세, 취득세, 특별부가세, 양도소득세를 면제하였다. 또한 해운기업이 합리화계획에 따라 합병 후 소멸하는 법인이나 운영선사를 신설하는 경우 법인등록세를 면제하였다. 아울러 청산기간에 대한 법인세를 면제하고, 의제배당에 대한 소득세 또는 법인세도 면제하였다. 외항선사들이 받은 세제감면액수는 자산의 양수도에 따른 감면액 100억원을 포함하여 약 142억원이며, 6개 원양선사가 받은 감면액은 126억원이다.

표 6-5 선사별 세제감면 지원 내역 (단위: 억원)

| | 합 병 | 선박 양수도 | 기 타 | 합 계 |
|---|---|---|---|---|
| 원양선사 | 23 | 86 | 17 | 126 |
| 계열선사 | - | 5 | - | 5 |
| 한일선사 | 2 | 3 | - | 5 |
| 기 타 | - | 6 | - | 6 |
| 합 계 | 25 | 100 | 17 | 126 |

자료: 한국선주협회, 한국해운 60년사, 2007. 1.

### (2) 금융지원

해운산업합리화 참여선사에 대한 금융지원은 지원조건, 규모 등 3차에 걸쳐 지원내용이 변경되면서 이루어졌다. 1983년 말 1차 금융지원은 최장 5년 내 해운경기가 호전될 것으로 예상하고 선박구입과 관련한 계획조선과 선박도입 자금과 일반시설자금에 대한 원리금 상환의 유예에 초점을 두었다. 1985년 7월 2차 금융지원은 합병완료 선사 중 주거래은행이 회생가능성이 있다고 판단하는 선사에 대해 추가적인 지원으로 상환기일이 도래하는 금융차입금을 최장 3년 거치 5년 분할상환 조건으로 대환하는 내용을 중심으로 이루어졌다. 1987년 4월 3차 금융지원은 선박과잉상태가 심화되어 세계 해운경기가 지속적으로 악화되고, 우리나라 해운업계도 차입금 상환이 어렵게 되자 합리화 지정기업 중 원양선사를 대상으로 은행차입금에 대한 상환도래 원금에 대한 대환 조치와 이자분에 대한 징수유예 조치를 내렸다.

1984년부터 1990년까지 해운산업합리화 조치와 관련한 금융지원 총액은 약 2조 8,000억원이며, 기존 채무의 상환유예액은 1조 8,000억원, 채무면제와 신규융자가 각각 4,000억원, 3,800억원이다. 또한 원양선사에 대한 금융지원은 약 2조 5,760억원, 동남아 선사에 대한 지원은 360억원, 계열선사에 대한 지원은 300억원이다. 해운산업합리화와 관련한 금융지원의 내용은 다음과 같다.

표 6-6 해운산업합리화와 관련한 금융지원 내역 (단위: 억원)

| | 구 분 | 1984 | 1985 | 1986 | 1987 | 1988 | 1989 | 1990 | 합 계 |
|---|---|---|---|---|---|---|---|---|---|
| 금융지원 내역별 | 상환연기 | 2,421 | 3,885 | 3,702 | 2,209 | 4,677 | 445 | 717 | 18,056 |
| | 신규융자 | 623 | 595 | 1,959 | 213 | 237 | 102 | 60 | 3,789 |
| | 지급보증 | 284 | 413 | 290 | 251 | 283 | 324 | 34 | 1,879 |
| | 채무면제 | - | - | - | - | 4,015 | - | - | 4,015 |
| | 합 계 | 3,328 | 4,893 | 5,951 | 2,673 | 9,212 | 871 | 811 | 27,739 |
| 선사 그룹별 지원내역 | 원양선사 | 2,299 | 4,606 | 5,510 | 2,507 | 9,156 | 69 | 811 | 25,758 |
| | 동남아선사 | 56 | 76 | 161 | 20 | 45 | - | - | 358 |
| | 한일선사 | 18 | 47 | 34 | 32 | 0.3 | - | - | 131 |
| | 계열선사 | 45 | 65 | 135 | 53 | 9 | - | - | 307 |
| | 기 타 | 910 | 100 | 110 | 60 | 3 | 2 | - | 1,185 |
| | 합 계 | 3,328 | 4,893 | 5,951 | 2,673 | 9,212 | 871 | 811 | 27,739 |

자료: 한국선주협회, 한국해운 60년사, 2007. 1.

한편 선박도입과 관련하여 계획조선 자금의 지원조건을 개선하고, 1984년부터 1988년까지 약 6,700억원을 지원하였다. 계획조선 지원 내역은 다음과 같다.

표 6-7 해운산업합리화와 관련한 계획조선 지원 내역

| | 선정량 | | 건조량 | | 자금지원(억원) | | |
|---|---|---|---|---|---|---|---|
| | 척 | 총톤수(천톤) | 척 | 총톤수(천톤) | 내자 | 외자 | 합 계 |
| 1984 | 6 | 274 | 5 | 264 | 844 | 85 | 929 |
| 1985 | 14 | 797 | 14 | 797 | 764 | 119 | 883 |
| 1986 | 14 | 663 | 10 | 551 | 1,210 | 145 | 1,355 |
| 1987 | 24 | 560 | 20 | 527 | 1,522 | 126 | 1,648 |
| 1988 | 22 | 504 | 18 | 414 | 1,700 | 161 | 1,861 |
| 합 계 | 80 | 2,798 | 67 | 2,554 | 6,041 | 637 | 6,678 |

자료: 한국선주협회, 한국해운 60년사, 2007. 1.

또한 1987년 4월 노후선의 처분을 촉진하기 위하여 노후 비경제선 처분에 따른 선가상환 부족액에 대해 산업구조조정자금 500억원과 재정자금 100억원을 지원하였다. 대상선박은 국적선 및 국내지급보증이 있는 국적취득부 나용선으로서 비경제선 중 지원이 필요한 선박이며, 융자조건은 5년 거치 5년 상환으로 연리 5%를 적용하였다. 노후 비경제선 처분실적은 다음과 같다.

표 6-8 노후 비경제선 처분 내역

| | 계획(A) | | 실적(B) | | B/A(%) | |
|---|---|---|---|---|---|---|
| | 척 | 총톤수(천톤) | 척 | 총톤수(천톤) | 척 | 총톤수(천톤) |
| 1985~1986 | 91 | 975 | 125 | 1,289 | 137 | 132 |
| 1987~1988 | 112 | 1,624 | 68 | 911 | 61 | 56 |
| 합계 | 203 | 2,593 | 193 | 2,200 | 95 | 85 |

자료: 한국선주협회, 한국해운 60년사, 2007. 1.

## 4. 해운산업합리화 조치의 평가

1980년대 중반 해운산업합리화 조치로 통폐합이 추진되는 과정에서 회생이 불가능한 19개 선사가 해운업을 정리하였고, 1985년 12월 말 외항 해운업계는 기존 63개 선사가 20개 그룹 선사로 재편되었다. 1984년부터 2년간 해운업계의 통폐합 작업이 막을 내리면서 합리화 참여 선사는 등록세와 취득세 등 약 677억원의 조세감면 혜택과 연간 약 3,700억원 규모의 선가 원리금의 상환을 유예받게 되어 자금난을 완화할 수 있는 혜택을 받는 등 외항해운업계의 집단도산 방지와 체질개선의 계기를 마련했다는 긍정적 평가가 있다. 한편 관치(官治)금융에 따른 정부의 부실 채권을 신속하게 관리한다는 차원에서 합리화 계획이 추진되었고, 해운업계의 자생력을 저해한 조치라는 부정적 평가도 있다.

### 1) 합리화 조치의 긍정적 효과

해운산업합리화 조치의 긍정적 효과는 외항선사의 집단도산 방지, 국내 금융질서 안정, 국적선대의 체질 강화, 국적선사의 경영합리화 추진 등을 들 수 있다.

#### (1) 외항선사의 집단도산 방지와 대외 신용도 유지

합리화 추진 당시 외항선사들은 매년 막대한 적자를 기록하여 원리금 상환이 불가능한 실정이었으며, 그대로 방치시 해운업체들의 집단도산이 불가피하였으나 합리화 조치로 집단도산을 방지하였다는 평가이다. 당시 외항선사의 선박은 해외에서 압류당하거나 일부 선사의 부도사태가 나타나기 시작하였으나 합리화 조치로 원리금 상환의 유예 등 금융지원을 통하여 도산을 방지하였다는 점이다. 대외적으로는 합리화 조치로 집단도산을 방지하고, 경영위기를 극복하도록 지원함으로써 우리나라 해운산업의 대외 신용도를 유지할 수 있었다.

#### (2) 국내 금융질서 안정

외항선사에게 약 3조원의 자금을 대출해주었던 금융업계는 외항업계의 집단도산시 금융부실화가 불가피하였으나 합리화 조치로 은행권의 부실화를 방지하여 금융질서를 안정화시키고, 국민경제에 미칠 악영향을 최소화하는 데 기여하였다고 평가하였다.

#### (3) 국적선대의 체질 강화

노후비경제선 처분자금을 지원하여 노후비경제선의 처분을 가속화하고, 계획조선자금의 지원조건을 개선하여 신조선의 확보를 유도함으로써 외항선대의 체질을 구조적으로 개선하는 계기를 마련하였다는 점이다. 선대의 양적팽창을 억제하는 총선박량 관리정책을 추진하고 노후비경제선의 처분 확대를 위해 산업구조조정자금을 지원하며, 계획조선의 금리를 인하하는 등 자금지원을 통하여 국적선대의 선령을 낮추는 계기가 되었다.

표 6-9 외항선대의 선박량

| 연도 | 척수 | 총톤수(천톤) | 연도 | 척수 | 총톤수(천톤) |
|---|---|---|---|---|---|
| 1980 | 530 | 5,130 | 1987 | 434 | 7,513 |
| 1981 | 554 | 6,116 | 1988 | 429 | 8,306 |
| 1982 | 562 | 6,757 | 1989 | 426 | 8,280 |
| 1983 | 568 | 7,012 | 1990 | 435 | 9,052 |
| 1984 | 565 | 7,310 | 1991 | 413 | 8,884 |
| 1985 | 495 | 7,145 | 1992 | 394 | 8,982 |
| 1986 | 454 | 7,415 | | | |

자료: 한국선주협회, 한국해운 60년사, 2007. 1.

### (4) 국적선사의 경영합리화 추진

합리화 참여선사들은 재무구조를 견실화하고, 책임경영 풍토를 조성하기 위해 합리화 기간 동안 국내외 지사의 인원감축, 부동산 처분 등 자구계획을 이행하였으며, 노후 비경제선 처분을 통한 경영합리화를 추진하였다. 합리화 기간 동안 외항선사의 재무구조는 합리화 실시 이전보다 오히려 악화된 것으로 나타났으나, 1989년 이후 개선되는 것으로 나타났다.

표 6-10 외항선사의 주요 재무비율(%)

| 연도 | 유동비율 | 고정비율 | 부채비율 | 자기자본 비율 | 영업이익률 | 경상이익률 | 순이익률 |
|---|---|---|---|---|---|---|---|
| 1983 | 70.0 | 535.2 | 658.7 | 12.2 | 5.4 | -6.1 | -6.5 |
| 1984 | 65.3 | 823.6 | 1054.3 | 8.7 | 5.3 | -8.6 | -8.8 |
| 1985 | 81.9 | 1523.0 | 2046.1 | 4.7 | 7.2 | -7.9 | -10.2 |
| 1986 | 78.9 | | | -1.4 | 4.6 | -10.4 | -13.2 |
| 1987 | 42.1 | | | -3.9 | 7.4 | -4.1 | -5.4 |
| 1988 | 65.9 | | | -2.5 | 10.0 | 4.3 | 2.0 |
| 1989 | 74.4 | 3762.8 | 4438.1 | 2.2 | 10.3 | 3.1 | 1.9 |
| 1990 | 66.8 | 2325.9 | 2735.4 | 3.5 | 10.2 | 2.0 | 0.5 |
| 1991 | 68.8 | 1787.7 | 2190.3 | 4.4 | 8.1 | 1.7 | 0.4 |

자료: 한국선주협회, 한국해운 60년사, 2007. 1.

### 2) 합리화 조치의 부정적 효과

합리화 조치의 부정적 효과는 경제윤리의 후퇴로 볼 수 있다. 해운불황이 지속되고 외항선사들은 경영수지가 급속히 악화되고 집단도산의 위기에 처하게 되자 정부는 긴급금융지원을 바탕으로 한 합리화 조치를 추진함으로써 기업경영의 부실책임을 국민이 떠맡는 결과를 초래하였다. 따라서 합리화 조치는 자율경영에 입각한 책임경영의 풍토를 무시하고, 정부가 나서 선사를 지원했다는 점에서 시장경쟁질서의 왜곡을 가져왔다는 비난을 받았다.

또한 합리화 조치는 해운산업의 경제 내지 안보적 중요성 때문에 추진된 것이 아니라, 관치(官治)금융에 따른 정부의 부실채권을 서둘러 관리한다는 차원에서 추진된 것이라는 비판적 시각도 있다. 당시 해운업계를 통폐합한다고 해서 부채 규모가 줄어든 것도 아니고, 당시의 상황으로 볼 때 경영여건이 개선되거나, 과당경쟁을 방지해서 운임을 회복할 수 있는 가능성이 그렇게 높은 것도 아니었다. 유가(油價)의 하락과 국제 금리 인하 등으로 세계 경기는 다소 호전되는 기미를 나타냈으나, 해운 불황은 당초 예상했던 것보다도 장기화함에 따라 여전히 침체의 늪을 벗어날 수 없었기 때문이다. 대환(貸換) 방식에 의한 원리금 상환 유예 조치가 이자의 원금화로 부실 채무를 누적시키는 결과를 초래하였다는 시각도 있다.

아울러 합리화 과정에서 막대한 자금을 지원하고, 다양한 세금감면 혜택을 부여함으로써 기업경영 부실화의 책임을 국민이 부담하는 결과를 가져왔다는 비난도 받고 있다. 결과적으로 국민들은 물론 다른 정부 부처의 정책담당자나 금융기관의 종사자에게 해운산업은 부실산업이라는 부정적인 시각을 가지도록 함으로써 해운산업의 새로운 정책을 추진함에 있어서도 장애요인으로 작용하고 있다.

## 제 3 절 우리나라 해운산업의 생산성 추이

### 1. 해운산업의 일반 현황

최근 우리나라 상선대는 다른 선진 해운국에 비해 성장률이 둔화되고, 또한 전세계 상선대에서 차지하는 비중도 2.9% 수준으로 상당히 낮은 실정이다. 우리나라 국적선대는 1970년 이후 1990년대까지 빠른 속도로 증가해왔으나 해운산업합리화 이후 상선대 증가추세가 상당히 둔화되었다.

우리나라 외항 상선대는 1970년대 이후 1980년대까지 연평균 13.0%씩 증가하였으나, 전세계 상선대는 연평균 3.2%의 비교적 완만한 성장세를 유지해왔다. 그러나 1990년대 들어 전세계적으로 해운시장 불황과 1997년 이후 동아시아의 외환위기 등으로 우리나라 국적선대 증가추세는 하락하였다. 1990년 이후 2004년까지 국적선대의 증가추세는 0.8%에 불과한 반면, 전세계 상선대는 같은 기간에 3.3%의 견실한 신장세를 나타냈다.

국적 상선대 증가율이 미미한 것은 외환위기를 겪으면서 부채율 축소 등 정책에 따라 국적선사들이 보유 선박을 대량으로 매각했기 때문이다. 2000년 이후 중국의 원자재 등 수출입 물동량 증가, 즉 중국효과(China Effect)에 따른 최근의 전세계 해운 호황에도 불구하고 국적선사의 선대가 증가하지 않아 동북아 물류중심국가로 발전하는데 차질을 빚지 않을까 우려하는 목소리도 높다.

표 6-11 세계 및 한국 상선대 증가추이 비교(1970~2005)

| 구 분 | | 1970년 | 1980년 | 1990년 | 1995년 | 2000년 | 2003년 | 2004년 | 2005년 | 연평균 증가율(%) | |
|---|---|---|---|---|---|---|---|---|---|---|---|
| | | | | | | | | | | '70~90 | '00~04 |
| 전세계 | 척수(척) | 52,444 | 73,832 | 78,336 | 81,084 | 86,817 | 89,488 | 89,808 | 90,662 | 2.0 | 0.9 |
| | 선박량(천Gt) | 227,490 | 419,911 | 423,627 | 482,842 | 543,610 | 600,208 | 619,584 | 655,231 | 3.2 | 3.3 |
| | 평균선형(Gt) | 4,337.8 | 5,687.4 | 5,407.8 | 5,954.8 | 6,261.6 | 6,707.1 | 6,899.0 | 7,227.2 | 1.1 | 2.5 |
| 한국 | 척수(척) | 96 | 530 | 451 | 392 | 452 | 493 | 536 | 546 | 8.0 | 4.4 |
| | 선박량(천Gt) | 761 | 5,138 | 8,788 | 10,572 | 13,330 | 12,768 | 13,772 | 13,717 | 13.0 | 0.8 |
| | 평균선형(Gt) | 7,927.1 | 9,694.3 | 19,485.6 | 26,969.4 | 29,491.1 | 25,899.6 | 25,694.0 | 25,122.7 | 4.6 | -3.4 |

주: 100Gt 이상 선박을 기준으로 함.
자료: ISL-Bremen, *Shipping Statistics Yearbook 2004*, Dec. 2004.

우리나라 상선대의 성장세가 둔화되고 있는 것은 중국, 홍콩 등 주요국의 선대확보정책과 비교할 때 정부의 지원 등이 미흡하기 때문이다. 향후 해양세력의 규모가 국가경쟁력을 좌우하는 요소 중 하나로 작용할 때 상당히 심각한 영향을 미칠 수 있다. 2000~2006년 동안 독일의 상선대는 2.5배 정도 증가하였고, 중국은 1.7배, 그리스와 일본 등의 상선대도 상당한 증가세를 나타냈다. 그러나 우리나라는 최근 톤세제도를 도입함에 따라 외국적 선대로 등록되었던 선박이 제주도에 선박등록을 하는 선박이 증가하여 국적선대가 증가했지만, 다른 선진해운국과 비교할 때 선대증가율이 높다고 볼 수 없다.

우리나라 수출·입 해상물동량은 1980년 9,404만 톤에서 2004년에는 7억 4,363만 톤을 기록하는 등 1980년 이후 연평균 9.0%씩 증가하였다. 세계 해상물동량에서 우리나라 물동량이 차지하는 비중은 1980년 2.6%에서 2004년에는 11.2%로 증가하는 등 지속적으로 확대되고 있다. 세계 해운물동량은 1980년 36억 7,900만 톤에서 연평균 2.5%씩 증가하여 2004년에는 66억 5,380만 톤에 이르는 것으로 추정하였다.

**표 6-12 세계 및 우리나라 해상물동량 추이** (단위: 천톤, %)

| 구 분 | 1980년 | 1990년 | 1995년 | 2000년 | 2002년 | 2004년 | 1980~2004 | 1995~2004 |
|---|---|---|---|---|---|---|---|---|
| 세계 물동량 | 3,679,000 | 4,126,000 | 4,748,000 | 6,242,000 | 6,276,000 | 6,653,800 | 2.5% | 3.8% |
| 우리나라 물동량 | 94,035 | 219,781 | 404,424 | 569,599 | 658,310 | 743,634 | 9.0% | 7.0% |
| 비중 | 2.6% | 5.3% | 8.5% | 9.1% | 10.5% | 11.2% | - | |

주: 세계 물동량은 양하(unloaded) 기준이며, 우리나라 물동량은 수출·입 합계임.
자료: 1. UN, *Review of maritime Transport 2004*, 2005.
2. 한국해양수산개발원, 「해운통계요람」, 2005.

국적선사들의 운임수입은 지난 1972년 최초로 1억 달러를 넘어선 이후 꾸준히 증가하여 1997년 사상 처음으로 100억 달러를 돌파했다. 그리고 2004년에는 국적선사들의 운임수입이 200억 달러를 초과했다. 또 해운기업의 운임수입은 국제수지 개선에도 크게 기여하고 있다. 다음과 같이 2004년 기준 외항해운기업의 외화수입액은 200억 달러를 상회하였고 2005년에는 242억 달러를 기록하여, 대표적 수출제품인 반도체, 자동차, IT에 이어 우리 경제의 네 번째 외화획득 실적을 보이고 있다. 특히 2004년에 우리나라의 국제수지 중 서비스수지 부문의 적자가 29억 달러였음을 감안한다면, 해상 운송 서비스 수출에 따른 국제수지 개선효과는 매우 높다고 할 수 있다.

표 6-13 국적선사 운임수입 추이 (단위: 백만 달러)

| 구 분 | 1970 | 1980 | 1985 | 1990 | 1995 | 2000 | 2002 | 2003 | 2004 | 2005 | 2006 | 2007 |
|---|---|---|---|---|---|---|---|---|---|---|---|---|
| 운임수입 | 76 | 1,885 | 2,064 | 3,842 | 9,887 | 14,860 | 12,600 | 15,790 | 21,430 | 24,180 | 26,220 | 36,560 |

자료: 한국선주협회, 「해운연보」, 2007.

선원의 수급은 다른 산업과 마찬가지로 기본적으로 시장의 수요와 공급에 의해 결정되나 선원의 수급은 다른 산업과 다른 점이 있다. 즉 선원의 수급과 임금은 국내시장이 아닌 국제시장의 수급과 임금수준으로 결정된다는 점이다. 일반적으로 각 산업에서 인력이 부족하면 임금이 상승하는 게 원칙이나, 선원의 경우 국내에서 인력이 부족하더라도 외부시장(국제선원시장)에서 저임금의 인력이 계속적으로 공급되고 있기 때문에 임금은 상승되지 않고 오히려 국적선원의 고용만 축소되는 결과를 초래한다. 이러한 결과는 국제적 경쟁에 노출된 상선선원의 경우 더욱 심각하게 나타나는 문제이다.

2005년 말 현재, 우리나라 취업선원은 4만 176명으로 2001년 4만 9,130명에서 연평균 4.9% 감소했다. 상선선원 1만 9,387명(48.3%), 어선선원 2만 789명(51.7%)이 취업하고 있고, 국적선에 3만 5,939명(89.5%), 해외취업선에 4,237명(10.5%)이

표 6-14 우리나라 선원의 연도별 취업 규모(1990 ~ 2005) (단위: 명, 천 달러, %)

| 구분 | | 1990 | 1995 | 2001 | 2002 | 2003 | 2004 | 2005 | 연평균증가율 | |
|---|---|---|---|---|---|---|---|---|---|---|
| | | | | | | | | | ('90-'01) | ('01-'05) |
| 합계 | | 105,667 | 63,372 | 49,130 | 44,709 | 41,396 | 40,194 | 40,176 | -6.7 | -4.9 |
| 국 적 선 | | 69,224 | 51,239 | 43,431 | 39,521 | 36,361 | 35,518 | 35,939 | -4.1 | -4.6 |
| | 외항선 | 9,487 | 7,839 | 6,614 | 6,832 | 6,495 | 6,932 | 7,402 | -3.2 | 2.9 |
| | 내항선 | 6,465 | 7,521 | 8,112 | 8,275 | 8,176 | 8,068 | 8,042 | 2.1 | -0.2 |
| | 원양어선 | 21,984 | 8,298 | 5,099 | 3,891 | 3,460 | 2,859 | 2,535 | -12.4 | -16.0 |
| | 연근해어선 | 31,288 | 27,527 | 23,606 | 20,523 | 18,230 | 17,659 | 17,960 | -2.5 | -6.6 |
| 해외취업선 | | 36,443 | 12,133 | 5,699 | 5,188 | 5,035 | 4,676 | 4,237 | -15.5 | -7.1 |
| | 상선 | 26,906 | 9,654 | 5,135 | 4,762 | 4,611 | 4,311 | 3,943 | -14.0 | -6.4 |
| | 어선 | 9,537 | 2,479 | 564 | 426 | 424 | 365 | 294 | -22.7 | -15.0 |

자료: 한국선원복지고용센터, 「한국선원통계연보」, 각 연도.

고용되어 있다. 직책별로는 해기사 2만 20명(49.8%), 부원선원 2만 156명(50.2%)이다.

## 2. 해운산업의 생산성 추이

우리나라 해운산업의 생산성은 다양한 형태로 측정할 수 있다. 여기서는 통계청의 운수업 조사보고서 중 외항화물운송업의 업체수, 종사자수, 매출액, 부가가치액 등을 중심으로 생산성을 추정하였다.

다음은 운수업 조사보고서에 나타난 외항화물운송업의 업체수, 종사자수, 매출액, 부가가치액 등을 종합적으로 나타낸 것이다. 외항화물운송업체는 1997년 42개에서 2005년 85개로 2배 증가하였으며, 2006년 말 현재 외항운송업체는 약 100개 업체가 한국선주협회에 등록한 것으로 나타났다.

종사자수는 1997년 14,400명에서 2005년 13,400명으로 업체수는 증가하였으나 1천 명이 감소한 것으로 나타났으며, 장비대수(선박척수로 가정)는 1997년 586척에서 2005년 1,103척으로 약 2배 증가한 것으로 나타났다. 운임수입은 1997년 11조 9,490억원에서 2005년 24조 9,160억원으로 역시 2배 정도 증가한 것으로

표 6-15 외항해운업 업체수, 매출액, 부가가치액 추이

| | 기업체수 (개소) | 종사자수 (명) | 급여액 (10억원) | 장비대수 및 창고수 (수) | 운수수입 (10억원) | 운수비용 (10억원) | 부가가치 (10억원) | 유형고정자산 (10억원) |
|---|---|---|---|---|---|---|---|---|
| 1997 | 42 | 14,428 | 384 | 586 | 11,949 | 11,449 | 2,048.4 | 7,239 |
| 1998 | 42 | 14,105 | 376 | 571 | 16,154 | 15,002 | 2,914.4 | 9,460 |
| 1999 | 43 | 13,878 | 391 | 625 | 15,151 | 14,325 | 2,793.6 | 11,075 |
| 2000 | 56 | 14,777 | 478 | 649 | 16,604 | 15,330 | 3,083.5 | 13,449 |
| 2001 | 64 | 14,299 | 474 | 724 | 17,193 | 16,022 | 3,231.5 | 13,074 |
| 2002 | 64 | 12,060 | 429 | 630 | 15,459 | 15,243 | 2,299.1 | 11,536 |
| 2003 | 68 | 12,119 | 440 | 703 | 16,662 | 15,493 | 3,227.5 | 10,554 |
| 2004 | 81 | 13,044 | 547 | 1,094 | 24,884 | 22,493 | 4,516.9 | 11,357 |
| 2005 | 85 | 13,411 | 579 | 1,103 | 24,916 | 23,161 | 4,119.4 | 12,566 |

자료: 통계청, 운수업조사보고서 인터넷 자료.

나타났다. 부가가치액은 1997년 2조 484억원에서 2005년 4조 1,194억원으로 2배 증가하였으며, 유형고정자산액은 1997년 7조 2,390억원에서 2005년 12조 5,660억원으로 1.7배 정도 증가한 것으로 나타났다.

외항화물운송업체당 종사자 수는 1997년 344명에서 2000년 264명으로 감소하였고, 2005년에는 158명으로 매년 감소 추세를 나타내고 있다. 해운업체 수는 증가하였으나 업체당 종사자 수는 감소하여 종사자당 노동생산성은 매년 급격하게 향상되는 것으로 나타났다.

그림 6-3 외항해운(화물)업체당 종사자수 추이

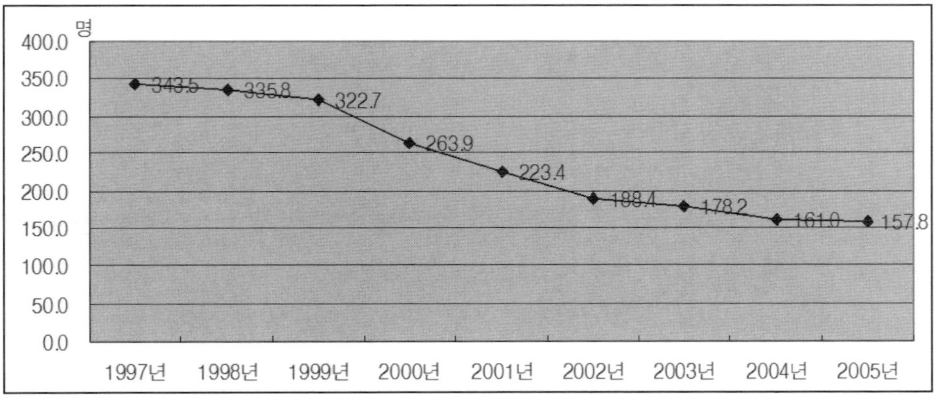


외항화물운송업체당 선박척수는 1997년 14척에서 1999년 14.5척으로 잠시 증가하였으나 이후 지속적으로 감소하여 2002년 9.8척까지 감소하였다가 2004년과 2005년에는 업체당 13척 정도를 운항하고 있는 것으로 나타났다.

그림 6-4 외항해운(화물)업체당 선박척수 추이

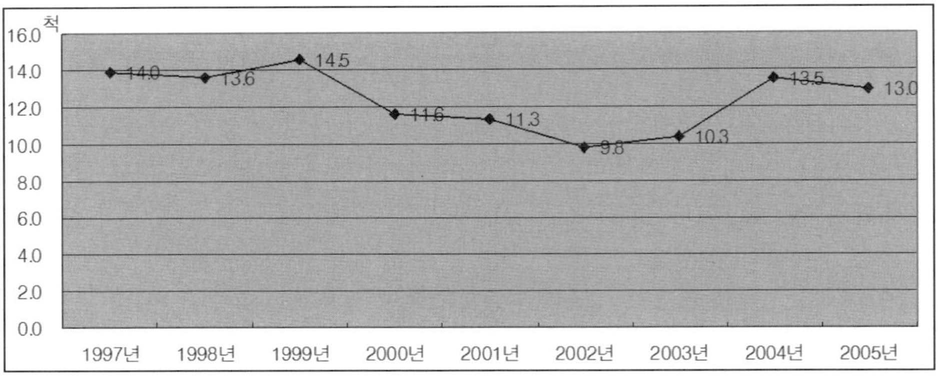


외항화물운송업체당 화물운임수입액은 1997년 2,845억원에서 1998년 3,846억원으로 증가한 후 2002년까지 지속적으로 감소추세를 나타내 2002년에는 2,415억원으로 감소하였다. 2004년의 화물운임수입액은 3,072억원으로 급격히 증가하였다가 2005년에는 2,931억원으로 다시 감소하였다.

그림 6-5 외항해운(화물)업체당 운임수입 추이

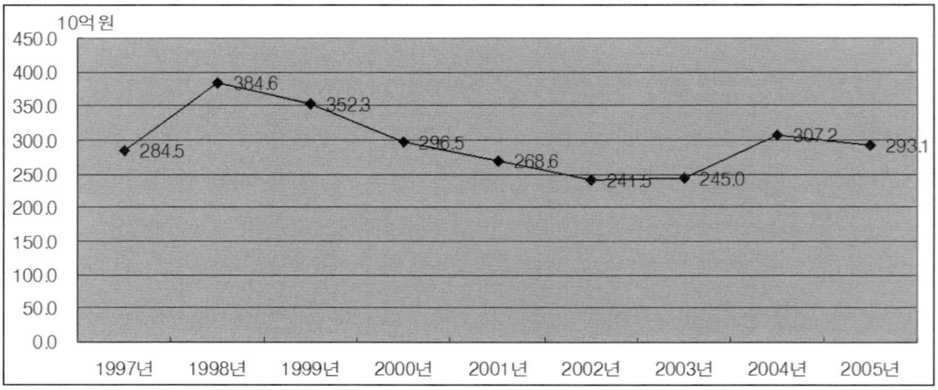

외항화물운송업체당 부가가치액은 1997년 448억원에서 1998년 694억원으로 급증하였다가 2002년까지 지속적으로 감소추세를 나타내 2002년에는 359억원으로 감소하였다. 2003년과 2004년에는 각각 475억원, 558억원으로 증가하였으나 2005년 485억원으로 감소한 것으로 나타났다.

그림 6-6 외항해운(화물)업체당 부가가치 추이

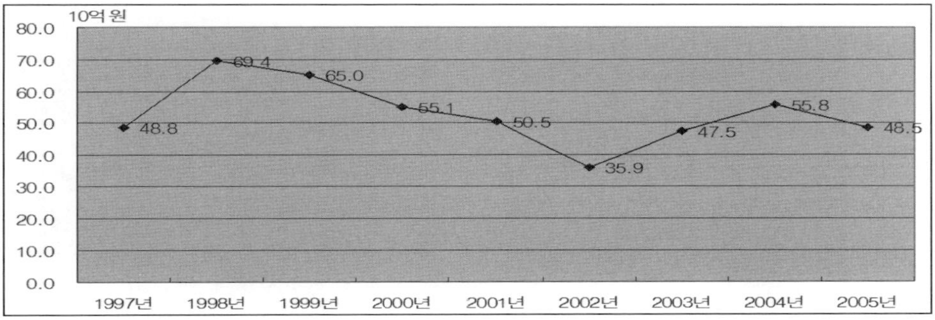


외항화물운송업체 종사자당 부가가치액은 1997년 1억 4,200만원에서 1998년 2억 660만원으로 급증하였으며, 2001년까지 완만한 증가추세를 나타내다가 2002년에는 1억 9,060만원으로 급감하였다. 2003년과 2004년에는 각각 2억 6,630만원, 3억 4,630만원으로 급증하였으나 2005년 3억 720만원으로 감소한 것으로 나타났다.

그림 6-7 외항해운(화물)업체 종사자당 부가가치 추이

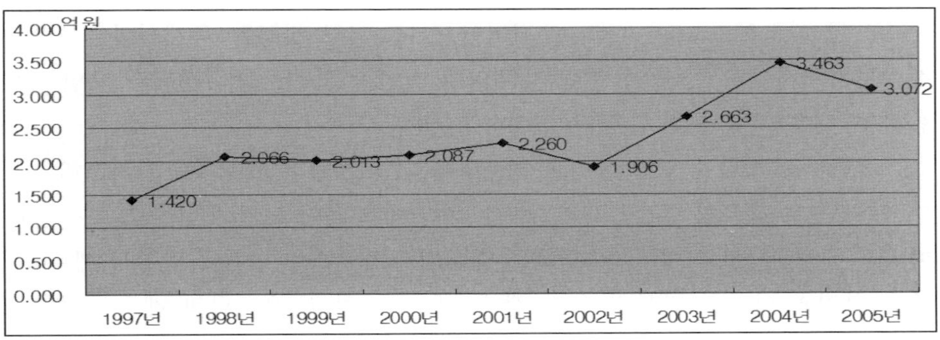

외항화물운송업체당 유형고정자산액은 1997년 1,724억원에서 1999년 2,576억원으로 급증하였다가 2004년까지 지속적으로 감소추세를 나타내 2004년에는 1,402억원으로 감소하였다. 2005년에는 약간 증가한 1,478억원으로 나타났다.

그림 6-8 외항해운(화물)업체당 유형고정자산 추이

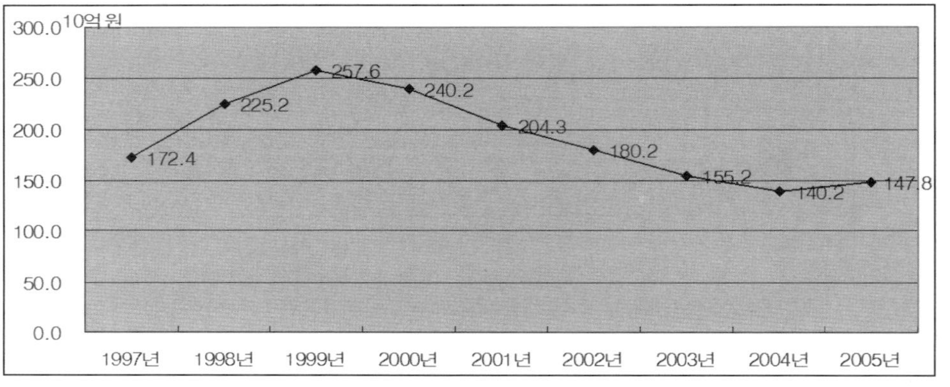


# 제 4 절 우리나라 해운정책의 발전 방향

## 1. 해운경영환경의 조성

우리나라가 향후 세계 5~6위 해운국으로 발전하려면 해운하기 좋은 환경을 구축하여 해운하기 좋은 나라가 되어야 한다. 최근 정부는 국제선박등록제도, 선박투자회사제도, 수출입 은행 자금의 국적선사 활용 허용, 톤세제 도입 등을 통하여 해운하기 좋은 환경을 조성하고 있다.

그러나 우리나라 일반 국민은 해운업에 대해 부정적 이미지를 가지고 있거나 인식부족으로 해운업 발전정책의 수립과 추진에 도움이 되지 못하는 경우가 많다. 따라서 해양수산부와 한국선주협회를 중심으로 해운관련 단체가 앞장서 해운하기 좋은 환경과 나라를 만들기 위한 캠페인을 확대하고, 우리나라 해운업 발전에 지장을 초래하는 장애요인을 발굴하여 정부와 관련기관에 건의하고, 개선해나갈 수 있도록 해야 한다.

## 2. 선박금융 활성화

해운업의 3대 요소 중 하나인 선박은 해운서비스를 생산하기 위한 필수불가결한 수단이다. 선박의 척수 또는 선박량은 개별 선사의 해운서비스 영업력 또는 국가의 해운력을 나타내는 척도가 된다. 향후 우리나라가 세계 5~6위 해운국으로 성장한다는 것은 곧 우리 국민이 보유하거나 관리하는 선박량의 규모가 많아져야 함을 의미한다.

선박을 확보하기 위해서는 새로 건조하거나 이미 건조되어 운항중인 중고선을 매입해야 하며, 막대한 자금이 소요된다. 즉 선박량 규모를 확대하려면 신조 또는 중고선 매입을 위한 선박금융시장이 활성화되고 다양한 선박금융상품이 개발되어 저렴한 금리를 활용할 수 있어야 한다. 그동안 우리나라 해운기업은 선진해운국 선사에 비해 불리한 금리조건 등을 이용해야 했기 때문에 우리 해운의 경쟁력을 확보하는데 어려움이 많았다. 최근 선박투자회사제도를 도입하여 과거보다 유리한 선박금융을 활용할 수 있게 되었다.

선박투자회사제도 등 선박금융의 활성화를 위하여 다음과 같은 정책을 추진해야 한다.

**첫째, 현행 선박투자회사제도의 단점 보완**

현행 선박투자회사제도는 선박펀드 투자자에 대한 배당소득 비과세 혜택을 2008년까지 한시적으로 운영하고, 오프밸런스거래(off balance sheet)[2)]를 도입하지 않은 점 등을 개선해나가야 한다. 대형선박의 경우 1사 1척 제도는 큰 문제가 없으나 소형선박 투자의 경우 1사 다수 척 제도가 바람직하기 때문에 선박 펀드가 운영하는 선박의 종류에 따라 유연한 제도운영이 필요하며, 이를 위한 선박투자회사법(제 3 조) 등의 정비가 필요하다. 또한 선박투자회사의 존립기간, 구체적인 상품구조와 관련한 부분은 간접투자법 및 상법에서 인정하는 범위 내에서 자유롭게 설립이 가능하도록 개편해야 한다. 선박소유권의 소유권 이전에 관한 규정도 개편해야 한다.

---

2) 오프밸런스거래는 대차대조표에 나타나지 않는 스왑, 선물거래 등 장부외거래를 의미함.

**둘째, 시중 유동자금을 선박금융시장으로 유치**

우리나라 시중에는 투자처를 찾고 있는 유동자금이 부동산시장, 증권시장 또는 사채시장으로 흘러다니며 때로는 여러 가지 문제를 야기하기도 한다. 즉 시중에 대기중인 막대한 단기 유동성 자본과 중기 유동성 자본을 적극적으로 선박금융시장으로 유치할 필요가 있다.

유동자금이 선박금융시장으로 유입되면 선박의 건조 또는 매입이 필요한 선사는 유리한 조건으로 자금을 조달하여 선박량을 확충할 수 있고, 투자자는 유동자금을 투명하게 산업 발전에 활용할 수 있다. 나아가 국적선사 중 글로벌 메가캐리어로 발돋움하고자 할 경우 선박금융시장에 유입된 유동자금을 활용함으로써 외국적 선사를 인수하거나 해외에 항만터미널, 물류센터 등 거점을 확보할 수 있다.

**셋째, 해운금융공사 설립**

우리나라 선박금융시장을 활성화하려면 유동자금의 유치 외에 선박금융의 안정적 지원을 위한 해운금융공사를 설립해야 한다. 해운금융공사는 선박저당증권, 담보부채권 발행 등을 통한 모기지론(mortgage loan)[3]의 공급 등을 담당한다. 해운금융공사가 설립되면 국가필수선대 확보 사업과 연계된 국적선대 증강사업, 선박금융인력 육성 지원 사업, 선박금융 관련 연구 사업 등을 수행할 수 있다.

그리고 선박금융업무는 해운, 조선, 금융, 외환관리, 보험, 물류 및 경제환경변화 등 전문적이고 광범위한 지식과 경험을 필요로 하기 때문에 이러한 업무를 수행할 가칭 '동북아 선박금융연구센터'를 설립해야 한다. 선박금융연구센터는 국제선박금융 동향 파악, 국제 해운시황 분석 및 전망, 국제 선박 및 인프라 투자금융 자문 역할을 수행한다. 글로벌 시장에서의 선박금융 사업도 고려할 수 있다. 그리고 해운기업 M&A 펀드 전략 수립 및 시행에 관련한 총괄 사업을 수행한다. 기타 국민 복지 증진 및 국가 기반사업을 위한 인프라 투자금융 사업 등도 할 수 있다.

## 3. 국가필수선대의 규모 확대

국가필수선대는 평상시 선박을 상업활동에 활용하나 전쟁 또는 유사시 선박과

3) 모기지론은 선박자금 수요자가 은행을 비롯한 금융기관에서 장기저리로 자금을 빌리면 은행은 선박을 담보로 선박저당증권을 발행하여 이를 중개기관에 팔아 대출자금을 회수하는 제도로서 대출기간은 20년 이상도 가능하다.

선원을 동원하여 군수물자와 병력 또는 원재료 등을 수송하기 위한 선박을 지정하여 운영하는 제도이다. 국가필수선대 제도는 미국에서 오래전부터 해운안보계획(Maritime Security Program: MSP)하에 예비선대 형태로 운영해왔다. 미국은 중동지역 등 전쟁수행시 필요한 군수물자 수송 등에 필요한 선대로 약 400척 정도의 선박을 관리하고 있으며, 해운안보계획하에 척당 260만 달러씩 지원하는 것으로 나타났다.4)

국가필수선대는 지정학적으로 우리나라 국가 경제에서 해운이 차지하는 중요성과 국가안보상 특성을 고려할 때 반드시 필요한 해운력을 의미한다. 우리나라는 2006년 국가필수선박으로 30척을 지정하였으며, 이에 대한 예산으로 10억 8천만원을 배정하였다. 지정된 국가필수선박은 LNG선, 컨테이너선 등이며, 예산상 제약 때문에 전시소요물동량을 안정적으로 수송하기에 부족한 규모로 필수선박을 지정하여 운영하고 있다.

2006년 현재 우리나라의 총수출입 물동량은 약 8억 톤이고, 이 중 수입화물은 5억 5천만 톤이며, 수입화물의 1/3 정도인 1억 8천만 톤을 국가비상시 운송해야 할 화물이라 가정하면 필요한 선박은 150척 이상이 될 것으로 예상된다. 따라서 지속적으로 증가하는 수출입 물동량 규모에 따라 국가필수선박을 추가적으로 지정할 필요가 있으며, 이들 국가필수선박을 운영할 수 있는 예산규모도 매년 확대해가야 한다. 국가필수선대를 확대하는 것은 선박과 해기인력을 동시에 최소한으로 확보할 수 있는 여건을 조성함과 동시에 우리나라 해운업 발전에 기여할 수 있는 방안이다.

## 4. 해기교육 시스템의 강화와 해기교육의 메카화

그동안 우리나라 해운이 발전할 수 있었던 원동력의 하나는 바로 우수한 인적자원을 육성하여 확보해왔다는 점이다. 향후 선도적인 해운국이 되려면 해운분야의 전문인력인 해기인력을 양성하기 위한 해기교육제도를 한층 강화하고, 동아시아 해기교육의 거점으로 육성할 필요가 있다. 현 상태로 해기교육제도를 방치할 경우 교육기능은 점차 퇴보하게 될 것이며, 그럴 경우 선진해운국의 경우처

4) 황진회, '한국해운산업 고부가가치화를 위한 전략과 정책과제', 『월간 해양한국』, 2006. 5, p. 123

럼 해기인력부족으로 인한 해운업 발전은 기대하기 곤란하다.

따라서 해기교육제도를 강화하기 위하여 부산과 목포 해양대학교와 해양수산연수원 그리고 해사고등학교 등 관련 교육기관이 협의체를 구성하여 다음과 같은 방향으로 발전시킬 수 있는 계획을 수립하고, 지속적으로 시행해야 한다.

첫째, 해기사에 대한 병역특례를 지속적으로 유지하여 현행 해기사교육시스템이 그대로 유지되도록 해야 한다. 다른 산업분야에서 폐지예정인 '병역특례 산업기능요원제도'와는 달리 다행히 2007년 7월초 병역법을 개정하여 '승선근무 예비역제도'를 도입, 면허를 취득한 해기사가 3년간 승선근무시 병역특례를 인정하기 위한 법안이 통과되었다.

둘째, 해기사 지망자의 점진적 감소 등으로 우리나라 학생이 해기사 교육과정에 입학자가 감소할 경우에 대비하여 외국인 학생을 선발, 교육하여 우리나라 선사에 취업시킬 수 있는 시스템도 검토해야 한다. 선발대상이 될 외국인 학생은 중국의 우리나라 동포, 북한 학생, 기타 우리나라 교포학생 등으로 참여범위를 넓히는 방안을 검토해야 한다. 해외교포와 북한 청년을 선원으로 육성하여 활용할 경우 이들이 해외에 진출할 수 있는 기회를 부여하고, 인적 네트워크 확대를 통한 국가간 협력체제 강화도 도모할 수 있다.

셋째, 해기사에 대한 교육비의 국비 지원을 대폭 개선하고, 국비지원을 받은 해기사들의 우리나라 선박의 승선을 의무화하는 방안을 검토해야 한다.

넷째, LNG선, LPG선 등 특수선의 운항에 필요한 전문지식이나 기술을 교육하고 훈련하는 연수기관과 연수제도를 개발하고 특화시켜 외국 선원 등에게도 교육과 훈련을 확대할 수 있는 방안을 검토해야 한다.

다섯째, 해양대학교 내 해운관련학과(해운경영학과, 해사법학과, 물류시스템공학과 등)의 학생들에게도 해기사에게 필요한 특수교육을 부전공으로 선택하여 이수할 수 있도록 하는 등 해양대학교 내 해기교육의 범위를 확대하는 방안도 검토한다. 아울러 해양대학교 내 해사대학의 교과를 일부 개편하여 해사대학 학생들이 승선근무하는 데 필요한 지식의 교육에 한정하지 않고, 육상의 해기관리자로 성장할 수 있는 교과제도로 교과내용을 개편하고, 필요한 경우 해당 학과를 신설하는 방안도 검토할 필요가 있다.

여섯째, 선원직업경력개발 프로그램 도입과 해운물류인력의 양성을 확대해야 한다. 해운업 발전을 위해서는 우수한 선원인력의 양성과 훈련이 필수적이다.

해운기업이 필요로 하는 인력은 해상의 선원인력 외에 육상에서도 해운경영, 보험, 해사기술, 선박과 선원관리 등 분야에서 필요하다. 현재 해운기업의 육상 근무자 중 총무, 회계, 마케팅 등 일부 부서를 제외하고는 해상근무경력을 가진 해기사들이 업무를 수행하고 있다. 선박관리와 선박운항을 직접 몸으로 체득한 해기인력이 육상의 각 해운경영분야에서 활약하고 있다. 일부 대학에 해운관련 학과가 개설되어 전문해운인력을 배출하고 있으나 실무능력이 부족하고, 현장의 수요를 충족시키기에 부족한 실정이다.

해상근무 경력을 가진 해기인력을 해운기업이 필요로 하는 해운전문인력으로 육성하기 위해서는 선원의 직업경력개발 프로그램(career development program: CDP)을 도입해야 한다. CDP는 선원이 일정기간 해상근무 후 이직하지 않고, 육상의 해운기업에서 근무하면서 해운전문인력으로 성장할 수 있도록 가능성을 제시해주는 프로그램이다. 예를 들면 일정한 선장경력을 가지고 도선사 시험에 합격하면 도선사로서 활동하거나, 선박에서 선박관리나 해운경영의 경력을 바탕으로 선박운항, 해운영업, 물류업무 등 분야의 전문가로 성장할 수 있다. CDP는 해기인력이 자신의 목표를 설정하고, 일정한 경력을 갖추면 전문가로 성장할 가능성이 있다는 직업경로를 보여주어 해운전문가로 육성하는 프로그램이다.

또한 해운기업은 육상에서 필요한 해운전문인력을 직접 육성해야 하며, 정부도 해운국으로 발전하는 데 필수적인 전문인력을 양성하기 위한 프로그램 개발과 재정적 지원을 확대해야 한다. 관련 교재개발은 물론 기업이 필요로 하는 실무능력과 언어구사능력을 가진 맞춤형 전문인력을 양성하도록 해야 한다.

해기사와 선원의 교육시스템을 확대, 개편하여 우리나라를 세계적인 해기교육의 메카로 발전시키는 방안을 추진해야 한다. 우리나라 해운계는 세계 해운업계가 당면하고 있는 해기사 공급부족문제를 해결하는 데 주도적인 역할을 수행하여 주요 해운국으로서 위상을 확립할 필요가 있다. 또한 우리나라 해기교육기관에서 양성된 해기인력을 바탕으로 우리나라 해운이 세계 해운의 선도세력으로 성장할 수 있는 계기를 마련할 필요가 있다.

## 5. 해운시장의 확대

해상운송은 국제물류체계상이 가장 비중이 크고, 물동량 규모가 크며, 자유로운 경쟁이 이루어지는 분야이다. 그러나 해상운송서비스 자체는 동질화가 비교적 용이하게 이루어지기 때문에 다른 선사와 차별화를 꾀하려는 해운기업은 내륙분야, 특수화물분야, 부가가치 물류서비스 분야 등으로 물류서비스를 확대해야 한다. 해운기업은 지속적으로 다른 선사와 서비스 차별화를 꾀하고 경쟁우위를 확보하기 위해서 새로운 해운시장을 개척해야 한다. 새로운 해운시장은 선박매매, 선박보험, 선박과 화물중개, 크루즈관광사업, 선박관리 등을 들 수 있다.

**첫째, 선박매매시장**

일반적으로 해운기업은 장기 불황, 단기 호황이라는 해운산업의 특성상 선박운항에 의한 운임수입만으로는 큰 이익을 내기 어렵고, 불황시 선가가 저렴할 때 선박을 매입하였다가 호황시 선가가 높은 시기에 매각함으로써 큰 매각차익을 얻을 수 있다. 우리나라 해운기업도 그리스 선주처럼 중고선 매매시장이나 선박해체시장에 참여하여 자본수익을 확대할 수 있도록 선박매매와 관련한 전문인력을 육성해야 한다. 또한 선박매매시장은 선박금융, 중개, 보험, 법률 등 해운관련 산업을 동시에 발전시킬 수 있기 때문에 정책적으로 육성해야 할 분야이다.

**둘째, 선박과 화물중개**

세계 각지에서 운항중인 수많은 선박과 선적지와 양륙지가 다른 수많은 화물 간에 조회(inquiry)가 교환되는 전세계적 규모의 용선시장이 형성되어 있다. 세계 해운시장을 둘러싼 정치적, 경제적 환경변화에 따라 해상물동량이 변화하고, 선박공급은 비탄력적이기 때문에 선박의 수급균형을 인위적으로 맞추기 어려워 용선시장이 형성되며, 중개인이 활동한다.

전세계 용선시장의 중심은 런던, 뉴욕, 동경, 홍콩이며, 이들 시장을 중심으로 부정기선 운송사업이 이루어지고 있다. 용선시장에서 중개인은 전문지식과 인적 네트워크를 바탕으로 화주와 선사 간의 중간 위치에서 선박과 화물의 취급, 운송, 일반업무의 대리, 하역 수배, 용선의 조회와 계약체결, 용선대리업 등 업무를 수행한다. 따라서 우리나라도 홍콩이나 동경과 같은 해운중개시장이 형성될 수 있도록 해운전문인력을 육성해야 하며, 이들이 글로벌 용선시장에서 인적 네트워크를 구축하여 활동할 수 있도록 해야 한다.

**셋째, 크루즈관광사업**

21세기 성장산업 중 하나로 문화사업, 관광사업을 들고 있으며, 해운분야에서는 크루즈 관광사업을 유망한 성장산업의 하나로 들 수 있다. 국내 크루즈 관광객도 매년 10% 이상 성장세를 나타내고 있으며, 해외 크루즈 관광객의 입국자수도 증가하고 있다. 크루즈 관광사업을 육성하기 위해서는 크루즈선사의 육성, 다양한 관광상품의 개발, 크루즈 터미널 개발, 한중일 및 동남아 연계 크루즈관광상품 개발 등에 대한 계획을 수립하고 추진해야 한다.

**넷째, 선박관리업**

선박관리업은 선박소유자가 직접 선원과 선박을 관리하는 것이 아니라 전문관리회사가 선박관리를 대행하는 것이다. 현재 우리나라의 대형 선박관리회사는 STX POS, 해영선박, 한진 SM 등이며, 모회사의 자회사로서 선박관리를 해왔으나 점차 다른 선사의 선박관리까지 범위를 확대하고 있다. 선박투자회사 등은 선박만 소유하고, 선원관리나 선박관리 등은 선박관리회사에 아웃소싱하는 경향이 확대되고 있다.

선박관리업체는 관리선단의 척수가 많아질수록 규모의 경제를 통한 경쟁력 강화가 가능하고, 선주와 협상에서도 유리하기 때문에 합병을 통한 글로벌화와 거대 기업화가 추진되고 있다. 우리나라가 선박관리업 시장을 발전시키려면 선박의 운항, 공무에 대한 우수한 인력 즉 선장과 기관장으로서 승선경력을 갖춘 자를 효율적으로 활용해야 한다. 또한 외국 선박관리업체와 마찬가지로 대형화를 추진해야 하며, 선박관리업체를 대형화시키기 위한 법제도도 마련해야 한다.

## 6. 안전과 환경을 고려하는 해운경영

### 1) 물류보안

9·11 테러 이후 미국과 국제사회를 중심으로 강화되고 있는 물류보안제도도 향후 국제해운시장에 상당한 영향을 미칠 것으로 예상된다. 최근 미국을 중심으로 추진된 안보를 고려한 국제물류서비스 기반을 구축해야 한다. 선사와 화주 차원의 대응도 필요하나 국가나 지자체 차원에서도 여하히 신속하게 보안시스템을 경유하여 수출입 활동이 이루어지도록 하는가가 항만의 경쟁력을 좌우하는 시기가 올 것으로 예상되기 때문이다.

정부는 수출화물의 검색 비율을 높이는 등 국제적 수준으로 물류보안 기준을 강화하여 교역국들에게 우리 화물의 안전에 대한 확신을 심어줄 필요가 있고 컨테이너 화물 검색 강화에 대비하여 물류보안 수준 업그레이드해야 한다. 물류보안은 우선 해상물류가 대상이지만 앞으로 항공과 육상물류로 확대될 것으로 예상된다. 싱가포르항과 홍콩항은 이미 수출 컨테이너화물을 100% 검색한다는 방침을 정하고 준비를 서두르고 있다. 선사들도 의심되는 화물은 선별 적재하거나 운송을 거절하는 등 자구책을 마련하여야 한다.

### 2) 오염방지

물류보안과 함께 선박에서 배출되는 대기오염물질을 줄이고, 항만의 대기오염 통제를 강화하고 있는 것도 선사 입장에서는 적지 않은 부담이 될 것으로 예상된다. 특히 이 같은 환경 규제와 함께 선박의 발라스트수 배출에 대한 통제도 강화되고 있어 선사와 화주들은 이중 삼중의 규제를 받고 있다.

이러한 환경규제는 국제해사기구(IMO)가 제정한 국제협약이 연차적으로 시행되고 있는 가운데, 미국을 중심으로 하는 일부 환경 선진국과 글로벌 선사들이 주도하고 있어 새로운 글로벌 트렌드로 자리잡고 있다. IMO를 기준으로 볼 때 최근 선박 대기오염배출규제협약이 발효된 데 이어 발라스트 배출 통제협약도 2009년부터 시행될 예정이다.

특히 2005년 교토협약이 발효되면서 2012년부터 우리나라도 직접적인 규제를 받게 되며, 이산화탄소 배출권을 거래하기 때문에 물류기업 차원에서도 제조업체나 유통업체의 환경관리에 대한 지식이나 전문인력을 확보하고 대응해야 한다.

또한 도로중심의 교통체계에서 철도와 연안해운으로 수송수단전환(modal shift)를 추진함으로써 도로교통 혼잡해소, 에너지절감, 환경오염방지를 도모해야 한다. 연안운송 활성화를 위해서는 항만 및 부대시설 투자비용 보조와 육상운송 비용과 연안운송 비용의 차액을 보조해주는 정책을 추진해야 한다.

우리나라는 1990년대 중반 이후 해난사고 발생건수나 해양환경 보존분야에서 감시대상국이 아닌 모범국가로 위상이 바뀌었다. 향후 우리나라의 국력신장과 해운력 증강에 따라 국제사회에서 위상이 향상되면 해양환경보존과 안전에 대해서 능동적, 적극적으로 역할을 수행해야 한다. 화주들도 환경보존과 안전에 소홀하며 저렴한 운임을 제시하는 선사를 이용하기보다는 친환경적이고 안전도가 높은 해운서비스를 이용하려는 인식이 필요하다.

향후 우리나라 해운은 국제해운사회에서 안전과 해양보존면에서 선도적인 이미지를 가꿔나가기 위한 정책을 수리하여 추진함으로써 21세기 친환경적이고 안전을 우선시하는 국가가 되도록 해야 한다.

## 7. 해사클러스터화 추진

클러스터는 관련산업이 집적화되어 R&D 활동과 부가가치 창출 등 시너지 효과를 얻기 위한 공간적, 산업적 입지를 나타낸다. 해사클러스터(maritime cluster)는 해운과 관련한 조선, 보험, 중개, 법률, 기술, 금융, 관련단체 등이 집적화되어 비능률을 제거하고, 관련업체간 공감대를 형성하여 시너지 효과를 극대화하기 조직을 나타낸다. 영국, 노르웨이, 홍콩, 일본 등은 일찍부터 해사산업 클러스터화를 추진해왔으며, 특히 보험, 중개, 법률 등 소프트웨어 부문의 해사산업은 영국을 중심으로 발전해왔다.

현재 세계 조선시장에서 1위를 차지하고 있는 우리나라는 해운업과 함께 중개, 금융 등 해사클러스터화를 통하여 선도적인 해운국가로 발돋움해야 한다. 해운업과 조선업의 연계체제를 구축하여 해운과 조선이 동시에 발전할 수 있는 전략이 필요하다. 또한 해사 교육을 정상화하고 교육대상의 폭을 확대하며, 교육내용을 충실히 하여 해운전문인력을 양성함으로써 해사클러스터를 구축하도록 해야 한다. 아울러 낙후된 선박관리업을 발전시켜 해운전문인력이 선원관리, 선박관리, 선박운항, 선박보험 등 해운경영에 참여할 수 있는 기회를 확대해야 한다. 또한 첨단해사기술과 IT 산업을 연계하여 첨단 해사장비와 시스템을 개발할 수 있는 체제를 구축함으로써 해사기술분야에서도 선도적인 역할을 하도록 해야 한다.

## 8. 해운협력의 확대

21세기 선도적인 해운국으로 발돋움하려는 우리나라는 한중일은 물론 BRICs 등 신흥국가와도 해운협력을 확대해야 한다. 해운분야의 경우에도 다른 분야와 마찬가지로 인접국가, 동일 경제권 내 국가 또는 이머징 시장의 국가와 상호간 협력체제를 구축함으로써 상생하도록 해야 한다.

**첫째, 한중일 해운협력**

지리적, 산업적으로 밀접한 관계가 있는 한중일간 해운협력체제를 한층 강화함으로써 각국간 원활한 수출입 화물의 이동이 이루어지도록 해야 한다. 중국은

'자기화물 지키기'를 위하여, 한국은 '중국화물 유치'를 위해 경쟁적으로 물류시설 개발 등을 추진하고 있다. 이러한 과정에서 한중일 3국의 경제적 상호보완관계에 따른 물류분업구조와 이에 적합한 물류시설 건설과 운영을 위한 투자를 생각하지 않았다. 따라서 한중일 3국의 정부와 해운기업들은 한중일 해운산업의 경쟁력 강화와 공동발전을 위해 상호간 각자 보유한 장점을 살리고, 단점은 보완하려는 자세로 해운협력을 추진해 나가야 한다.

**둘째, BRICs 등 신흥국과 해운협력**

중국, 인도, 브라질, 러시아 등 신흥국 시장은 넓은 국토, 많은 인구와 부존자원을 바탕으로 급속한 경제성장을 이룰 것으로 예상된다는 점에서 해운협력이 필요하다. 특히 중국은 다수의 글로벌 선사들이 진출하고 있으나 아직 브라질의 경우 유럽, 북미, 일본 등 일부 선사만 진출하고 있는 실정이다. 따라서 정부는 우리나라 해운기업이 신흥국 해운시장에 진출할 수 있도록 국가간 협력체계, 시장정보수집 등 지원방안을 모색해야 하며, 우리 해운기업도 신흥시장의 개척을 위해 전문가를 육성하고, 조기에 현지국으로 진출하여 네트워크를 구축하는 방안 등을 추진해야 한다.

**셋째, 남북해운교류 확대**

남북해운합의서 발효로 남북간 해상운송이 활발해질 것으로 예상되나 북한과 해운교류를 적극적으로 확대해나가야 한다. 남북간 해상수송에 참여할 선박을 확대하고, 북한 항만의 개발과 장비현대화를 통하여 신속한 선박입출항과 하역작업이 이루어지도록 해야 한다. 남북간 해상수요 발생시 안정적으로 선박이 입출항할 수 있도록 북한의 협력을 보장받아야 하며, 가능하면 남북해사기구(Korean Maritime Organization: KMO)를 설립하는 방안도 검토해야 한다.

제 7 장

# 유럽의 항만정책

## 제 1 절 EU 항만정책의 추이

역사적으로 세계 해운무역을 장악하였던 유럽 항만은 해운과 내륙 사이의 수송수단을 연결하는 주요 역할을 하며, 항만에서 효율적인 항만서비스를 제공함으로써 향후 유럽의 경쟁력을 크게 향상시킬 것으로 기대하고 있다. 특히 EU 내에는 [그림 7-1]의 주요 항만을 포함하여 1,000여 개 이상의 항만이 존재하고 전세계 선박의 약 40%를 소유하고 있다. 특히 [그림 7-1]에서 볼 수 있듯이, 독일의 함부르크 항에서 프랑스의 르와브르 항까지인 서유럽에 주요 항만이 집중되어 있기 때문에 이들 지역의 항만간 경쟁이 치열하다. 특히, 네덜란드에 위치한 로테르담 항은 많은 양의 컨테이너 화물뿐만 아니라 벌크 화물도 다루고 있어 유럽에서 가장 큰 규모를 자랑하는 항만이다.

EU 무역 구조를 살펴보면 EU 역외 무역의 90% 이상 그리고 EU 역내 무역의 40% 이상이 해상을 통해 이루어지고 있어 유럽 항만을 통해 연간 95억 톤의 화물이 처리되고 있다. 지속적인 세계 무역의 성장 및 EU의 연안운송 발달과 더불어 EU 항만 산업은 거대한 성장 가능성을 가진 분야로 특히, 국제 무역과 상업에서 가장 중요한 역할을 차지하고 있다.

그림 7-1 유럽의 주요 항만

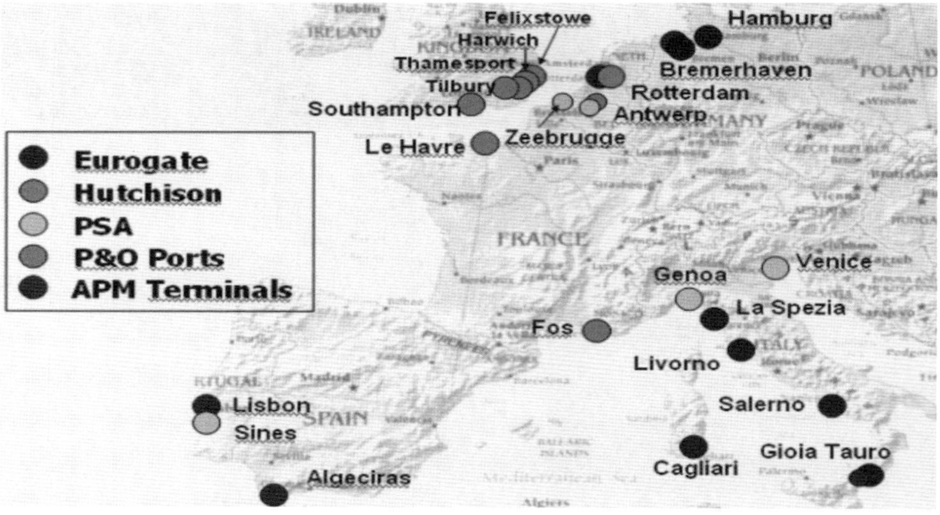


자료: Erico Musso(2005~2006), Port Competition 강의 자료(ITMMA).

항만과 관련된 서비스 산업에 종사하는 인구는 약 35만 명이고 이로부터 2,000억 유로 상당의 부가가치를 창출하고 있다. 이와 더불어, 3억 5천만 명의 승객이 유럽 항만을 이용함으로써 관광산업의 발전에도 크게 기여하는 것으로 나타났다. 이와 같이 유럽 항만은 비즈니스 활동 지역 및 거주 공간의 제공뿐만이 아니라 관광시설의 제공과 같은 여러 가지 기능을 동시에 수행함으로써 지역경제 및 지역사회의 발달에 직·간접적으로 기여하는 바가 큰 것으로 나타났다.

항만의 중요도에 따른 지속적인 발달과 함께 유럽 항만정책은 공동 EU 수송정책의 결정적인 한 부분으로 승인되어 1990년대부터 크게 주목받기 시작했다([그림 7-2], [표 7-2] 참조). 이에 따라, 항만관련 정책 연구가 활발히 이루어지고 2000년대에는 1990년대에 제안된 정책을 바탕으로 적용가능성을 재검토하여 보완해 가고 있다.

표 7-1 세계 주요 컨테이너 항만

| 순위 | 항만 | 국가 | TEUs | 순위 | 항만 | 국가 | TEUs |
|---|---|---|---|---|---|---|---|
| 1 | Singapore | Singapore | 24,792 | 26 | Algeciras | Spain | 3,257 |
| 2 | Hong Kong | China | 23,539 | 27 | Dalian | China | 3,212 |
| 3 | Shanghai | China | 21,710 | 28 | Yokohama | Japan | 3,200 |
| 4 | Shenzhen | China | 18,469 | 29 | Colombo | Sri Lanka | 3,079 |
| 5 | Busan | South Korea | 12,039 | 30 | Felixstowe | United Kingdom | 3,000 |
| 6 | Kaohsiung | Taiwan | 9,775 | 31 | Jeddah | Saudi Arabia | 2,964 |
| 7 | Rotterdam | Netherlands | 9,655 | 32 | Gioia Tauro | Italy | 2,900 |
| 8 | Dubai | United Arab Emirates | 8,923 | 33 | Nagoya | Japan | 2,752 |
| 9 | Hamburg | Germany | 8,862 | 34 | Manila | Philippines | 2,722 |
| 10 | Los Angeles | United States | 8,470 | 35 | Port Said | Egypt | 2,680 |
| 11 | Qingdao | China | 7,702 | 36 | Valencia | Spain | 2,613 |
| 12 | Long Beach | United States | 7,289 | 37 | Santos | Brazil | 2,446 |
| 13 | Ningbo | China | 7,068 | 38 | Kobe | Japan | 2,413 |
| 14 | Antwerp | Belgium | 7,019 | 39 | Oakland | United States | 2,392 |
| 15 | Guangzhou | China | 6,600 | 40 | Salalah | Oman | 2,390 |
| 16 | Port Klang | Malaysia | 6,326 | 41 | Durban | South Africa | 2,335 |
| 17 | Tianjin | China | 5,950 | 42 | Ho Chi Minh | Vietnam | 2,328 |
| 18 | New York/New Jersey | United States | 5,093 | 43 | Barcelona | Spain | 2,318 |
| 19 | Tanjung Pelepas | Indonesia | 4,770 | 44 | Osaka | Japan | 2,232 |
| 20 | Bremen/Bremer haven | Germany | 4,450 | 45 | Vancouver (BC) | Canada | 2,208 |
| 21 | Laem Chabang | Thailand | 4,123 | 46 | Savannah | United States | 2,160 |
| 22 | Xiamen | China | 4,019 | 47 | Kingston | Jamaica | 2,150 |
| 23 | Tokyo | Japan | 3,969 | 48 | Le Havre | France | 2,130 |
| 24 | Jawaharlal Nehru | India | 3,298 | 49 | Keelung | Taiwan | 2,129 |
| 25 | Tanjung Priok | Indonesia | 3,280 | 50 | Tacoma | United States | 2,067 |

자료: American Association of Port Authorities(AAPA) 홈페이지, 2006년 기준.

유럽위원회(EC)에서는 Green Paper와 White Paper를 통하여 EU 공동의 발전을 위한 정책방안을 모색하고 있다. Green Paper는 특정 주제에 관한 논쟁을 촉진하고 이해관계가 있는 개인 또는 조직의 의견을 수렴하여 공식적으로 정책을 제안하는 것이다. 예를 들어, ESPO(European Sea Ports Organization: 유럽 항만 조직)는 EU의 항만공사, 항만청 및 항만협회로 구성되어 안전하고 효율적이고 환경적으로 지속가능한 유럽 항만을 위하여 유럽위원회의 정책 결정에 참여한다. 특히, 보고서 및 각종 회의를 통하여 항만에 대한 많은 정보를 제공하고 위원회에서 제안된 정책에 대한 검토와 논의 및 새로운 정책방향을 제시하는 등 활발한 활동을 하고 있다. White Paper는 권위가 있는 정책 보고서로 주로 Green Paper를 통해 정책이 제안된 후에 수행된다.

그림 7-2 EU의 시대별 항만물류 발달과정

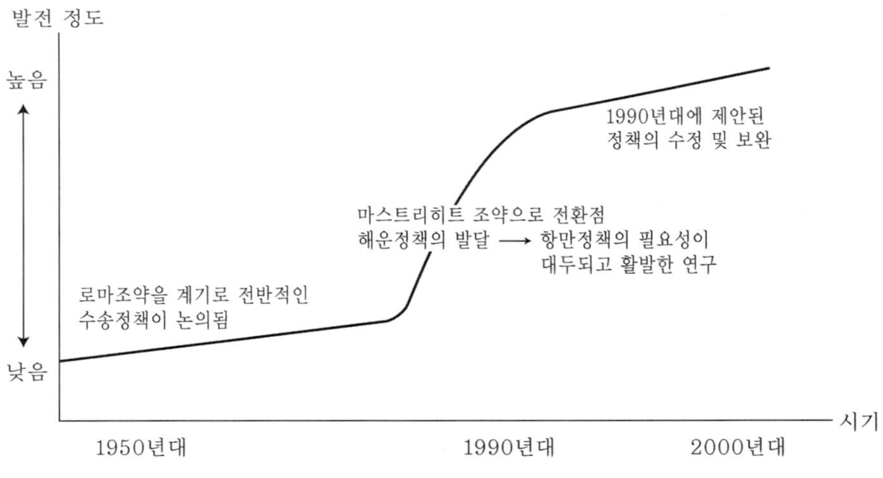


유럽공동체의 수송과 관련한 전반적인 정책의 배경을 살펴보면, 1957년 로마조약(Treaty of Rome)으로 거슬러 올라간다. 로마조약은 단일공동시장을 목표로 경제적, 사회적 분야에 대한 기초 법률을 제정하였다. 유럽의 수송 정책(제 84항)에서는 사람과 물자의 자유로운 이동을 위하여 회원국(벨기에, 프랑스, 독일, 이탈리아, 룩셈부르그, 네덜란드) 간의 국가장벽을 없애는 것을 목적으로 하였다. 그러나 로마조약을 통한 수송 정책은 도로, 철도부문에 치우쳤고 이후 1970년에 항만부문에 대한 보고서가 최초로 소개되었다.

1974년에는 항만 산업의 경쟁력을 향상시키기 위한 연구를 위해 EU 항만의 대표자들로 구성된 공동체 항만 워킹그룹(community port working group)이 형성하여 해운수송을 포함한 공동수송정책을 확장하고자 하였다. 그러나 사실상 1990년대 이전까지 항만을 포함한 전반적인 수송에 대한 공동정책 연구는 거의 없었다.

표 7-2 주요 항만정책 방향

| 단계 | 년 | 항만정책 |
|---|---|---|
| 1 | 1957 | 로마조약 체결(공동수송정책 소개) |
| | 1970 | 항만 부문과 관련한 최초 보고서(불개입 정책) |
| 2 | 1974 | 해운수송을 포함한 공동수송정책의 확장 |
| | 1979 | 'Brussels Package'의 채택 |
| | 1983 | 유럽재판소에 협의회 휴식 |
| | 1985 | 위원회 각서: 공동해운수송정책을 향한 최초 제안서(항만 부문에 대한 불개입 정책의 수정) |
| | 1987 | 유럽통합법(Single European Act) 시행 |
| 3 | 1991 | 수평적 접근의 도입<br>마스트리히트 조약 체결(복합운송의 개발을 위한 정책 — TEN-T) |
| | 1992 | 공동수송정책의 미래에 대한 White Paper<br>수송에 따른 환경적 영향에 대한 Green Paper |
| | 1993 | 안전한 해양에 대한 공동정책을 모색 |
| | 1995 | 연안운송에 대한 정책 보고서 출간(유럽항만정책의 태동) |
| | 1996 | 두 개의 유사한 전략 문서 |
| | 1997 | 암스테르담 조약(Treaty of Amsterdam) 체결<br>항만과 해양 인프라에 대한 Green Paper<br>(불개입 정책의 수정) |
| | 1998 | EU의 지속가능한 개발과 단합 정책에 공동수송정책을 통합하기 위한 전략 |
| | 1999 | EU 항만정책을 향한 유럽의회의 새로운 제안 |
| | 2000 | 유럽 항만은 점차 TEN-T의 일부분이 됨 |
| | 2001 | 'Port Package[1]' 출간<br>2010년을 위한 유럽수송정책에 대한 White Paper |

자료: Chlomoudis and Pallis(2002), European Union Port Policy.

1) 'Port Package'는 EU 항만의 자금조달과 요금 책정에 대한 연구를 포함.

1991년 이후, 유럽공동체는 향후 법적 변화를 이끄는 수많은 주요 정책 과제를 제시하였다. 1990년대 이전의 정책 연구는 매우 느리게 진행되었고 특히, 수송과 EU 경제에 초점을 맞춘 반면, 1990년대를 전환점으로 이후 매우 적극적이고 진보적인 연구 활동을 촉진하였다. 이는 수송서비스의 단일 시장 형성을 목표로 하여 경쟁력, 경제성, 효율성을 향상시키고 수송 시스템의 운영과 질을 향상시키기 위한 보다 집중적인 정책 방향을 모색하였다.

특히, 1991년 마스트리히트 조약(Maastricht Treaty)의 체결은 단일 시장의 달성을 목표로 하여 회원국 간에 사람과 물자의 해상운송 서비스 자유화를 추진하고 경제적, 사회적 결합을 강화하기 위해 통합된 수송네트워크 정책인 TEN-T(Trans-European Transport Network)를 추진하기에 이르렀다. 또한, White Paper를 통한 공동수송정책은 연안운송과 같은 환경친화적인 수송수단으로의 전환을 촉진함으로써 보다 균형적인 수송시스템을 발달시킬 필요가 있다고 강조하였다. 이렇게 1990년대에 활발하게 진행된 항만정책 관련 내용들은 크게 다음 내용을 포함한다.

① 수송 인프라, 자금조달과 요금 책정 방식
② 통합된 수송
③ TEN-T 계획
④ 행정 시스템과 도선을 위한 인프라와 통신
⑤ 지속가능한 수송
⑥ 안전 문제
⑦ 수송 활동의 체계적인 통계 기록

특히, 1995년과 1999년에는 장거리 도로운송에서 연안운송으로 수송수단을 전환하기 위한 보다 세부적인 연구가 있었다. 이 연구는 연안운송의 문제점을 파악하고 개선하기 위한 것으로 연안운송의 문제점인 불충분한 인프라, 비효율적인 행정 절차, 다른 수송수단과의 유연하지 못한 연계성 등을 지적한 바가 있다.

1996년, 유럽공동체는 본격적으로 해운 분야와 관련해 직면한 문제점들을 분석하고 새로운 해운정책인 'Towards a new Maritime Strategy(새로운 해운 전략을 향하여)'를 제안하였다. 이를 통하여 개방시장 유지, EC 해운의 경쟁력 향상, 국가

보조정책 문제 처리를 목적으로 하는 활동들을 제시하였다. 이와 관련하여 그 다음 회의에서는 고용과 경제발전을 위한 내륙기반 산업의 중요성을 강조하는 미래의 해운정책을 위한 'Shaping Europe's maritime future(유럽의 해운 미래 형성)'를 제안하였다. 이를 통하여 해운산업에 속하는 선박건조와 보수, 해운수송, 항만, 해양 자원 등의 역할을 규명하고 개발 정책 방향을 제시하였다.

1997년에는 Green Paper를 통해 'Sea Ports and Maritime Infrastructure(항만과 해양 인프라)'에 관한 뚜렷한 정책을 제정하기 위한 시도가 있었다. 이 정책의 주 목적은 항만 효율성 향상과 TEN-T에 항만을 통합함으로써 항만과 해양 인프라 향상 및 항만산업에서 자유롭고 공정한 경쟁을 보장하는 것이었다.

1990년대의 항만을 포함한 전반적인 수송 정책이 활발히 연구되었고 2001년에는 'Time to decide(결정해야 할 시간)'이라는 제목으로 White Paper를 작성하여 EU 수송시스템의 한계점과 개선 방향을 명확히 제시하고 있다.

기존 항만정책을 위한 연구들을 바탕으로 현재 EU는 [그림 7-3]과 같이 크게 항만 인프라 건설, 항만 경쟁력 향상, 연구개발, 협력 추진을 통해 전반적인 EU의 공동 항만정책을 추진하고자 한다.

로테르담 항, 엔트워프 항, 함부르크 항 등 북유럽의 주요 항만을 제외한 대다수의 항만 지역은 수송 인프라 부족, 낙후된 시설과 장비, 전문인력 부족 등의 이유로 심각한 문제점을 안고 있었다. 이로 인하여 북유럽 주요 항만들과 비교하여 특히 남유럽 항만들은 생산성이 현저히 떨어지는 것으로 나타났다. 유럽 위원회의 연구에 따르면 두 지역의 항만 생산성 차이는 50% 정도로 추정하고 있었다. 특히, 항만 인프라는 항만 생산성과 효율성에 큰 영향을 미치는 것으로 연구되었다. 이러한 항만 인프라 구축과 관련하여, 이를 위한 투자는 항만 생산성과 효율성을 향상시키는 반면 시설 투자에 따른 총 서비스 비용을 증가시켜 역효과를 초래할 가능성이 있어 항만 인프라 투자에 대한 한계가 있다. 그러나 인프라 구축으로 인한 항만 생산성 및 효율성 향상뿐만 아니라 환경을 포함하는 외부비용에 대한 긍정적인 효과까지 고려하도록 촉구하였다. 특히, EU는 다음 사항을 목적으로 항만 인프라를 구축해 나갈 계획이다.

① 무역 촉진
② 교통혼잡이 심한 도로나 철도 문제 해결

③ 유럽 수송의 외부비용 절감
④ 접근성 향상
⑤ EU 경제와 사회적 결합을 강화

그림 7-3 연안운송에 대한 항만정책

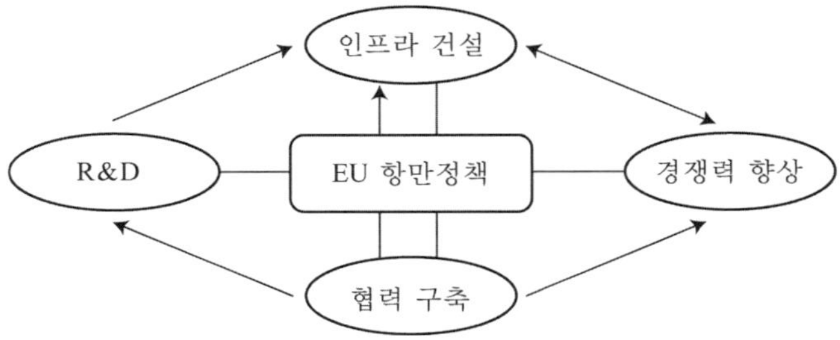


자료: Chlomoudis, C. I., and Pallis, A. P.(2002), European Union Port Policy.

EU는 경쟁, 정부 보조, 시장 진입의 자유와 관련한 조약 체결에 따라 유럽 항만간 자유 경쟁을 보장하고 있다. 특히, 유럽은 활발한 국제무역와 유럽내 배후지 개발과 복합운송의 발달로 항만 물동량이 증가하면서 최근 항만 경쟁이 매우 치열해지고 있다. 이렇게 치열한 경쟁 환경 속에서 항만들은 작업시간을 늘리거나 노동 규제를 강화하는 등의 노력을 기울이고 있다. 특히, 로테르담 항, 엔트워프 항, 함부르크 항과 같이 최첨단 시설과 유연한 배후연계성을 갖춘 주요 항만들은 경쟁력이 높은 반면 대다수의 항만은 여전히 인프라의 부족, 항만에 대한 제도적인 경직성, 복합운송시스템에 대한 부족한 연계성, 화주에 대한 정보 부족 등의 문제점을 가지고 있다. 따라서 항만의 접근성을 향상시키고 보다 효율적이고 신뢰할 수 있는 수송서비스를 제공할 수 있는 개발을 위한 항만 인프라 강화를 통해 항만의 경쟁력을 향상시켜 해상운송을 촉진하고자 하는 추세이다.

EU는 마스트리히트 조약의 조항[2]에 근거하여 항만의 경제적 잠재력과 함께 연구개발을 통한 하이테크 산업으로의 성장을 추구하고 있다. 특히, 기술적 개발은

2) 제103조항: "EU는 공동체 산업을 국제적 수준으로 향상시키기 위하여 공동체 산업의 기술력을 강화하고 공동체 정책 수행을 위해 필요한 연구 활동들을 장려한다."

항만 생산성과 지위를 향상시키고 전반적인 수송 시스템의 환경보호 강화를 목적으로 한다. 예를 들어, 항만운영에 EDI와 같은 기술 도입은 화물의 유연한 흐름과 수송 프로세스의 안전을 촉진할 수 있는 계기가 되었다. EU는 지속적인 연구개발로 항만 시설과 IT 기반 물류시스템을 개발할 수 있도록 장려하였고, 결국 로테르담 항이나 함부르크 항과 같은 최첨단 자동화 컨테이너 터미널이 개발되기에 이르렀다. 기술적인 개발 이외에도 로딩/언로딩 최적화와 선석, 시설, 장비 등의 최적화와 같은 R&D 프로그램을 권장하고 있다.

마지막으로 EU는 [그림 7-3]과 같이 인프라 구축, 경쟁력 향상, 연구개발에 대한 정책을 지원하기 위하여 항만공사, 항만 이용자, 항만서비스 제공자, 학자들의 협력과 활발한 논의를 통해 지속적으로 미래의 공동 정책을 추진해 나갈 계획이다. 실질적으로 EU는 공식적인 자문 그룹인 공동체 항만 워킹 그룹을 형성하여 유럽위원회와 각 산업 대표자들이 정기적으로 회의를 가지고 특정 문제에 대해 활발한 논의하고 있다. 또한 지역별(북해, 대서양, 지중해) 워킹 그룹도 구성하였으며 전반적인 협력을 구축하여 통합적인 접근방법으로 정책을 결정하고 있다.

## 제 2 절 EU의 주요 항만정책

EU 항만은 EU의 전반적인 공동 수송정책, 해운정책 그리고 연안운송정책에 복합운송 연계 지점으로써 중요한 역할을 차지하고 있으며 이와 같은 정책들은 항만정책을 포함하고 있다. 또한, EU의 주요 공동 항만정책은 1990년대 후반에 활발히 연구되었던 항만서비스 정책과 투자 및 요금책정정책을 들 수 있다. 최근에는 항만안전, 환경, 보안이 강화되고 있는 만큼 이에 대한 정책들에 대한 관심이 높아지고 있다.

### 1. EU 수송정책과 복합운송 연계 지점으로써의 항만

EU는 사람, 물자, 서비스의 효율적인 수송과 궁극적으로 EU의 경쟁력을 높이고 지속가능한 경제 성장을 이루기 위해 EU 및 그 주변 국가 간의 연계성을 강화하는 효율적인 통합수송시스템을 구축하고 있다. 이러한 EU 수송정책은 교통

혼잡과 수송수단간 불균형 감소, 확장된 EU를 토대로 수송네트워크의 강화와 성장, 수송수단간 연계성 강화, 복합운송 서비스 향상, 보안·안전·환경 강화를 목표로 하고 있다. 이를 위하여 대대적으로 TEN-T(Trans-European Transport Network) 프로그램을 진행하고 있다.

그림 7-4 TEN-T 개요도

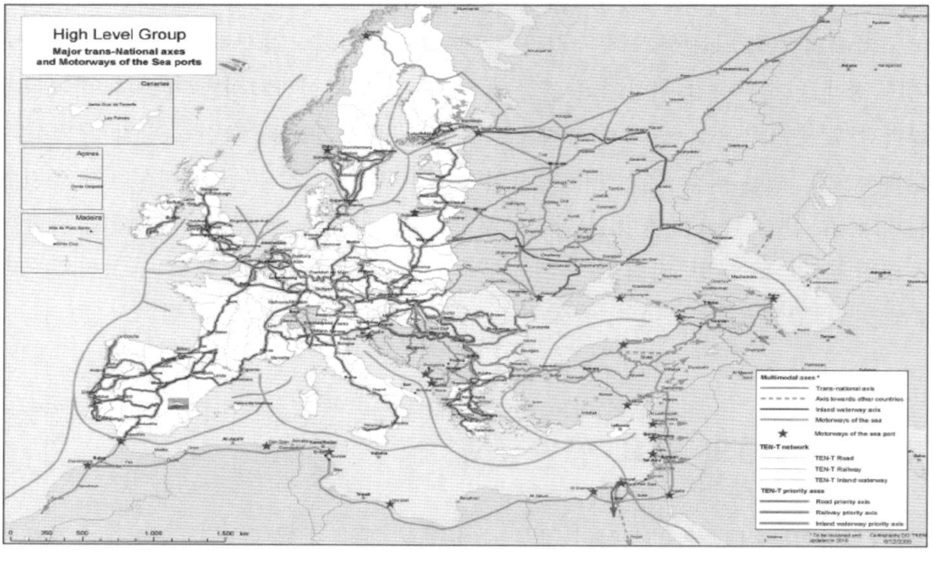


자료: EC(2005), Networks for peace and development, p. 70.

유럽 의회와 이사회는 1996년 7월에 TEN-T 개발을 위한 가이드라인[3])을 채택하였다. 또한, 법률 조항[4])에 따르면 EU는 내부시장의 생성과 경제적·사회적 단결을 강화하기 위하여 TEN-T의 개발을 촉진해야 한다고 강조하고 있다. 이러한 TEN-T 개발은 광범위한 수송네트워크를 구축하여 네트워크의 접근 및 상호연계성을 강화하기 위한 것으로 초기에는 항만과 공항을 제외하였으나 향후 [그림 7-4]와 같이 도로, 철도, 항만, 공항 등 각 네트워크의 강화뿐만이 아니라 효율적인 복합운송을 위한 네트워크 간의 연계성 강화를 포함하고 있다.

3) Decision N° 1692/96/EC
4) Chapter XV of the Treaty(Articles 154, 155 and 156)

이러한 TEN-T 프로젝트의 주요 목적은 다음과 같다.

① 사람과 물자의 안전한 이동을 보장한다.
② 이용자들을 위한 고품질 인프라를 제공한다.
③ 모든 수송 수단(도로, 철도, 항만, 공항)을 통합한다.
④ 기존 수용력의 이용을 최적화한다.
⑤ 모든 수송 수단의 상호 이용을 가능하게 한다.
⑥ EU 전체 지역에 적용한다.
⑦ 중유럽, 동유럽, 지중해 지역 국가들로 구역을 확장한다.

표 7-3 TEN-T 프로젝트의 범위

| 구분 | 세부내용 |
| --- | --- |
| 해양 고속도로 | • 발틱해에서 칼리닌그라드를 포함하는 러시아 연계<br>• 서유럽 해상에서 북유럽 노르웨이 및 남유럽 모로코 연계<br>• 지중해에서 북아프리카와 홍해를 포함하는 중동 연계<br>• 지중해에서 흑해 연계 |
| 북축 | • 북유럽 노르웨이에서 동쪽으로 벨루루시와 러시아 연계<br>• 백해 지역 연계: 노르웨이-스웨덴-핀란드-러시아 연계 |
| 중앙축 | • 우크라이나와 흑해 연계, 카스피해로 내륙수운 연계<br>• 중앙아시아와 카프카스 산맥으로 연계<br>• 시베리아횡단철도(TSR)와 직접적인 연계<br>• 볼가-돈 운하로부터 발틱해 연계 |
| 동남축 | • 발칸반도와 터키를 지나 카프카스 산맥과 카스피해로 연계<br>• 발칸반도와 터키를 지나 이집트와 홍해로 연계<br>• 발칸 국가들-러시아-이란-이라크-페르시아만 연계 |
| 서남축 | • 스위스-모로코-알제리-튀니지-이집트 연계<br>• 이집트와 남쪽으로 기타 남아프리카 국가들을 연계 |

특히, TEN-T 프로젝트는 [표 7-3]과 같이 해양 고속도로를 구축함으로써 해상운송 경로를 넓히고 유럽과 그 주변국을 동서남북으로 연계하여 광범위한 수송네트워크를 구축하는 것이다. 또한, 주변국으로 러시아의 TSR과 직접적으로 연계하여 동쪽으로 범위를 확장하고 아프리카 국가들을 연계함으로써 남쪽으로 범위를 확대하여 그 영향력을 강화하고자 하였다.

이러한 대규모 TEN-T 프로젝트는 크게 중·단기 프로젝트와 장기 프로젝트로 분류된다. 2020년까지 완료되는 중·단기 프로젝트는 교통 혼잡, 낙후된 인프라 및 국제 교류와 교통을 방해하는 환경적 요소들을 대상으로 가장 시급한 병목현상을 처리하는 것을 목표로 하여 궁극적으로 시간을 단축하고 운영비를 절감하는 것이다. 이 프로젝트를 위한 투자비는 350억 유로로 예상하고 있다. 2020년부터 시작되는 장기 프로젝트는 인프라 수용능력을 점진적으로 향상시키는 것을 목표로 하고 프로젝트 비용은 100억 유로로 예상하고 있다.

이처럼 TEN-T는 모든 수송수단 네트워크를 연계하는 대규모 프로젝트로써 지속가능한 수송을 위해 높은 평가를 받고 있지만 사실상 수송 인프라 건설을 위한 막대한 비용으로 인하여 재정적인 어려움을 겪고 있다. TEN-T 프로젝트에 항만을 고려하지 않았던 1995년에 항만을 제외한 수송 인프라 구축비용은 이미 400억 유로로 책정되었다. 물론 EU로부터 유럽 수송 인프라를 위한 재정 지원을 받을 수 있지만 TEN-T 프로젝트 계획이 처음 소개되었을 당시, EU는 최대 20억 유로 정도를 지원할 수 있는 것으로 나타났다. 그러나 TEN-T 프로젝트가 장기적인 관점에서 추진해야 할 정책으로 인정받고 충분한 예산 확보를 위하여 민관합동의 3섹터 방식을 도입하기로 결정하게 되었다.

EU는 TEN-T 프로그램을 통해 전반적으로 유럽 수송시스템의 효율성을 향상시키고 효율적인 수송네트워크를 바탕으로 유럽 역내·외 무역의 성장을 촉진할 것으로 기대하고 있다. 특히, 해운수송과 관련하여 연안운송의 발달로 도로운송 분담률을 낮추어 혼잡 및 외부비용(external cost)을 절감하고 역내 해운수송 연계를 강화하여 주변 지역의 접근성을 향상시키고 경제적·사회적 결합을 강화할 것으로 기대하고 있다.

또한 EU 수송 네트워크의 통합은 복합운송의 중요성을 강조하고 있고 이에 항만은 해양과 내륙 사이의 수송을 연결하는 지점으로 복합운송에서 중요한 역할을 차지하고 있다. 복합운송은 네트워크 내에서 항만을 통합하기 위하여 항만과 철도, 내륙수운 등 다른 수송수단과의 연계가 필요하다. 특히 유연하고 고객지향적인 문전수송(door-to-door service)을 위해 다른 수송수단과 최적의 통합이 요구되고 이는 전체적인 수송시스템의 효율성을 향상시켜 결국 EU 수송정책에서 강조하는 지속가능한 이동(sustainable mobility)을 가능하게 할 것으로 기대하고 있다. 이에 TEN-T 프로그램은 해양 고속도로(motorways of the seas) 건설을 포함하고, [그림 7-4]와 [표 7-4]와 같이 주요 항만을 대상으로 인프라를 구축함으로써 해상운송 네트워크 연계뿐만 아니라 수송수단별 네트워크 연계를 강화하고자 한다.

표 7-4 해양 고속도로 대상 항만 리스트

| 중단기 프로젝트 | | |
|---|---|---|
| 러시아 | 1 | Port of St. Petersburg (Ust-Luga +railway terminal) |
| | 2 | Port of Novorossyisk (upgrading +logistic centre) |
| 우크라이나 | 3 | Port of Illyiehevsk (container terminal) |
| 터키 | 4a | Port of Mersin (capacity increase, phase 1) |
| 아제르바이잔 | 5 | Port of Baku (railway handling etc.) |
| 그루지아 | 6 | Port of Poti |
| 시리아 | 7 | Port of Tartus |
| 요르단 | 8a | Port of Aqaba (master plan, capacity increase, phase 1) |
| 이집트 | 9 | Multipurpose platform East Port Said Port |
| 튀니지 | 10 | Deep water port in Enfidha |
| 알제리 | 11 | Port of Djen-Djen |
| 모로코 | 12 | Container terminal of Mohamedia port |
| 장기 프로젝트 | | |
| 터키 | 4b | Port of Mersin (capacity increase, phase 2) |
| 요르단 | 8b | Port of Aqaba (capacity increase, phase 2) |
| 그루지아 | 13 | Port of Batumi |
| 이집트 | 14 | Extension of existing breakwater and new platform of El Dekhela Port |

자료: EC(2005), Networks for peace and development, p. 70.

## 2. 연안운송정책과 복합운송서비스를 위한 항만

EU의 화물 수송 분담률은 도로(44%), 연안운송(41%), 철도(8%) 순으로 주로 도로운송을 통해 화물을 수송하고 있다. 승객의 경우, 도로(79%), 철도(6%), 항공(5%) 순으로 도로운송에 집중된 수송수단의 불균형으로 인한 문제점을 가진다. EC(2004b)의 White Paper에 따르면, 교통혼잡, 대기오염, 소음, 사고 등으로 인한 도로운송의 외부비용은 유럽위원회 GDP의 0.5%를 차지한다. 도로 혼잡은 2010년까지 상당히 증가할 것으로 예상되고 이로 인한 비용손실은 142%까지 증가하여 연간 800억 유로로 유럽위원회 GDP의 1%까지 이를 것으로 예상하고 있다. 또한 1990년에 기록된 이산화탄소 배출량은 7억 3,900만 톤으로 기록되었다. 현재 교통량 증가 추세에 따라 2010년 기준 수송으로 인한 이산화탄소 배출은 1조 1,130억 톤까지 증가할 것으로 예상하고 있다.

일반적으로 기존의 수송비 구조는 인프라, 혼잡, 환경 훼손, 교통사고에 대한 모든 비용을 반영하지 않았으므로 EU는 이에 대한 고려가 필요하다고 지적하고 있다. 따라서 EU는 외부비용을 고려하여 상대적으로 자연친화적이고 안전성이 뛰어난 연안운송 또는 내륙수운으로의 수송수단 전환 정책을 추진하고 있다([표 7-5] 참조). EC(2004b)의 연구에 따르면, 연안운송은 에너지 효율적인 수송수단으로 1리터의 연료로 1km를 수송하는 데 도로는 50톤, 철도는 97톤까지 수송이 가능한 반면 연안운송은 127톤까지 수송이 가능하여 자연친화적인 것으로 나타났다. 또한, 뛰어난 안전성을 가지므로 화학제품과 같은 위험화물의 수송에 적합하며 수송하는 총 물동량과 비교해 볼 때, 사고율은 거의 제로에 가깝다. 따라서 무거운 자재, 산업용 벌크화물, 건축자재 등과 같은 중량이 무거운 반면 비용이 저렴한 화물을 대상으로 장거리, 대량수송에 유리하다.

**표 7-5 수송 수단별 평균 연료 소비와 오염 배출** (단위: gr/tkm)

| 구분 | 연료소비량 | CO2 | CO | HC | NOx | SO2 | 기타 |
|---|---|---|---|---|---|---|---|
| 도로 | 31.33 | 98.30 | 0.48 | 0.23 | 0.98 | 0.03 | 0.08 |
| 철도 | 8.91 | 28.33 | 0.20 | 0.10 | 0.47 | 0.04 | 0.03 |
| 연안운송 | 4.83 | 15.45 | 0.04 | 0.01 | 0.31 | 0.29 | 0.01 |

자료: Chlomoudis and Pallis(2002), European Union Port Policy.

이처럼 연안운송과 내륙수운을 통한 해상운송은 도로 혼잡, 철도 인프라의 부족, 대기오염에 대응할 수 있는 방안으로 주목받고 있다. 특히, 유럽내 35,000km 길이의 연안과 1,000여 개의 항만을 고려할 때, 이는 사실상 무한한 수용력을 가진다고 할 수 있다. [그림 7-5]는 2005년 기준 EU 국가별 연안운송 실적을 보여준다. 지리적으로 유럽 영토에서 완전히 분리된 영국과 아일랜드에서 연안운송이 가장 많이 일어나고 유럽에서 가장 많은 내륙수운 수송을 하고 있는 네덜란드도 연안운송 실적이 많은 편이다. [그림 7-6]은 각 국가별 5년간 연안운송 수송량 변화를 보여주고 있다. 그래프를 통해 볼 수 있듯이, 지난 5년간 연안운송 수송량은 사실상 큰 변화가 없다. 실질적으로 2004년 대비 2005년 총 연안운송 수송량은 4.2% 증가한 것으로 나타났다.

그림 7-5 2005년 EU 국가별 연안운송 수송량 (단위: 백만톤)

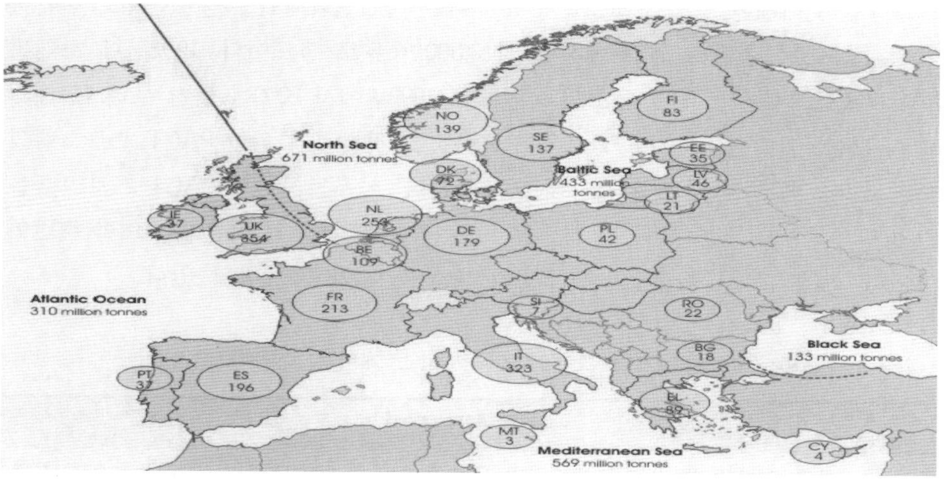


자료: Eurostat 2006, Short Sea Shipping of Goods 2000~2005.

그림 7-6 2000년~2005년 EU 국가별 연안운송 수송량 변화 추이 (단위: 백만톤)

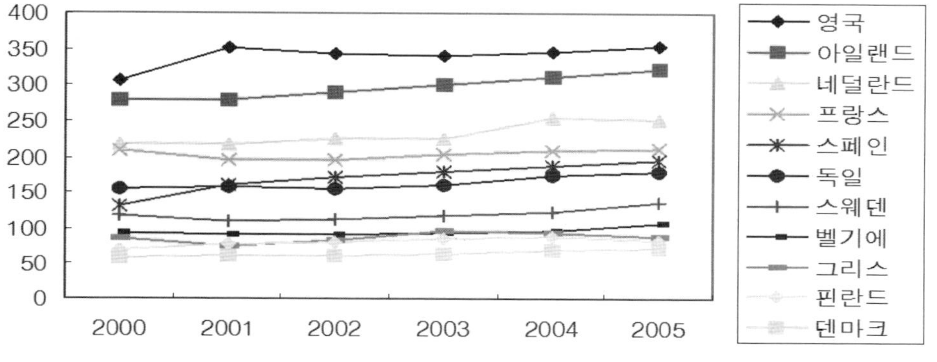


자료: Eurostat 2006, Short Sea Shipping of goods 2000~2005 자료를 바탕으로 분석.

앞서 살펴본 TEN-T 마스터플랜은 해상고속도로 건설을 포함하고 이는 항만과 배후 연계를 강화하고 보다 질적인 항만서비스를 목표로 하므로 EU는 연안운송의 성장에 대한 큰 잠재력을 가지고 있다. 또한 EU는 연안운송을 강화하기 위해 마르코폴로 프로그램(Marco Polo Programme)을 추진하고 있다.

마르코폴로 프로그램은 2001년 PACT(Pilot Action for Combined Transport) 프로그램이 대체된 것으로 도로운송에서 다른 자연친화적인 수송수단으로 전환하기 위한 프로그램으로 연간 예산은 약 3,000만 유로 정도이다. 1992년에 소개된 PACT 프로그램은 5,300만 유로의 예산으로 1992년에서 2000년 동안 무려 167개의 프로젝트에 착수하였다. [표 7-6]은 도로운송을 전환하기 위한 PACT 프로그램의 수송서비스 개발에 대한 성공사례를 보여준다. 성공적이었던 PACT 프로그램을 이어 마르코폴로 프로그램은 도로에서 다른 수송수단으로의 전환에 기여할 뿐만이 아니라 전체적으로 복합운송시스템의 향상을 목적으로 하고 있다.

표 7-6 PACT 프로그램의 수송서비스 개발에 대한 성공사례

| 사 례 | 수송서비스 개발로 인한 효과 |
|---|---|
| 스웨덴과 이탈리아의<br>철도/해운 서비스 | • 혼잡한 도로에서 연간 500,000톤을 철도/해운으로 전환<br>• 수송시간을 48시간까지 절감 |
| 스키폴공항과 밀라노공항의<br>철도/항공 서비스 | • 운영이 시작된 해부터 도로에서 주당 항공화물 45 팔레트 전환 |
| Lille-Rotterdam<br>일일 바지서비스 | • 도로에서 화물자동차 약 50대 전환 |
| La Rochelle-Le Havre와<br>Rotterdam 해운서비스 | • 3년동안 도로에서 해운으로 643,000톤의 화물 전환 |
| 스페인과 독일의<br>철도/해운 서비스 | • 도로에서 화물자동차 연간 약 6,500대 전환 |

연안운송 정책의 촉진을 위해 'European transport policy for 2010: time to decide(2010년을 위한 유럽의 수송정책: 결정해야 할 시기)'이란 White Paper(2004)에서는 항만에서 복합운송을 위한 재하역은 시간과 비용을 증가시키므로 경쟁력을 약화시킨다고 지적하고 연안운송의 발전은 효율적인 항만서비스에 달려 있다고 강조하였다. 특히, 로테르담, 엔트워프, 함부르크와 같은 항만들은 최첨단 시설과

유연한 배후연계성으로 경쟁력이 높은 반면 대다수의 항만은 적절한 인프라의 부족, 항만에 대한 제도적인 경직성, 복합운송시스템에 대한 부족한 연계성, 화주에 대한 정보의 부족 등의 문제점을 가진다고 지적한다. 따라서 항만의 접근성을 향상시키고 보다 효율적이고 신뢰할 수 있는 수송서비스를 제공할 수 있는 개발을 위한 항만의 인프라 강화를 통해 항만의 경쟁력을 향상시켜 연안운송을 촉진하고자 하는 추세이다.

## 3. EU 해운정책과 항만정책

EU 수송 정책이 활발히 논의되었던 1990년대에는 글로벌화에 따른 경쟁력 강화를 목적으로 향후 해운정책 방향을 제시하였다. 특히, 해운산업에 속하는 선박건조, 복합운송업자를 포함하는 해운·항만서비스, 어업을 포함하는 해양자원산업 등은 전반적으로 유럽내 고용창출과 경제발전에 부흥하였기 때문에 해운산업을 육성하기 위한 경쟁력 향상에 중점을 두었다. 이를 위하여 1994년 유럽위원회는 산업 경쟁력에 대한 정책을 바탕으로 해운산업의 개발을 위해 나아가야 할 방향을 제시하기도 하였다.

EU 정책의 핵심은 '지속가능한 개발'로 경제성장, 사회복지, 환경보호의 강화를 목적으로 하고 있다. 지금까지 EU 해운정책은 해운수송, 산업, 연안지역, 근해에너지, 어업, 해양환경 및 관련 분야들을 개별적으로 발전시켜 왔다. 이에 Green Paper(2006)는 최근 미래의 해운정책을 위한 정책보고서 'Towards a future Maritime Policy for the Union: A European vision for the oceans and seas(연합국을 위한 미래 해운정책을 향하여: 해양에 대한 유럽의 비전)'을 제시하여 서로 직·간접적으로 영향을 주고받는 분야들을 하나의 시스템으로 바라보고 향후 해운정책은 혁신적이고 경쟁적이며 자연친화적인 해운 산업으로 발전시켜야 한다고 주장하고 있다. 즉, 전체적인 관점에서 개별적으로 다루어진 분야들을 통합하고 해운의 지속가능한 개발을 위하여 경제적, 사회적, 환경적 차원에서 미래 정책방향을 모색하고자 하였다.

EU의 산업정책에 따르면 연합국은 성장을 촉진하고 연합내 고용창출을 향상시켜야 한다고 강조한다. 특히, 지식과 기술에 대한 지속적인 투자는 경쟁력을 향상시키고 관련 종사자들의 업무수행 능력을 향상시키는 데 중요하며 나아가 유럽의 미래는 세계 시장에 새롭고 품질이 뛰어난 제품과 서비스 제공에 달렸다고 주장한다. 이러한 산업정책에 따라 해양 산업을 통해 성장을 촉진하고 고용창출을 위해 궁극적으로 해양 자원을 유지하고 관리시켜야 하며 이를 위해서는 과학적 지식에 근거한 해양 생태계 관리의 필요성이 제기되었다.

궁극적으로 환경보존은 EU의 경쟁력을 향상시켜 장기적으로 성장을 가능하게 하고 고용창출의 기반이 된다. 즉, 해양환경을 훼손한다면 수익 및 고용창출에 부정적인 영향을 미친다는 것이다. 이와 함께, 범죄 및 테러 위협의 고조로 인하여 안전 및 보안이 강화되기 시작하였다.

이처럼 EU 해운정책에 대한 활발한 연구는 전체적인 해운 산업시스템의 발전을 위하여 향후 항만이 한 구성요소로써 다른 요소들과 조화로운 발전을 위한 정책 추진이 이루어졌다. 특히, 지속가능한 개발을 위하여 자원을 보호하고 각종 범죄 및 테러 등의 위협으로부터의 안전을 위하여 항만안전, 보안, 환경에 대한 정책이 강화되고 지속적인 연구가 이루어질 것으로 예상된다.

## 4. 항만서비스의 시장 진입 자유화

항만서비스의 시장 진입에 대한 자유화 정책은 1997년에 제기되었다. 1997년에 Green Paper는 'Sea Ports and Maritime Infrastructure(항만과 해양 인프라)'에서 항만서비스의 시장진입을 자유화하기 위한 재정적 체재를 제안하였다. 이를 바탕으로 향후 지속적으로 연구되어, 2000년 3월 28일에는 Lisbon 유럽이사회에서 자유화의 촉진이 요구되었고 2001년 2월 13일에 유럽위원회는 'Reinforcing Quality Service in Sea Ports: A key for European Transport(항만의 서비스 질 강화: 유럽의 수송을 위한 해답)'을 채택하였다. 이는 항만 서비스에 대한 시장 진입의 법률을 제안하는 것이었다. 그러나 약 3년 동안의 법률제정 과정을 거쳐 2003년 11월 20일 유럽의회에서 투표한 결과 229명의 반대와 209명의 찬성으로 부결되어 2004년에 기존 제안서의 일부분(자가 하역, 허가, 재정적 부분)을 수정하여 다시 법률을 제안하기에 이르렀다.

유럽위원회의 조약에 따르면, 이는 서비스 제공의 자유에 대한 제약을 없앤다는 조항으로 법률에서 정의하는 항만서비스는 도선, 예선 서비스 및 모든 하역작업(적양하, 적재, 환적, 터미널 내 이송 등)뿐만 아니라 여객서비스(탑승, 상륙 등)를 포함하고 있다. 즉, 항만서비스는 해상운송 인프라를 효율적으로 사용하는 데 기여하므로 해상운송에서 중요한 부분을 차지하며 항만서비스 제공자 및 하역업자에 대한 항만인프라 차별이 있어서는 안 된다는 주장을 펼치고 있다.

이러한 항만서비스 시장 자유화의 목적은 항만서비스 제공자와 하역업자를 위한 시장 진입의 접근, 항만이용자를 위해 제공되는 서비스질의 향상, 효율성 증가와 유연성 향상, 비용 절감을 제한하는 요소들을 제거하여 궁극적으로는 연안운송과 복합운송을 활성화시키기 위한 것이다.

나아가 효율적이고 안전한 항만관리를 위해 연합국은 항만서비스 제공자에게 객관적이고 투명하며 차별적이지 않은 허가를 통해 시장진입의 통제가 요구된다. 특히, 법적 능력이 있는 기관은 법에 따라 효율적인 적절한 방식으로 허가가 이루어져야 한다. 그리고 항만은 지역적으로 제약을 가지므로 특별한 경우 시장 진입은 공간, 수용능력, 안전, 환경적 규범과 관련된 요구사항에 대해 제한할 수 있다. 이러한 경우, 항만의 전반적인 효율성을 향상시키기 위하여 허가되는 항만서비스 제공자수가 제한될 수도 있다. 항만서비스 제공자수가 제한되면 비차별 규정에 따라 보다 투명하고 객관적이며 공정한 절차를 거쳐야 할 것이다.

항만서비스 시장에 접근 가능한 하역업자에 관해서는 항만운영의 전반적인 효율성을 강화하고 사회적 규범과 안전 규정을 지키기 위해 항만노동자들의 교육 및 훈련 수준을 강화하는 추세이다. 마지막으로 도선서비스는 해상교통의 안전과 환경보호를 위해 중요한 분야이므로 연합국은 도선서비스의 효과를 증진시키기 위한 연구를 계속 진행할 예정이다.

## 5. 투자 및 요금책정정책

항만은 정부, 지역 또는 지방 정부에 의해 운영되거나 민간 기업에 의해 운영된다. 과거에는 주로 정부에 의해 운영되고 항만 건설과 항만서비스에 대한 비용이 납세자에 의해 지불되어 항만 서비스 제공자의 역할이 강했다고 볼 수 있다. 그러나 최근 항만은 직접적으로 혜택을 받는 항만이용자들로부터 비용을 회수해야 하는 상업적인 마인드와 역할이 보다 발전해 가고 있는 추세이기 때문에 최근의 항만은 상업적 원리에 입각하여 운영되고 있다. 이러한 추세에 따라, 1997년 그리고 2001년에 Green Paper는 자금 조달과 항만이용에 따른 요금부담에 관련한 제정을 제안하기도 하였다.

항만의 투자 및 요금정책에 대한 결정은 공공단체에 의존하거나 영향을 받는다. 예를 들어, 항만에 대한 공공투자에서 수송 인프라의 경우 총 연합국 투자의 5~10%를 차지하고 있다. 자금과 관련하여, 항만서비스 시장은 성장하고 있으나 공정한 절차상의 규정이 아직까지 명확하지 않아 항만에서 공금 흐름이나 항만관리기관에 의한 자금의 사용에 대한 명확하고 투명한 정보를 제공하지 않는 문제점이 있다. 따라서 아직까지 항만부분에 대한 국가재정 운영은 명확하지 못하며, 유럽내 항만 요금과 비용 회수 시스템은 매우 다양한 형태를 보여주고 있다.

요금책정정책과 관련하여 가장 흔한 기본적인 요금은 선박이 안전하게 입항하고 항만을 이용하도록 제공되는 서비스와 시설에 대한 요금, 특별한 서비스나 제공되는 공급품에 대한 요금, 항만이 소유하는 토지나 장비의 사용에 대한 임대료 또는 요금으로 규정된다. 인프라 비용과 관련하여 Green Paper(1997)는

표 7-7 영국 항만에서 부과되는 주요 요금

| 구 분 | 비용을 부과하는 단체 | 범 위 |
|---|---|---|
| 조명 이용료 | 등대관리 기관 | 항만구역 외의 항해용 부표와 조명 |
| 도선료 | 소관 항만공사 | 도선서비스 |
| 예선료 | 민간 또는 항만 기업 | 예선서비스 |
| 자연보호세 | 자연보호 기관, 주로 하버공사 (Harbour Authority) | 항로, 부표, 조명의 관리 |
| 항만사용료 | 하버공사 또는 시설 소유자 | 항만내 수역지역, 안벽 |
| 여객요금 | 하버공사 또는 시설 소유자 | 시설 운영과 인건비 |
| 화물요금 | 하버공사 또는 시설 소유자 | 에이프런, 항만내 도로와 철도, 담과 모든 일반적인 항만 인프라, 보안과 기타 서비스 |
| 크레인 사용료 | 하버공사 또는 시설 소유자 | 크레인의 관리 |
| 창고 사용료 | 하버공사 또는 시설 소유자 | 장기 보관 |
| 하역료 | 하버공사 또는 제공기관 | 하역 |

자료: ESPO(2005), Factual report on the european port sector, p. 242~245.

인프라 가격정책의 장기 목표는 인프라 사용의 한계 사회적 비용(자본, 운영, 환경비용, 혼잡비용)에 대해 요금을 부과해야 한다고 지적하였다. 이를 통하여 투자는 수요 주도라는 것을 명확히 하고 장기적으로 항만부문에서 공정한 경쟁을 지키고자 한다. 또한 유럽위원회가 특별히 관심을 가지는 부분은 많은 준설비용과 관련해 오염자부담 원칙의 적용을 제시하는 항만에 대한 해양 접근 비용 부과와 등대, 부표, 무선항해 시스템, 해운 교통량 구성 시스템 등 안전한 항해 보조를 위한 비용 부담이다. 예를 들어, 영국 항만에서 부과되는 요금은 [표 7-7]과 같이 항만 및 시설 사용료 외에 도선, 예선, 등대 및 자연보호세를 포함하고 있다.

항만에 대한 정부 보조는 관련법에 따라 선택하게 되는데 이때 기준은 투자조치가 정부보조로 이루어지는지의 여부에 상관없이 정해진 표준에 따라서만 이루어진다는 것이다. 공공 인프라는 비차별적으로 모든 이용자들에게 개방되고 유럽위원회는 실질적으로 혹은 잠재적으로 모든 이용자들에게 개방되는 인프라에 대한 투자를 일반적인 법안으로 고려한다. 반면 특정 이용자를 위한 인프라에 대해서는 보조를 고려하지 않는데, 예를 들어 공공기관이 그들의 재산으로 개발을 위한 토지를 준비하고 시장 시세로 이를 팔거나 임대한다면 위원회는 정부보조로 이러한 인프라에 대한 투자에 보조하지 않는다.

또한 상부구조에 대한 투자는 모든 형태의 건물들(창고, 작업장, 사무실)과 모든 장비 또는 수송 장비를 포함할 수 있다. 이것이 특정 작업 수행을 돕는 것이라면 조약에서 규정한 공제대상을 제외하고 보조를 하게 된다. 그리고 개별항만 서비스 제공자에 대한 서비스와 같은 항만의 운영서비스에 대한 투자 또한 특정 작업 수행을 돕는 것이라면 조약에서 규정한 공제대상을 제외하고 정부보조를 하게 된다.

## 6. 항만안전, 보안, 환경적 문제를 고려한 정책

### 1) 항만안전과 환경보호정책

1999년 12월 12일의 ERIKA 사고와 2002년 11월 14일의 Prestige 사고 발생으로 많은 양의 기름이 해상에 유출되었다. ERIKA 사고([그림 7-7])는 25년이 된 단일선체 탱커(single-hull tanker) 선박이 두 개로 절단되어 20,000톤의 기름을 프랑스 해변에 유출하게 되었다. Prestige 사고([그림 7-8]) 역시 단일선체 탱커로 당시 77,000톤의 기름을 수송하던 도중 스페인 인근 해상에서 침몰되어 스페인과 프랑스 해양 오염에 심각한 피해를 주었다. 이 두 사건을 계기로 각 국가들은 단일선체 탱커 운항을 제한하고 이중선체(Double Hull)를 이용하도록 장려하였다.

그림 7-7 ERIKA 사고

자료: http://www.dnv.com/publications/classification news/no 2 2000/TheERIKAaccident.asp

그림 7-8 Prestige 사고

자료: http://www.mohid.com/Prestige/accident.htm

이처럼 EU는 해양안전과 선박의 사고로 인한 해양 오염을 방지하기 위한 법률을 제정하기 시작했다. 따라서 EU는 유럽 항만에서 주로 선박을 통제하는 방법으로 표준 이하의 선박에 대한 규제를 강화했다. 이러한 방어적인 대안은 법률적으로 제재를 가함으로써 선주 및 선박 등록 국가에 대한 책임을 강화하였지만 항만과 연안에 대한 관리 비용을 상당히 낮추는 결과를 가져왔다.

유럽위원회의 해양안전정책은 주로 선박에 집중된다. 그러나 이 정책은 직접적으로 항만에 영향을 미치므로 법률 수행 또는 집행에서 상호 협력하도록 요구되고 있다. 특히, 선박안전과 직접적으로 관련된 도선, 예선은 높은 수준의 항만서비스를 유지하도록 요구된다. 그러나 일각에서는 항만간 안전에 대한 통일된 규정이 공정한 경쟁을 저해할 수도 있으므로 신중한 검토를 요구하기도 한다.

유럽위원회는 현재 하역 작업과 관련하여 IMO(International Maritime Organization: 국제해사기구)의 규정 내에 안전과 관련한 조건을 담고 있다. 특히, 선박에 대한 강제적인 적용과 벌크선의 안전한 적양하를 위한 터미널 운영업체의 IMO Code는 안전성을 보다 강화하고 있다. 또한 ILO(International Labour Organization: 국제노동기구)의 적재, 화물의 보안, 하역 장비의 안전과 관련한 법률의 수행은 관련 노동자의 안전과 보호에도 기여한다.

이러한 다각적인 유럽의 안전정책으로 해양 사고의 수가 감소했음에도 불구하고 아직까지 안전을 위한 표준을 강화해야 할 필요가 있다고 지적하고 있다. 유럽위원회는 2005년 해운안전에 관한 정책을 발표했고 이는 7가지 새로운 제안을 담고 있다. 다음과 같이 제시된 7가지 제안은 유럽의 해양안전과 관련한 규정을 보완하고 기존의 척도를 향상시키는 것을 목적으로 한다.

① 선박 등록 국가에 대한 요구사항과 관련한 규범에 대한 제안
② 선급에 대한 규범 개정
③ 항만 통제에 대한 규범 개정
④ 통행 모니터링에 대한 규범 개정
⑤ 사고 조사와 관련한 규범에 대한 제안
⑥ 해양 사고 발생시 승객의 피해에 대한 책임과 보상에 관한 규정
⑦ 선주의 계약상 규정 외의 책임에 대한 규범

EU는 해양환경의 훼손은 수익과 고용창출에 부정적인 영향을 미치는 반면

환경보존은 궁극적으로 EU의 경쟁력을 높이고 장기 성장과 고용을 향상시키는 데 기여할 것으로 기대하며 그 중요성을 강조하고 있다. 따라서 2021년까지 EU의 해양환경을 양호한 상태로 복구하겠다는 목표를 가지고 있다.

이와 관련하여, 다음 세대를 위해 유럽위원회가 제시한 6가지 환경 활동프로그램(① 공기 정화를 위한 전략, ② 천연자원의 지속가능한 이용을 위한 전략, ③ 해양환경에 대한 전략, ④ 도시환경에 대한 전략, ⑤ 훼손 방지에 대한 전략, ⑥ 재활용에 대한 전략)은 항만에도 영향을 미칠 것으로 예상된다. 특히, 해양환경에 대한 전략 프로그램은 항만 기능에 직접적인 영향을 미칠 것으로 보이고 기타 전략들도 직·간접적으로 영향을 미칠 것으로 예상된다.

### 2) 항만보안

인간의 범죄, 테러를 포함하는 위협은 광범위하게 영향을 미치므로 해운, 항만뿐만이 아니라 도시를 보호하기 위한 보안정책이 필요하다. 이를 위해 EU는 회원국 간의 정보교환을 향상시키고 인프라 보호를 강화하여 보다 효율적으로 위협에 대항하고자 하였다. 그리고 2001년에 발생한 9.11 테러사건 이후로 컨테이너 보안과 관련 문제를 대상으로 미국과 협력(Container Security Initiative: CSI)하였다. 또한 9.11 테러사건 이후로 논의된 선박과 항만의 접점에서 직접적으로 적용되는 ISPS(International Ship and Port Facility Security: 국제 선박 및 항만시설 보안) 규정은 2004년 5월 19일에 실시되었고 이에 따라 항만 보안이 더욱 강화되고 있는 추세이다.

유럽의 항만보안정책은 테러리스트의 공격에 대한 위협으로부터 유럽 시민, 해운, 환경을 보호하는 것을 목적으로 하며 2004년에 유럽위원회는 항만의 외부 경계에 공통된 규정을 위한 법률을 제안하였고, 유럽의회와 유럽이사회는 2005년에 이를 채택하였다. 이어서 항만보안법(Port Security Directive)이 2005년 유럽연합에서 공식적으로 제정되었고 이 법은 연합국이 2007년 6월 15일까지 법을 준수하도록 하였다.

# 제 3 절 EU 주요 국가들의 항만정책

앞서 EU의 공동 항만정책을 살펴보았다. EU는 전반적인 공동 수송정책을 위한 논의가 활발하지만 현실적으로 국가별 다른 정책 방향으로 인하여 통합하기가 어려운 한계를 가지고 있다. 따라서 본 절에서는 다양한 유럽 항만들의 특성을 살펴보고 특히 해운·항만산업이 활발한 5개국(벨기에, 네덜란드, 독일, 프랑스, 영국)을 대상으로 각 국가별 항만정책을 세부적으로 비교해 본다([표 7-8] 참조).

유럽 항만은 [그림 7-9]와 같이 주로 규모, 지정학적 위치, 관리, 운영, 고용에 따라 다양하다. 앞서 언급되었듯이 유럽에는 1,000여 개 이상의 항만이 있다. 먼저, 이들 항만은 규모에 따라 지역적, 국가적, 국제적 수준의 항만으로 구분할 수 있다. 예를 들어, 벨기에의 경우 국제 교역을 주로 담당하는 엔트워프 항은 국제적 항만에 속한다. 엔트워프 항보다 국제 교역량이 작고 전문적으로 벨기에의 자동차 화물을 다루는 쩨브뤼헤(Zeebrugge) 항은 국가적 항만에 속한다. Albert 운하를 따라 유럽 나이키 유통센터가 위치한 락달(Laakdal) 항은 내륙수운을 통해 나이키 유통센터로 수송되는 화물을 주로 처리하므로 지역 항만으로 구분할 수 있다.

그림 7-9 유럽 항만들의 다양성

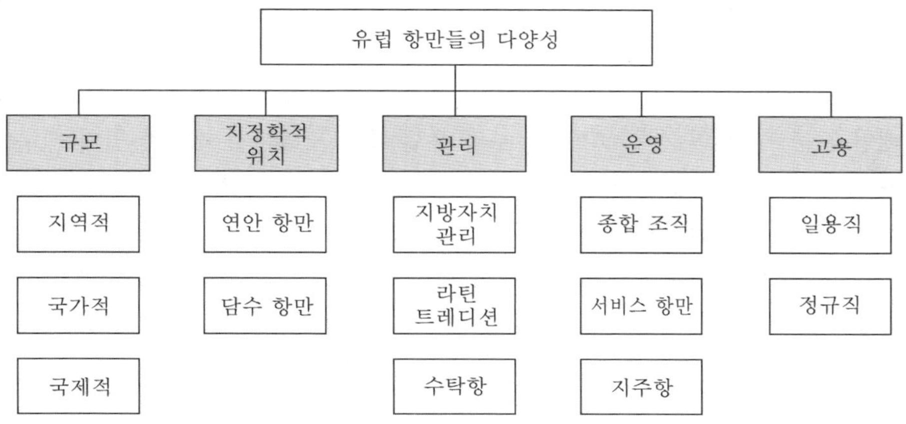


자료: Chlomoudis, C. I., and Pallis, A. P.(2002), European Union Port Policy.

유럽 항만은 지역적으로 크게 발틱해, 북해, 대서양, 지중해를 중심으로 발달하였다. 이는 지정학적 위치에 따라 바다를 끼고 있는 연안항만인 북해, 대서양 지역의 항만과 발틱해, 지중해와 같이 마치 원을 이루듯이 바다를 끼고 있는 지역 항만들로 나눌 수 있다. 연안항만의 장점은 항만으로의 접근성이 매우 뛰어나고 선박 접안이 용이하다. 반면, 원을 이루듯이 바다를 끼고 있는 지역 항만들은 그 지역내 물적 교류는 빈번하지만 규모가 큰 국제선박이 접근하기에는 다소 불편한 점이 있다.

발틱해는 스칸디나비아 지역과 동유럽 지역을 포함하며 그 지역 항만들 사이에 물자교류가 활발하지만 타 지역의 항만들과 비교할 때 아시아나 미국과의 교류는 활발하지 못한 편이다. 따라서 이 지역의 항만들은 주로 중소형 규모의 항만들로 구성되어 있다.

북해는 함부르크 항과 르와브르 항 지역의 범위에 있어 국제무역에서 유럽의 관문 역할을 하는 주요 항만들을 포괄하고 있다. 이들 국제항만은 배후에 잘 발달된 산업 지역과 근접해 있기 때문에 EU 해운수송량의 50% 정도를 처리하고 있다. 이들 항만은 또한 유럽에서 매우 뛰어난 시설과 가장 효율적인 항만 운영을 통하여 꾸준히 성장할 수 있었다. 그러나 지속적으로 증가하는 물동량으로 인하여 항만내 적체 문제와 배후 내륙 수송으로 인한 심각한 도로 혼잡 문제가 걸림돌로 작용하고 있다. 전문가에 따르면, 로테르담 항의 경우 배후도로 교통혼잡 문제가 심각하여 이 문제가 지속될 경우 선사들은 부근의 경쟁항(예: 엔트워프 항)으로 발길을 돌릴 것이라고 예상하고 있다.

대서양은 르와브르 항에서 스페인, 포르투갈 지역을 포함하고 있다. 특히, 스페인과 포르투갈의 경우 해안으로부터 유럽 내륙 지역까지 거리가 멀기 때문에 내륙 수송이 어려운 문제를 안고 있다. 따라서 대다수의 컨테이너 화물은 화물유통센터가 잘 발달된 북해지역에 위치한 항만들을 자연적으로 선호하고 있고 스페인과 포르투갈 항만들은 컨테이너 화물보다는 벌크 화물을 많이 처리하고 있다.

마지막으로 지중해에 위치한 항만들은 과거 낙후된 항만 인프라, 부족한 배후연계수송 인프라, 비효율적인 항만 운영관리로 인하여 다른 지역에 비해 일찍이 항만이 발달되지 못했다. 그러나 1990년대 중반부터 항만개발과 효율성을 증대시키면서 그 지역 내의 화물뿐만 아니라 아프리카와 중유럽의 다리 역할을 하고 있다. 특히 아시아와의 교역량이 급증하면서 기존의 아시아-북유럽(네덜란드, 벨기에) 경로에서 최근 발달하고 있는 지중해 지역으로 경로가 늘어나고 있다. 사실상 지중해 지역의 배후연계수송이 보다 발달되면 지중해 지역 항만들의 경쟁력이 크게 향상되어 북해 지역 항만들의 경쟁항이 될 것으로 예상되고 있다.

항만 관리는 크게 세 가지로 분류될 수 있다. 지방자치 관리 항만은 매우 전형적인 관리 형태로써 지방자치에서 화물수송과 관련한 활동들에 직접적으로 관여하고 전반적인 항만 관리에 대한 책임을 가진다. 라틴 트레디션은 중앙정부가 직접적으로 전반적인 항만 관리에 관여하는 것으로 유럽에서는 주로 지중해에 위치한 항만들이 이에 속한다. 항만이 직간접적으로 국가 경제에 미치는 긍정적인 영향으로 최근 국제무역을 주로 담당하는 항만들을 중심으로 상업적인 항만들이 증가하고 있다. 즉, 항만이 기존의 공적 기능에서 벗어나 수익을 창출할 수 있는 하나의 서비스 산업으로 인식되어 고객서비스를 위한 인프라 및 시설을 확장하고 운영방식을 최대한 효율적인 방향으로 모색하고 있다. 이는 주로 민영화 과정을 거치는데 유럽에서는 영국이 민영화에 가장 주도적이다.

또한, 항만은 항만공사의 항만 서비스, 상부구조, 하부구조의 참여 정도에 따라 세 가지로 나뉜다. 먼저 항만공사가 하부구조, 상부구조를 소유하고 유지하며 동시에 항만서비스를 제공하는 항만이 있다. 그리고 항만공사가 하부구조를 제공하는 반면 민간기업이 건물, 창고, 크레인 등의 시설 및 장비를 포함하는 모든 상부구조를 마련하고 직접 관리하는 서비스 항만이 있다. 이러한 경우, 항만 하역작업은 주로 다른 민간기업에 하역 인부를 의뢰하여 이루어진다. 지주항은 항만공사의 책임이 매우 제한되어 최소한의 기본 하부구조를 제공하는 것이다. 기본 하부구조란 항해보조, 도크, 도로 인프라, 철도 연계를 포함한다. 따라서 항만공사는 항만 토지와 소유물의 주인 역할을 하고 임대한 터미널 운영업자들이 항만개발에 대한 책임을 가지고 자체적으로 운영하는 것이다. 최근 항만 간의 경쟁이 치열해지면서 항만개발에 박차를 가하고 있는 유럽 항만들은 항만공사의 책임을 최소화하고 민간기업이 직접 투자하여 개발하는 지주항 형태의 운영을 선택하는 추세이다. 로테르담 항과 엔트워프 항은 이미 지주항 형태를 반영해 운영하고 있다. 프랑스의 경우 서비스항 형태의 운영을 추진해 오면서 최근 민영화를 보다 확대하고자 하는 추세이다.

표 7-8 EU 주요 국가들의 항만정책 비교

| 구분 | | 벨기에 | 네덜란드 | 독일 | 프랑스 | 영국 |
|---|---|---|---|---|---|---|
| 항만 형태 | | • 총 4개의 항만<br>- 공법인 (Antwerp, Ghent, Ostend)<br>- 유한회사 (Zeebrugge) | • 주로 PA[5]가 운영<br>- 최근 Rotterdam 항만은 법적으로 독립되어 기업화 (주주는 100% Rotterdam 자치기관)<br>• 소수의 민영항 (예:Hoogovens, Zeehaven) | • 지방자치에 속하는 항만 (예: Hamburg)<br>• 유한회사<br>• 민영기업 (예: Bremen) | • 정부통제하에 운영되는 7개 항만 (예: Le Havre)<br>• 국익항만 21개<br>• 상업항만 50여개 | • 민영항만<br>• 위탁항만<br>• 시영항만: 지역사회의 공헌을 목적 (예: Sullom Voe, Flotta) |
| 항만 관련법 | | 1999년 항만법으로 기초 성립 → 2004년부터 효력 발생 | 항만에 대한 법률은 부분적으로 존재하나 전반적인 항만법은 없음 | - 전반적인 항만법은 없음<br>- 인프라에 대한 요율은 민법에 따라 연차결산 공표 | - | 1991년 항만법을 통하여 민영화 허용 (예: ABP는 21개 항만을 소유) |
| 항만서비스 | | • 민영기업이 제공<br>•항만보조서비스는 PA가 허가 | • 민영기업이 제공 | • 민영기업이 제공 | • 민간적인 성격을 가진 합법적인 (공적) 기업이 제공 | • 민영기업이 제공 |
| 항만노동자 | | • 1972년 항만노동법에 의한 사회보장제도 | • 고정 연봉으로 무한정 기간의 고용계약 | • 항만외부에서 일하는 노동자와 동일한 노동법, 복지법에 따른 혜택 | - | • 1989년, 항만노동조직 폐지 → 일반 고용법규에 따름 |
| 항만 투자 및 자금 조달 | | • 대부분 Flemish 정부에서 관리 | • 대부분 PA가 소유권을 가지고 재정적으로 지배 (독점적 항만운영, 독립적 회계관리) | • 항만외: 정부<br>• 항만내: PA | • 인프라 투자(주요 7개 항만, 국익항만)는 정부의 법적 책임<br>• 상공회의소가 자발적으로 비용 보조 | • 정부는 필요한 부분만 규제<br>• 상업적·경영적 결정에 대해 관여하지 않음 |
| 주요 항만 개발 프로젝트 | 항만 | • Deurganck dock | • Maasvlakte Ⅱ | • CT4 | • Port 2000 | - |
| | 위치 | Antwerp 항만의 Scheldt 강 왼쪽 | 기존 Rotterdam 항만의 확장 (간척) | 기존 Bremen 항만의 확장 | 센느강 북서쪽 끝 (Le Havre와 연계) | |
| | 규모 | -길이: 총 2.6km<br>-넓이: 150ha | 총 2,000ha (1,000ha는 공업지구) | 4개 선석 (1,681m) | 선석: 12개 (4km 이상) | |
| | 기간 | 진행중 | 2006년~진행중 | 2004년~2007/8년 | 진행중 | |
| | 수용 | 550만 TEU 이상 | - | - | - | |
| | 투자 | 2억 유로(인프라) | 총 23억 유로 | 총 5억 유로 | 6억 9,300만 유로 (6개 선석에 대해) | |

5) PA=Port Authority: 항만공사.

항만 하역 노동자는 크게 정규직과 일용직으로 구분할 수 있다. 특히, 유럽에서는 하역 노동자들의 일정 수입을 보장해 주기 위하여 정규직을 지원해 주고 있기 때문에 대다수 유럽 항만에는 정규직 노동자들이 있다. 벨기에의 경우 법적으로 하역 노동자들을 보호해 주고 있다. 일부 항만에서는 비상사태를 대비하여 필요시 인력을 보충할 수 있는 시스템을 마련하고 있다. 즉, 네덜란드에서는 직업소개소와 같은 곳에서 일용직으로 보충 인력을 이용하고 이용한 시간만큼 인건비를 지급하기도 한다. 부분적으로 일용직을 이용하는 것은 유연성을 높이고 불필요한 인건비를 절약할 수 있는 이점이 있다.

## 1. 벨기에

### 1) 항만 관리 및 운영을 위한 전반적인 정책체제

벨기에는 플랑드르(Flemish) 지역에 총 4개의 항만을 가지고 있다. 이 중 엔트워프, 겐트(Ghent), 오스텐드(Ostend) 항만은 법에 의거하여 설립된 공법인이고 쩨브뤼헤(Zeebrugge) 항은 플랑드르 정부의 통제하에 민간 기업으로 운영되는 유한회사로 분류된다. 플랑드르 지역은 1989년 1월부터 공공사업, 항로, 도선, 예선, 해난구조, 항로 표지 서비스를 포함하는 전반적인 항만정책에 대한 책임을 가지게 되었다. 이후, 1999년에 항만법을 통해 플랑드르의 항만정책 기초를 성립하고 2004년부터 항만법 재정제도의 효력이 발생하게 되었다.

항만법의 규정에서는 첫째, 개별 항만의 보다 자치적인 항만관리와 운영의 획득, 둘째, 국제적인 경쟁에 대처하기 위하여 민간기업의 경영 방식 접근, 셋째, 모든 항만을 대상으로 근무조건 통일, 넷째, 플랑드르 항만들 간의 관계와 플랑드르 정부와 항만들 간의 관계를 명확하고 투명하게 하는 것으로 특히, 플랑드르 정부는 각 항만의 전략을 조정하고 촉진시키는 역할을 한다. 또한, 항만법은 항만의 공적 기능을 지원하기 위한 플랑드르 지역을 인정하고 동시에 항만 프로젝트의 자금 조달에 관해서는 유럽의 규정에 따른다.

### 2) 항만 서비스와 관련된 정책

화물과 관련된 모든 서비스는 민영기업이 제공하며 민영기업이 요금을 정하고 모든 수수료를 받고 있다. 1972년 6월 8일에 제정된 항만노동법(Port Labour Act)에 따르면, "지정된 항만노동자를 제외하고 누구도 항만 지역 내에서 항만 작업을 수행해서는 안 된다"고 법적으로 명시되어 있다. 따라서 항만서비스 제공을 위한 항만노동자는 일일 기준으로 고용되며 항만 노동자들을 위해 사회 보장제도가 제공된다. 이는 국법에 제정된 필수적인 실업 보험으로 'Compensatiefonds voor Bestaanszekerheid'(모든 사람들이 정해진 최저소득을 가질 수 있도록 하는 재원)에서 보장을 받을 수 있도록 하였다.

기타 급수, 벙커링, 폐기물 수용 시설과 같은 항만 보조서비스는 2000년 12월 28일 규정에 의하여 통제되고 있는데, 이는 항만공사가 허가를 담당함으로써 통제하고 있다.

### 3) 항만 투자를 위한 자금조달정책

항만 인프라의 자금조달에 대한 항만법의 기본 원리는 [표 7-9]와 같이 플랑드르 정부가 항만 접근 보호와 항만 기초 인프라의 건설과 정비(해양 접근, 갑문,

표 7-9 벨기에의 항만관련 자금 조달 책임 분할

| 구분 | 투자비용 | 유지관리비용 |
|---|---|---|
| 항만 접근 (갑문, 운하) | 플랑드르 정부(100%) | 플랑드르 정부(100%) |
| 연안 방어, 외부 방파제 | 플랑드르 정부(100%) | 플랑드르 정부(100%) |
| 배후연계: 내륙 접근<br>(철도, 도로 네트워크) | 연방정부(100%): 철도<br>플랑드르 정부(100%): 도로 | 연방정부(100%): 철도<br>플랑드르 정부(100%): 도로 |
| 항만내 철도 배후연계 | 항만공사(50%)<br>벨기에 철도(50%) | 벨기에 철도(50%) |
| 항만내 도로 배후연계 | 도로의 상태에 달렸음:<br>도시/지역/국가 | 도로의 상태에 달렸음:<br>도시/지역/국가 |
| 등대, 부표, 항해 보조 | 플랑드르 정부(100%): 항만외<br>항만공사(100%): 항만내 | 플랑드르 정부(100%): 항만외<br>항만공사(100%): 항만내 |
| 안벽, 잔교, 방파제 | 플랑드르 행정(20%)<br>항만공사(80%) | 항만공사(100%) |
| 상부구조[6] | 민간부문(100%) | 민간부문(100%) |

자료: ESPO(2005), Factual report on the european port sector, p. 171.

6) 창고, 화물을 들어 올리는 장비, 해양 접근 방식으로 분류되어질 수 없는 모든 항만 구조, 장비 인프라와 항만 내부의 기초 인프라로 정의됨

방파제, 안벽)에 책임을 가진다는 것이다. 나아가 항만법은 플랑드르 정부가 항만공사에 재정적 지원을 통하여 해상교통 통제, 안전, 환경 보호와 관련한 서비스를 제공하도록 하고 있다.

또한 항만법은 상업적 회수가 가능한 새로운 항만 프로젝트에 대한 플랑드르 정부의 역할을 줄이는 반면, 지역 항만공사의 활동에 대한 책임을 강화하는 추세이다. 즉, 항만공사는 도크 및 안벽과 같은 상업적으로 활용 가능한 프로젝트에 대한 책임이 강화되어 2004년 항만공사의 투자비용이 40%에서 80%로 증가되기도 했다. 그리고 하부구조에 대한 민간참여가 확대되고 있다.

### 4) 진행중인 주요 항만개발 프로젝트: 도겐트 도크(Deurganck dock)

벨기에의 주요 항만인 엔트워프 항은 경쟁력 있는 가격, 뛰어난 서비스와 내륙 위치로 지난 몇 년간에 걸쳐 컨테이너 물동량이 연간 10%의 성장을 가져왔다. 이로 인한 시설 능력의 부족이 심각한 문제로 직면하였고 이에 따라 [그림 7-10]과 같이 스켈트(Scheldt) 강의 왼쪽에 위치한 새로운 컨테이너 부두인 도겐트 도크(Deurganck dock) 건설을 추진하였다.

그림 7-10 Antwerp 항만의 Deurganck dock 개발지역

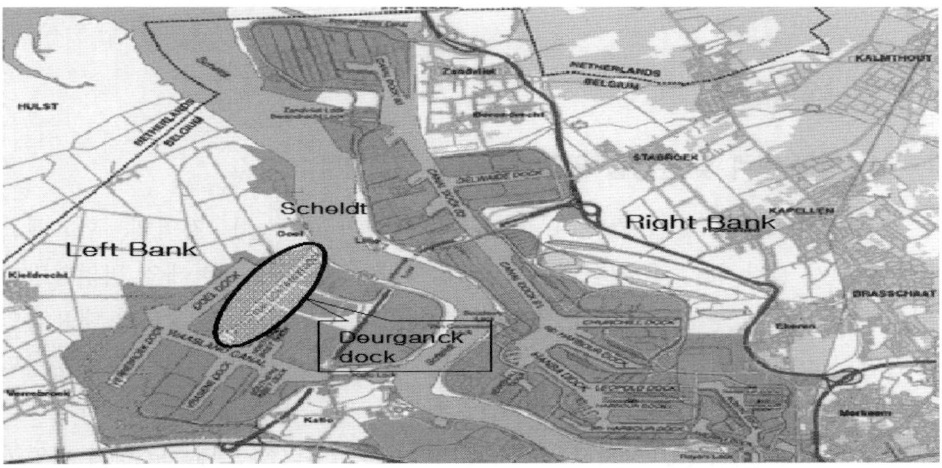


자료: Antwerp 항만 홈페이지, http://www.portofantwerp.com/html/02_PORTHANDBOOK/05_infrastructure/page_PH_0501_layout.html

도겐트 도크의 건설은 [표 7-10]과 같이 세 단계로 수행되고 있다. 1단계는 이미 종료되어 운영 중이고 3단계 건설을 마치고 모두 운영된다면 총 2.6km의 길이와 450m의 폭을 가진 L자 모양의 안벽으로 현재 처리능력의 2배인 총 550만 TEU 이상의 물동량을 처리할 수 있을 것으로 기대하고 있다. 이와 더불어 최적의 생산성을 위하여 하역 운영자에게 첨단기술 장비에 투자하도록 유도하고, 원활한 배후연계를 위해 엔트워프 고속도로와 연계될 이차선 순환도로와 진입철도를 건설하였다.

이러한 대규모 항만개발 프로젝트를 위한 투자는 관련법에 따라 이루어지고 있다. 세부적으로 인프라에 대한 투자는 총 투자액 2억 유로 중 35~40%로 책정되었고 상부구조는 민간부문에 의해 100% 투자된다.

표 7-10 도겐트 도크 프로젝트 개발 단계

| 구분 | 서쪽 | | 동쪽 | | 비고 |
|---|---|---|---|---|---|
| | 안벽길이 | 규모 | 안벽길이 | 규모 | |
| 1단계 | 1,250m | 80ha | - | - | 운영 |
| 2단계 | 400m | 19ha | 1,350m | 42ha | - |
| 3단계 | 1,100m | 53ha | 1,100m | 62ha | - |

## 2. 네덜란드

### 1) 항만 관리 및 운영을 위한 전반적인 정책체제

네덜란드에는 벨센(Velsen) 및 에이모이덴(Ijmuiden) 지역의 후고벤스(Hoogovens) 철강 항만 및 지하벤(Zeehaven) 항만을 포함하여 몇 개의 민영항만이 있지만 대다수의 항만은 항만공사에 의해 운영되고 있다. 네덜란드의 대표적인 항만인 암스테르담 항의 운영은 시 자치단체와 지방 자치단체가 협력하여 운영되고 있다. 그리고 로테르담 항은 2004년에 법적으로 독립되어 기업화된 항만으로 주주의 100%는 로테르담 자치단체로 구성되어 있다. 이러한 로테르담 항의 기업화는 빠르게 변화하는 네덜란드 항만의 가장 대표적인 사례이다.

항만공사는 NPC(National Ports' Council: 항만협회)의 회원으로 교통부의 자문위원으로써 항만과 관련한 문제들에 관여하고 있다. NPC는 공공기관은 아니나 항만공사뿐만 아니라 민영항만과 관련 정부 부서들을 대표한다. 항만공사는 토지 임대, 항만에 비즈니스 사업 유치, 항만 이용료 관리, 항만안전, 선박 관리 등을 포함하여 전반적인 항만 관리에 대한 책임을 가지고 있다.

네덜란드는 항만에 대한 제정 지원 체제, 항만안전, 보안, 관세, 도선, 해양환경 등 항만과 관련된 다양한 법률은 존재하나 포괄적으로 항만을 다루는 항만법은 없다.

### 2) 항만 서비스와 관련된 정책

화물과 관련된 모든 서비스는 민영기업의 책임하에 이루어지고 이외에 폐수, 벙커링, 폐기물 수용 시설 등의 항만 보조서비스 역시 민영기업에 의해 제공된다. 시장 진입을 원하는 서비스 제공자는 주로 항만공사와 토지 임대 계약을 체결하는 과정을 거치며 원칙적으로 서비스 제공자의 수에 제한을 두지 않는다.

대다수의 항만노동자는 하역회사에 고용되며 암스테르담과 로테르담의 항만 직업소개소에서 고용되기도 한다. 모든 항만노동자는 고정된 연봉을 바탕으로 장기간의 고용 계약을 가지는 반면 항만직업소개소에서 고용된 항만노동자는 일일 작업량에 따라 하역회사에 할당된다.

### 3) 항만 투자를 위한 자금조달정책

대다수의 네덜란드 항만은 항만공사가 소유권을 가지고 재정적으로 관여하기 때문에 항만공사가 지배적인 영향을 가진다. 따라서 각 항만이 정부로부터 공적 자금을 받지 않기 때문에 독립적으로 항만을 운영하며 회계 관리가 독립적으로 이루어지고 있다. 다만, 특정 항해 또는 안전과 관련한 서비스는 사전에 사고를 방지함으로써 얻는 이익으로 간주되어 공적 자금이 지급된다.

항만투자와 관련하여, 비교적 규모가 작은 투자에 대한 결정은 주로 관련 지역 내에서 이루어지지만 마스블락트(Maasvlake) Ⅱ와 같은 거대한 투자는 국가 및 지역 경제에 미치는 영향, 환경 평가, 금융 협정, EU의 승낙 등을 고려해야 하므로 매우 복잡하고 오랜 기간에 걸쳐 국가와 지역 정부에서 결정한다.

### 4) 주요 항만개발 프로젝트: 마스블락트(Maasvlakte) Ⅱ

로테르담 항은 컨테이너터미널, 물류단지, 석유화학산업단지의 부족으로 로테르담 항의 기존 마스블락트 서쪽에 토지를 매립하여 터미널 확장 개발을 추진하고 있다. 매립되는 2,000ha의 토지 중 1,000ha는 방파제, 항로, 철도, 도로, 항만 등의 인프라로 구성되고 나머지 1,000ha는 공업지구로 이용될 예정이다. 이 개발 프로젝트는 지속적으로 증가하는 수요에 대응하고 유럽에서 선도적인 항만으로서의 지위를 유지하기 위해 추진되고 있다. 따라서 마스블락트 Ⅱ 개발 프로젝트는 [그림 7-11]에서 볼 수 있듯이 기존의 마스블락트 항만을 확장하는 것으로 모든 유럽 배후지와의 연계를 가능하게 할 것으로 계획하고 있다.

마스블락트 Ⅱ 개발 프로젝트는 이미 모든 법적 단계를 마무리하였다. 세부적으로 2004년에 입찰과 사전 필수단계를 시작하여 2006년에 착공하게 되었으며 2013년부터 운영되어 컨테이너를 처리할 수 있을 것으로 예상하고 있다.

이 프로젝트를 위한 투자는 총 23억 유로로 계획하고 있으며 로테르담 항만공사에 의해 모든 자금조달이 완료되었다. 다만, 정부는 공익사업에 속하는 제방 외부를 보조하였다. 총 보조액은 유럽의 규정에 따라 대략 7억 유로 정도이다.

그림 7-11 로테르담 항의 마스블락트 Ⅱ 개발지역

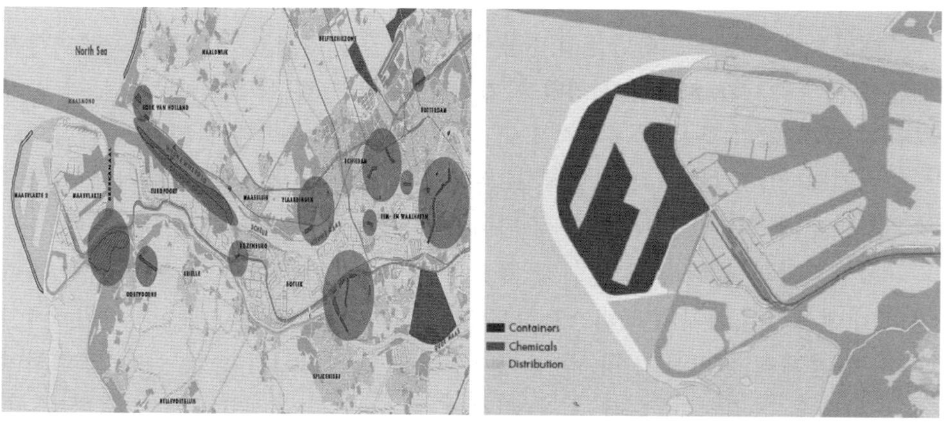


자료: Rotterdam 항만공사 브로슈어.

## 3. 독 일

### 1) 항만 관리 및 운영을 위한 전반적인 정책체제

독일의 항만 형태는 매우 다양하여 지방자치에 속하는 항만 및 유한회사 또는 민영기업에 속하는 항만도 존재한다. 그리고 대부분의 독일 항만은 아직까지 법적으로 혹은 경제적으로 독립되지 않았다. 토지와 공유수면은 주로 관할 지역이 소유하고 항만과 관련되는 모든 공적 기능을 담당하는 항만공사는 없다. 대신, 이러한 기능들은 전반적인 행정의 한 부분으로써 관할 지역의 다양한 부서들에 의해 수행된다.

예를 들어, 독일에서 가장 대표적인 함부르크 항은 지방자치에 속하는 항만으로써 5개의 서로 다른 부처들이 각각 책임을 가지고 항만과 관련된 문제들을 처리하였다. 그러나 경제부, 재무부의 항만관련 업무 수행들을 합병하고 2005년 10월 1일에 독립된 법적 기관으로 항만공사를 출범하였다. 그리고 함부르크 시 정부와 의회에서 최종승인을 함으로써 항만공사는 토지 임대의 상업적 기능과 항만 물동량을 처리하는 공공 인프라의 계획, 건설, 유지를 위한 공공서비스를 포함한 업무를 수행하게 되었다.

브레멘 항만의 경우, 과거에는 항만청에 의해 운영되었고 이에 항만청은 인프라의 건설 및 유지보수, 항만 마케팅, 다양한 서비스 제공 등의 활동을 하였다. 그러나 2001년 11월에 100% 독일 정부의 보조로 Bremenports GmbH & Co. KG가 설립되어 2002년 1월 1일부터 기존의 브레멘과 브레멘하펜 항만을 운영하기 시작했다. 이렇게 민영화된 조직에 책임이 이행되더라도 인프라에 대한 요율은 민법에 따르고 독일 회사법에 따라 연차 결산 보고서를 작성하여 공표할 의무를 가지고 있다.

### 2) 항만서비스와 관련된 정책

하역서비스는 민간부문에 의해 제공되며 독일 항만노동자들은 항만 외부에서 일하는 노동자와 동일한 노동법과 복지법에 따라 동일한 혜택을 받는다. 예를 들어, 실업 또는 퇴직을 할 경우 다른 고용자들과 같은 혜택을 받을 수 있다. 그리고 독일 항만노동자 조직의 특징은 필요시 추가 인력을 공급하기 위한 인력풀을 두는 것으로 이 인력풀에 속한 노동자들 역시 정규직 조건과 일정한 보수를 받게 된다.

급수, 벙커링, 폐기물 수용 시설 등과 같은 항만 보조서비스의 제공은 법적 조건 내에서 민간부문에 의해 제공된다.

### 3) 항만 투자를 위한 자금조달정책

독일의 항만은 [표 7-11]과 같이 연방정부가 항만접근, 철도, 도로, 내륙수운을 통한 배후지 연계의 건설과 유지에 투자한다. 그러나 항만 내의 건설과 안벽, 잔교, 방파제에 대한 투자는 담당구역의 항만공사가 관할한다.

그리고 네비게이션, 준설, VTS, EDI에 관련된 항만 인프라나 프로젝트에 대한 투자의 경우, 이사회의 승인을 위해 항만공사 중역이 관련 프로젝트에 관여해야 한다. 항만공사의 이익과 관련된 문제는 관련 기관이 승인을 위해 관련 부처에 요청을 해야 하는 반면 국익과 관련된 문제는 부처가 관련 기관과 상의하여 항만공사가 수행해야 하는 방향을 제시해 준다.

함부르크 항의 경우, 인프라 투자와 인프라의 유지를 위한 지출은 함부르크 시정부의 예산에서 책정되고 항만 인프라를 위해 연간 약 8,800만 유로를 투자한다. 또한, 브레멘 항 역시 인프라 투자와 인프라의 유지를 위한 지출은 브레멘 시정부의 예산에서 책정되고 항만 인프라를 위해 2003년에는 5,770만 유로를 투자한 것으로 나타났다.

표 7-11 독일의 항만관련 자금 조달 책임 분할

| 구분 | 투자비용 | 유지관리비용 |
|---|---|---|
| 항만 접근(갑문, 운하) | 정부(100%): 항만 외<br>항만공사(100%): 항만 내 | 정부(100%): 항만 외<br>항만공사(100%): 항만 내 |
| 연안 방어, 외부 방파제 | 정부(100%): 항만 외<br>항만공사(100%): 항만 내 | 정부(100%): 항만 외<br>항만공사(100%): 항만 내 |
| 항만내 철도와 도로<br>배후연계 | 정부(100%): 항만 외<br>항만공사(100%): 항만 내 | 정부(100%): 항만 외<br>항만공사(100%): 항만 내 |
| 등대, 부표, 항해 보조 | 정부(100%): 항만 외<br>항만공사(100%): 항만 내 | 정부(100%): 항만 외<br>항만공사(100%): 항만 내 |
| 안벽, 잔교, 방파제 | 항만공사(100%) | 항만공사(100%) |
| 상부구조 | 민간부문(100%) | 민간부문(100%) |

자료: ESPO(2005), Factual report on the european port sector, p. 197.

### 4) 주요 항만개발 프로젝트: CT4(Container-Terminal 4)

브레멘 항은 1968년 2월에 첫 공사가 시작되어 1941년 9월에 처음 개장하였다. 그 이후로 계속해서 확장 공사가 이루어져 CT3 확장 공사를 마치고 2002년 12월에 CT4 확장 개발 프로젝트를 위한 설계 및 위치선정([그림 7-12]) 승인을 위한 서류를 제출하였다. 그리고 2004년 6월에 승인을 받아 2004년 6월에 공사가 시작되었다.

그림 7-12 브레멘 항의 CT4 개발 지역

자료: Bremen 항만 홈페이지,http://www.ct-bremerhaven.de/40 2.

브레멘 항의 CT4 개발 프로젝트는 지속적으로 증가하는 물동량에 따라 2007년 또는 2008년까지 초대형선을 위한 4개 선석(총 안벽길이 1,681m)의 건설을 목표로 한다. 현재 연간 600만 TEU 이상의 물동량을 처리하고 있는 점을 감안하여 CT4 개발은 향후 지속적으로 증가하는 물동량 처리에 효과적일 것으로 기대된다. 이 프로젝트를 위해 총 5억 유로가 투자되고 완공시 세계에서 가장 긴 안벽을 가진 항만 중에 하나가 될 것이다.

현재 브레멘 항을 통해 직간접적으로 80,000개 이상의 일자리가 제공되고 있고 물동량에 따라 일자리 수가 좌우되는 것을 감안할 때, CT4를 통한 컨테이너 물동량은 더욱 증가할 것으로 예상되고 따라서 일자리의 수는 증가할 것이다. 전문가들은 항만 확장을 통해 2020년까지 브레멘 지역에 10,000개 이상의 새로운 일자리를 창출할 것으로 예상하고 있다.

## 4. 프랑스

### 1) 항만 관리 및 운영을 위한 전반적인 정책체제

프랑스 항만은 항만코드 조항(Seaports Code)에 따라 크게 세 가지 형태로 분류된다. 먼저, 정부통제하에 운영되는 주요 7개의 항만이 있는데 대표적으로 마르세이유, 르하브르 항만을 들 수 있다. 이들 자치 항만들은 정부의 경제적, 재정적 통제를 받고 있으며, 각 항만은 26명의 위원에 의해 관리되고 각료회의에 의해 지정된 CEO가 보조한다. 이 항만들은 국가 전체 물동량의 76%를 처리하고 있다.

다음으로 2007년까지 정부통제하에 운영되는 21개 항만이 있는데 이 항만들은 국가 물동량의 22%를 처리하고 국익 항만으로 지정되어 있다. 이들 항만은 전형적으로 교통부와 상공회의소가 각각 분담하여 관리한다. 교통부는 인프라 건설과 유지, 항만 경비, 안전, 보안 및 독립적인 서비스의 운영 투자에 직접적으로 책임을 진다. 그리고 정부가 선택하여 공익사업 관리자로 활동하는 지역상공회의소는 항만이용자(주로, 선사와 하역업자)가 요구하는 모든 시설, 하부구조와 내륙 공공장비를 직접적으로 다루는 역할을 한다.

마지막으로 지역적 통제하에 상업적으로 운영되는 약 50개의 항만이 있다. 이들 항만은 1983년 이후 법에 따라 지역적으로 관리하는 공공사업 기관의 책임하에 있다. 일반적으로 소형 항만들로 구성되어 광범위하게 분산되어 있으며 화물을 다루는 항만의 역할보다는 주로 상업용 항만 및 레저보트용 항만으로 상업적 역할에 치우쳐 있어 처리물동량은 국가 물동량의 2%에 그치고 있다.

모든 주요 항만은 항만코드에 통합된 법적 조항에 따라 이루어지고 다른 주요 유럽 항만들과 비교하여 상당히 안정된 운영체계를 가진다. 특히, 7개의 자치 항만은 직접적으로 항만 인프라, 토지 관리, 선박과 화물의 이동에 대한 관리 및 보안, 상업적 개발 등을 책임진다.

자치 항만에 대한 투자는 정부에서 임명된 사장에 의해 제안되며 이사회에서 결정되어야만 항만에 자금이 조달되고 수행된다. 그러나 이러한 지역 의사결정 과정은 국가기관에 의해 사전 결정, 사후 결정을 통해 철저히 감시된다. 이사회는 선박, 여객, 화물에 대한 항만이용료의 수준에 관한 결정에도 관여한다. 항만사용료는 세금이 아니라 항만 예산에 대한 수익으로써 마치 관세인 것처럼 세관이 돈을 징수하고 이는 결국 항만으로 돌아간다. 또한, 연간 예상되는 안정된 수익과 지출은 매년 초에 중앙정부 관리에 의해 승인되어야 한다. 그리고 프랑스 항만을 관리하는 상공회의소는 계약하에 별도로 회계를 관리하는 특별 고용인들을 가지며 정부기관에 의해 특별한 통제와 승인을 받는다.

최근 정부통제하에 운영되고 있는 항만들은 민영화를 통해 보다 기업적인 구조와 관리를 점진적으로 추진하고 있는 추세이고 이는 기존의 운영방식과 비교하여 매우 혁신적이라고 할 수 있다. 즉, 현재의 엄격한 중앙통치를 완화하고 항만이용자들로부터 비용 회수를 증가시켜 결국 수익 향상을 추구하고자 한다. 또한, 중앙정부에서 지역정부로 책임을 이전함으로써 항만 투자에 대한 공적자금조달 수준을 높이는 해결책을 모색하기도 한다.

### 2) 항만 서비스와 관련된 정책

하역 서비스는 민간적인 성격을 가지는 공적 기업에 의해 수행되고 있다. 하역은 항만노동자와 하역 장비로 이루어지는데 항만공사는 하청인에게 항만노동자와 크레인을 임대하는 방식으로 관리한다. 또는, 하역장비에 대한 민간투자를 촉진하고 항만노동자들과 크레인 기사의 통합관리를 위해 항만공사와 민간 운영업체가 특정 터미널을 위해 조인트벤처를 구성하기도 한다.

항만 보조 서비스와 관련하여 용수는 주로 인접 도시지역을 책임지는 회사에서 서비스를 제공하고 벙커링과 폐기물 수용 시설은 주로 민간부문에 의해 제공된다.

### 3) 항만 투자를 위한 자금조달정책

프랑스의 항만 형태인 21개의 국익 항만뿐만 아니라 7개의 자치 항만에 대한 인프라 투자는 정부가 법적 책임을 가지고 있다.

자치 항만에 대해서는 1965년 6월 29일, Law N° 65-491에서 프랑스 정부는 다음의 책임을 가진다고 설명하고 있다;

- 해양으로부터의 보호를 위한 항로, 수심, 제방을 유지하는 비용의 100%
- 항로와 제방을 건설하거나 확장하기 위한 비용의 80%

- 도크와 수심 확장을 위한 비용의 80%
- 기타 인프라의 건설 또는 확장에 대한 비용의 60%

국익 항만에 대한 인프라의 건설과 유지는 프랑스 정부의 직접적인 책임이지만 상공회의소는 자발적으로 인프라 건설과 유지 비용을 보조하여 국가에 기여하기도 한다. 이러한 상공회의소의 공헌은 향후 부분적으로 항만 수익으로 충당하고 관련 지역 또는 지방의 기관이 상공회의소에 보조금을 지불하여 보상한다.

### 4) 주요 항만개발 프로젝트: Port 2000

Port 2000([그림 7-13])은 르와브르 항의 물동량 증가에 따른 시설 및 공간을 확충하고 세계에서 가장 큰 컨테이너선을 수용함으로써 경쟁력을 향상시키기 위해 세느강 북서쪽 끝의 항만을 개발하여 르와브르 항과 연계하기 위한 프로그램이다. 이는 항만 시설의 확충과 함께 선박에서 하역된 화물의 도로, 철도운송을 위한 배후 연계 및 피더 연계를 강화하도록 계획되어 있다. 또한, 이 프로젝트를 통하여 유럽 물류에서 프랑스의 지위를 향상시키고 센느강 환경을 복원하는 것을 목표로 하고 있다.

그림 7-13 르와브르 항의 Port 2000 개발 지역

자료: http://www.port-technology.com/projects/le havre/le havre1.html

이 프로젝트는 12개 선석, 총 길이 4km 이상, 14.5m의 수심(향후 17m도 가능)의 규모에 빠른 하역작업으로 효율성을 높이고자 한다. 세부적으로 2005년 상반기까지 350m 길이의 4개 선석(총 1.4km의 길이)을 개발하고 추가되는 2개의 선석에 대한 투자는 결정되었으며 6개 선석은 향후 물동량에 따라 개발이 결정될 계획이다.

6개 선석과 내륙연계 인프라는 유럽연합, 프랑스정부, RFF-SNCF, 지역 및 지방 기금, PAH 기금에 의해 제공되었고 상부구조는 터미널 운영업체에 의해 100% 투자되었다. 6개 선석을 위한 투자액은 항만작업에 대한 6억 4,727만 유로와 환경비용에 대한 4,573만 유로를 합해 약 6억 9,300만 유로로 책정되었다. 이 중 1억 4,000만 유로는 유럽투자은행(European Investment Bank)에서 대출하여 자금을 조달하였다.

개발된 컨테이너 터미널은 르와브르 항만공사와의 계약하에 개별 민간 터미널 운영업체가 운영을 맡고 물동량 확보를 위하여 주요 선사인 MSC, CMA CGM, Maersk-Sealand와 이미 협약을 체결하였다. 르와브르 항만공사는 터미널운영자에게 준설된 안벽, 겐트리크레인이 작업하는 안벽 쪽의 철로, 게이트, 배후 철도 인프라를 제공한다. 민간 터미널운영업체는 하역, CY 관리, 터미널 운영을 위한 필수 장비(겐트리크레인, 적재 장비, 운영·관리 시스템), 선사나 화주를 대상으로 하는 터미널 마케팅 및 프로모션에 대한 책임을 가진다.

이렇게 진행중인 Port 2000 개발 프로젝트를 통해 향후 처리물동량을 증가시킬 것으로 기대하고 있으며 궁극적으로 북유럽 항만간의 치열한 경쟁 속에서 항만 경쟁력을 향상시키고 프랑스 항만을 선도하고자 한다. 또한 현재 르와브르 지역에서 항만관련 산업의 종사자가 약 30%를 차지하고 있고 13,000명 중 8,000명이 선박 입항, 하역, 보관/유통, 컨테이너 수송 관련 일을 담당하고 있는 것을 고려해 볼 때, Port 2000 프로젝트를 통한 전체적인 물류, 유통센터, 새로운 기술 분야를 포함하는 항만관련 산업에 고용을 창출할 것으로 예상된다.

## 5. 영 국

### 1) 항만 관리 및 운영을 위한 전반적인 정책체제

영국은 1,000여 개의 크고 작은 항만을 가지며 이 중 약 120개의 항만이 상업적으로 활발하다. 이러한 항만들은 민영항만(Privatised Ports), 위탁항만(Trust

Ports), 시영항만(Municipal ports)으로 분류되며 서로 경쟁하고 독립 채산적인 상업적 기업으로 운영되고 있다.

영국은 1991년에 항만법(Ports Act)을 통해 민영화를 허용하여 1992년과 1997년 사이에 7개의 위탁 항만이 민영화된 바 있고 현재 영국 내에서 처리되는 물동량의 2/3을 차지하고 있다. 예를 들면 British Transport Docks Board는 국유화된 산업으로 투자와 차용에 대한 제한을 받았으나, 1981년 민영화되어 Associated British Ports(ABP) 항만업체로 출범하여 영국에서 21개의 항만을 소유하고 운영한다. 또한, Peel Holdings가 운영하는 맨체스터(Manchester)와 Hutchison UK가 운영하는 펠릭스토우(Felixstowe)와 같은 항만들 역시 민영기업에 의해 운영되고 있다. 여기에 속하는 항만들은 자금을 차용하거나 주식을 발행하기 때문에 투자를 위한 자금조달 방식이 보다 자유롭다. 그러나 상업적인 시장의 자유와 제재를 받기 때문에 배당금을 창출하고 주주가치를 향상시켜야 하는 의무를 가지게 된다.

위탁항만은 법령에 근거한 독립적인 항만으로써 이용자와 주주들의 요구를 충족시키기 위해 항만의 번영을 촉진하는 운영위원회(Board of Trustees)에 의해 운영된다. 현재 위탁항만은 전체 물동량의 1/3을 처리하여 민영항만의 50%에 해당하는 물동량을 처리하고 있다. 그러나 항만이 민영화되기 전에는 위탁항만의 규모가 컸던 반면 민간기업에 의해 운영되는 항만은 상대적으로 작았다.

마지막으로, 상업적으로 중요한 몇 개의 항만이 지방자치적으로 운영되는 것이 시영항만이다. 예를 들어, 설럼보(Sullom Voe)와 플로타(Flotta) 항만은 특화된 석유 시설을 제공하고 있다. 시영항만 시설은 지역사회 공헌을 위한 것으로 지역기관에 의해 운영된다.

항만에 대한 정부의 정책은 주로 지속가능한 항만산업을 촉진하고 지역산업 특성에 따라 항만산업 자체를 지원한다. 정부는 다양한 형태의 수송정책과 프로그램을 발전시키기 위하여 항만의 접근성을 향상시키고 연안운송에 의한 항만의 이용을 권장하고 있다.

항만공사는 의회법에 의해 규정되며 항만공사의 책임과 기능은 항만 시설을 제공하고 유지, 조명과 부표를 제공하고 난파선의 잔해를 제거하고 준설을 통해 충분한 수심을 유지함으로써 안전한 항해를 유지, 항만내 선박 이동과 정박 규제, 항만내 건설 공사 허가, 도선서비스와 하역과 같은 항만 운영에 대한 규정이 정해져 있다.

### 2) 항만 서비스와 관련된 정책

하역 서비스는 정부나 다른 보조를 받지 않는 항만 기업, 항만 보조 회사 또는 특화된 기업에 의해 제공된다. 과거에는 항운노조를 통해 지정된 항만노동자가 지정된 업무를 수행하였으나. 1989년 7월에 영국 정부는 항운노조를 폐지하여 일반적인 고용법규에 따라 협상을 통해 고용하고 있다. 또한, 고용인의 수입은 협상을 통해 책정되고 교육은 고용자의 비용으로 수행되고 있다.

항만 보조서비스와 관련하여, 일반적으로 급수는 항만공사에 의해 제공되고 벙커링은 민간부문에 의해서 제공된다. 그리고 항만폐기물 수용시설 정책(port waste reception facilities regulation)에 따라 항만은 시설을 제공한 뒤 계약한 폐기물 처리 회사가 폐기물을 제거하도록 되어 있다.

### 3) 항만 투자를 위한 자금조달정책

영국 정부는 과거 항만산업에 간섭주의정책을 펼쳐 1964년에 국영항만위원회(National Ports Council)를 설립하여 불필요한 낭비를 막기 위해 투자를 관리하게 되었다. 그러나 1980년대 초에 국영항만위원회를 폐지하여 노동에 관한 규제 철폐, 자유화, 강화된 경쟁을 추진하였다. 따라서 [표 7-12]와 같이 유럽 항만은 국가에 의해 자금이 조달되거나 운영되지 않고 정부로부터 전략적 독립을 유지한다. 즉, 항만에서 국가재정에 관련된 영국 정부의 철학은 항만 개발과 항만 운영은

표 7-12 영국의 항만관련 자금조달 책임 분할

| 구분 | 투자비용 | 유지관리비용 |
|---|---|---|
| 항만 접근 (갑문, 운하) | 항만공사(100%) | 항만공사(100%) |
| 연안 방어, 외부 방파제 | 항만공사(100%) | 항만공사(100%) |
| 항만내 철도와 도로 배후연계 | 항만공사(100%) | 항만공사(100%) |
| 등대, 부표, 항해 보조 | 등대관리기관(100%): 항만 외<br>항만공사(100%): 항만 내 | 등대관리기관(100%): 항만 외<br>항만공사(100%): 항만 내 |
| 안벽, 잔교, 방파제 | 항만공사(100%) | 항만공사(100%) |
| 상부구조 | 항만공사 또는<br>터미널운영사(100%) | 항만공사 또는<br>터미널운영사(100%) |

자료: ESPO(2005), Factual report on the european port sector, p. 237.

일반적으로 정부의 보조금을 요구하지 않아야 한다는 것으로 정부 정책은 필요한 부분만 규제하고 이 외의 결정에 대해서는 관여하지 않는다.

### 4) 진행중인 주요 항만개발 프로젝트: 펠릭스토우(Felixstowe) 항만

펠릭스토우 항의 HPUK(Hutchison Ports (UK) Limited: 허치슨)은 [그림 7-14]에서와 같이 항만 끝부분에 재개발 계획을 추진하고 있다. 2006년 2월에 영국 정부는 과거 P&O 북해 페리 터미널, Landguard 터미널을 위해 사용되었던 지역과 Dock Basin 지역에 해외수송을 위한 컨테이너 터미널로 건설하도록 허가하였다. HPUK는 매년 증가하는 컨테이너 물량에 따라 총 1,350m 길이의 안벽을 건설하고 새로운 겐트리크레인을 설치하며 대형선박 접안을 위하여 수심 16m까지 준설할 계획이다.

펠릭스토우 항 재개발은 증가하는 고객 수요 및 서비스를 위한 컨테이너 처리능력을 증대시키고 지속적인 개발을 위하여 이미 개발된 인프라의 시설을 최대한 이용할 계획을 가지고 있다. 또한 강화되는 환경 규제에 따라 환경친화적인 방법으로 항만을 개발하고 미래 경쟁력을 위하여 항만 보안을 강화할 예정이다.

그림 7-14 Felixstowe 항만의 재개발 지역

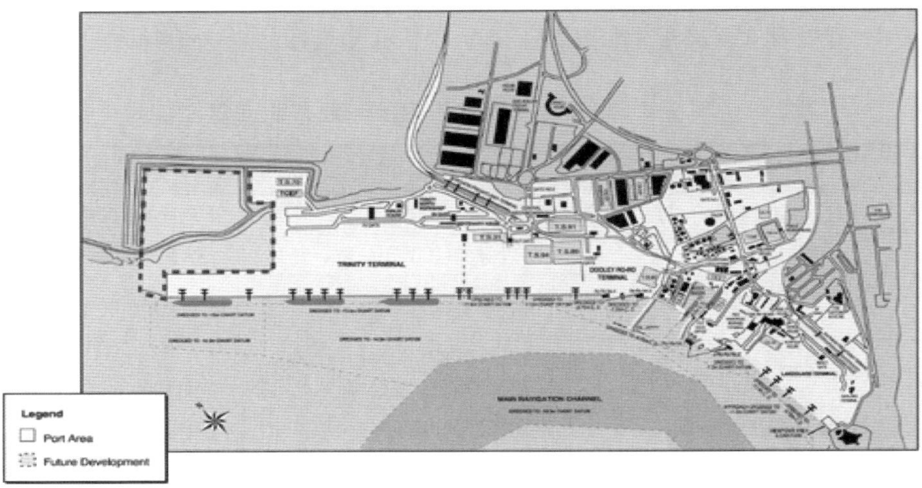


자료: http://www.hph.com/business/ports/europe/felixstowe.htm

또한 배후 철도 네트워크 연계수송을 위해 철도시설을 항만 재개발 건설 이전에 이미 구축해 놓을 예정이다. 철도시설을 정비함으로써 2020년까지 일일 최대 40회의 열차 운행을 가능하게 할 계획이고 이는 결국 철도 수송 분담률을 26%까지 향상시킬 것으로 기대하고 있다.

제 8 장

# 북미의 항만정책

## 제 1 절 북미 항만정책의 추이

북미 항만은 지리적으로 태평양, 대서양, 멕시코만, 카리브해, 오대호, 북극해 지역에 위치하고 다음의 [그림 8-1]과 같이 이 지역에 속하는 주요 국가는 미국, 캐나다, 멕시코이다. 특히, 대서양, 태평양, 멕시코만을 주변으로 북미 항만이 크게 성장하였다. Karmon(1980)에 따르면 이들 항만의 발달은 17세기 초에 시작된 유럽인의 미주 정착에 대한 역사를 반영하고 있다. 예를 들어, 어류가 풍부했던 대서양 지역은 프랑스인이 17세기에 점령하였고 이후 네덜란드인의 이주로 뉴암스테르담(New Amsterdam)이라고 불리는 항만 지역을 형성하고 이것이 향후 뉴욕 항만으로 발달되었다.

대서양 항만은 특히 오대호를 주변으로 발달하였는데 이는 이 지역이 가장 큰 자동차 생산과 거대한 중공업 지역으로 발달하였기 때문이다. 멕시코만은 2차 세계대전 동안 산업 활동이 활발하였고 이와 함께 석유 개발로 인하여 자연적으로 주변 지역에 항만이 발달하게 되었다. 태평양에 위치한 항만들은 사실상 긴 산맥으로 인한 지리적인 장애에도 불구하고 뒤늦게 아시아와의 왕성한 물적 교류로 인하여 크게 발달하기에 이르렀다. 미국 소유의 알래스카는 극한 기후로 사람이 거주할 수 없는 지역이지만 자원 수송을 위한 항만이 결빙 지역을 피해 밸디지(Valdez)와 앵커리지(Anchorage) 동부에 위치한다.

그림 8-1 북미 국가(미국, 캐나다, 멕시코) 지도

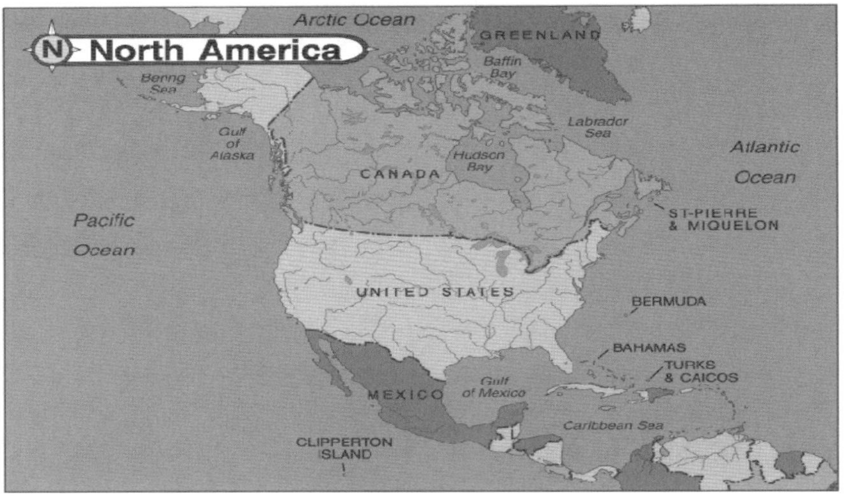


자료: www.greece-map.net/north-america.htm

UNCTAD(2006)에 따르면, 미국, 캐나다, 멕시코를 포함하는 북미 지역은 국제무역을 주도하는 것으로 나타났다. 특히, 미국은 2005년을 기준으로 국제무역 전체의 12.5%를 차지하여 1위로 나타났고 캐나다는 9위(3.2%), 멕시코는 14위(2.1%)로 나타났다. 이는 북미 지역의 지속적인 경제 성장과 함께 향후에도 북미 지역 항만에서 처리하는 물동량이 지속적으로 증가할 것으로 기대하고 있다.

2006년 북미 지역에서 처리한 항만물동량은 [표 8-1]과 같이 2005년도와 비교하여 7% 성장하였다. 특히, 태평양 연안에 위치한 미국의 롱비치(Long Beach)항과 로스엔젤레스(Los Angeles) 항이 1,600만 TEU에 가까운 물동량을 처리하여 북미 항만에서 처리한 전체 물동량의 37.5% 정도를 차지한다. 캐나다에서도 태평양 연안에 위치한 뱅쿠버(Vancouver) 항에서 처리한 물동량이 캐나다 내에서 가장 많으며 전년도와 비교하여 25% 가까이 성장하여 캐나다에서 가장 대표적인 컨테이너 항만으로 성장하고 있다. 또한, 멕시코의 만사니요(Manzanillo) 항 역시 멕시코에서 가장 많은 물동량을 처리하는 항만으로 태평양 연안에 위치하여 2006년에 전년 대비 43.5%의 물동량이 증가하였다.

반면, 대서양 연안에 위치한 북미의 대표적인 항만은 배후에 거대한 소비시장을 기반으로 하는 미국 및 북미 전체에서 3위를 차지하는 뉴욕/뉴저지(New York/New Jersey) 항을 들 수 있다. 그리고 캐나다의 몬트리올(Montreal) 항(캐나다: 2위, 북미: 13위)과 멕시코의 대표적인 상업항 베라크루즈(Veracruz) 항만(멕시코: 2위, 북미: 19위)이 있다.

북미 항만의 특징은 태평양에 위치한 아시아-미주 항로(west-east bound)의 항만들이 대서양에 위치한 유럽-미주(east-west bound)의 항만들보다 규모가 크고 보다 많은 물동량을 처리하는 것으로 나타났다. 이는 유럽과의 교역량보다 아시아와의 교역량이 더 많기 때문이다.

이처럼 거대 시장인 중국을 포함하는 현재 아시아와의 교역량이 많고 이는 꾸준히 증가하고 있는 추세이다. 따라서 태평양 연안에 위치한 미국의 로스엔젤레스 항, 롱비치 항과 캐나다의 밴쿠버 항은 지속적으로 증가하는 물동량 추이에 따라 항만체증 문제를 해소하기 위해 항만 시설능력을 확장하기 위한 항만 개발을 추진하고 있다.

멕시코의 대표적인 컨테이너항만은 만사니요 항으로 태평양 연안에 위치하여 주로 아시아와 교역하고 있다. 그러나 미국 및 캐나다와 비교해 볼 때, 2006년에 약 125만 TEU를 처리하여 상대적으로 규모가 작다. 아직까지 멕시코 항만의 규모는 영세한 편이지만 일각에서는 미국의 로스엔젤레스 항이나 롱비치 항에 입항하는 상당수의 선박들이 항만적체 등의 이유로 멕시코로 노선을 바꿀 수도 있을 것이라는 추측이 나오고 있다.

현재 캐나다 밴쿠버 항의 경우, 미국의 로스엔젤레스 항이나 롱비치 항을 경쟁항으로 삼아 경쟁력 확보를 위한 항만 개발 방향을 모색하고 있다. 또한, 같은 미국 내 캘리포니아주 지역에 나란히 위치한 로스엔젤레스 항과 롱비치 항에 대한 경쟁 우려도 있는 만큼 향후 물동량 유치를 위한 북미 항만들 간의 경쟁이 보다 치열해질 것으로 예상되고 있다. 이에 따라, 각 항만들은 항만 개발 및 운영방안 개선 등과 같은 경쟁력 강화를 위한 다양한 정책이 추진될 것으로 전망하고 있다.

표 8-1 북미 주요 항만의 컨테이너 처리 물동량

| 순위 | 항만 | 국가 | 2006년 (TEU) | 2005년 (TEU) | 변화율 (%) | 순위 | 항만 | 국가 | 2006년 (TEU) | 2005년 (TEU) | 변화율 (%) |
|---|---|---|---|---|---|---|---|---|---|---|---|
| 1 | Los Angeles | 미국 | 8,469,980 | 7,484,624 | 13.2 | 26 | Pam Beach | 미국 | 244,004 | 248,206 | -1.7 |
| 2 | Long Beach | 미국 | 7,289,365 | 6,709,818 | 8.6 | 27 | Portland | 미국 | 214,484 | 160,479 | 33.7 |
| 3 | New York/ New Jersey | 미국 | 5,092,806 | 4,792,922 | 6.3 | 28 | Boston | 미국 | 200,113 | 188,869 | 6.0 |
| 4 | Oakland | 미국 | 2,391,598 | 2,272,525 | 5.2 | 29 | Gulfport | 미국 | 197,428 | 187,384 | 5.4 |
| 5 | Vancouver | 캐나다 | 2,207,730 | 1,767,379 | 24.9 | 30 | Wilmington | 미국 | 177,634 | 148,784 | 19.4 |
| 6 | Savannah | 미국 | 2,160,113 | 1,901,520 | 13.6 | 31 | New Orleans | 미국 | 175,957 | 200,766 | -12.4 |
| 7 | Tacoma | 미국 | 2,067,186 | 2,066,447 | 0.0 | 32 | Lazaro Cardenas | 멕시코 | 160,696 | 132,479 | 21.3 |
| 8 | Hampton Roads | 미국 | 2,029,799 | 1,981,955 | 2.4 | 33 | Apra | 미국 | 144,194 | 147,306 | -2.1 |
| 9 | Seattle | 미국 | 1,987,360 | 2,087,929 | -4.8 | 34 | Kahulul | 미국 | 140,147 | 128,826 | 8.8 |
| 10 | Charleston | 미국 | 1,968,474 | 1,986,586 | -0.9 | 35 | Ensenada | 멕시코 | 123,711 | 75,101 | 64.7 |
| 11 | San Juan | 미국 | 1,729,294 | 1,727,389 | 0.1 | 36 | St. John's | 캐나다 | 118,008 | 110,995 | 6.3 |
| 12 | Houston | 미국 | 1,606,360 | 1,594,366 | 0.8 | 37 | San Diego | 미국 | 103,058 | 101,509 | 1.5 |
| 13 | Montreal | 캐나다 | 1,288,910 | 1,254,560 | 2.7 | 38 | Kawaihae | 미국 | 102,897 | 100,031 | 2.9 |
| 14 | Manzanillo | 멕시코 | 1,252,215 | 872,569 | 43.5 | 39 | Fraser River | 캐나다 | 94,651 | 372,844 | -74.6 |
| 15 | Honolulu | 미국 | 1,113,789 | 1,077,468 | 3.4 | 40 | Mobile | 미국 | 80,051 | 42,443 | 88.6 |
| 16 | Miami | 미국 | 976,514 | 1,054,462 | -7.4 | 41 | Progreso | 멕시코 | 75,939 | 71,837 | 5.7 |
| 17 | Port Everglades | 미국 | 864,030 | 797,238 | 8.4 | 42 | Freeport | 미국 | 73,614 | 76,294 | -3.5 |
| 18 | Jacksonville | 미국 | 768,239 | 777,318 | -1.2 | 43 | Hilo | 미국 | 64,499 | 57,862 | 11.5 |
| 19 | Veracruz | 멕시코 | 671,281 | 620,858 | 8.1 | 44 | Nawiliwili | 미국 | 58,594 | 55,437 | 5.7 |
| 20 | Baltimore | 미국 | 627,947 | 602,475 | 4.2 | 45 | Panama City | 미국 | 57,480 | 16,828 | 241.6 |
| 21 | Halifax | 캐나다 | 530,772 | 550,462 | -3.6 | 46 | Saint John | 캐나다 | 44,556 | 49,950 | -10.8 |
| 22 | Anchorage | 미국 | 485,760 | 516,367 | -5.9 | 47 | Camden | 미국 | 44,400 | 45,468 | -2.3 |
| 23 | Altamira | 멕시코 | 342,616 | 324,601 | 5.5 | 48 | Richmond | 미국 | 41,933 | 41,963 | -0.1 |
| 24 | Wilmington | 미국 | 262,856 | 250,507 | 4.9 | 49 | Fernandina | 미국 | 35,164 | 30,287 | 16.1 |
| 25 | Philadelphia | 미국 | 247,211 | 204,912 | 20.6 | 50 | Hueneme | 미국 | 31,527 | 29,114 | 8.3 |
| 합 계 | | | | | | | | | 41,985,017 | 39,238,334 | 7.0 |

자료: APAA(American Association of Port Authority) 홈페이지, Containerisation International, March 2007, p. 33.

## 제 2 절 NAFTA 성립과 항만정책

북미자유무역협정인 NAFTA(North American Free Trade Agreement)는 캐나다, 멕시코, 미국의 3자간 무역협정으로 1994년 1월 1일부터 시행되었다. NAFTA는 회원국 간에 형식적으로 자유무역을 촉진하고 이를 위한 기본 법률과 원칙을 마련하였다. 협정의 목적은 무역장벽의 제거, 자유 경쟁의 촉진, 투자 기회의 증진, 지적 자본 권리의 보호를 추진하고 협정의 원활한 수행과 함께 분쟁을 해결하기 위한 효과적인 절차를 제공하는 것이며 나아가 3자간, 지역적, 다자간 협동을 위한 체제를 구축하기 위함이다. 따라서 NAFTA는 환경 보호를 바탕으로 글로벌 시장에서 캐나다, 멕시코, 미국 기업의 경쟁력을 향상시킴으로써 자유무역지대에서 무역과 투자의 기회를 확장하여 고용과 경제성장을 촉진하기 위한 3개국의 자유무역협정이다.

NAFTA는 과학 및 기술, 환경 그리고 수송 등의 여러 분야에 걸쳐 3자간 협상을 하였다. 이 중 수송부문에서, NAFTA는 '육상운송표준분과위원회'인 LTSS(Land Transportation Standards Subcommittee)를 설립하여 효율적인 트럭, 버스, 철도 운영으로 NAFTA 회원국 간의 여행 및 화물 수송을 증진하고 위험화물 수송과 관련하여 양립할 수 있는 표준을 개발하고자 하였다. 또한 LTSS는 업무프로그램(work program)을 수행하기 위해 [표 8-2]와 같이 총 5개의 워킹그룹(working group)을 구성하였다.

또한 LTSS에서 명확히 다루어지지 않는 활동을 보완하기 위하여 '수송자문그룹'인 TCG(Transportation Consultative Groups)를 설립하였다. TCG는 국경을 넘나드는 수송에 영향을 미치는 문제들을 처리하기 위해 [표 8-2]와 같이 5개의 워킹그룹을 구성하고 LTSS와 협동하여 일을 추진하고 있다.

표 8-2 LTSS와 TCG의 워킹그룹 내용

| LTSS | | | TCG | | |
|---|---|---|---|---|---|
| 워킹그룹 | 내용 | 비고 | 워킹그룹 | 내용 | 비고 |
| LTSS-1 | 운전자와 차량 표준 | - | TCG-1 | 국경 관리와 간이화 | - |
| LTSS-2 | 차량 무게와 부피 | - | TCG-2 | 철도 표준 | LTSS-4 협동 |
| LTSS-3 | 교통량 통제 방안 | - | TCG-3 | 데이터 교환 자동화 | - |
| LTSS-4 | 철도 표준 | TCG-2 협동 | TCG-4 | 수송 기술의 협력 | - |
| LTSS-5 | 위험화물의 수송 | - | TCG-5 | 해운과 항만 정책 | - |

자료: Transport Canada 자료 정리.

도로와 철도 수송에 국한되었던 LTSS와 달리 TCG는 해운과 항만정책을 위한 워킹그룹인 TCG-5를 포함하고 있으며 정책 발전을 위해 주로 정보교류를 촉진하고 있다. TCG-5의 해운과 항만정책을 위한 워킹그룹의 목적은 다음과 같다.

① 투명성을 위하여 NAFTA 회원국의 해운 및 항만 업무 수행 감시
② 회원국 내에서 교역 증대를 위한 장벽 제거
③ 공동 이익을 도모하기 위해 긴밀한 협력을 유지하고 해운·항만 산업의 발달을 지원하기 위한 관련 프로젝트 수행
④ 해운·항만 발전을 위한 정보 교환 및 공유를 위한 지원

이에 따라, TCG-5에서는 다음의 내용을 다루고 있다.

① 투명한 법률과 규정 관리
② 해양 안전을 위한 선박 안전 관리와 환경보호
③ 해운·항만 정책과 산업을 위한 통계 관리
④ 국제조직과 협력
⑤ 보다 효율적인 수송을 위한 복합운송시스템의 검토
⑥ 상호 이익 지속을 위한 정보 교환으로 공동 발전
⑦ 타 워킹그룹과의 협력 등의 업무 프로그램

이에 대한 사례로, 2000년 10월 24일에 멕시코에서 있었던 TCG-5 회의에서 논의된 주제는 선박안전 문제, 해운 통계뿐만 아니라 항만에 대한 정보 교류가 있었다. 특히, 멕시코의 항만 민영화에 대한 토론이 활발했으며 캐나다의 경우, 정보 교환을 위해 캐나다의 교통부(Transport Canada) 웹사이트에 NAFTA TCG-5 웹페이지를 구축하기도 하는 등의 노력을 기울였다.

또한, 미국은 항만법상으로 캐나다와 멕시코와의 협상에 관한 조항을 마련하였다. 관련법[1]에 의하면, 미국 정부는

① 항만의 건설 또는 운영에 포함되는 캐나다, 멕시코, 미국의 당사자들에게 이익을 보호하기 위한 정부간 이해, 협정, 조약을 요구하고,
② 환경을 보전하고 법적 또는 제정적 불확실성을 제거하며 궁극적으로 캐나다, 멕시코, 미국의 이익을 장려하기 위하여 공동연구를 촉진한다.

이를 위하여 미국 정부는 향후 나아가야 할 방향에 대한 논의와 함께 어떤 정보가 필요한지에 대한 문제들을 보고해야 한다고 규정하였다.

7장에서 다루어진 EU의 항만정책은 EU 공동 환경보호의 필요성과 함께 육상수송에서 연안운송으로 자연친화적인 수송수단으로의 전환을 강조하고 있다. 이에 따라, 1990년대부터 회원국 간의 활발한 공동정책 연구가 있었다. 그러나 NAFTA는 도로 및 철도수송에 치우친 공동 정책 연구가 활발한 반면 아직까지 항만에 대한 공동정책 연구는 미흡한 실정이다. 특히, 미국의 경우 자국 운송을 보호하기 위한 정책(cabotage)이 강하여 멕시코, 캐나다와의 해운 및 항만의 공동 협력을 추진하는 데 한계점을 가지고 있다. 따라서 NAFTA 공동 항만정책은 아직까지 실질적으로 추진하기에는 어려움이 따를 것으로 보인다.

## 제 3 절 NAFTA 국가들의 항만정책

앞에서 언급한 바와 같이, NAFTA 연합국 간의 공동물류정책은 아직까지 미비한 실정이다. 따라서 각각의 국가별 정책에 의존하고 있다. 다음의 [표 8-3]

1) U.S.C. 1521. negotiations with Canada and Mexico: report to Congress.

은 각 NAFTA 국가들의 대표적인 항만에 대한 소개와 관리 및 개발정책을 간략하게 보여주고 있다.

표 8-3 NAFTA 국가들의 주요 항만 소개

| 구분 | 미국 | | | 캐나다 | 멕시코 |
|---|---|---|---|---|---|
| | 로스엔젤레스 항만 | 롱비치 항만 | 뉴욕 / 뉴저지 항만 | 밴쿠버 항만 | 베라크루즈 항만 |
| 설립연도 | 1907년 | 1911년 | 1921년 (뉴욕주&뉴저지주의 쌍방협정을 통한 설립) | - | - |
| 위치 | 캘리포니아주 남부 | 캘리포니아주 남부 (LA항과 인접) | 브리티시 컬럼비아주 (British Columbia) | 캐나다-미국 서해안 국경 지역에 인접 | 멕시코만 |
| 규모 | 면적: 7,500에이커<br>길이: 43마일<br>터미널: 27개 | 면적: 3,200에이커<br>선석: 80개<br>겐트리크레인: 71대 | 항만지구 (Port District): 3,900km$^2$ | 연안: 233km<br>터미널: 25개<br>선석: 57개 | 면적: 2,370에이커<br>길이: 1,200m<br>수심: 14~16m |
| 배후 소비 지역 | Los Angeles시 | Los Angeles시 | 부유한 소비시장<br>중심지: 2,100만명<br>주변: 1,000만명 | 캐나다 제 3의 대도시인 밴쿠버시 | 멕시코시티 중간재 수입기업 |
| 항만 관리 | 항만위원회의 통제 상임이사의 관리 | 항만위원회의 통제 상임이사의 관리 | 항만공사 | 항만공사 | 항만청(API[2]) |
| 항만 서비스 | 대부분 민영기업이 제공 | 대부분 민영기업이 제공 | 대부분 민영기업이 제공 | - | 민영기업이 제공 |
| 항만 투자 및 자금 조달 | 독립적인 운영 (정부 및 주의 재정적 지원 없이 항만서비스에 대한 수익으로 운영) | 독립적인 운영 (정부 및 주의 재정적 지원 없이 항만서비스에 대한 수익으로 운영) | 독립적인 운영 (정부 및 주의 재정적 지원 없이 항만서비스에 대한 수익으로 운영) | 독립적인 운영 (정부 및 주의 재정적 지원 없이 항만서비스에 대한 수익으로 운영) | 항만청(API): 인프라 투자 |
| 주요 개발 프로젝트 | • 항만체증 문제의 해결을 위한 목적<br>- 터미널 확장 계획(선석 개발, 시설 확충)<br>- 배후지 개발 계획(도로, 철도 건설 및 업그레이드) | • 환경보호를 위한 '건강한 항만 프로그램' (2004)<br>• Green Port Policy(2005) | • 항만 재개발 계획<br>- 20억 달러 투자<br>- 터미널 개발, 배후내륙수송 연계 강화(철도, 도로, 공항, 바지선)<br>- On-dock Express Rail System 구축 | • Port Plan<br>- 247km의 연안을 둘러싼 항만 터미널 수용력 증대<br>- 2020년까지 7백만 TEU의 화물처리를 목적 | • 5개년 개발 계획<br>- 28억 페소 투자<br>- 항만 인프라 확장<br>- 통합물류서비스를 위한 배후연계수송네트워크 확장 |

2) API: Integral Port Administration.

# 1. 미 국

## 1) 미국 항만의 특징

미국의 항만은 아래 [그림 8-2]와 같이 멕시코만, 오대호, 대서양, 태평양 연안에 위치한다. 국제 무역을 통해 많은 물동량을 다루는 주요 항만으로는 태평양 연안에 위치한 로스엔젤레스 항과 롱비치 항 그리고 대서양 연안에 위치한 뉴욕/뉴저지 항을 들 수 있다. 그리고 피츠버그(Pittsburgh), 헌팅턴(Huntington), 밸디즈(Valdez) 항과 같이 규모가 크지 않은 항만들은 주로 연안운송을 담당하고 있다.

미국은 지난 몇 년간 컨테이너 물동량이 급속도로 증가하였고 몇 개의 항만에서 집중적으로 화물이 처리되는 것으로 나타났다. 특히, 2006년을 기준으로 미국의 전체 물동량에 대해 로스엔젤레스 항은 20.51%, 롱비치 항은 17.31%, 뉴욕/뉴저지 항은 13.52%를 처리하여 이들 세 개의 항만은 전체의 50% 이상을 처리하는 것으로 나타났다.

주요 교역대상국은 NAFTA 회원국인 캐나다와 멕시코로 각각 1위와 2위를 차지하고 있다. 이들의 교역은 주로 육상운송을 통해 이루어지지만 캐나다와 멕

그림 8-2 미국의 주요 항만

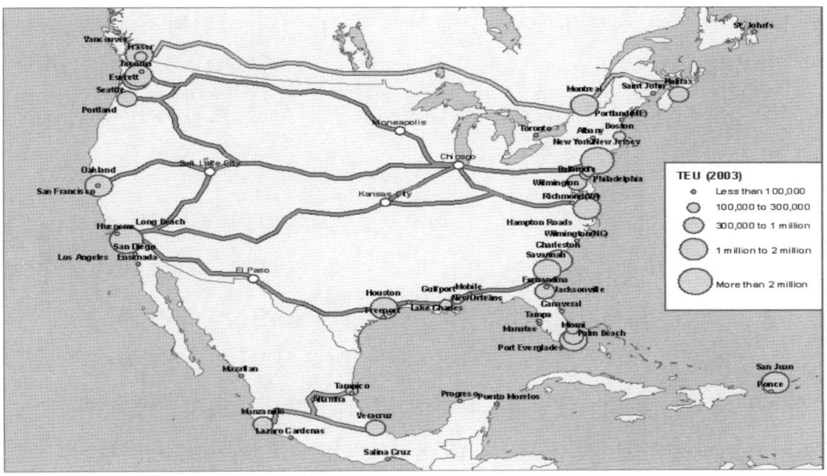


자료: New Port-Hinterland Relationships: Experiences from North America (2005), Jean-Paul Rodrigue, Hofstra University, New York.

시코와의 교역량이 크게 증가하면서 도로나 철도운송뿐만 아니라 해상운송도 증가하면서 항만에서 처리하는 물동량이 지속적으로 증가하고 있는 추세이다.

### 2) 항만 관리 및 운영을 위한 전반적인 정책체제

미국의 DOT(Department of Transportation: 교통부)는 미국 내 전반적인 교통을 관리하는 국가행정기관이다. 보다 세부적인 관리를 위해 산하기관을 두는데 해상운송부문의 경우 MARAD(Maritime Administration: 해양청)가 책임을 맡고 있다. MARAD는 선박건조 활성화, 항만운영의 효율성 증대, 복합운송 연계 및 해운능력 제고 등 해양과 관련하여 여러 분야에 걸쳐 정책을 연구하고 있다.

항만정책과 관련하여, MARAD은 해운법(Compilation of Maritime Laws)을 제정 또는 개정하고 여기에는 항만법(deepwater port ACT)을 포함하고 있다. MARAD에 따르면, 항만법(2006)은 크게 다음과 같이 다섯 가지 목표를 가지고 있다.

① 항만의 소유, 건설, 운영을 허가하고 규제한다.
② 항만 개발의 결과로 파생되는 악영향을 방지하고 최소화하기 위한 해양환경보호정책을 제시한다.
③ 항만운영으로 국익에 긍정적인 영향을 가져온다.
④ 토지 사용, 환경문제 등과 관련하여 주나 지역 사회의 권리와 책임을 보호한다.
⑤ 석유나 천연가스의 수송을 위해 보다 안전하고 효과적인 항만을 건설하고 운영한다.

미국에서 항만의 소유, 건설, 운영은 교통부장관의 허가를 받지 않고서는 불가능하다.[3] 교통부장관은 항만 건설과 운영의 경제적, 사회적, 환경적 영향을 복합적으로 분석하여 허가를 결정한다. 즉, 항만을 건설하고자 하는 자는 충분한 재정적 능력을 가져야 하며 국제법, 국가법(국익 창출, 국가보안, 에너지 효율성, 환경보호)과 관련 규정에 따라야 한다. 특히, 환경보호법과 관련하여 Clean Air Act(대기보호법), Federal Water Pollution Control Act(연방수질오염관리법), Marine Protection, Research and Sanctuaries Act(해양오염, 연구, 보호구역

3) U.S.C. 1503. License for ownership, construction, and operation of deepwater port.

법)를 따라야 한다. 최종적으로 교통부장관은 국무부장관, 국방부장관 등을 거쳐 적격 여부를 판단하기 때문에 다소 복잡하지만 다른 주요 정책들과의 조화를 추구하는 경향을 보인다.

또한 미국의 특징적인 항만정책은 주요 항만정책 수립 시, 사전에 시민 및 이해관계자에게 정책 관련 자료를 공개하고 이들의 의견을 수렴하여 항만정책에 반영한다는 것이다. 특히, 항만계획 수립을 위해 시민참여는 법적으로 의무화되어 있으므로 몇 가지 절차를 거쳐야 한다. 먼저 항만당국은 항만계획을 수립하고 이와 관련된 모든 정보를 일반인에게 공개해야 한다. 이를 위하여 공청

**표 8-4 미국 주요 항만의 개방형 항만정책 사례**

| 사례 1: 뉴욕 · 뉴저지항 |
|---|
| 뉴욕주정부는 뉴욕 · 뉴저지 항만당국과 함께 2002년 뉴욕 · 뉴저지항의 중심에 위치한 Governors Island의 재개발을 위해 브루클린(Brooklyn) 부두의 6-12번 선석을 워터프런트로 개발하는 계획을 수립하였다. 그리고 개발주체로서 뉴욕주도심개발회사(New York State Development Corporation)와 엠파이어스테이트도시개발회사(Empire State Urban Development Corporation)를 선정하였다.<br>그런데 이 개발계획의 수립으로 인해 부두임대계약을 앞둔 터미널 운영사(American Stevedoring Inc.)와 항만당국 간에 마찰이 발생하였고, 또한 개발로 인한 환경문제를 우려하는 시민단체 간, 시민단체와 항만당국 간에 마찰이 발생하였다.<br>이를 해결하기 위해 주정부의 경제개발위원회와 뉴욕 · 뉴저지 항만당국은 시민참여 프로그램을 주도하고 시민의 의견을 정책결정과정에 포함시키기로 하여 전담팀을 구성하였다. 전담팀은 지역 내 거주자, 공무원, 지역사업자, 노동자, 터미널 운영사, 시민, 시민단체, 개발옹호론자 등 다양한 이해관계자를 대상으로 구성하였고 이들의 의견을 청취하였다. 또한 청취한 의견을 양 기관의 홈페이지에도 게재하였다.<br>아울러 공청회도 3회 개최하였다. 그 결과 합의를 도출하였으며, 항만당국은 2003년 9월 개발계획의 조정을 통하여 계획을 순조롭게 진행할 수 있게 되었다. |
| 사례 2: LA항 |
| LA항만당국은 Avalon Corridor와 Harry Bridge 사이의 90에이커에 이르는 지역에 워터프런트 개발계획을 수립하였다. 이 프로젝트는 매우 거대한 사업으로서 환경에 미치는 영향이 클 뿐만 아니라 항만에 미치는 영향도 크기 때문에 지역주민 및 환경단체 등과의 마찰이 예상되었다.<br>이에 따라 항만당국은 이 업무의 원활한 수행 및 시민의 의사를 반영하기 위해 항만위원회 산하에 항만사회자문위원회(PCAC: Port Community Advisory Committee)를 결성하였다. 자문위원회는 약 40명의 위원들로 구성되었으며, 자문 업무를 수행하기 위해 주정부 산하에 구성되어 있는 환경, 교통, 수질 관련 9개 위원회와 연계하여 활동하고 있다. 이뿐만 아니라 자문위원회는 지역시민단체, 교육기관, 전직위원회위원, 사업자그룹, 거주자그룹, 근로자그룹 및 정책결정참여시민단 등 8개 그룹의 46개 단체와도 연계활동을 벌이고 있다. |

자료: 한국해양수산개발원(2007), 개방형 항만정책 수립체제의 필요성과 구축방안에 관한 연구 발췌, p. 22~23.

회를 개최하고 시민 의견을 반영하여 계획을 수정한 뒤, 항만위원회에 승인을 요청하게 된다. 결국, 항만위원회의 승인에 따라 시민 및 이해관계자의 의견이 반영된 계획을 실행하게 된다. 요청된 계획이 항만위원회에 의해 승인되지 않는 경우에는 피드백을 통해 다시 항만계획을 수립하여 시민의견을 반영하는 절차를 거쳐 항만위원회에 다시 승인을 요청하게 된다.

이처럼 미국은 항만계획을 수립하기 위하여 사전에 일반인에게 공개하여 의견을 수렴하고 최종적으로 항만위원회의 승인을 받는 법적 절차를 가진다. [표 8-4]는 미국 주요 항만의 시민의견 수렴을 통한 정책수립의 사례를 보여 주고 있다. 이 사례를 통하여 미국의 개방형 항만정책 수립은 시민 및 이해관계자 간의 갈등을 최소화하고 보다 효율적으로 항만정책을 추진하고 있다는 것을 보여주고 있다.

### 3) 항만보안정책

미국의 9.11 테러 이후, 미국 정부는 특히 수송시스템에서 발생 가능한 테러와 기타 관련 위협에 대응하기 위한 전략을 세우고 있다. 이를 위하여, DOT는 TSA(Transportation Security Administration: 수송보안청)을 세우고 항만보안을 위한 법적 조항을 만들어 각 항만의 보안 수준이 매우 강화되었다. 미국내 항만 보안 강화를 위한 자금조달은 주로 연방정부가 지원하는데 연방정부는 항만 보안을 위한 자금을 약 7배 정도로 상당히 큰 폭으로 늘려 2001년에는 2억 5,900만 달러를 지원한 반면 2005년에는 16억 달러를 지원하였다.

2002년 11월 25일에는 미국 의회에 의하여 해운수송보안법(Maritime Transportation Security Act: MTSA)이 제정되었는데 이는 1936년의 상선법(Merchant Marine Act)을 개정하여 미국 항만의 보안을 위한 프로그램을 만든 것이다. 해운수송보안법은 주로 항만을 중심으로 다음과 같은 내용을 다룬다.

- 항만, 시설, 선박에 대한 평가와 보안 계획
- 항만 지역을 위한 보안 계획과 보안을 위한 프로그램 구축
- 해외 항만에서 테러리즘에 대항하기 위한 평가
- 해외 선박과 선원에 대한 정보를 파악하기 위해 자동화된 시스템 구축
- 화물 검사, 추적, 보안, 모니터링 및 관련 문제를 포함하는 프로그램 구축

- 표준 및 규정의 위반에 대한 과징금 부과 조항
- 선박 도착이나 출발 전에 전자적으로 제공되는 선적 데이터의 요구
- 해양안전을 위한 전문적인 훈련 교과과정의 개발

또한, 미국은 항만법에 의하여 항만 시설과 선박의 안전성을 평가하기 위하여 미국 관할권 내의 해양과 주변 지역에 대해 수송보안사고에 속하는 위험한 선박과 시설을 평가하여야 한다.4) 이 평가에는 주요 자산과 인프라의 감정 및 평가와 이에 대한 보안 문제가 속하고 이 외에도 승객과 화물의 보안, 보안 시스템, 비상조치 등을 포함하고 있다. 따라서 선박이나 항만 시설을 소유하거나 운영하고자 하는 자는 교통부장관에게 선박과 시설을 위한 보안 계획을 제출해야 하고 교통부장관은 세부적인 검토 후 승인을 하게 된다.5)

세부적으로 [표 8-5]는 미국 정부가 테러에 대응하여 보다 효과적으로 항만에 있는 화물을 점검하는 프로그램을 보여주고 있다. 이는 크게 조사, 검사, 파

표 8-5 미국 정부의 컨테이너 화물 점검 관련 프로그램

| 구분 | 세부 내용 |
|---|---|
| 조사 | CSI(Container Security Initiative: 컨테이너 안전협정)는 세계 무역을 보호하기 위한 것으로 세관이 미국 국경에 있는 선박에 화물이 양하되기 전 해외 항만이 매우 위험하다고 간주되면 모든 컨테이너를 조사하도록 지시한다. 2006년 말까지, 미국에 선적되는 태평양 횡단의 컨테이너 화물 중 80% 이상이 CSI 하에 조사될 것으로 예상하고 있다. 또한 CSI는 위험수준이 높은 컨테이너 식별, 미국 항만에 도착하기 전에 사전 스크리닝, 사전 스크리닝을 위한 기술 이용, 안전한 컨테이너 용기의 개발과 사용을 목표로 추진하고 있다. |
| 검사 | 24시간 법칙은 컨테이너가 해외 항만에서 선박에 화물을 적재하기 전에 미국 세관에 화물에 대한 명확하고 세부적인 정보를 전송해야 한다고 규정한다. 세관은 적재되었거나 적재되고 있는 컨테이너가 미국 항만에 접근하는 것을 제재할 수 있는 권리를 가지고 모든 화물은 보안을 위해 미국 항만에 들어오기 전에 스크린닝되고 위험수준이 높은 모든 화물은 검사 대상이 된다. |
| 파트너십 | 미국과의 교역량이 많은 대부분의 수입국과 무역 파트너들(총 5,800개 기업)은 C-TPAT(Customs-Trade Partnership Against Terrorism: 반테러 프로그램)에 참여하고 보안 표준을 강화해야 한다. |
| 기술 | 미국 세관은 미국 항만에서 들어오는 화물들을 대상으로 스크리닝을 위한 X-ray, 감마선, 방사선 탐지기를 사용하고 있다. 이에 따라, 보다 정확하고 효과적인 기술을 위한 연구가 세계적으로 활발히 일어나고 있는 추세이고 이를 장려한다. |

4) U.S.C. 70102. United States facility and vessel vulnerability assessments.
5) U.S.C. 70103. Maritime transportation security plans.

트너십, 기술로 나뉠 수 있다.

미국의 연안보안청(U.S. Coast Guard) 역시 9.11 테러의 영향으로 미국 항만에 입항하는 모든 선박에 대하여 해양보안을 위해 적극적으로 활동하고 있다. 연안보안청은 해양보안을 위하여 IMO에서 1974년 SOLAS에서 협정된 International Convention for the Safety of Life at Sea(항만안전을 위한 국제협약)을 개정하여 ISPS(International Ship and Port and Facility Security: 국제선박 및 항만시설 보안) Code를 설립하도록 하였다. 그리고 2003년 3월 1일에는 새롭게 구성된 미국의 DHS(Department of Homeland Security: 국토안보부)의 기관에 소속하게 되었다.

ISPS Code는 2004년 7월 1일부터 미국으로 입항하는 모든 해외 국적 선박에 대하여 보안평가를 거쳐 ISSC(International Ship Security Certificate: 국제선안전인증서)를 취득하도록 요구하고 있다. 이와 함께, 미국의 첫 번째 항만에 도착하기 24~96시간 이전에 모든 선박은 NOA(notice of arrival: 도착 통지서)를 함께 전송해야 한다.

NOA는 선박에 탑승한 선원 및 승객을 포함한 모든 사람들의 명단을 포함해야 한다. 여기에는 이름, 생년월일, 국적, 여권번호뿐만 아니라 선원의 지위와 역할 등을 포함하고 있다. 또한 선박명, 등록국가, 선박번호, 선박 소유자, 운영자 등의 선박관련 사항과 함께 화물에 대한 설명, 입항했던 항만과 날짜 등과 같은 보다 세부적인 사항을 포함한다. 특히 폭발물, 산화물 등과 같은 위험화물에 대해서는 화물의 종류와 질량, 선적된 장소, 시설의 운영조건 등을 추가로 자세한 정보를 전송해야 한다. 이러한 관련 규정을 지키지 않는 모든 선박에 대하여 미국은 항만 입항을 허가하지 않는 방침을 가지고 있다.

해외에서 미국으로 입항하는 선박들은 NOA뿐만 아니라 또한 [표 8-6]의 관련 서류들을 제출해야 한다. 이는 크게 화물의 세관 검사, 농림부 검사뿐만 아니라 선원 및 승객에 대한 입국 심사를 위한 것이다.

또한 선박이 제한된 지역 내에 접근하게 되면 24시간 이내(일요일, 공휴일은 제외)에 가까운 항만으로 입항을 보고하여야 한다. 이러한 입항 보고는 선박명, 국적, 도착시간, 화물 형태 등을 알려야 하는데 로스엔젤레스 항과 롱비치 항에서는 주로 VHF(초단파)를 통해 커뮤니케이션이 이루어진다. 입항 보고가 제대로 이루어지지 않을 경우 미국 항만은 1,000달러의 벌금을 부과하고 있다.

표 8-6 미국 항만을 입항하는 선박들이 제출해야 하는 서류

| 목적 | 관련 서류 |
|---|---|
| 세관 검사 | 1. Masters Oath (서약서) |
| | 2. General Declaration (신고서) |
| | 3. Cargo Declaration (화물 신고서) |
| | 4. Ships Stores Declaration (선용품 신고서) |
| | 5. Crews Effects Declaration (선원 신고서) |
| | 6. Crew List (선원 명단) |
| | 7. Passenger List (승객 명단) |
| | 8. Clearance from last port (마지막 취항 항만에서의 입항 허가증) |
| | 9. Register (선적 증명서) |
| | 10. International Tonnage Certificate (국제 톤수 인증서) |
| | 11. Certificate of Financial Responsibility (재정 책임 증명서) |
| | 12. Load Line Certificate (만재 흘수선 인증서) |
| | 13. Tonnage Tax Receipts (톤세 영수증) |
| | 14. SOLAS Certificate (SOLAS 인증서) |
| | 15. ISSC (국제선 안전인증서) |
| 입국 심사 | 1. Crew List (선원 명단)<br>참고: 모든 선원은 유효한 미국 비자를 소지해야 함 |
| | 2. Crewman's Landing Permit (선원들의 착륙 허가) |
| | 3. Passenger List (승객 명단) |
| | 4. Passenger Landing Permit(승객들의 착륙 허가) |
| | 5. Passport or Seaman's Book (선원들의 여권) |
| | 6. Passport with valid US Visa (승객들의 유효한 미국 비자)<br>참고: 유효한 미국 비자를 불지참한 승객을 미국으로 수송하는 것은 미국법을 위반하는 행위임. |
| 농림부 검사 | 1. Ship's Stores Declaration (선용품 신고서) |
| | 2. Cargo Declaration (화물 신고서) |

자료: Sean Gibson(Master Mariner MNI), "Ports & Terminals Guide 2007~2008," Lloyd's Register-Fairplay Ltd., Vol. 4, Taiwan to Yemen & Atlas 발췌, p. 4~772.

미국의 항만 보안정책은 선박과 항만 시설의 안전을 위한 것으로 선박과 항만 시설에 대한 보안 요구사항을 관리함으로써 위험을 줄이고자 하는 정책이다. 여기에 포함되는 요구사항은 선박 보안 계획 및 항만 시설 보안 계획 이외에도 사람과 물자 이동의 모니터링, 보안 커뮤니케이션 유지 등을 포함하고 있

다. 특히, 미국은 최근 미국 내 정치적, 사회적 이슈가 되고 있는 테러리즘에 대항하여 지속적으로 보안을 강화할 것으로 예상되고 있다.

### 4) 환경보호 및 안전정책

미국은 항만으로부터의 대기오염이 인구 100만 명당 2,000건의 암을 발생시키고 350여 개의 큰 공장이 배출하는 양과 같은 47톤의 산화질소가 매일 항만의 선박으로부터 배출되고 있다는 연구 결과가 있었다. 미국은 이러한 수치가 지속적으로 증가하여 2022년까지 70% 이상 증가할 것으로 예상하고 있다. 이에 따라, 미국의 주요 항만들은 지속가능한 개발을 위해 환경에 대한 관심이 대두되었다.

Los Angeles항의 경우, 항만위원회에서는 2002년 10월에 선박과 하역장비로부터 배출되는 오염물을 감소시키기 위하여 터미널과 선박운영 프로그램인 POLACAP(Port of Los Angeles Clean Air Program: 로스앤젤레스항 대기정화 프로그램)을 수행하기로 했다. 따라서 친환경적인 장비를 사용하여 오염 배출을 크게 감소시키기 위하여 2008년까지 POLACAP에 5,200만 달러를 투자하기로 결정했다. 로스엔젤레스 항 근처에 있는 롱비치 항은 보다 강력한 환경보호정책인 Green Port 정책을 추진하여 다각적인 시각으로 세부적이고 통합적인 접근을 보이고 있다. 뉴욕/뉴저지 항 또한 환경은 경제의 엔진으로 일자리를 창출하고 궁극적으로 삶의 질을 높이므로 항만 운영에 대해 환경적인 영향을 지속적으로 평가하고 향상시켜야 한다고 강조하고 있다.

사실 각 항만의 환경에 대한 관심 고조는 미국의 강력한 환경보호정책에 바탕을 두고 있기 때문이다. 미국의 항만과 관련한 환경적 검토 기준의 경우, 국가환경정책법(National Environmental Policy Act)에 따르는데 세부적으로 다음을 포함하여 평가하고 있다.[6]

① 해양환경에 대한 영향
② 조류 및 파랑에 대한 영향
③ 파랑, 바람, 날씨 등 항해와 관련하여 잠재적인 위험과 이러한 위험으로부터 보호하거나 영향을 최소화하기 위한 조치

6) U.S.C. 1505. Environmental review criteria.

④ 항만 개발과 관련한 토지개발의 영향
⑤ 인간의 건강과 복지에 대한 영향

항만법에 따르면, 교통부장관은 국제법에 따라 국민들이 직접 참여할 수 있도록 선박의 이동, 항만 하역 절차, 정박지역의 지정과 건설, 유지보수, 법의 집행, 장비, 훈련 등에 관련하여 표준, 조건 또는 절차를 규정하거나 시행해야 한다.[7] 이는 해양환경의 오염을 방지하고 방출된 오염물질을 제거하고 항만의 건설과 운영으로 야기되는 역효과를 방지하거나 최소화하기 위함이다. 또한 교통부장관은 등대, 기타 경계 장치, 안전장비, 항만과 그에 인접한 해양에 생명과 재산의 안전 촉진과 관련한 여러 가지 문제에 대하여 규정을 발표하고 시행해야 할 의무를 가진다.

예를 들어, 미국은 "US Goast Guard Anti Pollution Law(미국 연안보안청 오염방지법)"에 따라 기름이나 위험물질의 유출을 방지하고 있다. 우발적인 사건으로 인하여 기름이 유출되면 법적으로 관련 선박이나 시설의 소유자나 운영자가 유출된 기름이나 위험물질을 제거하기 위한 모든 비용을 부담하여야 할 뿐만 아니라 최대 10,000달러의 벌금을 지불해야 한다. 오염물 유출에 대한 사실을 은폐하는 경우에는 개인은 최대 250,000달러의 벌금과 5년의 징역에 처하게 되며 관련 회사는 최대 500,000달러의 벌금을 지불하게 된다.

2006년 초에는 선박 대기오염물을 감소시키기 위한 방안을 추진하기 위한 초안을 마련하기도 하였다. 이는 환경보호국에 전달되어 선박으로부터의 질소 및 황화합물 등 오존을 파괴하는 물질의 배출에 관한 정책을 마련하도록 촉구하였다.

안전지역과 관련하여, 교통부장관은 국제법의 원리와 내무부(secretary of the interior), 통상부(secretary of commerce), 국무부(secretary of state), 국방부(secretary of defense)와의 상의 후에, 항해안전을 목적으로 항만과 이를 포함하는 주변 지역의 적절한 규모를 지정해야 한다. 이러한 지역에서는, 항만 운영에 방해되는 설비, 구조, 이용은 허가되지 않기 때문에 교통부장관은 규정을 통하여 이러한 지역 내에서 허가되는 활동들을 정의해야 한다고 명시하고 있다.

7) U.S.C. 1509. Marine environmental protection and navigational safety.

## 5) 미국의 주요 항만과 개발 프로젝트

### (1) 로스엔젤레스(Los Angeles) 항

로스엔젤레스는 과거 오렌지 농장으로 성장하여 1900년대 초에 샌프란시스코 지진으로 인하여 인구 유입이 늘어나기 시작하였다. 또한, 파나마 운하가 개발되어 미국 대서양과 태평양 연안 간의 해운을 통한 물적 교류가 생기기 시작하였다. 이러한 변화에 따라 로스엔젤레스 시는 급속한 성장을 하게 되었다.

도시의 발달과 함께 로스엔젤레스 항은 항만 위원회(board of harbor commissioners)를 통하여 공식적으로 1907년에 설립되었다. 항만지구(Port District)는 독립적이고 자립적으로 로스엔젤레스 시정부에서 소유하고 있다. 항만은 시장에 의해 임명된 그리고 시 의회에서 승인된 5명으로 구성되어진 항만 위원회의 통제하에 있고 상임이사에 의해 관리된다. 결국, 항만 위원회가 항만의 추진 방향을 설정하고 정책을 결정하는 주요 역할을 담당하고 있다.

로스엔젤레스 항은 독립적으로 운영되므로 시민의 세금으로 지원되는 것은 아니다. 대신, 상업적으로 도크 사용료, 부두 사용료, 수로 안내료, 보관료, 토지 임대료, 특허권 사용료 등 기타 항만서비스에 대한 요금으로부터 수익을 창출한다. 그리고 지주항(landlord port)으로 분류되는 로스엔젤레스 항은 차용자에게 토지를 임대해주고 차용자가 임대한 시설을 운영한다. 2004년의 경우, 로스엔젤레스 항의 총수입은 3억 5,150만 달러에 순이익이 9,090만 달러에 이르기도 하였다.

로스엔젤레스 항은 2차 세계대전 이후 캘리포니아에서 가장 큰 항만으로 성장하여 현재 컨테이너 처리 물동량은 2006년을 기준으로 약 847만 TEU로 미국에서 가장 많은 물동량을 처리하는 항만이고 세계에서 10위를 차지하는 국제적인 항만으로 성장하였다. 주요 무역 파트너국은 주로 아시아 국가들로 중국, 일본, 대만, 태국, 한국이다. 특히, 로스엔젤레스 항은 캘리포니아 남부 연안의 샌페드로만(San Pedro Bay)에 위치하여 로스엔젤레스 시와 32km 정도 떨어져 있어 항만과 도시의 게이트웨이의 역할을 담당하고 있다.

항만에서 처리되는 화물은 Southern Pacific Transportation Co, Atchinson, Topeka & Santa Fe Railway Co, Union Pacific Railroad Co에서 운영하는 철도를 통해 배후수송이 가능하다. 또한, 24km 거리에 롱비치 공항과 32km 거리에 로

스엔젤레스 국제공항이 있다.

항만은 총 7500 에이커 면적을 차지하고 69km의 해안선에 컨테이너, 건화물, 벌크화물 등을 포함하여 총 27개의 터미널로 구성되어 있다. 이 중 컨테이너 터미널은 [그림 8-3]과 [표 8-7]과 같이 West Basin Container Terminal(Berth 100, Berth 121-131), Trans Pacific Container Service Corp.(Berth 135-139), Port of Los Angeles Container Terminal(Berth 206-209), Yusen Terminal(Berth 212-225), Seaside Terminal(Berth 226-236), APL Terminal/Global Gateway South(Berth 302-305), APM Terminals/Pier 400(Berth 401-406)으로 구성되어 있다.

그림 8-3 Los Angeles 항만 지역

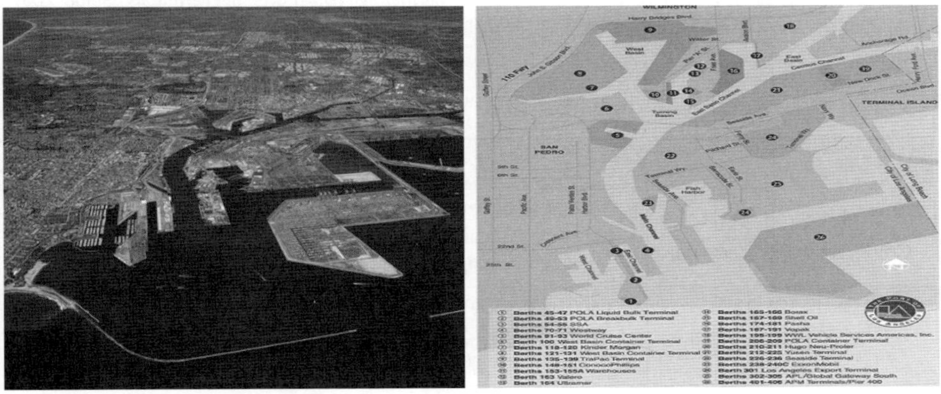

자료: Los Angeles 항만공사, 1) http://www.portoflosangeles.org/about.htm
2) http://www.portoflosangeles.org/facilities map.htm

2002년부터 로스엔젤레스 항은 선박의 대기시간이 길어지는 문제점을 가지게 되었다. 이는 연구결과에 의하면 로스엔젤레스 항에서 처리되는 물동량은 항만의 처리능력뿐만 아니라 간선도로와 철도수송의 능력을 초과하는 것으로 나타났다. 이러한 만성적인 체증 문제는 경제적 손실을 가져오기 시작하였고 많은 기업에서 추진하는 JIT(just in time) 경영기법에 방해를 주고 있다. 특히 미국의 교역량은 지속적으로 증가하고 있는 추세이며 해외무역은 80%가 선박을 통해 해상운송되므로 신규 항만 개발 또는 재개발을 통하여 체증 문제를 해소하고자 하고 있다. 이에, 로스엔젤레스 항은 [표 8-8]과 같이 크게 5개의 항만개발 계획

표 8-7 로스엔젤레스 항 컨테이너 터미널 개요

| 선석번호 | 운영자 | 총면적 (ha) | 길이 (m) | 선석 (개) | 수심 (m) | 크레인 (대) |
|---|---|---|---|---|---|---|
| 100 | West Basin Container Terminal LLC | - | - | 1 | - | 4 |
| 121~131 | West Basin Container Terminal | 75 | 1,066 | 4 | - | 8 |
| 135~139 | Trans Pacific Container Service Corp. (TraPac) | 71 | 1,021 | 5 | 10.6~16.1 | 5 |
| 206~209 | Port of Los Angeles Container Terminal | 37 | 665 | 2 | 7.6 | 4 |
| 212~225 | Yusen Terminal | 75 | 1,768 | 5 | 13.7 | 10 |
| 226~236 | Seaside Terminal | 83 | 1,432 | 3 | 13.7 | 8 |
| 302~305 | APL Terminal/Global Gateway South | 106 | 2,192 | 4 | - | 12 |
| 401~406 | APM Terminals/Pier 400 | 196 | 2,182 | 6 | - | 14 |

자료: Los Angeles 항만공사, Sean Gibson(Master Mariner MNI), "Ports & Terminals Guide 2007-2008," Lloyd's Register-Fairplay Ltd., Vol. 4, Taiwan to Yemen & Atlas.

표 8-8 로스엔젤레스 항의 개발 계획

| 구분 | 개발 계획 |
|---|---|
| Berth 100-102<br>China Shipping Terminal | • 2,500 피트의 안벽을 가진 컨테이너 터미널 건설<br>• 134 에이커의 배후부지<br>• 두 개의 교량과 두개의 터미널 건물 건설 |
| Berth 121-131<br>Yang Ming Container Terminal | • 3,500 피트의 안벽을 가진 컨테이너 터미널로 업그레이드 → 대형선박 수용, 12개의 컨테이너크레인<br>• 28 에이커의 배후부지 재건설 (터미널건물, 철도능력 향상) |
| Berth 136-147<br>TraPac Terminal Expansion Program | • 약 110 에이커의 토지 재개발<br>• 추가로 53 에이커의 터미널 토지를 개발<br>• 2,600 피트의 새로운 안벽, 5개의 새로운 크레인, 100 피트의 gauge crane rail, 새로운 터미널 건물, 게이트, 새로운 on-dock rail 시설 등을 건설 |
| Berth 171-181<br>Terminal Redevelopment | • 기존 44-acre의 Pasha breakbulk terminal 재건설<br>• 자연친화적인 토지로 개선, 안벽 업그레이드, 525 feet의 새로운 안벽 확장, 12-acre의 터미널 배후부지 확장 |
| Berth 226-236<br>Container Terminal Reuse Program | • 최적의 효용성과 운영의 효율성을 위한 기존 컨테이너 터미널의 재개발<br>• 안벽, 배후지, 크레인 레일, 등대, 공익사업, 새로운 게이트, 인접한 도로와 철도의 건설/재건설/업그레이드 |

자료: Los Angeles 항만공사.

을 가지고 있다. 이를 위하여 5억 달러의 자금을 투자하여 궁극적으로 글로벌 선사들을 유치하려는 전략을 추진하고 있다.

또한, 환경을 저해하는 오염물을 제거하기 위한 적극적인 노력의 결과로 Los Angeles항은 다른 국제 항만들과 비교할 때 깨끗한 항만에 포함한다. 특히 Los Angeles항의 환경보호 정책은 매우 엄격한 편이며 장기적인 관점에서 환경보호를 위한 노력을 지속적으로 추진하고 있다.

### (2) 롱비치(Long Beach) 항

1911년에 설립된 롱비치 항은 주변 지역에 원유가 발견되던 1936년에 성장하기 시작하였다. 미국법에 따르면 원유는 생산되는 지역의 자산으로써 항만 주변에서 생산되는 원유로 인한 수입원은 항만 개발에 투자되었다. 충분한 재정으로 항만공사는 최신식 항만을 건설할 수 있었고 당시 로스엔젤레스 항이 좁은 항로로 대형 선박을 입항시키지 못하는 단점을 보완하기 위하여 항로를 넓힘으로써 경쟁항으로 성장할 수 있는 계기가 되었다.

현재 롱비치 항은 아시아를 대상으로 하는 교역이 90% 이상을 차지하고 있어 미국과 아시아의 교역에서 중요한 게이트웨이 역할을 하고 있다. 로스엔젤레스 항과 인접하여 미국에서 두 번째로 많은 물동량(2006년 기준으로 약 729만 TEU)을 처리하는 항만으로 세계에서는 12위를 차지하고 있다.

롱비치 항만은 로스엔젤레스 항만과 마찬가지로 롱비치의 시장에 의해 임명된 그리고 시 의회에서 승인된 5명으로 구성되는 항만 위원회의 통제하에 있다.

항만 토지는 캘리포니아주의 시민을 위한 것으로 롱비치 시에 의해 소유되고 매매거래가 불가능하다. 즉, 지주항으로써 토지를 임대해 주는 역할이 가능하다. 또한 항만은 재정적으로 독립적이기 때문에 롱비치 시로부터 자금을 조달받지 않는다. 캘리포니아주의 법에 따라 항만은 상업, 항해, 해양 레크리에이션, 어업과 관련한 활동들을 통해 수익을 창출하고 수입을 지출할 수 있다.

현재 롱비치 항은 총 3,200 에이커의 토지에 80개의 선석을 가지고 71대의 포스트-파나막스 겐트리크레인을 보유하고 있으며 컨테이너터미널 외에도 건화물과 벌크화물을 위한 터미널을 가지고 있다. 주요 컨테이너 화물은 전자제품, 의류, 주방용품, 식품, 음료, 화장품, 신발 등을 포함한다. 컨테이너 화물 외에도 석유화학 벌크, 철강, 자동차, 화학제품, 플라스틱 등의 수출입 화물을 다루고 있다.

컨테이너터미널은 [그림 8-4]와 [표 8-9]와 같이 SSAT Long Beach Terminal (Pier A Berths A88-A96), SSA Marine-Matson Terminal(Pier C Berths C60-C62), California United Terminals(Pier E Berths E24-E26), Long Beach Container Terminal(Pier F Berths F6-F10), International Transportation Service(Pier G Berths G226-G236), Pacific Container Terminal(Pier J Berths J243-J247, J266-J270), Total Terminals International/Hanjin Shipping Co.(Pier T Berths 130-T140)로 구성되어 있다.

롱비치 항의 주요 개발정책은 환경과 밀접한 관련이 있다. 롱비치 항은 환경 개선을 위하여 20년 계획의 환경보호 프로그램을 실천하고 있다. 최근 항만 물동량의 급증과 함께 지난 15년 동안 거의 4배 정도의 물동량이 증가하였고 향후 15년 동안은 현재의 3배가 증가할 것으로 예상하고 있다. 이와 함께 항만 운영으로 인한 부정적인 효과를 감소시켜야 한다는 인식하에 종합적인 항만정책이 추진되고 있다.

이는 2002년에 다양한 환경 프로그램을 관리하기 위한 Healthy Harbor

그림 8-4 Long Beach 항만 지역

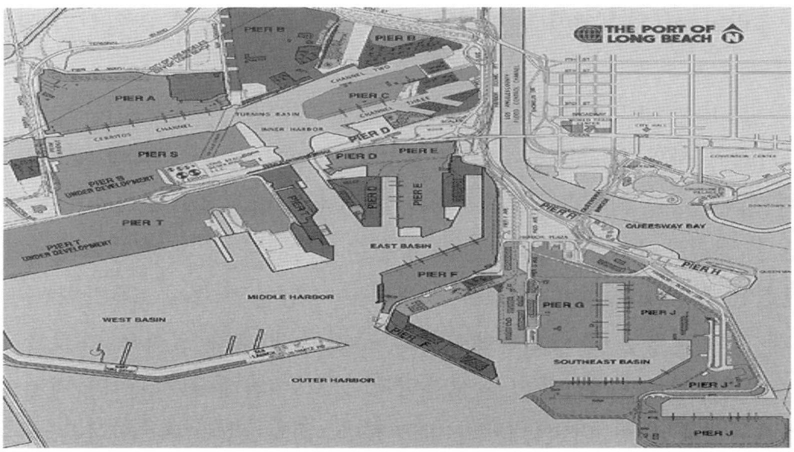


자료: Long Beach 항만공사 홈페이지, http://www.polb.com/facilities/maps/default.asp

program(건강한 항만 프로그램)을 추진하기에 이르렀고 2004년 항만위원회는 환경보호를 목적으로 하는 새로운 정책으로 발전시켰다. 결국, 2005년 1월에 롱비치 항은 "Green Port Policy(그린포트정책)"을 채택하여 환경친화적인 항만 운영을 위한 체제를 구축하였다.

표 8-9 롱비치 항 컨테이너 터미널 개요

| 선석번호 | 운영자 | 총면적 (ha) | 길이 (m) | 수심 (m) | 크레인 (대) | 야드면적 (ha) |
|---|---|---|---|---|---|---|
| A88-A96 | SSAT Long Beach Terminal | 68.8 | 1,097 | 15.2 | 10 | 36.4 |
| C60-C62 | SSA Marine-Matson Terminal | 28.3 | 549 | 12.8 | 3 | 23.2 |
| E24-E26 | California United Terminals | 38.4 | 640 | 14.6 | 5 | 23.4 |
| F6-F10 | Long Beach Container Terminal | 41.3 | 838 | 15.2 | 7 | 29.9 |
| G226-G236 | International Transportation Service | 99.6 | 1,945 | 11~12.8 | 16 | 35.0 |
| J243-J247<br>J266-J270 | Pacific Container | 103.6 | 1,799 | 12.8~14.6 | 16 | 77.8 |
| T132-T140 | Total Terminals International/Hanjin Shipping Co. | 155.8 | 1,524 | 16.8 | 14 | 108.1 |

자료: Long Beach 항만공사, Sean Gibson(Master Mariner MNI), "Ports & Terminals Guide 2007-2008," Lloyd's Register-Fairplay Ltd., Vol. 4, Taiwan to Yemen & Atlas.

그린포트 정책은 다음의 다섯 가지 원칙을 바탕으로 [표 8-10]과 같이 여섯 가지 기본 프로그램을 포함하고 있다.

① 항만 운영으로부터 유해한 환경을 억제한다.
② 항만을 환경적 책무에 따르는 리더로 구분한다.
③ 지속가능성을 장려한다.
④ 환경적 영향을 줄이기 위한 최적의 기술을 도입한다.
⑤ 지역사회를 포괄하고 육성한다.

표 8-10 롱비치 항의 그린포트 정책의 기본 프로그램

| 구분 | 세부 내용 |
|---|---|
| 야생 생물 | 수상 생태계와 해양 서식지의 보호, 유지, 복구 |
| 대기 | 항만 활동으로 인한 유해한 대기오염의 방출을 감소 |
| 수질 | Long Beach 항만 수질 향상 |
| 토양/퇴적물 | 항만지구에서 오염된 토양과 퇴적물의 재사용을 위한 적절한 관리 |
| 지역사회 참여 | 항만 운영과 환경적 프로그램과 관련하여 지역사회와의 상호작용 및 지역사회 육성 |
| 지속가능성 | 지속가능한 발전을 위한 항만의 설계, 건설, 운영, 행정 |

### (3) 뉴욕/뉴저지(New York/New Jersey) 항

뉴욕/뉴저지 항만공사는 뉴욕 주와 뉴저지 주의 쌍방협정을 통해 1921년에 설립되었다. 이는 40km를 반경으로 총 3,900km²의 면적을 가진 뉴욕과 뉴저지의 항만지구(port district) 내에서 교량, 터널, 공항, 항만을 포함하는 대부분의 수송 인프라를 관리하고 있다. 뉴욕/뉴저지 항은 지리적인 이점으로 배후에 집중된 인구(중심지에 2,100만 명의 소비자와 일일운송 거리에 1,000만 명의 소비자)와 부유한 소비시장을 가진 게이트웨이로써 2006년에는 약 510만 TEU의 컨테이너 물동량을 처리하였다.

뉴욕/뉴저지 항만은 미국 대서양 연안의 가장 대표적인 항만으로 컨테이너 화물뿐만 아니라 Ro-Ro, 벌크 화물 등을 다루고 크루즈 선박을 위한 시설도 갖추고 있다. 거대한 소비지를 바탕으로 자동차, 가구, 종이, 음료(와인, 맥주, 커피, 과일주스), 과일, 채소 등 다양한 품목을 대상으로 교역하고 있다.

뉴욕/뉴저지 항은 뉴욕 시의 브룩클린(Brooklyn) 해안과 뉴저지의 뉴어크만(Newark Bay)을 따라 위치하고 있다. 주요 터미널은 [그림 8-5]와 같이 뉴저지 지역에 Elizabeth Marine Terminal, Port newark, Auto Marine Terminal, Howland Hook Marine Terminal이 있고 뉴욕 지역에 Brooklyn Marine Terminal과 Red Hook Container Terminal이 위치해 대다수의 화물을 처리하고 있다. 컨테이너 화물을 처리할 수 있는 터미널은 [표 8-11]과 같다. 뉴욕/뉴저지의 대부분의 시설은 항만공사가 관리하고 있다. 또한 대부분의 터미널은 민간터미널운영자나 민간벌크화물 운영자가 항만공사로부터 터미널을 임대하여 운영

하고 있다.

배후수송 연계는 [그림 8-5]와 같이 항만 주변에 Newark 국제공항, Kennedy 국제공항, La Guardia 지역공항이 위치해 있다. 또한, Newark/Elizabeth Port Authority Marine Terminal에서는 On-dock, 이단적재 철도서비스가 가능하다.

그림 8-5 New York/New Jersey 항만 지역

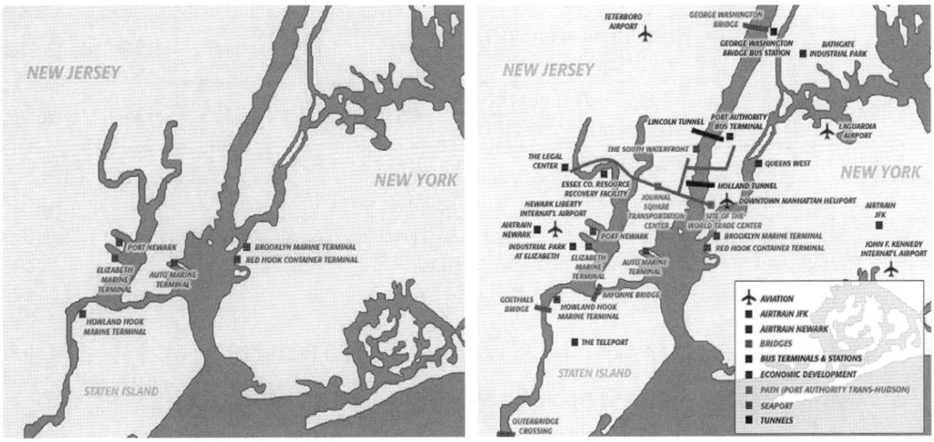


자료: New York/New Jersey 항만공사,
1) http://www.panynj.gov/DoingBusinessWith/seaport/html/regional_port.html
2) http://www.panynj.gov/AboutthePortAuthority/FacilitiesandServices/

지속적으로 증가하는 물동량에 대응하여 뉴욕/뉴저지 항만공사는 처리능력을 확장하기 위해 광범위한 항만 재개발 계획을 세웠다. 이를 위해 17억 달러를 투자하여 이 지역의 컨테이너 터미널의 생산성과 효율성을 증대시키는 것이다. 궁극적으로는 이러한 개발을 통하여 항만 파트너와 고객의 욕구를 만족시켜 미국 동해안에서 가장 큰 항만으로 유지하는 것이다.

항만공사는 가장 효율적이고 경제성 있는 항만 개발을 목표로 선석을 개발하고 기존 터미널을 개선하여 처리능력을 증대시키고, 철도와 바지선에 의한 내륙연계를 강화하고 있다. 이러한 개발은 컨테이너를 보다 빠르게 적양하할 수 있는 환경친화적인 항만시설과 장비의 제공, 교통혼잡과 항만체증을 완화할 수 있는 개선된 수송 인프라의 제공 등을 포함하고 있다.

표 8-11 뉴욕/뉴저지 항 컨테이너 터미널 개요

| 선석번호 | 운영자 | 면적 (ha) | 길이 (m) | 수심 (m) | 용도 |
|---|---|---|---|---|---|
| 15, 20, 25, 37, 45 | Red Hook Terminal | 32 | 634[8)] | 12.8 | 컨테이너, Ro-Ro, 벌크 |
| 270 | Howland Hook | 75.7 | 762 | 12.8~11.3 | 컨테이너, 일반화물, 벌크 |
| 178 | Global Marine Terminal | 40.5 | 549 | 12.1 | 컨테이너, 벌크 |
| 258, 255 | Maher Fleet Street Terminal (Elizabeth) | 100 | 1,249 | 14 | 컨테이너, Ro-Ro |
| 245 | Maher Tripoli Terminal (Elizabeth) | 96 | 960 | 12 | 컨테이너, Ro-Ro |
| 239 | APM Terminal | 108 | 1,370 | 13.5 | 컨테이너 |
| 264,265 | Port Newark Container Terminal | 71.2 | 1,165 | 13~7 | 컨테이너, Ro-Ro |

자료: Sean Gibson(Master Mariner MNI), "Ports & Terminals Guide 2007-2008," Lloyd's Register-Fairplay Ltd., Vol. 4, Taiwan to Yemen & Atlas.

보다 세부적으로, Maher 터미널의 경우 400,000,000달러를 투자하여 현대화 프로그램 추진으로 현재는 Tripoli Street 터미널과 Fleet Street 터미널이 단일 터미널로 통합되어 관리되고 있다. Port Newark/ Elizabeth 구역은 확장 공사를 통해 350 에이커를 넓힐 계획이고 Howland Hook Marine Terminal 개발 프로젝트는 동시에 세 척의 선박을 작업하기 위해 총 500피트의 선석을 개발하고 두 개의 새로운 Post-Panamax 크레인을 설치할 계획이다. 특히, Port newark 터미널은 5대의 크레인이 동시에 한 선박에 작업을 할 수 있도록 하여 생산성을 향상시키고 있다.

또한 선박의 대형화 추세에 따라 항로 및 안벽 증심 계획을 추진하고 있다. 특히 기존에 Kill Vahn Kull과 Newark Bay에서 개장된 두개 항로의 수심은 13.7m로 2005년 5월에 이미 15.2m로 증심하기 위한 작업에 착수하였다. 이와 함께 Arthur Kill 항로와 Port Jersey 항로 또한 12.4m로 증심하고 있다.

또한 뉴욕/뉴저지 항만은 교량과 터널을 통해 육로를 연결하고 배후연계 수송을 위하여 항만 주변에 도로, 철도, 공항 인프라를 건설하여 빠르고 효율적인 수송서비스를 제공하고 있다. 특히, 터미널에서 내륙화물 수송을 위해 항

8) 컨테이너 용도를 위한 선석 길이: 634m, 벌크 화물을 위한 선석 길이: 1,039m

만공사는 On-dock ExpressRail System를 구축하여 철도연계를 강화하고 완전 통합된 복합운송시스템을 제공하고자 한다. 첫 단계는 Elizabeth Marine Terminal에서 운영되고 있고 확장 공사를 통하여 향후 연간 100만 개의 컨테이너를 처리할 수 있을 것으로 예상하고 있다. 또한, Howland Hook Marine Terminal, Newark Container Terminal에도 ExpressRail 시스템 구축을 계획하고 있다.

## 2. 캐나다

### 1) 캐나다 항만의 특징

캐나다의 주요 항만은 [그림 8-6]과 같이 태평양 연안에 위치한 뱅쿠버, 프레이저강( Fraser River) 항과 대서양 연안에 위치한 몬트리올, 핼리팩스(Halifax), 세인트존(St. John's) 항 등이 있다. 특히, 뱅쿠버 항은 [표 8-12]에서 볼 수 있듯이 2006년에 전년도 대비 24.9% 증가한 2,207,730 TEU의 화물을 처리하여 캐나다에서 가장 많은 물동량을 처리하였고 북미 지역 항만들 가운데 5위를 차지하

그림 8-6 캐나다의 주요 항만

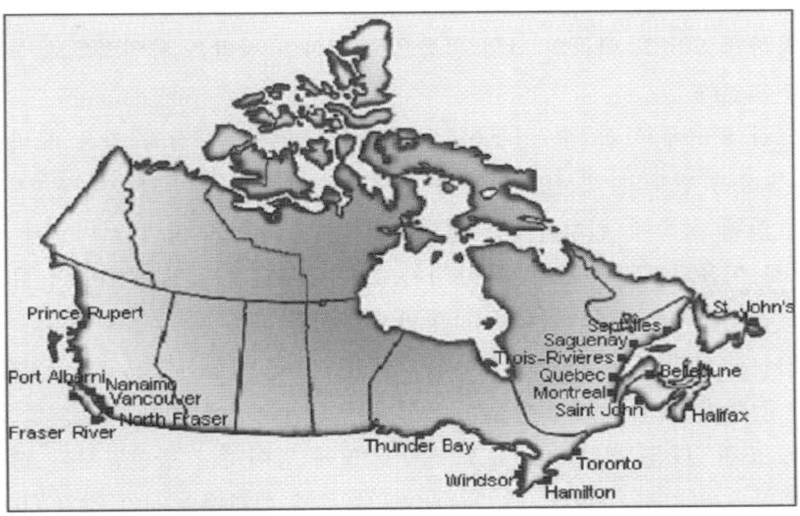


자료: Transport Canada 홈페이지, http://www.tc.gc.ca/programs/ports/cpamap.htm

고 있다. 그리고 몬트리올 항은 2006년에 전년도 대비 2.7% 증가한 1,288,910 TEU의 화물을 처리하여 캐나다 내에서는 2위를 그리고 북미 지역 내에서는 13위를 차지하였다.

표 8-12 캐나다 주요 컨테이너 항만의 물동량

| 순위 | 항만 | 2006(TEU) | 2005(TEU) | 변화율 |
|---|---|---|---|---|
| 1 | Vancouver | 2,207,730 | 1,767,379 | 24.9% |
| 2 | Montreal | 1,288,910 | 1,254,560 | 2.7% |
| 3 | Halifax | 530,722 | 550,462 | -3.6% |
| 4 | St. John's | 118,008 | 110,995 | 6.3% |
| 5 | Fraser River | 94,651 | 372,844 | -74.6% |
| 6 | Saint John | 44,566 | 49,950 | -10.8% |
| 7 | Toronto | 24,585 | - | - |

자료: APAA(American Association of Port Authority) 홈페이지.

현재 캐나다의 컨테이너항만으로 3위를 차지하고 있는 핼리팩스 항은 사실상 과거 캐나다의 주요 항만으로서의 역할을 수행해 왔다. 역사적으로 캐나다 이민의 주요 관문이 되면서 주로 핼리팩스 항을 통해 이민자들이 그 주변지역으로 정착하게 되었고 이들의 산업 활동으로 인하여 항만은 자연적으로 상업항으로 발전되었다.

[그림 8-6]에서 볼 수 있듯이, 핼리팩스 항은 거의 섬과 같은 노바스코샤(Nova Scotia) 반도의 대서양 연안에 위치하여 유럽의 항만과 가까운 지리적인 이점과 함께 북쪽에 위치하지만 결빙하지 않는 기후로 여객 터미널과 군사용 목적으로 이용되기도 하였다. 특히, 1차, 2차 세계대전 동안 북미에서 유럽으로 군대와 군수물자를 공급하는 주요 항만으로 성장하는 계기가 되었다.

캐나다 정부는 1972년에 핼리팩스 항만공사를 설립하였고 그 당시에 항만공사는 정부가 지정한 대표자들로 구성되어 항만운영에 대한 자문역할을 주로 하였다. 또한, 다른 정부 기관들도 항만운영에 참여하여 항만공사는 실질적인 결정 권한을 가지지 못했다. 즉, 노바스코샤 주와 핼리팩스 시가 각각 80%, 20% 만큼 핼리팩스 항의 관리 및 운영에 관여하였다.

### 2) 항만 관리 및 운영을 위한 전반적인 정책체제

캐나다의 주요 항만은 캐나다 해운법(Canada Marine Act)하에 1998년에 국회 제정법(Act of Parliament)에 의하여 법적으로 19개의 항만공사를 설립하였다. 이들은 국내 및 해외 무역을 촉진시키고 나아가 경제 발전에 이바지하는 중요한 역할을 수행하도록 하고 있다. 특히, 항만공사가 관리하는 이들 19개 항만은 캐나다에서 처리하는 모든 화물(연간 약 2,800만 톤, 1,200억 달러 이상으로 추정되는 가치)의 50% 이상을 처리하고 있다.

캐나다의 항만공사는 미국과 같이 지정된 구역 내에서 경제 발전을 위한 활동을 창출하고 지원하기 위하여 주로 입법에 의해 형성된 특수목적 지구를 위한 정부 또는 준정부 조직이다. 항만공사는 흔히 정부의 중역이 지정한 이사회에 의해 주로 통제되고, 종종 사법권으로부터 통제되기도 한다. 예를 들면, 캐나다에서 연방교통부 장관이 그 지역의 중역인 한명을 위원회 구성원을 선정하고 나머지 위원회 구성원들은 항만이용자가 연방 장관에게 추천한 자들로 구성되기도 한다.

그리고 모든 항만공사는 Letters Patent라고 불리는 허가증을 가지게 되고 대부분의 항만공사는 재정적으로 독립적이다. 즉, 토지를 소유하고, 요금을 책정하고, 때때로 세금을 부과하는 것뿐만 아니라 해운, 터미널, 공항, 철도 등을 운영하는 것이 가능하다.

보다 세부적으로 자치적인 구조의 주요 요소는 다음을 포함하고 있다.

① 항만공사는 캐나다 정부가 더 이상 재원조달을 하지 않는 재정적 독립 구조이다.
② 수익으로 100% 자금을 조달하여 자체적으로 운영해야 하지만 차용을 위한 자산을 보증할 능력이 없는 항만공사에 대해서는 매우 엄격한 차용 제한을 둔다.
③ 항만공사는 독립적인 항만 운영으로부터 얻은 총 수익에 대하여 일정 비율을 정부에게 납부한다.

이처럼 캐나다에서 항만공사는 법적으로 독립적이며 많은 책임을 가지고 있다. 최근 캐나다 항만공사들의 합병 계획으로 큰 변화가 생기기도 했다. 이는 캐나다 서안에 서로 인접한 세 항만인 뱅쿠버 항(주로 컨테이너 화물을 다루는 항만), 프레이저강 항과 북프레이저(North Fraser) 항(주로 연안이나 국내의 컨테이너화 되지 않은 화물을 다루는 항만)은 단일 항만공사로 합병하기로 합의한 것이다.

뱅쿠버 항만공사에 따르면, 이는 항만이 세계적으로 보다 경쟁적이고 태평양을 넘나드는 수송시장에서 많은 점유율을 차지하기 위한 것으로 미국 항만과 경쟁하기 위한 전략이다. 이 세 항만공사의 통합은 2007년 말에 추진되었으며, 세 항만의 장점을 이용하여 항만 계획, 개발, 마케팅을 극대화할 것으로 기대하고 있다. 세 항만에서 처리되는 연간 물동량은 약 220만 TEU 이상으로 캐나다의 총 컨테이너 물동량의 50% 이상을 차지하고 있어 캐나다에서 선도적인 위치를 차지하고 미국 항만과의 경쟁으로 보다 많은 물동량 유치를 예상하고 있다.

최근 국제적으로 강화된 보안 문제와 관련하여 캐나다는 매우 안전하고 보안이 강한 수송시스템을 가지고 있다. 특히, 캐나다 교통부는 보안에 대하여 국제적인 요구에 따라 지속적으로 보안 부문을 강화하고 있다. 2004년 7월에, 교통부는 IMO의 ISPS Code를 적용하고 캐나다의 해상운송 보안 요구를 반영하는 MTSR(Marine Transportation Security Regulations: 해상운송보안규정)을 두었다.

ISPS Code는 국제 무역에서 이용되는 선박과 항만 시설로 인하여 영향을 미칠 수 있는 보안 사고를 미연에 방지하기 위해 정부, 정부 기관과 해운산업 간의 국제적 협력을 구축하는 보안체제이다. 이를 적용하고 캐나다 자체적으로 규정을 강화한 MTSR은 다른 국제 규정보다 엄격한 편이다. 또한, MTSR의 규정을 따라야 하는 민영 항만과 해양 시설 운영자들을 위하여 보안 시스템과 프로그램을 현대화하고 한층 강화하기 위한 MSCP(Marine Security Contribution Program: 해운보안 프로그램)가 구축하였고 2004년과 2005년 동안 교통부 소유의 항만에 보안 시스템을 위하여 총 250만 달러를 지출하기도 하였다.

그리고 캐나다는 이미 1979년에 미국과 국제 협약을 통하여 CVTS(Cooperative Vessel Traffic Service: 협동 선박교통서비스)를 구축하여 안전을 위해 선박교통을 관리협력하고 있다. 캐나다와 미국은 보다 엄격한 규정하에 크게 토피노(Tofino) 구역, 시애틀(Seattle) 구역, 뱅쿠버 구역으로 나누어 각각 관할 지역에서 레이더 네트워크로 지속적인 감시와 실시간 커뮤니케이션 시스템을 통하여 선박 흐름을 관리하고 있다. 양국은 이를 통하여 선박 충돌, 좌초 등의 사고를 방지하고 궁극적으로 선박 사고로 인한 환경훼손을 방지하고 있다.

### 3) 항만 개발 프로젝트: 뱅쿠버(Vancouver) 항

미국 서해안의 국경지대와 인접한 뱅쿠버 항은 2005년 기준 7,650만 톤의 화물을 처리하여 2004년의 7,360톤과 비교하여 4% 증가하였다. 그리고 910,172 명의 크루즈 승객과 105,246척의 외국 선박이 이용하였다. 또한 2006년 기준으로 24.9%가 증가한 220 TEU 이상의 컨테이너 화물을 처리하여 연간 290억 달러의 가치를 가지는 화물을 처리하는 것으로 나타났다.

뱅쿠버 항은 [그림 8-7]과 같이 크게 버라드만(Burrard Inlet), 로버츠뱅크(Roverts Bank), 잉글리시만(English Bay) 지역을 바탕으로 터미널이 분포하고 있

그림 8-7 Vancouver 항만 지역

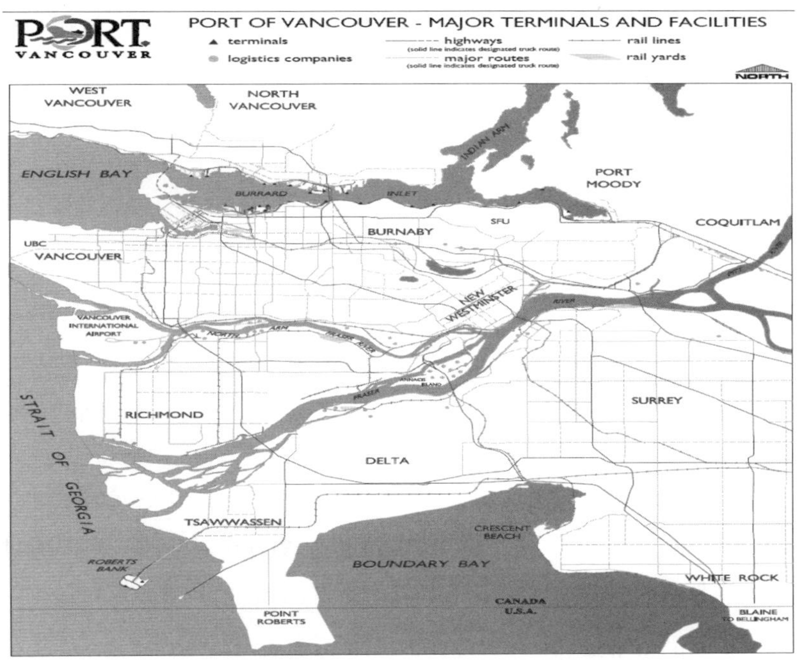


자료: Vancouver 항만공사, http://www.portvancouver.com/trade shipping/terminals/

다. 특히 버라드만에 터미널이 집중적으로 분포하고 배후수송을 위한 철도와 도로 네트워크가 잘 구축되어 있다. 로버츠뱅크는 각각 두 개의 선석을 가지고 있는 Westshore 터미널과 Deltaport 터미널이 있다. Westshore 터미널은 주로 석탄을 위주로 하역작업을 하고 Deltaport는 40헥타르 규모의 컨테이너 터미널이다. 이 두 터미널은 모두 철도로 연계되어 복합운송 서비스를 제공하고 있다.

뱅쿠버 항은 배후연계 수송을 위한 세 개의 주요 철도시설로 Canadian National(CN), Canadian Pacific Railway(CPR), Burlington Northern(BN)가 있다. 항만관리는 뱅쿠버 항만공사가 500헥타르의 토지와 6,000헥타르의 해상에 대하여 책임을 지고 관리한다.

뱅쿠버 항은 매년 대략 430억 달러의 무역거래를 지원하고 직간접적으로 약 70,000명(직접적으로 30,500명, 간접적으로 20,500명, 향후 예상되는 17,500명)을 위한 일자리를 창출하고 있다. 이는 국가에 매우 큰 경제 효과를 가져다주어 캐나다 GDP에 40억 달러를 기여하며 7억 6,300만 달러의 세수를 창출하고 있다. 이에 따라 뱅쿠버 항은 15년 이내에 이와 같은 경제적 효과를 3배가 되도록 창출 목표로 설정하고, 이 목표가 현실화될 수 있도록 계획한 Port Plan을 추진하고 있다.

사실상 Port Plan은 Port 2010에서 계획한 기존의 토지사용 개선과 개발 프로그램으로 수정 후 2005년 3월 22일에 뱅쿠버 항만공사 항만위원회에서 승인되었다. 이 개발 프로그램 내용은 다음 [표 8-13]과 같이 총 11개 지역을 대상으로 터미널 및 인프라 건설뿐만 아니라 휴양을 포함하는 복합지구 건설 계획을 포함하고 있다. 이에 대한 세부적인 목적은 다음과 같다.

① 미래를 위한 장기 토지사용에 대한 정책 방향 마련
② 뱅쿠버 항만공사와 지역사회 그리고 다른 항만공사와 정부 간의 토지사용에 대한 이해관계 조정
③ 경제적, 환경적, 사회적으로 지속가능한 항만의 성장 추구
④ 미래 성장 가능성과 최적의 토지 사용을 연계하기 위한 정책 방향 추진
⑤ 항만의 지역적, 국가적 수송네트워크로써의 중요성 인식

결국, 뱅쿠버 항만공사는 캐나다와 미국 국경지역에 있는 로버츠 지점에서 버라드만을 거쳐 포트무디(Port Moody)와 인디안암(Indian Arm) 지역까지

표 8-13 Port Plan 개요

| 구분 | 개발 지역 | 주용도 | 개발 계획 내용 |
|---|---|---|---|
| 1 | Roberts Bank, Delta | 컨테이너항 | 지속적으로 증가하는 컨테이너 물동량에 따라 처리능력 확장 |
| 2 | Stanley Park to Main Street, Vancouver | 벌크(석탄), 크루즈 | 크루즈 선박을 위해 3섹터 방식을 통한 투자, 건설 |
| 3 | Main Street to Victoria Drive, Vancouver | 컨테이너항, 벌크항 | 터미널 확장, 개발 |
| 4 | East Vancouver Port Lands (EVPL), Vancouver | 항만관련 산업 | Vancouver시와 인접 지역과 협력하여 철도, 도로 인프라 개발 |
| 5 | Burnaby Waterfront | 파이프라인 (액체연료) | 처리능력 확대 |
| 6 | Port Moody Arm | 벌크항(주로 석유화학) | 해운·항만 산업, 상업, 휴양, 거주 등의 복합지구를 위한 개발 |
| 7 | Indian Arm | 휴양 | 상업성 지속 |
| 8 | Cates Park to the Seymour River, District of North Vancouver | 항만산업, 휴양 | 해운·항만 산업, 상업, 휴양, 거주 등의 복합지구 개발 |
| 9 | Seymour River to St. Georges Avenue, District of North Vancouver & the City of North Vancouver | 벌크항, 컨테이너항 (건설중) | 다양한 벌크 화물을 처리하고 향후 컨테이너 화물 처리하기 위한 개발 |
| 10 | St. Georges Avenue to Bewicke Avenue, City of North Vancouver | 친수공간 | 해운·항만 산업 및 상업의 개발과 함께 인근 도시 지역의 개발을 지원 |
| 11 | Bewicke Avenue to Lion's Gate Bridge, City of North Vancouver & District of North Vancouver | 대수심터미널, 항만서비스, 선박관련 산업 | 대수심터미널, 항만서비스, 해운산업 관리를 위한 개발 |

자료: Vancouver 항만공사, 'The land use plan for the Port of Vancouver(2005)' 자료 정리.

247km의 연안을 둘러싼 항만의 컨테이너 터미널 처리능력을 증대시켜 뱅쿠버항이 2020년까지 500만 TEU의 화물을 처리할 수 있을 것으로 예상하고 있다.

## 3. 멕시코

### 1) 멕시코 항만의 특징

멕시코의 주요 항만은 태평양 연안에 위치한 만사니요(Manzanillo) 항, 라사로 까르데나스(Lazaro Cardenas) 항과 대서양 연안에 위치한 베라크루즈(Veracruz) 항,

알타미라(Altamira) 항, 탐피코(Tampico) 항을 들 수 있다([그림 8-8]). 이들 항만은 향후 성장 잠재력이 클 것으로 기대되고 있으며 [표 8-14]는 이들 주요 항만의 처리 물동량을 보여주고 있다.

그림 8-8 멕시코의 주요 항만

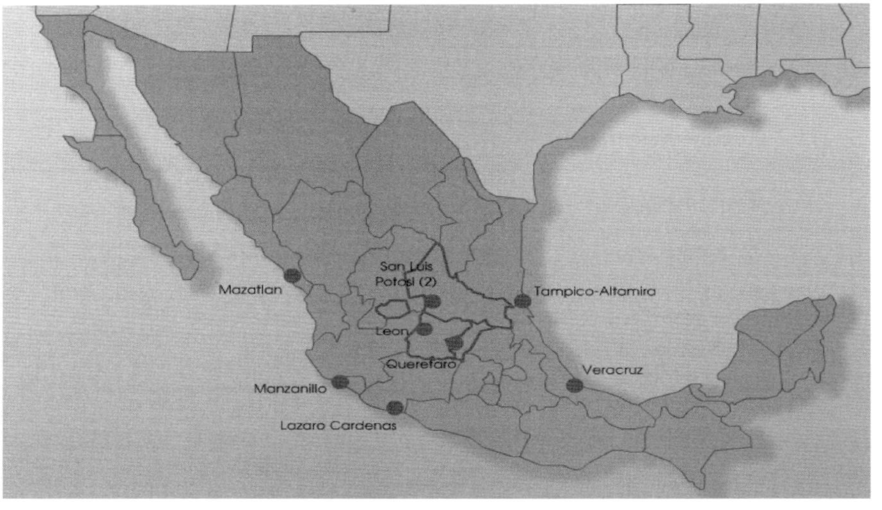


자료: http://www.nascocorridor.com/naipn/pages/cent mex/pages/infrastructure.html#ports

표 8-14 멕시코 주요 항만의 처리 물동량

| 순위 | 항만 | 2006 | 2005 | 변화율 |
|---|---|---|---|---|
| 1 | Manzanillo | 1,252,215 | 872,569 | 43.5% |
| 2 | Veracruz | 671,281 | 620,858 | 8.1% |
| 3 | Altamira | 342,616 | 324,601 | 5.5% |
| 4 | Lazaro Cardenas | 160,696 | 132,479 | 21.3% |
| 5 | Ensenada | 123,711 | 75,101 | 64.7% |
| 6 | Progreso | 75,939 | 71,837 | 5.7% |
| 7 | Progreso | 75,939 | - | - |
| 8 | Mazatlan | 30,946 | - | - |
| 9 | Tampico | 10,243 | - | - |
| 10 | Puerto Morelos | 8,917 | - | - |

자료: APAA(American Association of Port Authority) 홈페이지.

먼저, 멕시코에서 가장 많은 물동량을 처리하는 만사니요(Manzanillo) 항은 멕시코의 선도적인 항만으로 위치상 주로 아시아 항만들과 교역하고 컨테이너뿐만 아니라 곡물, 일반화물, 원유 등의 화물을 처리하고 있다. 화물을 보관하기 위한 야드 면적은 일반화물의 경우 107,700 $m^2$이고 40,000 $m^2$ 면적의 컨테이너 야드가 있다. 배후수송을 위하여 터미널 내에서 철도수송이 가능하고 이단적재도 가능하다. 특히, 민영철도회사에 의하여 운영되고 있어 효율적인 화물수송이 이루어지고 있다. 또한, 국제공항이 48km 거리에 위치해 있다. 향후 만사니요 항은 컨테이너 선석 개발과 함께 기존의 약 11.6m인 수심을 16m까지 증심할 계획을 가지고 있다.

미초아칸(Michoacan) 주에 위치한 라사로 까르데나스(Lazaro Cardenas) 항은 아카풀코(Acapulco)와 만사니요 사이에 위치하고 있다. 터미널은 만사니요 항보다 멕시코시티에 상당히 근접하며 배후 복합운송 연계가 좋은 편이다. 특히, 각각의 일반화물, 컨테이너, 광물, 곡물을 처리하는 선석에 철로가 연결되어 있어 항만에서 곧바로 멕시코 철도 시스템을 통해 수송된다.

멕시코만에 위치한 알타미라(Altamira) 항은 멕시코에서 가장 많은 양의 석유화학제품을 다루고 있다. 총 물동량 기준으로 멕시코의 상위 4개 항만에 속하며 주로 캐나다와 미국 그리고 유럽과 교역한다. 현재 다목적 터미널인 Fertimex, Mitsui Liquid Terminal, D'acero가 건설중에 있다.

멕시코만에 위치하는 탐피코(Tampico) 항은 공용터미널을 가지며 Pemex, BASF Mexicana, Cromton Corporation, Cryoinfra, Dupont, Petro-chem Mexicana, Polioles와 같은 기업에 서비스를 제공하기 위해 개발되었다. 따라서 주요 산업지역과 배후지역에 도로와 철도 네트워크가 연계되었고 멕시코시티까지 468km, 미국 국경지역까지 492km 거리에 위치하고 있다.

베라크루즈(Veracruz) 항은 멕시코에서 가장 규모가 큰 상업항으로 주로 벌크화물을 다루며 멕시코만에 위치한다. 이는 자동차산업을 위한 게이트웨이로 2004년에는 총 687,000대의 차량 가운데 70%가 베라크루즈 항을 통해 선적되었다. 또한, 2003년에 베라크루즈의 API(Integral Port Administration: 통합항만청)는 2010년까지 항만 인프라를 건설하고 운영을 확장하기 위한 개발 계획을 발표하였다.

지리적으로 서쪽에 위치한 만사니요 항은 아시아-미주 항로(west-east bound)

뿐만 아니라 남미와 북미의 교차지점에 해당한다. 또한, 만사니요 항과 반대로 동쪽에 위치한 베라크루즈 항과 알타미라 항은 유럽-미주 항로(east-west bound) 뿐만 아니라 남미와 북미의 교차지점에 있다. 따라서 멕시코 항만은 미국과 캐나다와 비교하여 상대적으로 지리적인 장점을 가지고 있다.

그리고 베라크루즈 항은 배후에 멕시코의 수도인 멕시코시티와 주변 중앙 지역에 대규모의 소비자가 있다. 또한, 공급체인상 중간재(intermediate goods)를 수입하는 기업이 존재하므로 대량의 수입품을 취급하고 있다. 이와는 대조적으로 알타미라 항은 주변의 공업지역으로부터 수출품을 주로 취급고 있다.

### 2) 항만 관리 및 운영을 위한 전반적인 정책체제[9)]

세계 무역의 자유화와 경제의 글로벌화로 멕시코 항만에서 처리하는 컨테이너 화물이 급증하여 항만에 대한 관심이 고조되었다. 또한 1990년대에 멕시코에서 수행된 항만의 재편성으로 본격적인 변화가 나타나기 시작했다.

멕시코 연방정부는 1993년 Ley de Puertos의 결과로 1994년과 1995년에 걸쳐 Administración Portuaria Integral(API)라고 불리는 16개 항만청을 설립했다. 항만청이 포함되어 있는 주에서는 항만에 대한 민간투자를 증대시키기 위한 목적을 가지고 있었다.

결국 멕시코의 항만민영화는 1995년에 개시되었다. 우선 태평양안의 만사니요와 라사로 까르데나스(Lazaro Cardenas), 멕시코만 안의 알타미라와 베라크루즈 4개항의 운영에 대한 국제 입찰이 1995년 7월에 실시되었다. 그 결과, 만사니요는 멕시코의 대형 운송회사인 TTM(Transportacion Maritima Mexicana)과 아메리카 스티비도어링회사인 ASS(American Stevedoring Services)가 공동으로 낙찰받았다. 낙찰가격은 20년간 운영권에 대하여 약 3,520만 달러였다. 또 베라크루즈는 필리핀의 대형 터미널회사인 ICTSI가 낙찰받았다.

1996년 6월에는 태평양안의 아카풀코와 푸에르토바야르타(Puerto Vallarta)의 입찰이 행해지고, 전자를 TTM이 낙찰받았다. 낙찰가격은 20년간 약 810달러, 푸에르토바야르타의 입찰에는 TTM만 참여했으므로 멕시코 정부는 반경쟁적이라고 하여 TTM의 낙찰을 인정하지 않았다.

이와 같이 멕시코에서는 항만의 민영화가 단계적으로 실현되고 있지만, 운

9) 세계의 항만(2001)에서 일부분 발췌.

영권 매각 후 화물취급비용이 대폭적으로 인상된 경우도 있어 이용자에게 오히려 부담이 되는 경우도 발생하였다.

결국 1990년대의 민영화는 민간 항만운영자의 등장과 함께 새로운 투자를 통해 항만의 인프라, 시설을 개선하고 화물의 적·양하 작업을 보다 향상시키는 결과를 가져왔다. 같은 시기에 항만의 재편성은 지역적 또는 글로벌 통합 형태를 증대시켰다. 즉, 태평양에 위치한 만사니요 항이 그 지역에서 처리된 물동량 전체의 89.3%(2000년 기준)를 처리하였고 멕시코만에 위치한 항만은 베라크루즈 항과 알타미라 항이 각각 64.4%, 21.8%를 차지하여 두 개의 항만에서 86.2%의 항만을 처리한 것으로 나타났다.

항만이 화물을 지속적으로 유치하고 창출하기 위해서는 복합운송시스템 구축이 필수라고 할 수 있다. 특히 태평양과 대서양에 인접한 미국의 항만들은 복합운송시스템을 개발하기 위해 배후지를 확장하고 있다. 이는 미국의 항만들이 멕시코와 캐나다 항만과의 경쟁에서 경쟁력을 강화하기 위함이다. 멕시코 역시 경쟁항인 캘리포니아주 남부에 위치한 로스엔젤레스 항과 롱비치 항에 대항하여 만사니요 항은 로스엔젤레스 항과 롱비치 항을 통해 수송되는 멕시코의 북부 및 중앙지역의 화물을 유치하기 위하여 배후지를 확장한 바가 있다.

주로 멕시코 항만은 저렴한 노동비가 엄격하지 않은 환경규제로 화주 및 선사에게 유리하다. 또한, 로스엔젤레스 항과 롱비치 항은 만성적인 적체문제에 시달리고 있으므로 로스엔젤레스 항과 롱비치 항을 기항하는 선사가 멕시코 항만으로 기항한다면 궁극적으로 비용을 절감할 수 있는 기회를 가질 수 있다.

이에 멕시코는 바하칼리포르니아주(Baja California)의 푼타콜로넷(Punta Colonet) 지역에 대규모 항만 건설 계획을 가지고 있다. 특히 이 항만의 주변에는 총 11,000 에이커의 부지가 있고 수심이 깊어 차세대 선박이 입항 가능하다는 큰 장점을 가지고 있다. 또한 이 항만은 주로 중국 화물을 대상으로 하며 하역된 화물은 항만과 연계되는 철도수송을 통해 미국과 캐나다 등지로 수송할 계획이다.

그러나 이 대규모의 건설을 위한 투자비가 엄청나 국비 및 민간 투자자들을 통해 비용을 마련하는 데 많은 시간이 소요되어 착공하기에는 시간이 다소 걸릴 것으로 예상하고 있다. 더군다나 계획하고 있는 개발지역에 다량의 티타늄과 철이 발견되어 그 지역을 보호해야 한다는 주장이 대두되어 계획에 대한 보다 면밀한 검토가 이루어질 것으로 예상된다. 이러한 난관에도 불구하고 푼타콜로넷 지역에 항만이 건설된다면 로스엔젤레스 항과 롱비치 항과의 치열한 경쟁이 예상되고 있다.

일각에서는 멕시코가 항만운영을 급속하게 확장해 왔으므로 몇 년 이내로 로스엔젤레스 항과 롱비치 항으로부터 상당한 물동량을 유치할 수 있을 것으로 예상하고 있다. 이 가운데 라사로 까르데나스 항을 경쟁 가능 항만으로 보고 있는데, 이는 항만 처리능력이 확대되고 있고 미국까지 철로가 연계되어 있기 때문이다.

특히 미국의 대형 화주들은 미국 내 항만에서의 노동파업, 터미널과 간선도로의 혼잡 등 고비용의 문제를 해결할 수 있는 방안으로 아시아로부터의 수송화물에 대한 대체 루트를 모색하고자 하는 추세이다. 이러한 추세에 발맞추어 대표적인 글로벌 터미널운영업체(GTO) 중의 하나인 허치슨(Hutchison Whampoa Limited)은 [그림 8-9]와 같이 이미 라사로 까르데나스를 포함한 멕시코 내 네 개의 항만에서 컨테이너 화물을 처리하고 있다. 그리고 향후 푼타콜로넷 지역에 대한 개발도 계획하고 있다.

그림 8-9 허치슨 터미널의 멕시코 사업진출

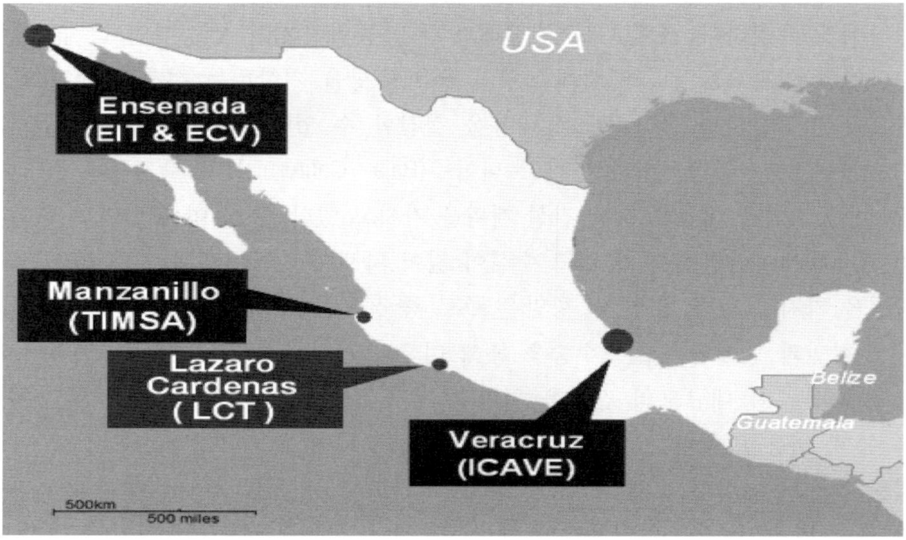


자료: 허치슨 터미널 홈페이지http://www.hph.com/business/ports/america/mexico/lct_map.htm

그림 8-10 베라크루즈 항만 지역

자료: Veracruz 항만청, http://148.223.221.118/apiwww/Plan api/pmd/a-pmd.htm

그러나 멕시코 항만은 앞장(7장 EU의 항만정책)에서 살펴본 선진 유럽 항만이나 북미 지역의 미국 또는 캐나다 항만과 비교하여 항만 하역 가능시간이 짧은 편이다. 유럽이나 북미 주요 항만들은 24시간 항만을 운영하거나 그렇지 않은 경우 운영 시간을 늘리는 추세인 반면 멕시코 항만의 경우, 만사니요 항을 제외한 타 항만들은 항만 운영 시간이 상대적으로 짧은 편이다. 예를 들면, 멕시코에서 2위를 차지하고 있는 베라크루즈 항은 월요일에서 토요일까지 매주 6일간 가동하고 운영 시간은 점심시간 2시간을 제외하여 오전 8시~12시, 오후 2시~6시이다.

### 3) 항만 개발 프로젝트: 베라크루즈(Veracruz) 항

멕시코만에 위치한 베라크루즈 항([그림 8-10])은 멕시코에서 가장 큰 상업항으로써 전체 화물의 약 70%가 자동차 수송을 위한 것으로 자동차 산업을 위한 게이트웨이다. 이를 위하여 자동차 하역을 위한 전문화된 시설을 갖추고 있고 자동차 제조업체와 유통업체와 지리적으로 가까운 이점을 가지고 있다. 또한 항만 내에는 21개의 항만기업, 30개의 해운서비스 기업, 41개의 화물서비스 업체, 26개의 해운라인, 17개의 해운중개업, 300개의 세관 브로커, 2개의 철도서비스 회사(FERROSUR, TFM)를 통하여 서비스를 제공하고 있다.

표 8-15 베라크루즈 항의 개발계획

| 프로젝트 | 기간 및 내용 |
|---|---|
| **첫 번째 단계** | **2005~2006** |
| 부두 확장 | 허가와 준설을 위한 절차 |
| 부두의 리스트럭쳐링과 도로 | 보다 효율적인 항만 활동을 개발 |
| 도심지역으로 13.5km 도로공사 | 보다 유연한 트럭 운송을 위해 북쪽 지역을 중심으로 개발 |
| 철도 네트워크의 확장 | 화물의 물류효율성 향상을 위한 개발 |
| 선박, 부두를 위한 건설과 준설 | 5세대 선박이 입항할 수 있는 시설 마련 |
| **두 번째 단계** | **2007~2009** |
| 물류 활동 지역의 개발 | 항만 고객의 이익을 위한 통합 물류서비스 |
| **세 번째 단계** | **2007~2009** |
| 통합 물류서비스를 제공하는 내륙 복합운송 터미널의 개발 | 항만 고객의 이익을 위한 통합 물류서비스 |

자료: Veracruz 항만청 홈페이지, http://www.apiver.com/apiwww/en-que-obraspro.htm

베라크루즈 항만청(API: Integral Port Administration)은 28억 페소를 투자하여 5년간(2005년~2009년) 항만 인프라 확장하고 항만 경쟁력을 향상시키려는 계획을 가지고 있다. 이러한 마스터 개발 계획은 [표 8-15]와 같이 항만 시설을 연계하고 대형 트럭이 쉽게 항만을 접근할 수 있는 고속도로의 건설과 철도 네트워크의 확장을 포함하고 있다. 특히 고속도로 건설은 알타미라 항과 탐피코(Tampico) 항을 포함하는 멕시코만에 위치한 다른 항만들과 연계될 수 있도록 개발되고 있다.

또한 베라크루즈 항은 최근 5,875달러를 투자하여 게이트나 안벽에서 컨테이너 화물을 스캐닝하여 보안을 강화하고 정보를 통합할 수 있는 통합컨테이너 정보시스템(ICIS: Integrated Container Information System)을 구축하여 효율성을 향상시키려는 노력을 기울이고 있다.

# 제 9 장

# 동북아의 항만정책

## 제 1 절 동북아 항만정책의 추이

경제의 글로벌화에 따라 국가 간의 교역이 지속적으로 증가하고 있는 추세이다. 국제무역의 90% 이상이 해상을 통해 이루어지므로 글로벌화에 따른 항만물동량이 계속 증가하고 있어 해운·항만의 중요성이 부각되고 있다([표 9-1] 참조). 이처럼 글로벌 경제는 해운·항만 환경에 직접적인 영향을 미치므로 급속도로 변화하는 글로벌 경제 속에서 해운·항만 환경 또한 많은 변화를 겪어왔다.

동북아 지역에서는 1980년대에 일본 항만이 동북아 지역에서 경쟁력 있는 지위를 차지하였으나 점차 그 지위를 상실하여 1990년대에는 우리나라 항만이 경쟁 우위에 있었다. 그러나 1990년대 후반부터 중국 항만의 성장이 대두되면서 2000년대에는 경쟁력을 가진 지위로 발돋움하였다.

특히 동북아 지역은 중국 경제의 급성장으로 인하여 항만 물동량이 급증하였다. 중국은 눈부신 경제 발달로 [그림 9-1]과 같이 물동량이 큰 폭으로 증가하

표 9-1 세계 20대 항만 물동량 현황(2002~2005) (단위: 1,000 TEU)

| 순위 | 항만 | 국가 | 2002년 | 2003년 | 2004년 | 2005년 | 2005년 |
|---|---|---|---|---|---|---|---|
| 1 | 싱가포르 | 싱가포르 | 16,941 | 18,411 | 21,329 | 23,192 | 24,792 |
| 2 | 홍콩 | 중국 | 19,144 | 20,449 | 21,984 | 22,427 | 23,234 |
| 3 | 상하이 | 중국 | 8,620 | 11,281 | 14,557 | 18,084 | 21,710 |
| 4 | 선전 | 중국 | 7,614 | 10,650 | 13,655 | 16,197 | 18,469 |
| 5 | 부산 | 한국 | 9,453 | 10,408 | 11,492 | 11,840 | 12,030 |
| 6 | 카오슝 | 대만 | 8,493 | 8,843 | 9,714 | 9,470 | 9,775 |
| 7 | 로테르담 | 네덜란드 | 6,506 | 7,144 | 8,281 | 9,287 | 9,690 |
| 8 | 두바이 | 아랍에미레이트 | 4,194 | 5,152 | 6,429 | 7,619 | 8,923 |
| 9 | 함부르크 | 독일 | 5,374 | 6,138 | 7,003 | 8,088 | 8,862 |
| 10 | 로스엔젤레스 | 미국 | 6,106 | 7,179 | 7,321 | 7,485 | 8,470 |
| 11 | 칭다오 | 중국 | 3,410 | 4,238 | 5,140 | 6,307 | 7,702 |
| 12 | 롱비치 | 미국 | 4,526 | 4,658 | 5,780 | 6,710 | 7,290 |
| 13 | 닝보 | 중국 | 1,860 | 2,772 | 4,006 | 5,208 | 7,068 |
| 14 | 앤트워프 | 벨기에 | 4,777 | 5,445 | 6,064 | 6,488 | 7,019 |
| 15 | 포트클랑 | 말레이시아 | 4,533 | 4,841 | 5,244 | 5,544 | 6,320 |
| 16 | 텐진 | 중국 | 2,408 | 3,015 | 3,814 | 4,801 | 5,900 |
| 17 | 뉴욕 | 미국 | 3,749 | 4,068 | 4,478 | 4,793 | 5,128 |
| 18 | 탄중펠레파스 | 말레이시아 | 2,660 | 3,487 | 4,020 | 4,169 | 4,770 |
| 19 | 램차방 | 태국 | 2,657 | 3,181 | 3,624 | 3,766 | 4,123 |
| 20 | 도쿄 | 일본 | 3,028 | 3,314 | 3,580 | 3,594 | 3,665 |

자료: Port of Hamburg 홈페이지, http://www.hafen-hamburg.de/en/

고 있다. 중국의 5개 항만이 이미 세계 20위권에 있으며 상하이항과 선전항은 높은 성장률로 2003년부터 3위의 부산항을 제치고 각각 3위와 4위의 위상을 지키고 있다.

중국의 항만 물동량이 급증하면서 중국은 처리능력이 부족하여 체선현상을 겪게 되었고 이에 따라 우리나라와 일본 항만에서 화물을 처리하게 됨으로써 차이나 효과(China Effect)의 혜택을 주기도 하였다. 그러나 급증하는 물동량과 함께 중국은 주요 항만을 대상으로 대규모 개발 계획에 박차를 가하고 있어 중국의 항만 성장은 매우 빠르게 지속될 것으로 예상된다.

그림 9-1 동북아 주요 항만의 성장 추이(2002~2006)

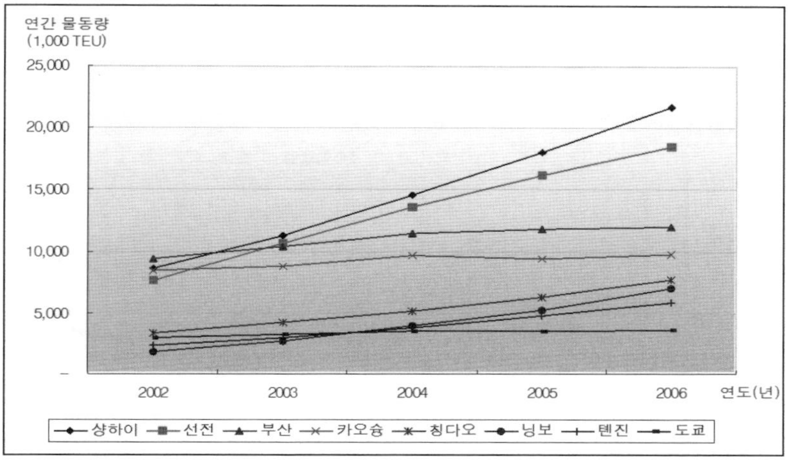


자료: [표 9-1]의 동북아 항만을 발췌하여 작성.

최근, 글로벌 경제 성장으로 인한 물동량 증가로 인하여 규모의 경제를 달성하기 위한 선박의 대형화 추세와 M&A를 통한 메가 캐리어(Mega Carrier: 대형선사)의 등장으로 메가 오퍼레이터(Mega Operator: 대형 터미널 운영사)가 등장하고 있다. 즉 대형 선박의 하역이 가능한 허브항에 선박이 입항하여 피더선으로 연계하는 허브&스포크(Hub&Spokes) 방식으로 인하여 항만간 허브항을 지향하는 경쟁이 치열하다.

특히 동북아 지역은 급증하는 항만 물동량과 함께 허브항이 되기 위한 경쟁이 치열하다. 중국은 앞서 설명된 바와 같이, 물동량을 수용하기 위한 확장개발에 박차를 가하고 있고 우리나라의 부산항 역시 만성적인 적체 문제를 해결하기 위한 항만 개발에 힘쓰고 있다. 일본의 경우, 개발보다는 선택과 집중의 논리로 허브항으로의 성장 가능성이 있는 슈퍼중추항만을 육성하고 중소규모의 항만은 피더네트워크를 향상시키는 재정비정책에 힘쓰고 있다.

중국 항만의 급성장을 중심으로 하는 동북아 항만물류환경 변화 추세에 따라, 동북아를 거치는 기간항로체제가 변화되고 있다. 즉, 전통적으로 동북아 지역의 부산항, 고베항, 도쿄항을 거치던 체제에서 중국 항만을 중심으로 [그림 9-2]와 같이 빠르게 재편되고 있다.

그림 9-2 동북아 지역의 기간항로체제 변화

| 구분 | | 특징 | 기본 패턴 |
|---|---|---|---|
| 아시아/유럽 항로의 구조 변화 | 패턴 1 | 중국 항만 기종점 서비스 확대 | 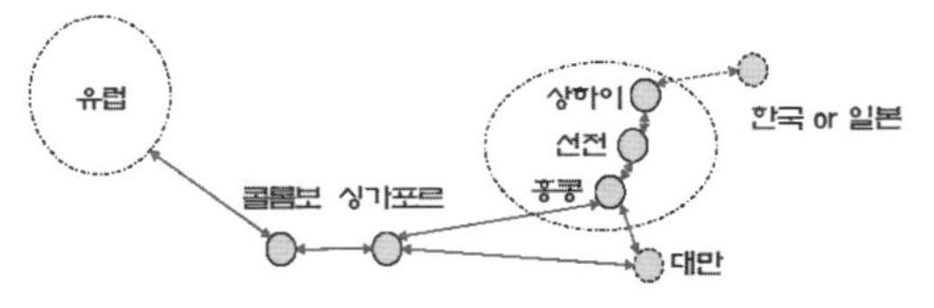 |
| | 패턴 2 | 중국/유럽 특송 서비스 확대 | 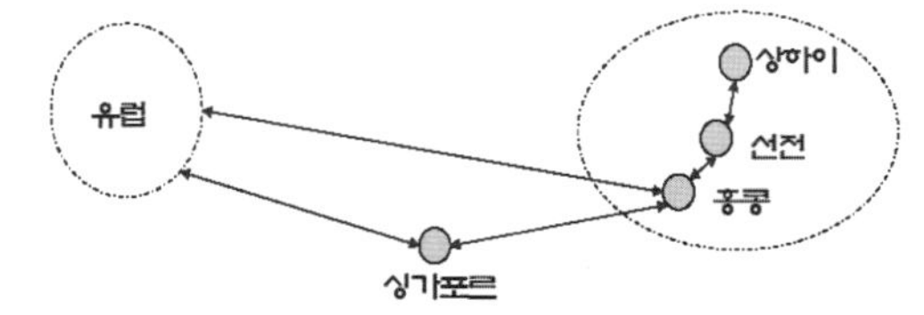 |
| | 패턴 3 | 한국, 일본 시장 분리 | 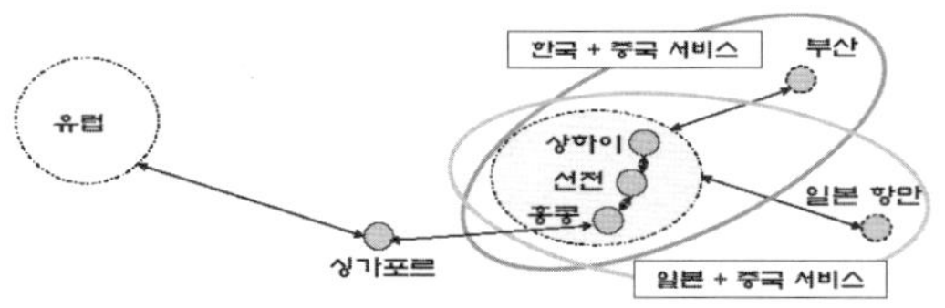 |
| 아시아/북미 항로의 구조 변화 | 패턴 1 | 중국 항만 기종점 서비스 확대 | 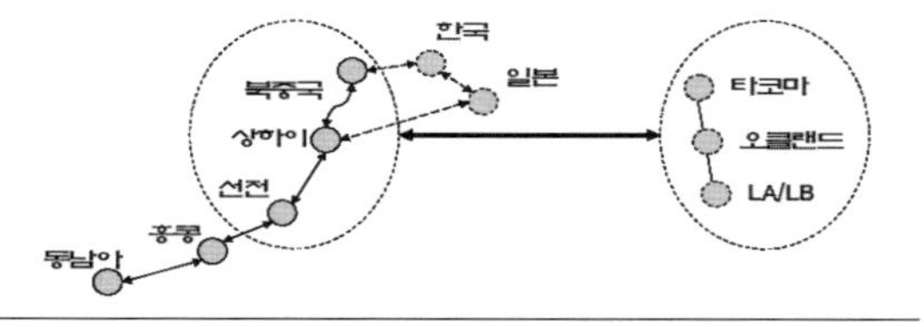 |
| | 패턴 2 | 12개 중국 항만 기점 특송서비스 확대 | 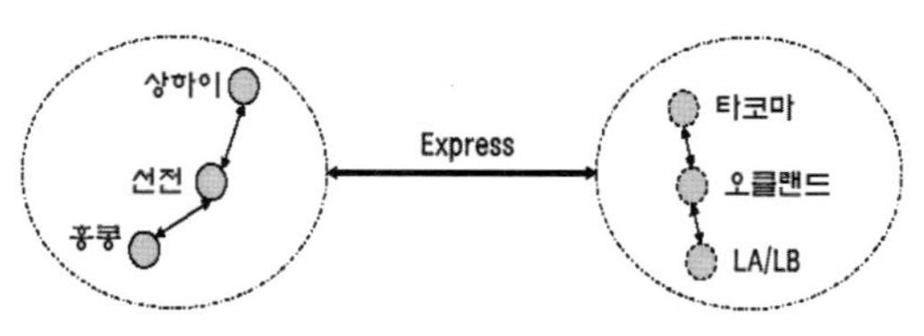 |
| | 패턴 3 | 한국, 일본 시장 분리 | 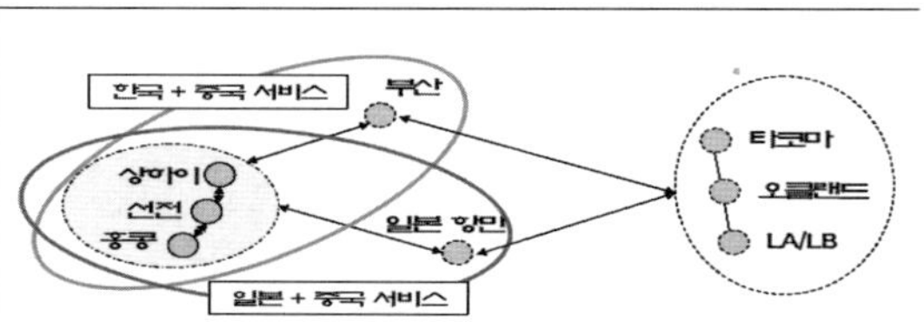 |

자료: 한국해양수산개발원(2004), 북중국 항만 발전이 우리나라 환적화물 유치에 미치는 영향, p. 63~85.

# 제 2 절 일본의 항만물류정책

## 1. 일본의 항만정책 추이

일본 수출입 화물의 99% 이상이 일본 항만을 통해 이루어지고 있어 이로 인한 국가 및 지역 경제에 미치는 영향은 매우 크다. 이에 따라 일본 정부의 항만에 대한 관심이 높아지면서 국제경쟁력을 가지는 항만물류 네트워크를 구축하여 일본 사회의 안정성을 강화하고 이와 더불어 경제성장을 촉진하고자 하였다.

1,000여 개가 넘는 일본의 항만은 [표 9-2]와 같이 항만의 규모 및 역할에 따라 슈퍼중추항만, 중추국제항만, 중핵국제항만, 지방항만으로 구분되고 있다. 중추국제항만은 주요 아시아 항만들과 경쟁할 수 있는 능력(규모, 시설, 물동량 등)을 갖춘 23개의 항만으로써 허브를 지향하는 항만이다. 이들 대상 항만들 가운데 3개 지역의 6개 항만들은 글로벌 경쟁력을 강화하기 위해 정부가 중점적으로 육성하고 있는 슈퍼중추항만에 속한다. 그리고 중추국제항만보다는 경쟁력이 떨어지지만 국익을 위한 수출입을 담당하고 있는 105개의 중핵국제항만이 있다. 마지막으로, 중심이 되는 항만(Hub)에서 피더선으로 연계되는 소규모의 약 950여 개 지방항만으로 구분할 수 있다.

표 9-2 일본 항만의 구분

| 구 분 | 내 용 |
|---|---|
| 슈퍼중추항만 | 중추국제항만 중 항만경쟁력 강화를 위해 정부가 지정한 특별 항만 케이힌 지역(도쿄항, 요코하마항), 한신 지역(오사카항, 고베항), 이세만 지역(나고야항, 요카이치항) |
| 중추국제항만 | 주요 아시아 컨테이너항만과 경쟁할 수 있는 국제 컨테이너 항만 |
| 중핵국제항만 | 수출입을 위한 게이트웨이 역할을 하는 국제 컨테이너 항만 |
| 지방항만 | 중계를 위해 피더선박이 취항하는 항만 |

그림 9-3 국토교통성 조직도

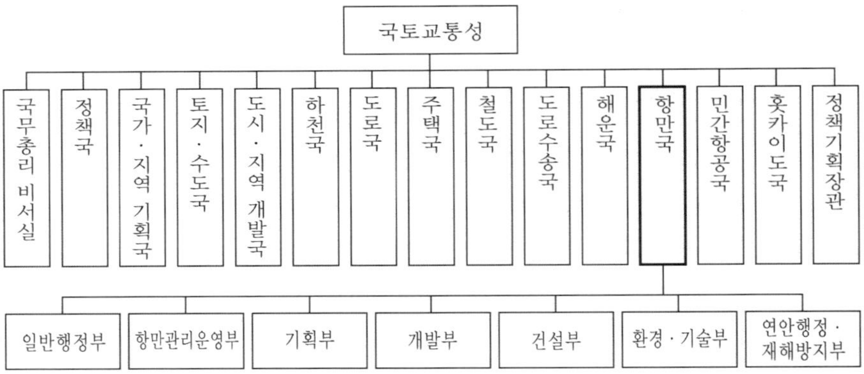


자료: Ports and Harbours in Japan(2005), pp. 68~69.

일본의 국토교통성(Ministry of Land, Infrastructure and Transport)은 일본의 토지를 개발하고 보존하기 위한 국토정책과 함께 전반적인 수송정책을 담당하고 있다. [그림 9-3]의 국토교통성 조직도에서 볼 수 있듯이, 산하에 여러 관청(국)을 두고 보다 통합적인 시스템을 구축하고자 한다. 수송에 포함되는 항만정책의 경우, 궁극적으로 일본 항만의 글로벌 경쟁력 강화를 목적으로 항만국에서 항만 효율성 향상, 국제적인 컨테이너터미널 구축 등 다양한 프로그램을 수행하고 있다.

국토교통성 항만국(2005)에 따르면, 일본의 항만 관리와 운영은 직접적으로 항만법(port and harbor law), 항만개발공사의 철폐와 그 기능의 계승과 관련된 법(law concerning dissolution of port development authorities and succession of their functions), 항만개발을 위한 긴급조치법(emergency measures law for port and harbor development)에 따라 적용된다. 또한, 간접적으로 항만에서 수행되는 활동들은 경제·무역·산업 관련법 및 환경법에 대한 적용 대상이 된다.

항만법에 따라, 일본의 항만 관리는 [표 9-3]과 같이 중앙정부, 즉 국토교통성의 역할과 지방정부 또는 시정부로 대표되는 항만관리 주체의 역할로 나누어진다. 중앙정부는 국가 전체의 항만정비를 위한 주요 역할을 담당하고 있다. 최근에는 일본 항만의 실추된 경쟁력을 회복하기 위한 항만 정책 논의가 활발히

표 9-3 항만관리의 역할 분담

| 구분 | 중앙정부의 역할 | 항만관리주체의 역할 |
|---|---|---|
| 내용 | • 항만 개발과 관리를 위한 정책 설립<br>• 법률 제정 및 규정 설립<br>• 항만 관리와 운영에 대한 권고와 지시<br>• 주요 항만에 대한 개발 계획 허가<br>• 항만 건설에 대한 재정적 지원<br>• 항만건설 프로젝트 수행<br>• 항해 항로 유지 및 향상<br>• 항만 계획, 설계, 건설을 위한 기술의 표준을 구축<br>• 항만 기술과 관련한 조사와 연구 | • 항만 개발/관리 계획의 설립<br>• 항만 시설의 구축과 관리<br>• 항만시설 이용자에 대한 허가와 제재<br>• 항만 시설의 임대와 관리<br>• 항만시설 이용료의 산정<br>• 항만서비스 제공을 위한 조건 규정<br>• 항만지역 토지 간척<br>• 항만지역 환경 보호<br>• 항만에 대한 통계 정보 수집<br>• 항만 마케팅과 프로모션 |

자료: Ports and Harbours in Japan(2005) 발췌, 정리.

이루어지고 있다. 전통적으로 일본의 항만관리는 지역균형개발을 위한 지방분권제를 기초로 하였고 이에 각 지자체에서 보다 세부적으로 항만 관리 및 운영을 담당하였다.

일본 컨테이너 항만의 개발과 관리운영 시스템은 [표 9-4]와 같이 최근 변화하고 있다. 일본 정부는 컨테이너화의 진전으로 인한 컨테이너 터미널 건설의 필요성으로 1970년대에 도쿄만과 오사카만에 공기업을 설립하였다. 이렇게 설립된 공기업은 민간 자본뿐만 아니라 정부의 무이자 또는 저금리로 재정적 지원을 받아 신속히 컨테이너 터미널을 개발할 수 있었고 민간 해운업체와 독점사용권을 위한 임대계약이 가능했다. 또한, 지속적인 컨테이너화의 발달에 따라, 1980년대에 항만관리주체들은 불특정 다수의 이용자를 위해 공공터미널을 제공했다.

최근에는 과거의 공기업시스템과 공공시스템에서 벗어나 특정 단일 터미널 운영자에 의한 단일 운영을 추진하는 New 시스템과 민관협동방식으로 민간투자를 이용하는 PFI 시스템[1])을 도입하여 비용 절감과 함께 항만 관리운영의 효율성을 증대하고 있다([표 9-4] 참조). 특히 일본 정부가 새롭게 추진하고 있는 New 시스템은 특정 항만을 "슈퍼중추항만"으로 육성하여 일본 항만의 과거 위상을 회복하고 경쟁력을 강화를 목적으로 하고 있다.

1) PFI(Private Finance Initiative) 시스템: 항만 개발 및 건설에 민간 참여를 허용하여 민간투자를 통해 전반적인 비용을 낮추고자 하는 민관협동 방식.

표 9-4 컨테이너 개발과 운영 시스템 개요

<table>
<tr><th rowspan="2">구분</th><th rowspan="2">시스템</th><th rowspan="2">대상</th><th colspan="3">개발</th><th rowspan="2">관리 시스템</th><th rowspan="2">운영 시스템</th></tr>
<tr><th>안벽</th><th>토지</th><th>해안시설</th></tr>
<tr><td rowspan="2">이전 시스템</td><td>공기업 시스템</td><td>외국 화물 컨테이너 터미널 페리부두</td><td colspan="3">공기업에 의한 개발 (무이자 대출 등의 지원)</td><td>공기업이 관리</td><td>특정 해운 회사가 독점 사용 임대</td></tr>
<tr><td>공공 시스템</td><td>공공부두 (컨테이너 터미널 포함)</td><td>공익사업 프로젝트 (중앙정부, 항만관리 주체)</td><td colspan="2">국채에 의한 재정 지원 (항만관리주체)</td><td>항만관리주체에 의한 관리</td><td>불특정 해운 회사와 부두운영 회사가 이용</td></tr>
<tr><td rowspan="2">새로운 시스템</td><td>New 시스템</td><td>3개 주요 만[2]에 있는 대규모 컨테이너 터미널</td><td>공익사업 프로젝트 (중앙정부, 항만관리 주체)</td><td>국채에 의한 재정 지원 (항만관리 주체)</td><td>공기업에 의한 개발 (중앙정부, 항만관리주체 무이자 대출)</td><td>공기업에 의한 통합관리</td><td>특정 단일 터미널 운영자에 의한 단일화된 관리</td></tr>
<tr><td>PFI 시스템</td><td>게이트웨이와 보조 항만에 대한 컨테이너 터미널</td><td>공익사업 프로젝트 (중앙정부, 항만관리 주체)</td><td>국채에 의한 재정 지원 (항만관리 주체)</td><td>PFI 기업가 (중앙정부, 항만관리주체 무이자 대출)</td><td>항만관리주체 등과 협의하는 기업에 의해 관리</td><td>해운회사와 부두운영회사에 의한 공동 이용</td></tr>
</table>

자료: Ports and Harbours in Japan(2005), p. 12.

일본의 항만정책 수립에 대한 특징은 앞장의 미국과 마찬가지로 개방적인 형태를 보이고 있다. 즉, [표 9-5]와 같이 항만계획 수립에 있어 수립된 계획을 시민 및 이해관계자에게 개방을 하고 이들의 의견을 적극적으로 수렴 및 반영하여 투명성 및 객관성을 제고하고 있다. 이러한 개방적인 항만정책 수립은 법의 개정을 거쳐 법적 효력을 가지고 있다. 이에 따라, 일본 주요 항만인 도쿄항, 요코하마항, 고베항은 이미 개방형 항만정책 수립을 수행한 바 있다. 이러한 일본의 개방형 항만정책 수립은 일반 시민 및 이해관계자들에게 계획안을 충분히 이해할 수 있게 설명하고 이들의 의견을 적극적으로 반영하여 당사자 간의 이해와 협력을 도모하고 있다.

2) 도쿄만(요코하마와 도쿄를 포함하는 6개 항만), 오사카만(고베와 오사카를 포함하는 5개 항만), 이세만(나고야를 포함하는 5개 항만)으로 이 곳에서 처리되는 화물은 일본 전체 항만에서 처리되는 물동량의 35%를 차지함.

표 9-5 일본 국토교통성 항만국의 주민의견 반영 절차

| 단계 | 내용 | 검토사항 |
|---|---|---|
| 1단계 | 국가 · 항만당국 · 관련 지자체간 의견 조율 | • 행정 필요성, 구상안의 검토체제(협의회 설치, 구성원 구성 등)<br>• 주민 등의 의견파악방법(앙케이트, 의견청취 및 설명회 등)<br>• 실시기간 |
| 2단계 | 검토체제 등 공표 | • 국가 · 항만당국이 홈페이지에 공표 |
| 3단계 | 기본 니즈 파악 | • 주민 등으로부터 기본적인 요청, 의견 파악, 협의회에 보고 |
| 4단계 | 구상안 검토 | • 협의회로부터 검토결과를 받아 국가 · 항만당국이 구상안을 검토 |
| 5단계 | 주민 등 의견파악(2차) | • 구상안에 관해 주민 등의 의견 파악, 협의회에 보고 |
| 6단계 | 구상안 검토 · 작성 | • 협의회로부터 검토결과를 받아 국가 · 항만당국이 검토실시, 구상안을 작성 |
| 7단계 | 구상안 · 검토결과 공표 | • 수립한 구상안, 검토과정 등을 공표 |

자료: 한국해양수산개발원(2007), 개방형 항만정책 수립체제의 필요성고 구축방안에 관한 연구 발췌, p. 15.

## 2. 일본의 항만정책: 슈퍼중추항만 육성정책

일본 항만은 지방정부가 주도적으로 개발 위주의 항만개발을 추진하였고 이를 위한 재정은 지방정부와 중앙정부(주로 50 : 50)를 통해 이루어졌다. 그러나 항만비용의 증가와 운영 효율성의 저하로 인하여 경쟁력을 상실하고 일본을 제외한 동북아 지역(중국, 한국, 대만)의 항만이 지속적으로 성장함으로써 일본의 항만산업은 크게 타격을 받게 되었다. 이처럼 기존의 항만개발정책은 항만산업의 개선과 궁극적으로 지역경제의 발달에 기여하지 못했다. 결국, '선택과 집중'의 논리로 주요 항만을 중심으로 투자를 집중하여 경쟁력을 가진 중심항만으로 육성하기 위한 "슈퍼중추항만 육성정책"을 추진하게 되었다.

이 정책은 일본이 1950년대 후반부터 추진해 온 항만정비 5개년 계획에서 2003년부터 시행되는 국토교통성의 제10차 항만정비 5개년 계획을 통해 제안되

었다. 즉, 슈퍼중추항만 육성정책은 2002년 11월 29일에 국토교통성의 자문기관인 교통정책 심의회에서 '경제사회의 변화에 대응하고, 국제경쟁력 강화 및 산업재생, 그리고 순환형 사회의 구축 등을 통한 보다 현실지향적인 항만정책의 방향'을 위해 제안되었다. 이러한 정책의 핵심계획은 항만기본시설의 확충, 항만배후단지의 확보, 활용도 증가 방안 시행, 항만 이용자 측면에서의 비용절감 방안 확보 등을 포함하고 있다.

이를 위하여, 기존의 지방정부 주도의 항만개발을 지양하는 반면 중앙정부, 항만관리자, 민간사업자가 협력하여 항만 관리와 운영 제도를 개선 또는 개혁하여 효율적인 차세대 항만으로 육성하는 것이다. 이를 통하여, 항만운영을 민영화하고 선진화된 시설 및 시스템을 도입하여 생산성을 증가시키고 항만비용을 절감하는 목적을 가지고 있다.

특히, [그림 9-4]와 같이 슈퍼중추항만이 지향하는 목표는 동북아시아 주요 항만을 능가하는 비용 및 서비스 수준을 달성하여 비용과 서비스 측면에서 경쟁력을 회복하는 것이다. 보다 세부적으로, 일본 항만의 경쟁력을 떨어뜨리는 가장 큰 요인 중의 하나인 높은 항만비용은 항만 성장에 걸림돌로 작용하므로 향후 30%를 인하하여 항만비용이 저렴한 부산항과 카오슝항 수준을 목표로 하고 있다. 또한, 비용과 함께 물류에서 핵심적인 고려 요소인 시간 단축을 위하여 현재 3~4일이 소요되는 리드타임을 싱가포르항의 수준인 1일로 단축하는 것을 목표로 하고 있다.

그림 9-4 슈퍼중추항만 육성정책의 목표

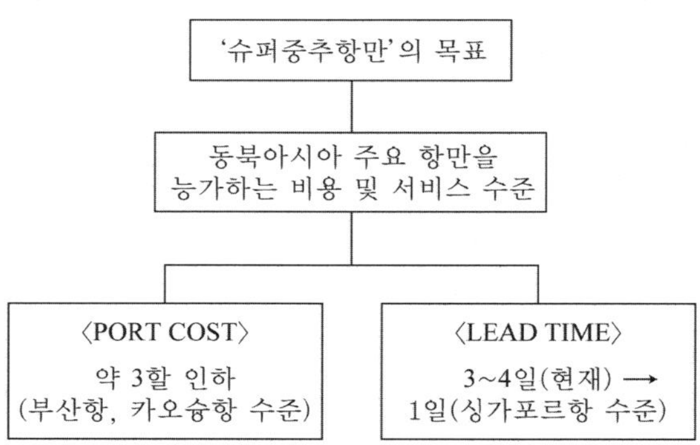

이와 같은 슈퍼중추항만 육성정책의 목표에 따라 대상 항만들을 중심으로 이미 항만비용 인하 정책을 추진하고 있는 추세이다. 예를 들어 오사카만에 위치하는 각 항만(오사카, 고베, 사카이센보쿠 등)을 복수기항하는 선박에 대해 입항료를 50% 인하하는 인센티브제를 2007년에 도입하여 근해항로의 복수기항을 촉진하고 있다. 이와 함께 톤세와 같은 항만관련 제반요금을 할인하여 선사에게 약 15%의 비용 절감 효과를 창출할 수 있는 제도를 도입할 예정이다. 또한 요카이치항은 2004년부터 진행된 입항료 인센티브를 3년 연장하여 모든 컨테이너선의 입항료 면제기간을 1년으로 연장하는 인센티브를 제공하여 선박 유치에 총력을 기울이고 있다.

일본은 2002년 10월에 슈퍼중추항만정책을 위한 대상 항만을 선정하기 위해서 슈퍼중추항만 선정위원회를 설립하여 8개의 지원 항만별 터미널 관리운영에 대한 세부추진 계획을 검토 및 평가하고 2004년 7월 23일에 최종 대상 항만을 선정하는 작업을 완료하였다. 슈퍼중추항만 선정위원회는 [그림 9-4]의 항만목표를 기준으로 항만비용 경쟁력을 달성하고 항만내 리드타임을 단축할 수 있다고 판단되는 [그림 9-5]의 3개 지역 6개항을 선정하여 슈퍼중추항만 육성정책을 본격적으로 추진하게 되었다. 즉, 도쿄항과 요코하마항의 케이힌 지역, 고베항과 오사카항의 한신 지역, 나고야항과 요카이치항의 이세만 지역이 대상 항만

그림 9-5 슈퍼중추항만 육성정책의 대상 항만 및 지역

및 지역으로 선정된 것이다.

앞서 살펴본 바와 같이, 일본의 슈퍼중추항만 육성정책은 항만비용과 리드타임을 축소하여 항만경쟁력 강화를 목표로 하고 있다. 이 목표를 달성하기 위하여 추진되고 있는 육성 계획은 크게 4가지로 볼 수 있다.

첫째, 항만 비용을 줄이기 위한 메가 컨테이너 터미널을 구축하고 나아가 통합되고 유연한 터미널 운영을 가능하도록 하고 있다. 이를 위하여 일본 중앙정부는 6개의 슈퍼중추항만들이 3개 지역 군에 따라 서로 인접한 두 항만과 연합하도록 유도하고 있다. 즉, 케이힌 지역의 도쿄항과 요코하마항의 연합, 한신 지역의 고베항과 오사카항의 연합, 이세만 지역의 나고야항과 요카이치항의 연합을 통하여 항만의 대형화에 따른 규모의 경제를 달성할 수 있다고 기대하고 있다. 또한, 중앙정부의 슈퍼중추항만 육성을 위한 지원의 효율성을 높이는 반면 재정적 지원을 경감시키고 기존 항만시설의 효율적 운영을 추구하자는 것이다.

특히, 고베항과 오사카항은 고베만을 중심으로 한신경제권을 형성하고 있어 양항 간의 연합에 대한 가능성이 높은 것으로 판단하고 있다. 고베항은 1990년대 초까지 세계 10대 컨테이너 항만에 속하고 주로 대형 화주를 대상으로 운영하는 일본의 중심항이었다. 그러나 고베 대지진으로 인하여 대부분의 화주들이 소형 화주를 위주로 운영해 오던 오사카항으로 그들의 기항지를 변경하게 되었다. 이로 인하여 고베항은 컨테이너 처리물동량이 급감하게 되어 유휴시설이 늘게 된 반면, 오사카항은 물동량이 급증하여 시설 부족 문제를 겪게 되었다. 따라서 고베항과 오사카항이 제휴를 하게 되면 기존 터미널을 보다 효율적으로 운영할 수 있을 것으로 기대하였다.

둘째, 민간 터미널 운영자들이 터미널을 운영할 수 있는 환경을 조성하자는 것이다. 이를 위하여 터미널 장기 임대 제도를 도입하고 차세대 고규격 컨테이너 터미널 운영시스템을 구축하는 것이다. 특히, 대단위 선석의 효과적이고 효율적인 운영을 위하여 단일 터미널 운영자에 의한 단일화된 관리를 추구하고 있다. 2004년에 지정된 6개항의 슈퍼중추항만 추진정책이 2006년에 본격적으로 가동되어 도쿄항을 제외한 요코하마항의 메가 터미널, 고베항의 한신 메가 컨테이너터미널, 오사카항의 유메슈 컨테이너터미널, 나고야항의 토비시마 컨테이너부두, 요카이치항의 컨테이너 터미널이 2003년, 2004년에 걸쳐 항운 공동체를 골자로 하는 운영회사에 의하여 설립되었다. 일본 정부는 이들 항운 운영회사가 2005년 8월부터 순차적으로 항만법에 따라 슈퍼중추항만의 중심시설 및 차세대 고규격 컨테이너 터미널을 운영할 수 있는 주체로 인정해 주었다.

셋째, 글로벌 수준의 항만서비스 제공을 위한 최첨단 IT의 도입을 추진하는 것이다. 세부적으로 [표 9-6]과 같이 최첨단 IT를 도입하여 국제 간선 항로와 주요 국제 항만을 정비하고 원스톱 서비스와 24시간 풀 운영을 계획하고 있다.

넷째, 일본의 피더 화물을 증가시키기 위하여 일본 자국 내의 피더서비스 연계를 촉진하는 것이다. 일본은 Hub&Spokes 방식으로 원활한 항만물류 네트워크를 구축하기 위하여 중추항만을 육성하여 화물을 집중시키고 중소규모의 지방항만으로의 피더서비스를 강화시킬 계획이다. 일본은 내항피더수송을 활성화

**표 9-6 높은 수준의 항만서비스 제공을 위한 최첨단 IT 도입 계획**

| 구 분 | 목 적 | IT 기술 |
|---|---|---|
| 국제 간선 항로의 정비 | • 선박 항행의 안전성 확보<br>• 선박 항행의 고속화 추진 | • AIS[3] (Authomatic Identification System: 선박 자동인식시스템) 도입으로 항행 지원<br>• 항로 표지의 고기능화 |
| 중추·핵심 국제 항만의 정비 | • 컨테이너 화물의 증가와 선박 대형화에 대응하여 국제항만 터미널 능률 향상 | • IT 활용을 통한 컨테이너터미널의 능률 향상, 간선 및 피더부두의 연계 정비 |
| 항만 원스톱 서비스 제공 | • 항만에서 선박 입출항 및 수출입에 관련된 수속의 원스톱화 | • 선박 입출항에 요구되는 EDI화<br>• Sea-NACCS,[4] 항만 EDI 시스템, 해상화물 통관 정보처리 시스템 |
| 24시간 항만 운영 | • 364일 24시간 항만운영 (1월 1일 제외/CIQ[5] 포함) | • IT 지원시스템 |

3) AIS(Automatic Identification System: 선박 자동인식시스템): 선박과 선박교통관제를 위해 선박의 인식과 위치를 자동으로 담당하는 시스템이다. 이는 거리상 또는 안개와 같은 기후상의 문제로 인하여 시야로 인식할 수 없는 선박을 인식할 수 있고 선박에 대한 정보를 빨리 습득할 수 있는 장점을 가진다.

4) Sea-NACCS: 일본 관세청과 국제 화물 운영에 관련된 민간 기업들 간의 온라인 연계를 제공하는 시스템이다. 일본은 이 시스템을 통하여 관세청의 국제 화물에 대한 통관 절차뿐만 아니라 민간 기업의 화물 및 선적 관리를 보다 빠르고 효율적으로 처리할 수 있을 것이라고 기대하고 있다. 이에 따라 차세대 Sea-NACCS는 2008년 10월에 운용될 수 있도록 계획하고 있다.

5) CIQ(Customs, Immigration and Quarantine): 출입국시 반드시 거쳐야 하는 세관, 출입국 관리, 검역.

하기 위하여 이미 2005년부터 민간조직인 '내항피더수송 추진위원회'를 통하여 3년 계획으로 내항피더수송의 활성화(예: 요코하마항과 고베항의 피더수송 검토, 내항피더선의 대형화에 대한 검토)에 대한 시책을 다각적으로 검증하고 있다.

지금까지 살펴본 슈퍼중추항만 육성정책을 통해 일본은 [표 9-7]과 같은 긍정적인 파급 효과를 기대하고 있다. 먼저, 최첨단 IT 시스템을 통해 기반시설을 확보(하드웨어 측면)하고 터미널 운영의 효율성을 향상시키고 서비스를 개선(소프트웨어 측면)하여 슈퍼중추항만이 목표로 하고 있는 항만경쟁력을 확보할 수 있을 것으로 기대하고 있다.

또한 일본은 2002년에 경제 활성화를 위해 "구조개혁특구"를 설립하였고 이에 항만 및 교통 분야를 적용한 "국제물류특구"를 시행하여 중앙정부가 각 지역별로 지방정부의 특성에 맞게 법적 규제를 완화하고 정책적인 지원을 통하여 지역 경제를 활성화하고 나아가 국가 경제에 이바지하고자 한다. 이에 따라 슈퍼중추항만을 포함한 일본 항만지역은 현재 규제의 특례와 성장산업 육성 등의 지원을 받고 있다. 특히, 대부분의 슈퍼중추항만들은 국제물류특구가 지정되어 운영되고 있으므로 이러한 국제물류특구를 통한 지역 경제 활성화 방안과 슈퍼중추항만을 통한 글로벌 항만물류 경쟁력을 확보하여 시너지 효과를 창출할 수 있을 것으로 기대하고 있다.

일본은 3~4년의 준비과정을 통해 슈퍼중추항만을 본격적으로 추진하고 있고 [표 9-8]은 슈퍼중추항만 육성과 관련된 정책의 추진 과정을 보여주고 있다. 2007년 2월에 항만국은 항만물류 및 산업정책을 검토하는 국토교통성의 자문기관인 교통정책심의회 항만분과회에서 슈퍼중추항만 육성을 보완하는 새로운 항

**표 9-7 슈퍼중추항만 육성 정책으로 예상되는 파급효과**

| 구 분 | | 내 용 |
|---|---|---|
| 항만 경쟁력 확보 | 기반시설 확보 | • 정부개발, 민간운영의 터미널 건설(New 시스템)<br>• 정보화, 자동화를 구축한 최첨단 하역 시스템 |
| | 효율성 향상 | • 단일 터미널 운영자의 일원적, 효율적 운영 |
| | 서비스 개선 | • 비용 절감<br>• 리드타임 축소 |
| 지역경제 활성화 | | • 국제물류특구와 슈퍼중추항만이 연계되어 제도적, 재정적 지원을 통한 경제 활성화 |

만정책을 제시하였다. 이는 현재 진행되고 있는 슈퍼중추항만 육성 정책에 타 지역 거점항만을 추가하여 동북아를 넘어 아시아 게이트웨이로 성장하기 위한 정책이다.

이와 함께 컨테이너 터미널과 배후지에 대한 '산업경쟁력 강화 구역' 지정에 대한 논의가 있었고 3월에 검토위원회의 최종 보고 결과를 통해 공장 용지 재편 및 확보, 물류시설 집적, 벌크선의 대형화에 따른 거점 정비, 시설 정비 등의 필요성이 제기되어 이에 대한 정책이 촉진될 것으로 예상되고 있다.

이와 같이 일본은 급속히 변화하는 세계 해운·항만 변화에 편승하여 제10차 항만정비 5개년 계획을 통해 슈퍼중추항만 육성정책이라는 대규모 프로젝트를 추진하게 되었다. 이는 충분한 사전 준비, 검토, 연구를 통해 추진되어 개혁에 가까운 새로운 항만정책으로 이에 대한 일본 중앙정부의 전폭적인 지원과

표 9-8 슈퍼중추항만 육성정책 추진 과정

| 기 간 | 내 용 |
|---|---|
| 2002년 10월 | 슈퍼중추항만 선정위원회 설립 |
| 2002년 12월 | 지정기준 설립 및 응모 공모 |
| 2003년 1월 | 응모 마감 |
| 2003년 4월 | • 응모후보의 기준적합성 평가<br>• 슈퍼중추항만의 후보 선정: 동경, 요코하마, 나고야, 고베/오사카, 키타큐슈, 하카타 |
| 2003년 4월 | "구조개혁특구" 실시(물류, 의료 등 여러 분야 포함) |
| 2003년 8월 | 2004년 예산정책 및 요청 |
| 2004년 3월 31일 | 슈퍼중추항만 육성프로그램 작성 |
| 2004년 7월 23일 | • 슈퍼중추항만 지정<br>• 케이힌항(요코하마, 도쿄), 한신항(고베, 오사카), 이세만(나고야, 요카이치) 3개 지역 6개항이 슈퍼중추항만으로 선정/지정 |
| 2005년 | 선도적 실험 시책 추진 |
| 2006년 | • 슈퍼중추항만 관련 프로젝트 본격가동<br>• 2007년도 예산 기요구안 발표<br>(항만정비사업에 정부가 2,752억 엔 지원) |
| 2007년 2월 22일 | 항만국이 신정책안 제시: 추진되고 있는 슈퍼중추항만정책+타지역 거점항만 추가 → 'Asia Gateway' |
| 2007년 3월 | 국토교통성 검토위원회, '산업경쟁력 강화 구역 조성' |

연구는 향후 지속될 것으로 예상된다.

## 3. 일본의 슈퍼중추항만

일본 정부는 2004년 7월 23일에 슈퍼중추항만 육성정책 프로젝트를 위해 3개 지역의 6개항을 선정하여 약 1년 6개월의 준비과정을 거쳐 2006년부터 본격적으로 시행하였다. 이들 항만은 항운 공동체를 골자로 하는 운영회사를 설립하여 요코하마항과 나고야항을 중심으로 차세대 고규격 컨테이너 터미널을 운영하기 시작하였다. 그리고 오사카항과 고베항을 중심으로 기존 터미널을 확충하고 그 기능을 강화하고 있다.

또한 국토교통성 항만국은 일본 항만의 운영체제를 개선하기 위하여 부두공사의 민영화를 추진하고 있다. 이를 위하여 무이자 대출과 같이 재정적인 지원으로 기존 정책의 변혁을 추구하고 있다.

다음은 슈퍼중추항만 프로젝트의 대상이 되는 3개 지역, 6개항의 전반적인 개요와 정책 추진 추이를 보여준다.

### 1) 케이힌 지역

케이힌 지역의 항만은 항만간 협력을 통하여 내항 피더수송 및 배후 내륙연계수송을 활성화하고 물류네트워크를 강화시키고 있다. 또한 케이힌 지역의 항만간 입항료 일원화를 추진하며 항만 정보시스템을 개선하여 동 지역 항만간 수속 절차를 공동화하고 간소화하였다. 이와 더불어 항만 보안을 강화하여 항만을 통한 범죄를 방지하고 대책을 강화하고자 하는 것이 실천 계획이다.

도쿄항은 3개의 터미널(오오이 터미널, 아오이 터미널, 시나가와 터미널)을 운영하고 있다. 상대적으로 규모가 작은 일본 최초의 컨테이너 터미널인 시나가와 공공터미널을 제외한 오오이 터미널과 아오이 터미널이 차세대 고규격 컨테이너 터미널로 지정되어 기존의 기능을 강화하고 있다. 오오이 터미널은 이미 2003년까지 재정비 사업이 진행되어 수용능력을 보다 확장하고 내진 강화 안벽으로 지진에 대한 안전성을 강화하였다. 특히, 야간 및 공휴일 작업을 확대하여 365일 24시간 풀가동함으로써 하역 효율성을 향상시키고 있다. 아오미 터미널은 선박대형화 추세에 따른 준설 작업과 터미널 내의 운영방식 및 게이트 개선 등을 통하여 재정비 작업을 추진하였다. 이와 더불어 화물 유치를 위하여 볼륨 인센티브뿐만 아니라 피더, 환적 화물 등에 대한 인센티브를 제공하고 있다.

요코하마시는 미나미 혼모쿠 터미널, 혼모쿠 터미널, 다이코쿠 터미널의 차세대 고규격 터미널 육성과 함께 간선 도로 정비 등을 통한 경쟁력 강화 계획을 발표하였다. 특히 요코하마시 항만국은 2004년부터 요코하마항 컨테이너 부두 관리 방안을 본격적으로 검토하여, 2007년에 요코하마항 부두공사가 요코하마항의 공공 및 공사 컨테이너 터미널을 일원적으로 관리·운영하도록 지정하였다. 이에 따라, 요코하마항 내의 모든 컨테이너터미널에 대한 관리 및 운영(일상적인 관리업무, 이용자 신청 접수 등)이 요코하마항 부두공사에 이전 및 집약되어 업무 효율성이 향상되고 관리비를 절감하여 궁극적으로 항만비용을 절감할 수 있을 것으로 기대하고 있다. 이러한 일원적인 터미널 관리는 일본 내에서 처음 시행되는 것으로 향후 민간선석을 제외한 모든 공공터미널에 대한 관리·운영이 부두공사에 의해 점차 일원화될 것으로 예상된다.

### 2) 한신 지역

한신 지역은 특히, 고베항과 오사카항의 상호 협력을 통한 일원화를 추구하며 선사들을 위한 비용 감소 및 항만 활성화에 기여하고 있다. 또한 일본 서해안 항만들과 원활한 피더 네트워크를 구축하여 내항 수송을 활성화하고 규제완화, 비용 절감 및 서비스 향상을 통하여 경쟁력을 강화시키고 있다. 그리고 IT 기술을 통하여 항만에서 수출입을 위해 필요한 절차와 터미널 업무를 일원화하여 업무의 효율성을 증대시키고자 한다.

고베항은 포트아일랜드 터미널(PC-13, 14, 15, 18)과 로코아일랜드 터미널(RC-4, 5, 6, 7)을 차세대 고규격 컨테이너터미널로 지정하였다. 이미 포트아일랜드 PC-18에서의 터미널 정비사업이 착공되어 총 300억 엔을 투자하여 길이 400m, 수심 -16m 규모의 안벽과 항로를 정비할 계획이다. 또한 지정된 고규격 컨테이너 터미널의 운영은 정부와 민간이 공동으로 참여하는 방식으로 변화를 추구할 계획이다.

오사카항은 유메슈 컨테이너터미널(C-10, 11, C12)을 차세대 고규격 컨테이너 터미널로 지정하여 3개 선석의 개발과 함께 이를 일원적으로 운영할 메가 터미널 오퍼레이터 회사를 설립하여 운영할 예정이다. 오사카시 항만국은 점점 증가하는 컨테이너화물에 대하여 하드웨어 측면에서는 시설 능력을 강화하고 차별화 전략에 따라 기능이 현저하게 떨어지는 부두를 정리하도록 하였다. 한편 소프트웨어 측면에서는 운영방식을 민영화로의 변화를 추구하고 있다.

### 3) 이세만 지역

일본의 슈퍼중추항만 중에서, 이세만 슈퍼중추항만으로 지정된 나고야항과 요카이치항은 배후지에 세계적인 경쟁력을 갖춘 도요타와 그 그룹계열사, 혼다, 샤프, 캐논 등의 기업이 입지해 있는 유리한 조건을 갖추고 있다. 또한, 2006년 2월에 개항한 중부 국제공항과의 연계, 지진 발생시를 대비하여 요카이치항과 선석 공동사용협정을 체결하기도 하였다.

나고야항은 토비시마부두의 남측 컨테이너터미널이 차세대 고규격 컨테이너터미널로 지정되어 일본 중부지역 산업의 글로벌 경쟁력을 지원하는 게이트웨이로 육성할 계획이다. 이에 따라, 2005년 12월에 수심 16m, 안벽 400m의 제 1 선석이 가동을 시작하였고 하역시스템과 야드시스템에 최신 설비 자동화시스템을 도입하여 차별화된 서비스를 제공하고 있다. 이러한 제 1 선석의 가동과 함께, 2008년에는 제 2 선석의 개장을 계획하며 향후 제 3 선석까지 완공하여 연간 100만 TEU를 처리할 수 있는 최첨단 컨테이너 터미널 건설을 계획하고 있다.

특히 나고야항은 배후 제조업체들이 활황을 보이고 있는 가운데 일부 터미널에서 심각한 적체 문제를 보이고 있다. 이에 따라 나고야 항만관리조합은 관리운영 주체가 분리되어 있는 토비시마 컨테이너 터미널의 운영효율화 문제를 지적하여 향후 나고야항 터미널 운영업체인 항운 각사와 이용 선사들과 협의하여 일원화된 운영을 가능하도록 추진할 계획이다.

요카이치항은 항운 9개사가 출자하여 운영하게 되는 요카이치 컨테이너 터미널이 차세대 고규격 컨테이너 터미널로 선정되었다. 이는 기존의 카스미가우라 지구 W-26 선석을 기준으로 북지구 W-80 선석을 개발하고 이어서 미래 수요에 따라 북지구 W-81과 W-82 선석을 건설할 계획을 가지고 있다. 요카이치항을 관리하는 요카이치항 관리조합에 따르면, 요카이치항으로 인한 요카이치시의 지역 경제효과는 총생산 22%(3,038억 엔), 고용자수 15%(2만 명), 세수입 21%(108억 엔)으로 높게 나타났다. 요카이치 시민의 6명 중 한 사람이 요카이치

항의 항만활동에 참여하고 있는 셈으로 이에 따라 최근 항만 사업에 대한 관심이 높아지고 있다.

# 제 3 절 중국의 항만물류정책

## 1. 중국의 항만정책 추이

중국은 지속적인 경제성장으로 인하여 항만에서의 처리물동량이 [그림 9-1]에서 보는 바와 같이, 지속적으로 성장하고 있는 추세이다. 특히, 중국은 2010년까지 연평균 7.5% 이상의 경제성장으로 수출입이 연간 10% 이상 성장할 것으로 예상하고 있다. 이에 따라, 중국 교통부는 2010년까지 중국 항만이 처리하는 물동량은 총 1.5억 TEU를 상회할 것으로 예상하고 있다. 따라서 중국 항만은 이미 중국 경제와 지역 경제 발전에 중요한 부문으로 인식되고 있다.

중국 항만은 [그림 9-6]과 같이 지역에 따라 크게 세 가지 항구군[6])으로 구분된다. 즉, 대련항, 칭다오항, 천진항의 동북 3성을 대표로 하는 중국 북부지역의 환발해권 항만군, 상하이항, 닝보항을 대표로 장강 유역에 위치한 중국 중부지방의 장강삼각주 항만군, 선전항을 대표로 하는 주강 유역에 위치한 중국 남부지방의 주강삼각주 항만군이다. 중국은 이렇게 지역별로 세 가지 항만군을 구분하여 각 항만군의 특성에 따른 개발과 나아가 상호 협력을 강화하고 있다.

또한, 항만의 역할에 따라 12개의 중추항만(상하이항, 칭다오항, 천진항, 닝보항 등), 장강유역의 25개의 주요항만(상하이항, 닝보항과 연계되어 지원하는 항만), 다수의 지방항만으로 구분하여 규모가 크고 경제적 파급효과가 큰 중추항만을 중심으로 항만 개발과 운영에 박차를 가하고 있다. 특히, 중국은 제9차 5개년 계획에 따라, 2000년 이전부터 중국 항만개발에 대하여 외국인 투자를 확대하였고 제10차 5개년 계획에서 항만정책 정비와 함께 기술적인 개발을 강화하였다.

중국의 항만정책은 크게 세 단계를 거쳐 변화하였다.[7]) 1980년대 초까지, 항

---

6) 최근 연해 5대 항만군으로 구분하여 건설발전을 계획하기도 하였음(5대 항만군: 장강삼각주 항구군, 주강삼각주 항구군, 배해만 항구군, 동남연해 항구군, 서남연해 항구군).
7) 김성(2006), 중국의 항만정책과 주요 항만 효율성에 대한 분석, 발췌 요약.

그림 9-6 중국 항만의 항구군 구분

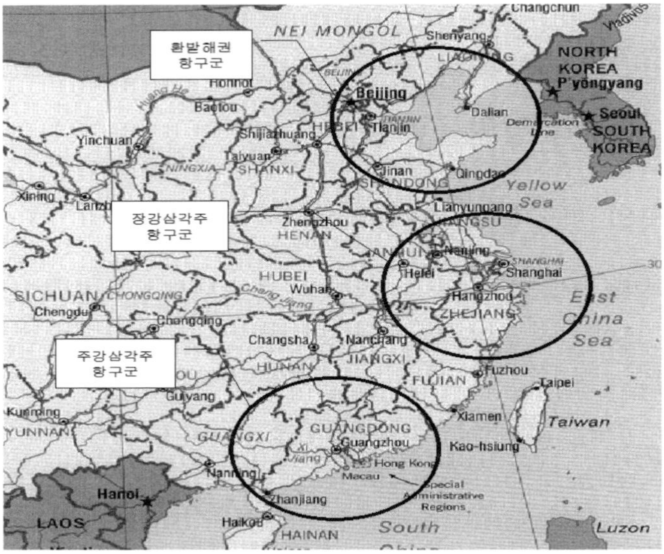


자료: http://www.chinapage.com/map/china_pol01.jpg에서 재작성.

만은 공공부문으로 여겨져 중앙정부가 직접적으로 항만을 개발하고 운영하였다. 이러한 국유국영의 항만정책으로 항만 개발 및 관리에 필요한 모든 예산을 중앙정부가 지원하고 항만을 일원적으로 관리하였다. 그러나 중앙정부의 예산이 부족하여 실질적으로 항만을 재정적으로 지원하기가 어려워졌으며 증가하는 물동량에 대한 항만개발이 지연되어 궁극적으로 항만 적체 현상의 문제점을 야기하였다. 또한 중앙정부의 일원적인 관리로 각 항만의 특성에 맞는 개발이 이루어지지 못했고 관료주의적 업무 체제로 인하여 효율성을 저하하는 결과를 초래하였다.

이러한 국유국영의 문제점으로 인하여 중앙정부는 1984년부터 지방정부에 항만 관리와 운영에 대한 책임을 부과하기 시작하였다. 즉, 중앙정부는 항만 소유권을 가지고 항만계획기능을 담당하고 지방정부는 항만 관리와 운영기능을 담당하게 되었다. 특히 지방정부에 위임된 책임으로 각 항만 또는 지역별 특성에 맞는 개발이 가능하였다. 그러나 지방정부의 항무국에서 항만서비스 제공 외에 항만행정과 항만경영이 동일 기관에서 수행되어 효율성이 낮은 문제점을 가지게 되었다.

결국 중앙정부는 2001년 이후 항만소유권을 지방정부로 이전하고 중앙정부의 역할을 심사 및 승인으로 최소화하였다. 따라서 기존에 중앙정부가 책임을 맡았던 항만계획기능 역시 지방정부로 이전되었다. 또한 지방정부가 동시에 맡았던 항만행정업무와 항만경영업무는 분리되어 항만계획수립 등과 같은 항만행정업무는 지방정부의 항무국이 수행하고 항만서비스에 대한 경영은 민간의 항만기업이 수행하는 민영화를 추진하였다. 이에 따라 항만은 서비스 제공에 따른 수익 창출원으로 간주되어 각 항만의 독립채산제를 장려하여 효율성 향상을 장려하였다.

중국은 항만에 대한 법적 정비를 위하여 2003년 6월에 항만법을 제정하여 2004년 1월 1일부터 시행하고 있다. 이는 항만계획과 건설, 항만 관리 및 운영, 항만 안전과 감시, 법률 책임에 대한 내용을 담고 있어 중국의 전반적인 항만정책방향을 보여주고 있다. 이 항만법은 특히 항만 개발과 운영에 있어 국내뿐만 아니라 국외 조직 및 개인의 재정적 투자와 경영을 촉진(제 5 항)하여 항만개발에 더욱 박차를 가하고자 하였다.

또한 중국은 항만 개발을 통하여 항만도시와 배후경제지역을 활성화하고 궁극적으로 사회의 발전을 주도할 수 있다고 주장하였다. 이에 따라 항만에서의 화물 처리를 위한 항만 개발뿐만 아니라 항만배후에 경제특별구역을 지정하여 산업 성장을 장려하고 수출입화물의 물류활동을 촉진하는 정책을 추진하였다. 이는 1980년대 초로 거슬러 올라가, 중국 정부가 연해대개발전략(沿海大開發戰略)을 채택하면서 항만배후권 경제산업에 대한 중요성이 처음으로 부각되었다.

특히 중국의 석유화학, 철강 등 대형 원자재 공업과 각종 산업 지역은 내륙을 중심으로 분포되어 있다. 이에 따라 수출입 화물을 내륙까지 수송하기 위한 도로, 철도와 같은 내륙수송 네트워크망을 구축하는 데 막대한 인프라 비용이 소요되었다. 또한 수송능력의 부족으로 인하여 항만내 야드에 보관되는 물동량이 증가하면서 만성적인 항만 적체 문제와 항만의 비효율성과 같은 부정적인 영향을 미치게 되었다.

이에 중국 교통부는 전국연해항구발전전략을 발표하여 대량화물 전용터미널 개발과 함께 터미널 배후지역에 공업 및 산업 시설을 집중적으로 개발하여 수출입을 위한 물류시스템을 발전시키기 위한 산업클러스터 구축을 계획하였다. 이를 통하여, 항만배후단지의 기능을 강화하고 항만 클러스터를 형성하여 특정 지역에 수출입 화물의 물류기능을 지원하여 보다 활발한 경제활동을 창출하고 성장을 도모하는 것이었다.

이는 상하이항을 중심으로 장강유역 지역에 경제 산업과 물류시스템의 통합 운영을 추진하고 수도인 베이징과 동북 3 성 경제 배후부지를 가지고 있는 칭다오항, 대련항, 천진항 역시 대상 항만으로 중국 정부와 지역정부에서 항만 개발정책에 중점적으로 지원하고 있다.

## 2. 중국의 항만정책: 국제항운중심지 전략

중국은 연해 항만을 중심으로 개발이 이루어지고 있고 지속적으로 항만 개발 및 정비에 박차를 가하고 있다. 중국은 전국연해항만배치계획을 통하여 기존의 3개 항구군에서 5개 항구군으로 구분하고 경제, 사회, 무역 발전을 위한 국제항운센터의 설립을 계획하였다. 특히 장강삼각주 항구군의 상하이항과 배해만 항구군의 칭다오항을 중점적으로 국제항운중심지 전략을 추진하였다.

### 1) 상하이항 국제항운중심지

상하이항은 대대적으로 "상해국제항운중심지(上海國際港運中心)" 건설이라는 물류중심화 전략을 추진하고 있다. 이 전략은 상하이를 국제 경제, 금융, 무역의 중심지로 성장시키고 장강 델타의 경제발전을 위하여 닝보-베이룬의 심수항만기능, 상하이-강소 간의 물류를 유기적으로 결합하여 항만물류 종합서비스를 제공하기 위함이다.

이는 1995년 중국 경제 발전과 경쟁력 강화를 위하여 상하이항 국제항운중심지 건설에 대한 논의가 시작되어 1996년에 공식적으로 추진하게 되었다. 최근 상하이 국제항운중심지 건설에 대한 장기 계획이 발표되었고 이는 몇 가지 단계를 거쳐 2010년 2월에 기초적인 건설이 완료되고 결국 2020년에 전체적인 건설을 완료할 것으로 계획하고 있다.

이 전략을 위한 상하이항의 항만 개발 및 정비에 대하여 와이까오치아오항 및 양산심수항의 개발과 함께 장강 수로 개선을 위한 준설을 추진하였다. 기존 터미널이 있는 포동지구에 5단계를 거쳐 와이까오치아오 터미널을 건설하였고 포동지구에서 30km 정도 떨어져 있는 소양산과 대양산에 대규모 양산심수항 터미널을 개발하고 있다(<9장 3절> 상하이항 내용 참조). 그리고 계속해서 유입되는 토사로 인하여 수심 확보에 난항을 겪고 있는 장강입구의 준설을 위하여 중국 내에서 연구한 방식으로 준설을 통한 수심 확보에 심혈을 기울이고 있다. 이는 총 3단계로 나누어져 기존의 7.2m 정도의 수심을 2008년까지 12m를 목표로 준설 작업을 하고 있다. 이를 위하여, 도류제를 건조하고 수로 내의 유속을 증가시켜 토사의 침전을 막도록 건설하였다.

상하이 국제항운중심지 전략은 이러한 항만 개발 및 정비 사업뿐만 아니라 종합물류를 위한 배후연계수송 정비 및 물류단지 개발을 포함하고 있다. 상하이항은 상하이와 절강, 강소성을 연계하는 내륙수송을 위한 도로와 철도네트워크를 개발하고 항공물류를 위한 푸동공항을 정비하여 육, 해, 공을 통한 모든 물류활동이 원활히 이루어지기 위한 종합물류시스템을 제공하고자 한다. 또한 푸동지역의 항만보세구, 경제특구지역을 포괄하는 물류원구를 지정하고 물류센터를 건립하여 다국적기업 유치 활동을 활발히 전개하고 있다.

특히 상하이 국제항운중심지 건설은 상하이항의 항만 기능 배치와 인프라 시설 개발 등에 대하여 근본적인 변화가 생기고 있어 향후 세계적인 항만으로의 지속적인 성장에 대한 전망이 매우 크다고 볼 수 있다.

### 2) 칭다오항 국제항운중심지

칭다오가 속한 산동성은 2005년에 산동성정부에 의하여 항만발전목표가 확정된 바 있다. 이는 산동성 항만에 530억 위안을 투자하여 칭다오항을 중심으로 2010년까지 동북아국제항운중심지 건설을 목표로 하고 있다.

산동성 항만에 대한 이러한 대대적인 발전 계획을 바탕으로 2006년 초에 칭다오시 교통위해운항만국은 '칭다오항총체규획'을 완성하여 11년 5개년 계획 기간 동안 칭다오항에 총 270억 위안을 투자하여 국제항운중심지로 육성시킬 계획을 발표하였다.

현재 칭다오항은 첸완항구, 황따오항구, 구항구, 쓰팡항구, 아오산만항구, 동자코 항구 등 5개 항만구역이 있다. 그 중 첸완항구는 국제컨테이너 간선항로 운송 중심기능과 철광석, 석탄 등 벌크화물 처리중심기능으로 육성하고 황따오항구는 원유 및 액체화물 중심기능, 구항구와 쓰팡항구는 중국 연안컨테이너 운송 및 잡화와 환겨친화적인 벌크화물 중심, 아오산만항구는 칭다오항의 지속적인 확장발전에 대비하고 종합운송기능을 활용한 연계운송 기능을 강화시킬 계획이다. 동자코항구는 칭다오 남측을 중심으로 한 대형심수항만으로 종합적인 기능을 수행할 항만으로 개발할 계획이다. 동시에 2020년까지의 장기 계획에 따르면 칭다오항은 요우싼완, 탕따오완을 중심으로 한 2대 종합 해양관광항만으로 개발하며 대략 50여개의 중소형 해양관광항만을 개발할 예정이다.

칭다오항총체규획에 따르면, 제11차 5개년 기간 동안 칭다오시의 항만기반시설 건설에 약 270억 위안을 투자하여 2010년 말에 칭다오항은 화물처리량이 약 2.6억 톤에 이를 것으로 예상하고 있다. 컨테이너 처리량은 1,200만 TEU로 예측하고 있으며 또한 2020년 말에는 화물처리량이 3.8억 톤, 컨테이너 처리량은 3,100만 TEU에 이를 것으로 예상되어 칭다오항은 동북아 지역의 항운중심, 항만물류중심, 물류중심지로 위상을 확보할 것으로 기대하고 있다.

## 3. 중국의 주요 항만정책

### 1) 상하이항

화동 지역의 급속한 경제성장과 함께 상하이항은 지난 10여 년 동안 평균적으로 연간 25% 정도 급증하는 물동량을 처리하면서 세계적인 항만으로 발돋움하고 있다([그림 9-7] 참고). 장강 유역에 있는 상하이 컨테이너 터미널은 [그림 9-8]과 같이 황포강에 위치한 SCT(Shanghai Container Terminal) 구터미널, 와이까오치아오(외고교) 터미널, 양산심수항의 3개 구역으로 구분된다.

먼저 SCT 구터미널은 상하이항무국(SIPG: Shanghai International Port Group)과 허치슨포트홀딩스(HPH: Hutchison Port Holdings)가 50 : 50으로 조인트벤처를 통해 설립하였다. SCT는 Zhanghuabang, Jungonlu, Baoshan 터미널로 구성되어 운영되고 있다.

포동지구 와이까오치아오 컨테이너 터미널은 총 5단계를 거쳐 차례대로 개장되었다. 1단계 터미널은 상하이항무국, 허치슨, Cosco 등의 합작회사인 상하이푸동국제터미널(SPIT: Shanghai Pudong International Terminal)이 운영하고 있다. 2, 3단계 터미널은 상하이항무국의 자회사인 젠동컨테이너터미널(SPCWT:

그림 9-7 상하이항 처리 물동량 증가 추이

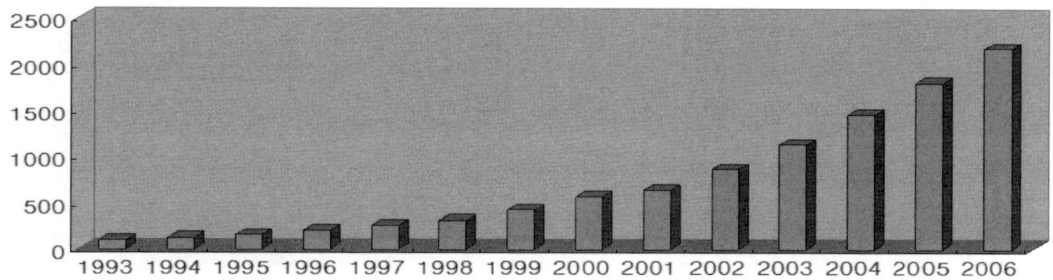


자료: 상하이항무국(SIPG) 물동량 자료를 바탕으로 도출.

그림 9-8 상하이항 컨테이너 터미널 위치

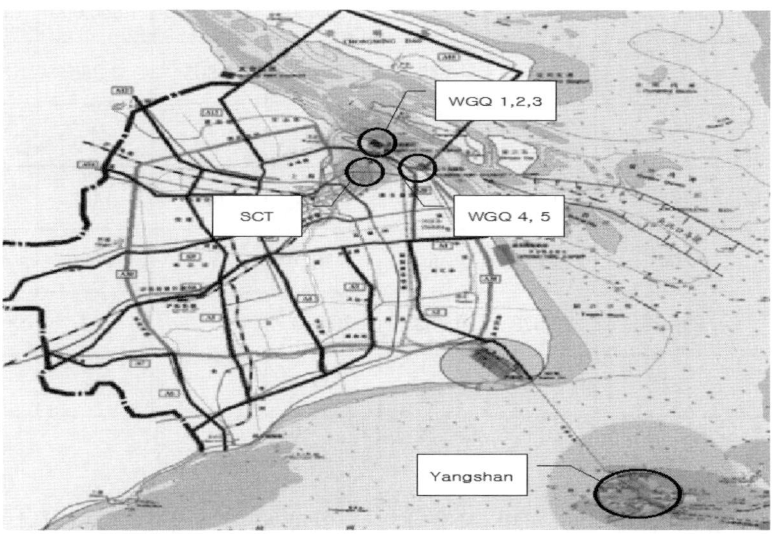


자료: 상하이항무국(SIPG) 홈페이지, http://www.portshanghai.com.cn/en/channel1/channel16.html

SIPG Zhendong Container Terminal)이 운영하고 있다. 4단계 터미널은 상하이항무국과 APM 터미널의 합작회사인 상하이동컨테이너터미널(SECT: Shanghai Eeat Container Terminal)이 운영하고 있다. 마지막 5단계 터미널은 2004년에 상하이항무국과 허치슨 터미널이 합작한 상하이밍동컨테이너터미널(SMCT: Shanghai Mingdong

Container Terminals)이 운영하고 있다.

[표 9-9]는 상하이항의 SCT 구터미널과 와이까오치아오 터미널의 개략적인 시설 현황을 나타내고 있다. 표에서 보는 바와 같이, 두 터미널은 총 26개의 선석에 68개의 겐트리 크레인을 가지고 있다.

표 9-9 상하이항 컨테이너터미널 시설현황

| 구분 | Zhanghuabang | Jungonglu | Baoshan | 와이까오치아오 터미널 | | | |
|---|---|---|---|---|---|---|---|
| | | | | 1단계 | 2, 3단계 | 4단계 | 5단계 |
| 운영자 | SCT | SCT | SCT | SPICT | SPCWT | SECT | SMCT |
| 개장연도 | 1985 | 1981 | 1991 | 1999. 3 | 2000. 1<br>2002. 1 | 2003. 2 | 2004 |
| 총면적 ($m^2$) | 304,589 | 307,375 | 218,051 | 500,000 | 1,659,000 | 1,550,000 | 1,630,000 |
| 안벽길이 (m) | 784 | 857 | 640 | 900 | 1,566 | 1,250 | 1,100 |
| 선석수 (개) | 3 | 4 | 3 | 3 | 5 | 4 | 4 |
| 수심 (m) | 12.5 | 10.5 | 10.5 | 12 | 13.2 | 14.2 | 12.8 |
| GC (기) | 7 | 7 | 5 | 10 | 13 | 14 | 12 |
| 장치능력 (TEU) | 21,736 | 20,678 | 15,833 | 30,000 | - | - | - |
| RTG 크레인(기) | 22 | 20 | 14 | 42 | - | 48 | 48 |

자료: SCT, SPICT, SPCWT, SECT, SMCT 홈페이지.

상하이항은 급증하는 항만 물동량으로 인하여 기존의 SCT 터미널과 와이까오치아오 터미널의 심각한 적체 문제를 겪게 되었다. 더군다나 토사로 인하여 수심이 9~13.5m로 낮아 초대형선의 접안이 어려우므로 지속적인 준설작업이 필요했다. 이러한 문제점을 해결하기 위하여 상하이시 동남쪽 끝단에서 약 30km 남동쪽에 위치한 대·소양산에 대규모, 대수심 컨테이너 터미널 건설을 추진하게 되었다.

양산심수항 개발은 [표 9-10]과 같이 소양산은 4단계를 거쳐 2020년까지 순차적으로 32개 선석을 완공하고 대양산은 2020년 이후 20개 선석을 완공하여

표 9-10 상하이 양산심수항 건설 계획

| 구분 | 소양산 개발계획 | | | | 대양산 (2020 이후) | 합계 |
|---|---|---|---|---|---|---|
| | 1단계 ('02~'05) | 2단계 (~'07) | 3단계 (~'10) | 4단계 (~'20) | | |
| 안벽 선석수 | 5 | 4 | 9 | 14 | 20 | 52 |
| 안벽 연장(m) | 1,600 | 1,400 | 8,000 | | 8,000 | 19,000 |
| 수심(m) | 15.5 | - | - | - | - | 15~18 |
| 기타 | 항만구역 1.53km$^2$ (야드 72만 m$^2$ 포함) | - | - | - | - | - |

자료: 상하이국제항무집단(SIPG).

총 52개 선석을 갖춘 대규모 터미널 건설을 계획하고 있다. 2002년에 착공된 1단계 개발은 2005년에 5개 선석이 완공되어 같은 해 12월 1일에 공식적으로 개장되었다. 2단계 터미널은 계획보다 빠른 2006년 12월 10일에 개장하여 현재 총 9개의 선석(3,000m 길이의 안벽)에 34대의 겐트리크레인 시설을 보유하고 있다.

이들 1단계, 2단계 터미널은 SIPG의 투자로 2005년 5월에 설립된 상하이센동국제컨테이너터미널(SSICT: Shanghai Shengdong International Container Terminals)이 운영 및 관리하고 있다. SSICT는 생산성과 효율성을 높이기 위하여 최첨단 시스템을 도입하여 터미널을 운영하고 있다. 또한 선사에 대한 서비스 향상을 위하여 '5-20-25' 서비스 약속을 제시하여 바지선에 대하여 5시간 이내에 작업을 완료하고, 모선에 대한 작업은 20시간 이내로 수행하며, CY에 진입한 컨테이너의 상차작업은 25분 이내에 수행하겠다는 것이다. 특히 양산항은 이와 같은 개선된 서비스 제공 외에도 최근 정박료를 인하하는 등 항만비용을 낮춤으로써 경쟁력을 강화하고 있어, 향후 세계적인 항만으로 성장할 가능성이 큰 것으로 전문가들은 예상하고 있다.

중국 정부는 양산심수항의 개발과 함께 기존 상하이항 터미널과 인접한 내륙을 연계하기 위하여 2002년부터 2005년까지 32km 길이의 3차선(왕복 6차선) 동해대교를 3섹터 방식으로 건설하여 1단계 터미널의 개장과 함께 개통하였다. 동해대교 건설의 주목적은 양산심수항의 컨테이너 수송을 위한 것이므로 컨테이너차량에 대해서만 무료로 통행을 허가하고 있다. 또한 해운항만물류산업이 집중되고 상업지역과 거주지역을 갖춘 루차오임항신도시 건설을 추진하여 기업형 배후도시 구축을 건설하고 있다. 그리고 포동공항과 인접하고 동해대교를 통해 양산심수항과 연계되는 루차오물류단지를 구축하여 수출입 화물 처리를 지원할 계획이다.

이러한 양산심수항의 개발에 따라 중국 상하이항은 대규모의 최첨단 컨테이너 터미널을 확보해 가고 있다. 이에 따라 중국 최대의 경제지역인 장강삼각주를 배후로 하여 그 배후 물동량뿐만 아니라 타지역의 컨테이너를 상하이항에서 집중처리하여 세계 최고의 허브포트를 지향하고 있다.

### 2) 칭다오항

환발해권에 위치한 칭다오항은 세계 130개국 450여개 항만과 교역하고 있는 대표적인 국제 항만이다. 칭다오항의 컨테이너 처리량은 2002년부터 2006년까지 연평균 22.6%의 성장률을 기록하여 2006년을 기준으로 세계 항만에서 11위를 차지하고 있다([표 9-1] 참조). 칭다오항은 칭다오구항만, 치엔완신항만과 황다오유류항만으로 구성되어 컨테이너를 비롯하여 석탄, 철광석, 원유, 곡물을 주로 처리하고 있다.

과거에는 칭다오시에 인접한 칭다오구항만에서 컨테이너를 처리하였으나 칭다오항을 북중국 최대 허브항만으로 육성하기 위하여 치엔완신항만으로 이전하여 컨테이너터미널 기능을 집약하고 있다. 치엔완신항만은 2000년 7월에 설립된 칭다오항만공사와 P&O의 합작회사인 칭다오치엔완컨테이너터미널(QQCT: Qingdao Qianwan Container Terminal)이 운영하게 되었다. 2002년에는 명항컨테이너터미널 회사가 설립되어 4개 선석을 운영하기도 하였다. 그러나 일원화된 터미널 운영을 통하여 효율성을 향상시키기 위하여 두 터미널을 통합하였고 2003년 7월에는 확장하여 현재 칭다오항무집단유한공사(예전의 칭다오항만공사, 31%), DPW(P&O를 인수, 29%), COSCO(20%), APMT(20%)가 공동지분 참여를 하고 있다.

QQCT는 아래 [표 9-11], [그림 9-9]와 같이 초기에 칭다오항만공사와 P&O가 합작하여 4개 선석(1개의 피더선석 포함)을 운영하였다. 칭다오항 항만개발계획에 따라 제 3 기 공사가 착공되어 먼저 완공된 3-1기의 4개 선석은 과거 명항터미널 회사가 운영하다가 QQCT에 통합되어 운영되고 있다. 또한 2006년에

표 9-11 칭다오항 컨테이너 터미널 현황

| 구분 | QQCT 2기 | QQCT 3-1기 | QQCT 3-2기 |
|---|---|---|---|
| 선석 | 3(+1 피더선석) | 4 | 3 |
| 안벽길이 | 1000m | 1600m | 1000m |
| 수심 | 14.5m | 16.0m | 16.0m |
| 면적 | 320,000m2 | 994,000m2 | - |

자료: 칭다오항무집단유한공사; 부산발전연구원(2006), 서해안 및 북중국 항만개발 정책과 컨테이너 O/D 분석에 따른 대응방안, p. 43.

그림 9-9 QQCT layout

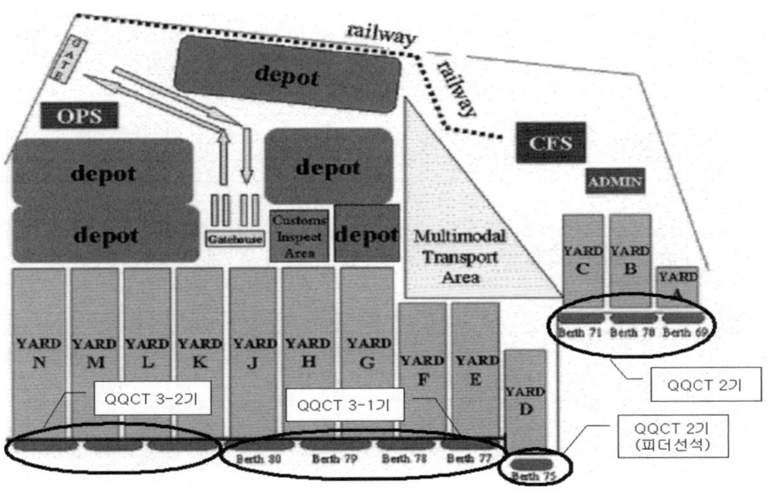


자료: QQCT 홈페이지, http://www.qqct.com.cn/en_index.htm

완공된 3-2기의 3개 선석은 일원화된 터미널 관리를 위하여 QQCT가 운영하고 있다. 칭다오항은 제 3 기의 항만개발을 통하여 수용력 확장뿐만 아니라 초대형 컨테이너선을 수용할 수 있는 시설을 마련하여 2010년에는 1,000 TEU를 처리할 수 있을 것으로 예상하고 있다.

QQCT에 의한 일원적인 관리를 하고 있는 칭다오항만은 운영 효율성을 향상시키기 위하여 최첨단 IT 응용 시스템을 적용하였다. [표 9-12]와 같이 SPARCS와 TMS(Terminal Management System: 터미널 관리 시스템)를 통하여 터미널 내의 전반적인 관리 및 운영을 지원하는 IT 시스템을 갖추고 있다. 이와 함께, RDT(Radio Data Terminal: 무선 데이터 터미널) 애플리케이션을 도입하여 모든 야드에서 시기 적절하게 정보를 전송함으로써 컨테이너 프로세스 관리의 효율성 향상을 도모하고 있다.

표 9-12 QQCT에서 도입한 IT 시스템

| 구 분 | 특 징 |
|---|---|
| SPARCS | 터미널 프로세스를 조정하는 시스템으로 컨테이너 할당, 컨테이너 적양하절차 조정, 야드 효율성을 높이기 위한 운영 및 배열 등의 주요 기능을 수행하여 터미널의 전반적인 업무 효율을 향상시킴 |
| TMS | 터미널 운영에서 선적 계획, EDI 처리, 승인, 컨테이너 정보 처리, 통계를 포함하는 데이터 처리를 다루며, 터미널 운영을 위한 정보를 효과적으로 통합하고 작업 효율성을 향상시킴 |
| EDI | 수출입 절차를 위한 항만, 선사, 세관, 대리점 간의 표준 메시지(예: 패킹리스트)를 교환하고 공유하기 위한 기능 |
| RDT | 작업장에 지시를 내리고 터미널에서 변동되는 정보를 피드백 하기 위한 기능. 즉, TMS를 기반으로 하는 SPARCS는 정확한 선적 및 야드 계획을 가능하게 하고 EDT를 통하여 작업장에 지시를 내림. 그리고 터미널에서 시시각각으로 변하는 정보는 모두 RDT에 의하여 SPARCS로 시기 적절하게 보내짐 |
| Web Service | 고객을 위하여 인터넷을 통해 편리하게 서비스를 제공하는 것으로 고객은 QQCT 웹사이트를 통하여 화물 추적 등의 조회가 가능 |

자료: QQCT 홈페이지.

칭다오항은 항만 수용력을 위한 확장 개발 및 효율성 향상을 위한 최첨단 IT 도입 외에도 배후지를 정비하고 있다. [그림 9-10]과 같이 내륙으로 이어지는 배후연계수송을 원활히 하기 위하여 도로 및 철도시설을 갖추고 있다. 대표적으로 칭다오시를 연계하기 위한 68km의 자우저우만 고속도로(Jiaoshou Bay Express)와 터미널 내부 및 외부에 연결되는 철도시설(Jiaozhou-Huangdao Railway와 Jiaozhou-Jinan Railway)을 갖추고 있다.

또한 배후에 경제과학기술 개발 지역을 포괄하고 이와 함께, 약 58만 $m^2$의 치엔완국제물류산업단지(Qianwan International Logistics Industrial Park)를 조성하

그림 9-10 QQCT 위치와 배후연계수송

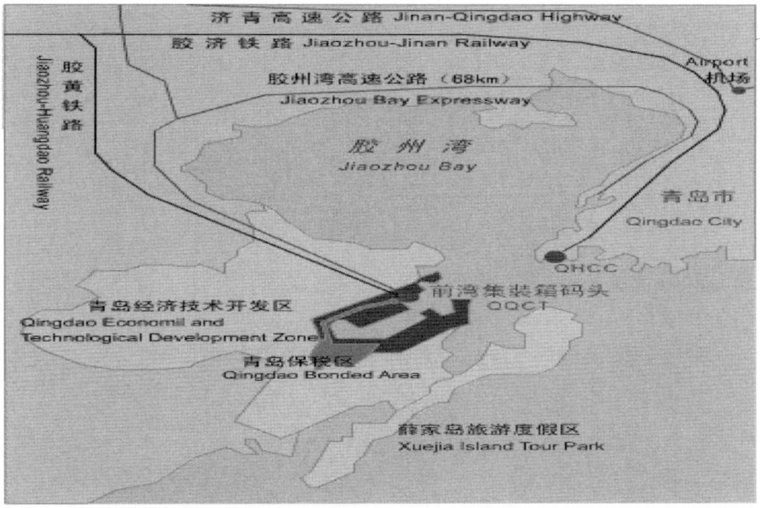


자료: QQCT 홈페이지, http://www.qqct.com.cn/en_index.htm

여 다국적 물류기업을 유치하고 있다. 대표적인 다국적 물류기업인 Maesk Logistics와 우리나라의 한진해운이 중국 기업과의 합작회사 형태를 통하여 진출해 있다. 그리고 1990년대에 이미 칭다오시 해안 지역에 칭다오자유무역지대를 설립하여 수출입 활동을 촉진해 오고 있다.

# 제 10 장

# 우리나라 항만정책

## 제 1 절 우리나라 항만의 성장과정

우리나라 항만은 해운의 성장과정과 유사하며, 해방 전 남쪽의 주요 항만은 부산항, 인천항, 군산항, 목포항이 있었다. 부산항은 1만 톤급 선박이 접안할 수 있는 유일한 항만이었으나 육상운송과 연계가 미흡한 실정이었고, 인천항은 일본의 전쟁물자 공급을 위하여 항만확장계획을 추진하였으나 충분한 기반조성은 미흡한 실정이었다.

### 1. 우리나라 항만의 재건기(1945~1961)

1945년부터 1961년까지 우리나라 항만정책은 기반이 제대로 구축되지 않은 상태에서 발전을 모색하는 재건기로 볼 수 있다. 우리나라는 일제 강점기에 항만건설과 운영에 참여할 수 없었기 때문에 경험이 전무한 상태에서 새로이 항만건설과 운영을 시작한 시기였다고 볼 수 있다.

1945년 당시 개항은 부산항, 인천항, 군산항, 목포항, 신의주항, 진남포항, 청진항, 웅기항 등이며, 제주항, 원산항 성진항 등은 확장공사가 끝나지 않은 항만이었다. 당시 우리나라 항만의 연간하역능력은 약 1,500만 톤에 불과하였다. 1945년부터 1948년까지 미군정하에서 우리나라 항만정책은 새로운 항만개발보다는 부산항과 인천항을 중심으로 하역장비 설치와 항만유지보수에 초점을 두었다. 항만하역업은 면허나 등록이 필요하지 않은 자유업으로서 항만하역업체가 난립하였고, 하역체계도 확립되지 않은 실정이었다.

1948년 정부수립 후 항만개발계획과 운영정책이 수립되기 시작하였다. 인천항, 군산항, 여수항, 포항항 등의 준설공사와 시설보수공사가 이루어졌으며, 인천항의 기능을 확충하기 위한 정책을 추진하였다. 다음은 1948년부터 추진된 항만정책의 내용이다.

첫째, 항만정책은 연간 1천만 톤의 하역능력을 유지하는 데 초점을 두었으며, 항만개발과 확장사업은 국가산업의 재건과 재정상태에 따라 추진되도록 하였다.

둘째, 기존 항만의 연간 하역능력이 700만 톤 이하로 감소하지 않도록 하기 위해 인천항, 군산항, 목포항, 여수항, 제주항, 포항항 등 8개 항만의 시설을 집중적으로 유지보수하기 위한 정책을 추진하였으며, 항만별 무역실적을 고려하여 공사의 우선순위를 부여하였다.

셋째, 지방항은 어항의 기능을 동시에 수행하므로 어항작업을 수행하기 위한 기반을 조성하고 항만의 위치와 특성에 따라 정책실행기준을 변경할 수 있도록 추진하였다.

넷째, 1951년 항만운영법 초안을 마련하였으나 국회상정에 실패하였다. 그러나 항만운영법 제정을 통한 항만운영관리의 효율화를 시도하였고, 이것은 항만근대화 정책을 수립하는 데 초석이 되었다. 1954년 정부조직법 개정을 통하여 교통부의 해운국과 상공부의 수산국을 통합, 해무청을 신설함으로써 항만운영관리의 기반을 구축하는 출발점이 되었다. 해무청은 항만건설은 물론 노후화된 선박의 교체, 조선업의 기반조성, 항만시설의 복구와 정비, 하역설비의 현대화를 추진하는 데 기여하였다.

다섯째, 항만은 수출산업발전을 위한 기반시설의 하나로서 국가정책의 중요한 요소로 자리잡기 시작하였다. 전후 항만시설복구 5개년 계획과 하역시설

근대화 5개년 계획이 본격적으로 추진되는 등 장기적인 항만개발과 항만운영정책이 제도적으로 추진되기 시작하였다.

## 2. 우리나라 항만의 도약기(1962~1986)

1962년부터 시작된 경제개발 5개년 계획에 따라 경제성장정책은 물론 항만개발과 운영정책도 확대되기 시작한 시기이다. 항만은 우리 상품을 수출하는 전진기지이자 도로, 철도, 공항과 함께 핵심적인 사회간접자본의 하나로서 정책이 수립되고 추진되었다. 도약기는 항만정책을 추진하기 위한 법 · 제도가 정비되기 시작한 시기이며, 본격적으로 항만개발과 운영이 근대화되기 시작한 시기이다.

1962년 개항질서법이 제정되어 인천, 군산, 목포, 여수, 충무, 마산, 부산, 울산, 포항, 묵호, 제주항 등 11개 항만이 개항으로 지정되어 국내외 선박이 입출항할 수 있도록 하였다. 1967년 항만법을 제정하여 항만의 지정, 사용, 보전과 비용에 대한 사항을 규정하고, 항만개발을 적극 추진하였으며, 항만건설을 위한 재원조달과 효율적 관리를 추진하였다. 항만법은 지정항만을 제 1 종 항만과 제 2 종 항만으로 세분화하고, 중앙정부 차원에서 조직적으로 항만개발과 운영정책을 추진하는 토대가 되었다.

제 1 차 경제개발계획과 제 2 차 경제개발계획(1962~1971)기간의 항만정책은 우리나라 항만을 국제적 항만의 규모로 육성하는 데 초점을 두었다. 즉 부산항과 인천항의 항만시설을 대폭 확충하고, 하역시설과 장비의 현대화를 추진하였다. 또한 울산항과 포항항 그리고 묵호항은 포항의 제철산업단지, 울산의 화학단지, 묵호의 시멘트기지 등 배후산업단지를 지원하는 공업항 육성정책을 추진하였다. 아울러 1962년 마산수출자유지역이 착공되면서 마산항을 수출항으로 건설하기 위한 정책이 추진되었으며, 1966년부터 배후산업단지의 수출확대를 위한 공업항 개발이 본격적으로 추진되었다. 공업항 건설과 운영정책은 급속한 경제성장과 수출확대에 따른 물동량을 처리하기 위해 필요한 조치로 인식되었으며, 경제성장에 필수불가결한 배후산업단지를 지원하는 사회간접자본으로서 항만개발과 운영정책의 중요성이 부각되기 시작하였다.

제 3 차 경제개발계획(1972~1976)기간의 항만정책은 전세계적으로 컨테이너화가 급속히 확대되는 시기로서 우리나라에서도 컨테이너 항만의 개발필요성을 인식하고, 부산항 자성대 부두를 필두로 컨테이너 부두 개발을 적극 추진하는데 초점을 두었다. 제3차 경제개발계획은 중화학공업을 중점적으로 육성하는데 초점을 둔 기간이며, 이에 따라 항만정책도 제2차 경제개발계획기간에 이어 공업항 건설을 항만정책의 최우선 과제로 추진하였다. 공업항 건설은 건설부가 담당하도록 항만건설 조직의 변화가 있었다. 또한 컨테이너부두 및 공업항 건설은 물론 항만운영의 효율화를 도모하기 시작한 시기이다. 경제적 항만의 규모로 육성하는 데 초점을 두었다.

제4차 경제개발계획과 제5차 경제개발계획(1977~1986)기간의 항만정책은 항만별 또는 컨테이너부두 등 특화된 부두를 건설하는 데 초점을 두었다. 아울러 이 시기는 세계적으로 1980년대 초부터 불기 시작한 물류부문의 규제완화에 따라 항만운영의 민영화 등 글로벌화된 항만운영 시스템을 도입하기 위한 항만정책이 추진되었다. 부산항과 인천항을 중심으로 컨테이너 부두 개발이 확대되고, 1985년 광양제철소가 착공되면서 광양항 개발이 추진되었으며, 1986년 평택항 LNG 기지 건설 등 전용부두 건설이 적극 추진되었다. 또한 국제적 수준의 항만운영을 위하여 부산항 하역능력을 확충하기 위한 항만정책을 추진하였으며, 군장신항과 아산항을 비롯하여 전국적으로 배후산업단지와 연계된 신항만 개발투자를 계획하고 추진하기 시작하는 등 항만개발과 운영이 본격화되었다.

우리나라 항만 도약기의 항만정책은 산업화 진전에 따른 항만개발을 가속화하고, 급증하는 수출입 물동량을 처리하기 위한 항만의 개발과 운영의 효율화를 도모하였으며, 항만의 국제화를 추진하는 데 초점을 두었다.

## 3. 우리나라 항만의 성장기(1987~1996)

제6차 경제개발계획과 제7차 경제개발계획(1987~1996)기간의 항만정책은 안정적인 항만건설과 선진화된 항만운영을 적극 추진하는 데 초점을 두었다. 이 기간은 과거 성장중심의 경제개발계획에서 복지와 안정 그리고 지속적인 수익창출에 초점을 둔 경제정책으로 전환됨에 따라 항만정책도 체계적이고 안정적인 항만개발과 선진화되고 효율적인 운영에 초점을 둔 시기이다.

부산항의 기능을 한층 강화하여 대형화된 컨테이너선이 신속하게 효율적으로 작업할 수 있도록 부두시설과 하역장비 그리고 운영시스템을 개선함으로써 생산성 향상과 경쟁력 있는 항만비용을 바탕으로 경쟁력을 확보할 수 있는 방향으로 항만정책을 추진하였다. 당시 태평양 항로와 유럽항로에서 일본의 동경항과 고베항(1995년 고베지진이 발생하기 전)의 위상이 부산항보다 우위에 있었기 때문에 거점항으로 발돋움하기 위한 정책이 추진되었다. 지속적인 컨테이너부두의 개발과 더불어 국제적인 항만으로 발전하고 성장하기 위한 항만정책이 추진되었다.

1990년대 들어 세계 경제는 무역자유화가 급속히 추진되면서 무역장벽의 폐지, 관세 인하 등 국제무역 규모가 확대되고, 국제복합운송체계가 고도화되면서 국가간 국경이 무의미해지고, 지역경제간 상호의존도가 높아졌다. 이러한 세계무역환경변화와 교통정보통신 기술의 발달에 따라 해운항만분야도 직접적으로 환경변화의 영향을 받았으며, 항만개발과 운영도 한층 선진화, 국제화되기 시작하였다.

해운과 조선부문에서 선박의 대형화, 전용선화, 고속화, 자동화 등 기술발전이 이루어지면서 항만분야는 대형선과 전용선이 접안할 수 있는 부두건설, 하역장비의 대형화, 현대화, 자동화, 넓은 CY와 야적장 그리고 배후연계수송망 구축 등을 추진하게 되었다. 특히 컨테이너선의 대형화는 부두길이 확대, 깊은 수심, 높고 리치(out reach)가 긴 갠트리크레인, 넓은 CY 등을 갖춘 항만시설을 필요로 하였다. 아울러 석탄, 유류, 철재, 시멘트 등 화물종류별로 전용선 운항이 확대되면서 전용부두, 전용 하역장비 등이 필요하였다. 이 시기의 항만정책은 이러한 환경변화에 따라 항만시설과 장비 그리고 운영시스템의 고도화에 초점을 둔 방향으로 추진되었다.

이 시기에는 또한 부산항과 광양항 컨테이너 부두를 기간항로상의 중심항 또는 거점항으로 육성하려는 정책이 추진되었다. 부산항과 광양항을 중심항으로 발전시키기 위한 항만건설과 장비·시설 등 하드웨어의 확충과 더불어 정보시스템 구축 및 운영효율화 부문에 대한 관심이 높아졌다. 특히 부산항과 광양항을 동시에 육성하려는 양항체제(two port system)와 함께 부두운영 효율화를 위한 부두운영회사제(Terminal Operating Company: TOC제)를 도입하는 등 소프트웨어 부문의 경쟁력 강화를 위한 정책이 적극 추진되었다. 아울러 서해안을 대중국 교역항만으로 개발하고, 남북간 교류 등 북방교역이 확대되면서 인천항,

부산항 등과 네트워크 확대 및 항만개발 가능성 등을 검토하기 시작하였다.

## 4. 우리나라 항만의 개방과 발전기(1997~2006)

EU와 NAFTA를 중심으로 지역경제주의가 확산되기도 하였으나 세계무역기구(WTO)를 중심으로 무역자유화가 강력하게 추진되고, 전세계적으로 무역시장이 자율화, 개방화되었다. 이러한 환경변화에 따라 우리나라 항만정책도 시장경제체제의 확대와 치열한 경쟁시장을 고려하여 자율화와 개방화가 적극 도입되기 시작하였다.

또한 기존 일반부두 중심의 항만시설을 전용부두 형태로 기능을 재배치하는 등 전국 주요 항만의 경쟁력 확보를 위한 정책이 추진되었다. 예를 들면 부산항과 광양항은 컨테이너 거점항, 인천항과 군산항은 양곡중심항, 울산항과 광양항 그리고 대산항은 유류거점항, 인천항, 부산항, 군산항은 목재화물, 인천항, 목포항, 울산항은 석탄을 처리하는 항만으로 육성하기 위한 전용부두 운영정책이 추진되었다. 아울러 권역별 신항만 개발정책을 수립하여 권역별로 특화된 산업단지와 연계된 거점항만 관리정책을 추진하였다. 권역별 신항만은 수도권과 중부권, 서남해권, 동남해권으로 구분하고, 우리나라가 동북아 중심국 역할을 수행하기 위한 항만정책을 추진하기 시작하였다.

국제적으로 컨테이너선의 대형화가 지속적으로 이루어지고, 컨테이너 항만간 경쟁이 본격적으로 전개되기 시작하면서 정부가 부산항과 광양항을 중국 환적화물을 유치하기 위한 동북아 거점항으로 육성하기 위해 모든 정책적 역량을 집중했던 시기이기도 하다. 중국의 WTO 가입과 급속한 경제성장 그리고 싱가포르와 홍콩 등 아시아 주요 항만의 국제물류거점화 전략 등에 대응하기 위한 동북아 물류거점화 정책이 추진되었다.

또한 정부 주도의 항만개발에서 민자유치 확대와 외국인 투자유치를 위해 다양한 정책을 추진하는 등 항만개발과 운영효율화를 위해 다각적인 정책변화를 추진하였다. 항만별로 기능특화를 추진하고, 남북교류확대와 통일에 대비한 전국토적 항만개발계획을 검토하였으며, 중국 또는 러시아 항만 또는 대륙횡단철도망과 연계방안 등도 추진하였다. 아울러 자동화 컨테이너부두 건설에 대한 연구를 통한 생산성 향상과 항만노동문제 해결을 위한 정책도 추진되었다.

항만정책의 범위도 부두시설 등에서 항만배후단지까지 확대하여 수출입과 단순한 환적은 물론 다양한 부가가치 물류활동을 수행하는 공간을 조성하고 운영하는 데까지 확대되었다. 2000년대 초 항만관세자유지역(현재 자유무역지역) 제도를 도입하여 수입화물 중 국내로 반입되지 않고 조립가공, 상표부착, 분류 등 부가가치 활동 후 해외로 재수출할 수 있도록 항만과 그 배후단지를 활성화하고, 국부창출의 공간으로 활용하고자 하였다.

항만운영효율화를 위해서는 원스톱 서비스 체계 구축과 서류없는(paperless) 신속한 업무처리, 친수공간 확보, 항만하역의 효율화 등 시설중심의 항만정책에서 인간, 환경, 효율성을 중시하는 항만정책으로 전환을 추진하였다. 특히 컨테이너 항만간 경쟁이 치열해지면서 생산성과 효율성이 높은 글로벌 경쟁력을 갖춘 국제물류거점항을 육성하기 위한 정책이 적극 추진된 시기이다.

## 제 2 절 우리나라 항만의 기능 변화

우리나라 항만 기능의 변화 방향을 살펴보면 다음과 같다.

첫째, 항만의 기능이 단순한 화물통과에서 국제물류거점으로서 기능을 강화해왔다. 항만은 해상과 육상의 연계는 물론 조립가공·상표부착·분류·혼재 등 부가가치물류 서비스 제공이 필수적이며, 나아가 비즈니스 및 금융 서비스까지 제공하는 공간으로 진화하고 있다. 항만이 비즈니스 및 금융 서비스를 제공하는 공간으로 진화하면 항만배후단지는 정보통신, 금융기관·업무시설·호텔·레스토랑 등이 위치하고, 식수와 연료 등 선용품의 공급, 검량·검수·검정, 보안서비스 등 다양한 서비스를 제공하게 된다.

둘째, 물류산업의 고도화와 서비스의 일관화에 따라 항만기능이 다양화되고 있다. 원재료의 조달에서 고객에게 상품 인도시까지 물류비 절감과 고객서비스 향상이 강조되면서 우리나라 물류산업도 통합서비스 제공으로 고도화가 추진되고 있다. 항만물류를 포함한 물류서비스의 제공 방식이 계약운송, 일관운송, 제 3 자 물류(또는 제 4 자 물류) 등으로 전환되고 있다. 전체 물류활동에서 차지하는 부가가치물류활동의 비중이 점차 증가하고 있는데, 공급사슬상 생산공정의 최종 마무리과정을 가장 늦은 시점까지 지연시키는 전략이 보편화되면서 항만도 이러한 부가가치물류활동을 수행하는 공간으로 변화하고 있다.

항만이 기본적인 물류기능 이외에 다양한 부가가치 서비스를 제공할 경우 예상되는 편익은 ① 현재의 화물흐름이 다른 항만으로 이전되는 것을 억제할 수 있고, ② 항만배후지의 클러스터를 중심으로 한 생산과 유통활동을 통하여 새로운 물동량을 창출할 수 있으며, ③ 부가가치 및 고용 창출을 도모하여 지역경제와 국가경제에 기여할 수 있다는 점 등을 들 수 있다.

셋째, 글로벌 제조기업과 물류기업의 물류활동을 지원하기 위한 항만배후지 지원기능을 강화하고 있다. 경제활동의 글로벌화가 가속화되면서 글로벌 제조기업과 물류기업의 조달·생산·판매거점은 전세계로 확대되고 있으며, 글로벌 기업들은 경영활동을 신속하고 편리하며 비용절감이 가능한 항만과 공항 등 국제물류거점을 선호하고 있다. 이에 따라 주요국은 항만배후에 글로벌 기업을 유치할 수 있는 자유무역지역을 조성하는 등 국제물류거점화 전략을 적극 추진중이다. 동북아국가 중 대만의 카오슝항 배후의 6개 수출가공구, 일본의 17개 수입촉진지역, 중국의 5개 경제특구, 14개 보세구, 51개 경제기술개발구 등은 글로벌 기업을 유치하기 위한 공간이다. 우리나라도 항만배후지역을 적극 개발하고 운영하여 항만 기능을 활성화하기 위한 전략을 추진중이다.

**표 10-1 항만운영전략의 패러다임 변화**

| 구 분 | 기존 전략 | 향후 전략 |
|---|---|---|
| 시장 정의 | 배후지 | 글로벌 물류흐름 |
| 주요 고객 | 해운기업 | 복합운송기업, 물류서비스 제공업체 |
| 운송망 | 해상 중심 | 모든 운송수단 |
| 항만 서비스 | 노동집약적 화물처리 | 부가가치물류서비스 |
| 관리 형태 | - 서비스항만(service port)<br>- 자연독점, 공익사업 | - 지주형 항만(landlord port)<br>- 민간중심, 글로벌 터미널운영업체 |
| 관리 기법 | 항만전문가 참여 | 부동산, 금융, 협상 전문가 참여 |
| 마케팅전략 | 소극적 고객관리(광고, 판매) | 적극적 고객관리(장기계약) |

자료: G. K. Sletmo, "Port Life Cycle: Policy and Strategy in the Global Economy," *International Journal of Maritime Economics*, Vol. 1-1, 1999, p.49.

넷째, 항만은 공급사슬관리 체계 내에서 효과적으로 가치를 창출하기 위해서 고객의 공급사슬관리 전체의 효율성을 향상시킬 수 있는 시스템을 구축해 가고 있다. 특히 수요자 중심의 경영체제 구축과 물류체계 내의 네트워크 효율화 및 고도화를 추진하고 있다. 다음은 항만 기능의 변화에 따른 항만 관리·운영의 부문별 전략 변화를 나타낸 것이다.

**표 10-2 항만의 발전단계**

| 구 분 | 제1세대 항만 | 제2세대 항만 | 제3세대 항만 |
|---|---|---|---|
| 시기 | 1960년대 이전 | 1960년대 이후 | 1980년대 이후 |
| 주요 화물 | 벌크화물 | 벌크화물(건화물, 액체화물) | 벌크화물, 컨테이너화물 |
| 개발 전략 | •전통적, 보수적<br>•다양한 수송수단간 연계 공간으로 인식 | •항만시설,장비 확충<br>•수송거점과 산업중심지로 항만을 인식 | •이윤의 원천으로 항만을 인식<br>•복합운송체계 중심지와 국제물류거점으로 인식 |
| 활동 범위 | •화물의 적양하와 입출항 지원서비스<br>•하역작업이 핵심기능이며, 항만범위가 협소 | •화물의 적양하와 입출항 지원서비스<br>•품목변화, 선박관련 서비스 범위 확대<br>•항만범위의 확대 | •적양하와 입출항 지원서비스<br>•품목변화, 선박관련 서비스 범위 확대<br>•화물·정보·사람의 교류거점, 물류거점<br>•터미널 기능 + 항만배후단지까지 기능 확대 |
| 특성 | •항만내 활동은 독립적임<br>•항만과 이용자간 관계가 분리됨 | •항만과 이용자간 밀접한 관계<br>•항만내 활동간 관계가 유기적이지 못함<br>•항만과 지역사회간 관계는 보통 수준 | •항만과 지역사회간 관계는 아주 밀접<br>•국제무역과 복합운송망에서 항만의 역할 중요<br>•항만조직과 기구의 확대 |
| 생산 함수의 특성 | •화물흐름<br>•간단한 개별 하역작업<br>•부가가치 낮음 | •화물흐름<br>•화물의 변형과 조작<br>•복합서비스 제공<br>•부가가치 창출 개선 | •화물과 정보 흐름<br>•화물과 정보 배분<br>•원스톱 종합서비스 제공<br>•고부가가치 창출 |
| 결정 변수 | 노동과 자본 | 자 본 | 기술과 노하우 |

자료: UNCTAD, *Port Marketing and the Challenge of the Third Generation Port*, Trade and Development Board, Committee on Shipping, Ad Hoc Inter-Government Group of Port Exports, (TD/B/c.4/AC.7/14), 1992. 11 p. 23.

우리나라 항만정책은 일반적인 항만발전에 따른 기능변화에 따라 점차 진화되는 형태로 추진되었다. 우리나라 항만은 일반적인 항만의 발전단계인 제 1 세대 항만부터 출발하여 오늘날 제 3 세대 항만으로 발전해가는 과정에 있다. 아직 선진 항만에 비해서 운영시스템이나 효율성면에서 부족한 부분도 많지만 과거 단순한 기능에서 종합물류거점 또는 환경까지 고려한 항만기능을 수행하고 있다.

그림 10-1 우리나라 항만의 기능과 역할 변화

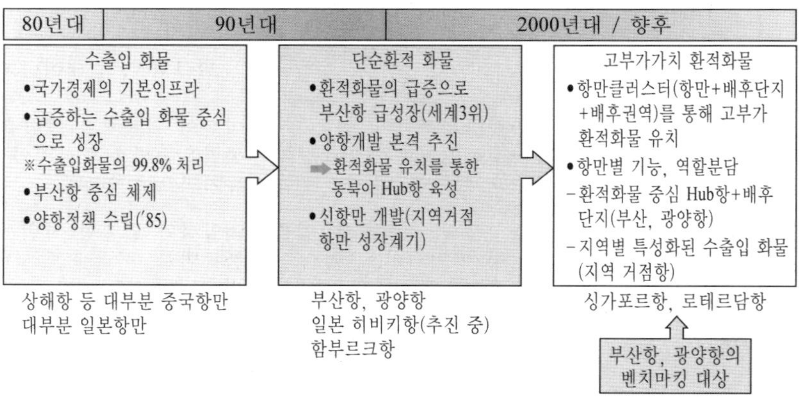


자료: 하명신 · 장리화, "중국 해운산업의 발전에 관한 연구," 한국해운학회지 제30호, 2006, p. 261.

우리나라 항만기능의 변화를 시대순으로 살펴보면 다음과 같다.

## 1. 반출 및 수출입화물 처리 항만기능(과거~1970년대)

첫 번째 단계로 초기의 항만은 단순 하역기능이 중심이었다. 항만은 해상과 육상을 연결하는 기본 기능을 수행하는 단계로 선박에서 화물을 선적하고 하역하는 수준의 항만개발과 운영이 이루어졌다고 할 수 있다. 우리나라에서 현대적 개념의 항만은 일제강점기에 우리나라와 중국의 쌀, 지하자원 등을 일본으로 반출하기 위해 개발되었으며, 이 시기의 항만기능은 단순한 하역작업을 수행하는 수준이었다. 그러나 해방 후 항만투자는 상당히 저조하였고, 1970년대에 들어 급격한 경제발전으로 인한 급속한 수출입물량의 증가로 항만시설의 부족을 가져왔으며, 1990년대 초에는 우리나라 주요 항만에서 극심한 체선 및 체화현상을 경험하였다.

## 2. 수출입화물 및 화물의존형 항만기능(1980~1990년대 초)

두 번째 단계는 경제성장으로 수출입 물동량이 증가하여 이러한 화물을 처리하며, 화물의존형 항만기능을 수행하는 단계이다. 지속적인 경제성장정책에 따라 주요 산업단지를 중심으로 수출입 화물이 증가하고, 정부가 추진한 공업항 정책에 따라 항만이 산업단지를 지원하는 기능을 수행하였다. 이 시기에는 항만 처리능력이 부족하여 화물이 항만에 쌓이는 항만적체 현상이 가중되면서 항만 터미널에 화물을 보관하였다가 일시에 선적하거나 일단 하역하였다가 반출하는 개념으로 발전하였다. 항만이 단순한 하역작업만 수행하는 것이 아니라 창고, 물류센터, 야적장에 화물을 보관하는 기능이 추가되었으며, 오늘날과 같은 부가가치 활동을 수행하기 위한 보관이 아니라 단순히 시간적 효용만 창출하기 위한 차원의 기능이 확대되었다.

## 3. 수출입화물 및 동북아 환적화물 유치 항만기능(1990년대 초~2000년대 초)

세 번째 단계는 컨테이너화의 발전으로 컨테이너 수송이 확대되고, 국제복합운송이 급속히 확산되면서 항만과 내륙간 연계수송체제 구축이 항만개발시 고려해야 할 중요한 요소로 인식되었다. 즉 항만개발시 하역 및 보관 개념에서 물류(운송)의 개념이 포함되는 단계로 확장되었다. 항만은 5대 물류기능(운송, 하역, 보관, 포장, 정보) 중 포장을 제외하고는 대부분의 물류기능을 수행하는 형태로 발전하였으나, 개별 물류기능을 각각의 물류업체가 수행하는 형태로 운영되었다.

세계 주요 항만들은 인근 항만과의 경쟁 우위확보를 위해서 기본시설의 확충은 물론 고도의 물류기능을 갖춘 종합물류유통기지를 조성하고 있다. 선사 등 항만이용자들의 서비스 욕구가 지속적으로 고도화되고 있어 이러한 수요에 부응하기 위하여 주요 항만들은 고도화된 정보처리기술을 활용하여 터미널 운영, 장비운영, 화물관리 등을 신속하고, 정확하게 수행하고 필요한 각종 정보의 교환을 더욱 능률적으로 처리하고 있다. 또한 터미널 운영에 있어서도 현대화된 통신정보망을 활용하여 컨테이너 야적위치, 이동상황 추적, 야드이송장치와 통제소간 실시간 정보를 교환하고, 본선의 입출·항 관리, 선적·하역계획작성의 신속화를 기하는 등 종합물류거점으로서 기능강화를 서두르고 있다.

특히 우리나라 부산항은 기간항로상 거점항으로서 우리나라 수출입 화물은 물론 중국의 단순 환적화물을 유치하는 기능을 적극적으로 수행하였다. 컨테이너 항만은 환적화물유치에 초점을 둔 동북아 환적중심 항만발전전략을 추진하였으며, 부두내 또는 부두간 단순 환적화물을 처리하는 기능을 주로 수행하여 환적 컨테이너의 비중이 상당히 높았다. 그러나 단순환적화물은 주변 항만 또는 항로 등 환경변화에 민감하게 반응하였으며, 부가가치 창출 기능이 미흡하여 우리나라 컨테이너 항만의 지속적인 발전에 크게 기여하지 못하였다.

### 4. 수출입화물 + 동북아 환적화물 + 재가공화물(2006~향후)

네 번째 단계는 항만이 종합물류기능을 수행하는 공간으로서 하역, 보관, 운송은 물론 부가가치 물류활동인 포장, 조립가공, 상표부착, 분류와 혼재 등 서비스를 종합물류업체가 원스톱 형태로 제공하는 공간으로 발전하였다. 특히 항만배후단지는 이러한 부가가치 물류서비스를 제공하기 위한 필수적인 공간으로서 인식되었고, 최근 항만법을 개정하여 효율적인 항만배후단지 개발을 통하여 화물유치 확대와 부가가치 창출을 도모하고 있다. 과거 화물의존형 항만에서 화물창출형 항만으로 전환하고, 항만배후물류단지를 중심으로 동북아 지역으로 재수출되는 고부가가치의 재가공(Processing) 화물의 창출하는 기능을 수행하게 된다. 정부는 항만을 종합물류 공간화함으로써 우리나라 화물뿐 아니라 동북아의 물류중심으로서 북중국 및 일본의 화물기지 역할을 수행하도록 하기 위한 정책을 추진중이다.

현재 우리나라 항만개발과 운영의 목표는 동북아 물류중심국가의 건설이며, 과거의 단순 환적 중심에서 부가가치가 높은 환적화물을 유치하는 정책을 추진중이다. 즉, 항만배후단지에 많은 선도적인 국제물류기업과 화주를 유치하고, 이들 국제물류기업은 우리나라 항만을 아시아 지역본부 또는 R&D 센터로

운영함으로써 화물유치를 확대하고, 이를 통하여 고용창출과 부가가치 창출을 도모하고 있다. 또한 부산항, 광양항 등 우리나라 항만은 혁신적인 통합물류서비스를 제공함으로써 동북아시아 배후시장을 세계로 연계하는 물류중심기지화 역할을 수행하도록 추진중이다.

항만, 항만배후단지, 그리고 항만인근의 산업단지와의 연계성을 고려한 종합적인 개발전략과 종합적인 기업유치방안 등 고부가가치형 항만으로 발전시키기 위해서 항만클러스터의 육성정책을 추진중이다.

표 10-3 항만배후단지 기업유치

| | 유치가능 기업군 | 대상품목 |
|---|---|---|
| 항만배후 물류단지 | •일본내 생활용품 수입기업군<br>•글로벌 소비재기업군<br>•특수 화학물업체 | •와인, 의류, 장기보관이 필요한 계절상품<br>•의류, 신발, 종이, 저장매체, 섬유<br>•Engieering Plastic, Resin 등 |
| 항만배후 산업단지 | •자동차부품 및 완성차량제조업<br>•전기/전자, 정보통신, 산업용기계 제조 산업군 | •자동차부품, 상용차<br>•에어컨, 컴퓨터부품, 냉장고, 전기부품, 산업용 측정기기 |

마지막으로 항만개발은 항만과 도시간 조화가 새로운 요소로 등장하면서 친수공간의 확보가 항만기능 중 중요한 요소로 부각되었다. 항만이 종합물류기능을 수행하는 공간으로서 물류기능뿐만 아니라 주민과 관광객을 위한 위락과 레저 등 서비스를 제공하는 도시공간의 일부로 전환하는 기능도 중시되고 있다. 과거 항만시설이 부족할 당시는 항만개발시 이러한 기능을 고려할 여유가 없었지만, 이제 도시와의 조화로운 개발을 통한 지속가능한 환경을 조성하는 것이 필요하게 되었다.

세계 주요 항만들은 배후도시들이 거대해지고 교통혼잡과 도시환경이 악화됨에 따라 항만기능을 도시기능과 조화시키는 방안을 모색하고 있다. 주요 항만은 도시기능과 항만기능을 분리하여 항만의 기본시설(수역시설, 외곽시설, 계류시설, 임항교통시설 등)과 화물유통시설이 집약된 종합항만시스템을 도시외곽지역에 구축하여 항만기능과 도시기능이 조화를 이루도록 최적의 공간배치를 도모하고 있다. 또한 도시기능에서 화물유통기능을 분리하여 항만 인접지역으로 통합하여 항만과 도심의 중간지역에 입지하도록 함으로써 도심교통난 완화 및 철도, 도로, 항공 등과의 연계성을 높이고, 항만에 임해공원, 녹지공간 등을 조성함으로써 해안경관을 유지하고 시민생활환경을 개선하며 공해를 방지함과 아울러 항만인근지역에 텔레포트(Teleport)의 개발을 통해 항만과 도시기능의 조화를 추구하고 있다.

## 제 3 절 컨테이너 화물 수요의 대응

### 1. 컨테이너선의 발전 추이

컨테이너화가 1960년대부터 본격적으로 추진된 이유는 선박의 전용선화, 대형화가 추진되었으나, 기존 항만의 기능 미비로 하역작업이 지연되고, 선박 정박 시간이 연장되는 등 재래 정기선 수송의 문제점이 대두되었기 때문이다. 따라서 항만하역작업 방식을 노동집약적 방식에서 자본집약적인 기계화로 전환하고, 복합운송을 도입할 수 있는 새로운 수송방식으로 컨테이너를 이용한 운송시스템을 도입하면서 대량·고속운송이 시작되었다.

컨테이너 운송은 미국 씨랜드(Sea Land)사가 1957년 휴스톤항과 뉴욕항간 연안 수송에 소형 유조선을 개조한 최초의 컨테이너선인 58TEU급 '게이트웨이 시티(Gate Way City)호'를 투입함으로써 처음 시작되었다. Sea Land사는 1966년 4월 뉴욕항~유럽항간 대서양 항로에 풀 컨테이너선인 '페어랜드(Fairland)호'를 투입하는 등 국제 해상컨테이너 수송시대를 개척하였다. 이후 컨테이너화의 진전에 따라 컨테이너 물동량이 지속적으로 증가하였으며, 그에 따라 태평양항로, 유럽항로 그리고 대서양 항로에서 컨테이너 수송수요가 증가하자 컨테이너선의 취항이 증가하였으며, 컨테이너선의 대형화도 지속적으로 이루어졌다. 컨테이너선의 세대별 발전 추이는 [표 10-4]와 같다.

컨테이너선의 평균선형은 1980년대 초반까지 1,100 TEU 내외에 머물러 있었으나, 1980년 중반 이후 급속하게 대형화되면서 1990년대 초에는 1,600 TEU를 넘어섰다. 1990년대 초 이후 컨테이너선 대형화 추세에 다소 둔화되었으나, 1997년 평균선형이 2,000 TEU를 넘어섰으며, 2000년에는 2,824 TEU로 커졌다. 그리고 8,000 TEU급 이상의 초대형선이 운항되기 전인 2002년의 평균선형은

표 10-4 컨테이너선의 세대별 발전 추이

| 구 분 | | 1세대 | 2세대 | 3세대 | 4세대 | 5세대 | 6세대 | 7세대 | 8세대 |
|---|---|---|---|---|---|---|---|---|---|
| 발전방향 | | | 대형 고속화 | 에너지 절감 | 대형화 | | 초대형화 | | |
| 명칭 | | 피더형 | 핸디형 | 준파나 막스 | 파나막스 | 포스트 파나막스 | 슈퍼포스트 파나막스 | | 울트라 막스 |
| 시기 | | 60년대 후반 | 70년대 | 70년대 말 | 80년대 후반 | 90년대 전반 | 90년대 후반 | 90년대 말 | 2006.8 |
| 선형 | | 700~1,500 | 1,800~2,300 | 2,000~2,500 | 2,500~4,400 | 4,500~5,400 | 6,000~6,670 | 7,000~8,700 | 13,000 |
| 대표선박 | 선사 | NYK | MOL | Safmarine | Hapag Lloyd | APL | Maersk | Maersk | Maersk |
| | 연도 | 1968 | 1973 | 1979 | 1991 | 1988 | 1996 | 1997 | 2006 |
| | 선명 | 하코네호 | 뉴저지호 | S.A Waterpark | Leverkusen | P.Truman | Regina Maersk | Souverin Maersk | Emma Maersk |
| 선박제원 | 적재능력 | 752 | 1,887 | 2,464 | 4,626 | 4,340 | 6,418 | 6,600 | 12,000 |
| | 선장(m) | 187 | 263.3 | 247.4 | 281.6 | 260.8 | 302.3 | 331.5 | 380 |
| | 전장(m) | 200 | 280.0 | 258.5 | 294.0 | 275.2 | 318.2 | 347.0 | 397 |
| | 선폭(m) | 26.0 | 32.2 | 32.2 | 32.2 | 39.4 | 42.8 | 42.8 | 56.0 |
| | 선창깊이 | 15.5 | 19.6 | 24.1 | 21.4 | 23.6 | 24.1 | 24.1 | 30.0 |
| | 최대홀수 | 10.5 | 11.5 | 13.2 | 13.5 | 12.5 | 14.0 | 14.5 | 15.0 |
| | 톤수 | 16,240 | 37,799 | 52,615 | 53,800 | 50,206 | 81,488 | 91,560 | 150,000 |
| 적재규모(단) | 선창내 | 6 | 7~9 | 8 | 8 | 8 | 9 | 9 | 10 |
| | 갑판 | 2 | 2-3 | 3 | 5 | 4 | 6 | 6 | 7 |
| | 선창 횡적재 | 7 | 9 | 10 | 11 | 12 | 14 | 14 | 18 |
| | 갑판 횡적재 | 9 | 12 | 13 | 13 | 16 | 17 | 17 | 23 |
| 추진 | 마력수 | 27,800 | 29,600 | 34,840 | 49,640 | 59,960 | 74,640 | 74,555 | 155,000 |
| | 속도 | 22.6 | 26.0 | 19.5 | 24.5 | 24.2 | 25.0 | 26.4 | 25.0 |
| | 추진기 | 1 | 1 | 1 | 1 | 1 | 1 | 1 | 2 |

자료: 한국컨테이너부두공단, 인터넷 자료.

3,184 TEU였으나, 초대형선이 본격적으로 시장에 투입되는 2006년의 경우 평균 선형이 4,765 TEU까지 커진 것으로 파악하고 있다. 초대형 컨테이너선박이 다수 건조되고 운항함으로써 컨테이너선의 평균선형 또한 빠르게 대형화되고 있다. 이처럼 컨테이너선의 대형화가 급격히 진행되었기 때문에 대형 컨테이너선이

기항하는 항만 역시 대형화가 불가피해졌다. 특히 많은 항만들이 대형선박의 유치 능력을 중요한 경쟁무기로 활용하고 있기 때문에 항만 대형화도 가열되고 있다.

이처럼 컨테이너선의 평균선형이 커지고 대형화가 지속적으로 이루어지는 것은 컨테이너 물동량이 지속적으로 증가하고 있기 때문이다. 1960년대 이후 컨테이너화가 급속히 진전되면서 전세계적으로 컨테이너 물동량도 매년 급증하였다. 특히 2000년대 들어 중국이 WTO에 가입하고, 다국적기업의 동아시아 진출이 확대되면서 컨테이너 물동량은 급증하기 시작하였다. 2007년 현재 전세계 항만이 처리한 컨테이너 물동량(Port Handling Volume)은 2005년 대비 20% 증가한 4억 9천만 TEU이며, 순수한 컨테이너 수송물동량(Traffic Volume)은 1억 4,300만 TEU를 기록하여 2006년 대비 11.4% 증가하였다.

표 10-5 세계 컨테이너 처리량 및 수송량 추이

| | 컨테이너 처리량 | | 세계 컨테이너 수송량 | |
|---|---|---|---|---|
| | 물동량(백만TEU) | 증가율(%) | 물동량(백만TEU) | 증가율(%) |
| 2003 | 316.8 | 14.2 | 91.9 | 14.7 |
| 2004 | 363.7 | 15.4 | 105.4 | 14.7 |
| 2005 | 400.6 | 10.1 | 115.9 | 9.7 |
| 2006 | 441.9 | 10.3 | 127.7 | 10.2 |
| 2007 | 491.8 | 11.7 | 142.9 | 11.4 |

자료: 1) Drewry Shipping Consultants Ltd, *Annual Container Market Review and Forecast 2006/07*, 2006. 9.
2) Clarkson, *Container Intelligence Monthly* 각호.

컨테이너 물동량의 증가에 따라 세계 컨테이너선 선박량도 매년 증가추세를 나타내고 있다. 2007년 컨테이너 선박량은 약 1,090만 TEU이며 2006년에 비해 150만 TEU의 증가하였고, 증가율은 15% 정도인 것으로 나타났다.

표 10-6 세계 컨테이너선 선복규모 (단위: 천 TEU, %)

| | 2005 | | 2006 | | 2007 | |
|---|---|---|---|---|---|---|
| | 선복규모 | 증가율 | 선복규모 | 증가율 | 선복규모 | 증가율 |
| Drewry | 8,117 | 13.3 | 9,376 | 15.5 | 10,900 | 15.4 |
| Clarkson | 8,100 | 13.1 | 9,400 | 16.4 | 10,904 | 15.3 |

자료: 앞의 표와 동일.

## 2. 컨테이너 부두 확충

우리나라의 컨테이너 서비스는 1970년 극동선박(주)와 미국 U.S.Line 간 계약에 따라 피더선이 취항하였고, 1972년 대진해운(주)의 "인왕호"와 고려해운(주)의 "뉴오리온호"가 피더 서비스를 개시하였다. 1975년 대한해운공사의 "코리아리터(22,936 DWT)호"가 북미항로 서비스를 개시하였으며, 1991년 한진해운(주)풀컨테이너선 14척을 투입하여 시계추(Pendulum) 서비스를 실시하였다.

부산항 자성대부두(현재 부산 허치슨부두)는 1978년 개장된 이후 신선대부두가 1991년, 감만부두가 1994년, 우암부두가 1996년, 감천부두가 1997년, 신감만부두가 2002년 개장하면서 부산항 컨테이너부두가 지속적으로 건설되었다. 인천항 컨테이너부두인 4부두 2개 선석은 1974년 건설되었으며, 광양항 1단계 4개 선석은 1998년 완공되었고, 2-1단계 부두 4개 선석은 2002년, 그리고 2-2단계 4개 선석은 2004년 완공되는 등 컨테이너화물을 처리하기 위한 부두가 속속 건설되었다.

1980년대 이후 지속적인 경제성장에 따른 수출입 물동량의 증가로 우리나라 컨테이너 물동량도 꾸준히 증가하였다. 특히 2000년대 이후에는 총컨테이너 물동량 중 환적컨테이너의 비중이 급증하였으나 2005년 이후 중국 상해항 등 항만개발이 가속화되면서 환적물동량이 정체상태를 보이고 있다.

이처럼 지속적으로 증가한 환적화물을 포함한 우리나라 컨테이너 물동량을 처리하기 위하여 컨테이너 부두 건설도 지속적으로 추진되어 왔다. 부산 북항과 감천항 그리고 광양항의 컨테이너부두 외에 2011년까지 부산신항과 광양항에

**표 10-7 최근 10년간 우리나라 컨테이너 물동량 추이** (단위: 천 TEU, %)

| 연 도 | 1997 | 1998 | 1999 | 2000 | 2001 |
|---|---|---|---|---|---|
| 물량(증가율) | 5,999(11.7) | 6,682(11.4) | 7,688(15.1) | 9,116(18.6) | 9,990(9.6) |
| 환적(증가율) | 1,106(17.3) | 1,214(9.8) | 1,661(36.8) | 2,454(47.7) | 3,111(26.8) |
| **연 도** | **2002** | **2003** | **2004** | **2005** | **2006** |
| 물량(증가율) | 11,890(19.0) | 13,185(10.9) | 14,523(10.1) | 15,216(4.8) | 15,965(4.9) |
| 환적(증가율) | 4,205(35.2) | 4,598(9.3) | 5,158(12.2) | 5,532(7.2) | 5,673(2.5) |

자료: 해양수산부, 인터넷 통계자료.

각각 30개, 33개 선석을 건설하여 2011년까지 약 1,700만 TEU를 추가로 처리하기 위한 개발계획을 추진해왔다. 물론 상해항, 양산항 컨테이너 부두가 건설되면서 우리나라 환적 컨테이너 물동량이 급감하자 2006년 광양항을 포함한 주요 항만의 컨테이너 부두 건설계획을 일부 수정하여 추진하고 있다.

컨테이너 부두 건설과 아울러 최근 항만배후단지 개발을 적극 추진하고 있다. 중국 항만개발의 가속화로 중국의 단순 환적화물을 유치하는 데 한계가 있는 것으로 판단하고, 항만배후단지를 개발하여 화물을 창출할 필요가 있기 때문이다. 항만배후단지는 가능한 자유무역지역으로 지정하여 국내외 제조기업과 물류기업이 자유로이 부가가치 물류활동을 수행함으로써 화물유치를 통한 항만 활성화에 기여하도록 하고 있다.

**표 10-8 부산항과 광양항의 선석 및 배후부지 개발계획** (단위: 개, 천 TEU, 만평)

| 컨테이너부두 | | 합 계 | 2004년 까지 | 2005 | 2006 | 2007 | 2008 | 2009 | 2010 | 2011 |
|---|---|---|---|---|---|---|---|---|---|---|
| 부산 신항 | 선석 | 30 | - | 3 | 6 | 7 | 18 | 22 | 25 | 30 |
| | - 정부 | 5 | - | - | - | 1 | 4 | - | - | - |
| | - 민자 | 25 | - | 3 | 3 | - | 7 | 4 | 3 | 5 |
| | 하역 능력 | 8,035 | - | 900 | 1,800 | 1,907 | 4,435 | 5,635 | 6,535 | 8,035 |
| 광양항 | 선석 | 33 | 12 | 12 | 16 | 16 | 19 | 24 | 29 | 33 |
| | - 정부 | 1 | 1 | - | - | - | - | - | - | - |
| | - 민자 | 32 | 11 | - | 4 | - | 3 | 5 | 5 | 4 |
| | 하역 능력 | 9,329 | 2,828 | 2,828 | 4,028 | 4,028 | 5,129 | 6,629 | 8,129 | 9,329 |
| 합 계 | 선석 | 63 | 12 | 15 | 22 | 23 | 37 | 46 | 54 | 63 |
| | 하역 능력 | 17,364 | 2,828 | 3,728 | 5,828 | 5,935 | 9,564 | 12,264 | 14,664 | 17,364 |
| 배후 부지 | 합 계 | 2005 | 2006 | 2007 | 2008 | 2009 | 2010 | 2011 | 2012 | 2013 |
| 부산 신항 | 134 | 2.5 | 19.5 | - | 21 | 10 | 35 | - | - | 46 |
| 광양항 | 122 | 10 | 20 | - | 49 | - | - | 53 | - | - |
| 총면적 | 256 | 12.5 | 42 | 42 | 112 | 122 | 157 | 210 | 210 | 256 |

자료: 해양수산부, 항만국 항만정책과, 2005.

## 3. 양항체제(Two Port System)

우리나라 컨테이너 부두 개발은 1985년부터 부산항과 광양항을 중심으로 추진되었다. 부산항과 광양항은 시설과 물동량 규모, 운영체계, 항만 서비스 등 측면에서 세계 주요 항만과 충분히 경쟁할 수 있는 여건을 가지고 있다고 판단하고, '선택과 집중'정책을 추진하였다. 두 항만은 동북아/북미, 동북아/유럽의 동서기간항로상에 위치하여 국제물류거점으로 부상할 수 있는 유리한 위치에 있다고 인식하였기 때문이다.

Two Port System 정책은 1개국에 컨테이너 수송을 중계하는 두 개의 거점항만을 운영하는 체제이다. 우리나라는 과거부터 경부축을 중심으로 산업단지나 교통망이 발달하였기 때문에 1980년대 중반부터 수도권~부산축에 집중되었던 내륙운송체제를 개선하고 지역균형발전을 도모하기 위해 광양항을 부산항과 함께 개발하는 정책을 추진해왔다.

외국 컨테이너 항만의 경우 국가별 또는 지역별 물동량, 항만 여건 등에 따라 양항 또는 단일항 체제를 운영하고 있다. 다항체제로 운영하는 국가는 미국(LA, 롱비치, 뉴욕, 뉴저지, 오클랜드 등)과 일본(도쿄, 요코하마, 고베, 오사카, 나고야 등)이 있으며 양항체제로 운영하는 국가는 독일(함부르크, 브레멘), 대만(카오슝, 기릉), 영국(펠릭스토우, 사우스햄튼), 프랑스(마르세이유포스, 르아브르) 등이 있다. 단일항 체제로 운영하는 국가는 싱가포르와 홍콩 등 도시국가 성격을 가진 국가들이 운영하고 있다.

양항체제에 대해 지역균형 발전, 1995년 일본 고베 지진 또는 2003년 부산을 강타한 태풍 매미와 같은 재난, 항만 테러, 항운노조의 파업사태를 대비하여 안정적인 물동량 처리를 위해서 바람직하다는 찬성론과 중국 항만 개발의 가속화로 환적화물 유치가 어려운 상황에서 양항체제 보다는 1개 항만이라도 국제물류거점항으로 키우는 것이 바람직하다는 반대론이 있다. 최근 우리 항만의 중국 환적 화물의 증가가 미흡하고, 광양항의 컨테이너 물동량이 부두처리능력에 훨씬 미치지 못할 만큼 예상보다 부진하자 양항체제에 대한 반대론이 제기되고 있으나, 컨테이너 항만의 양항체제는 기본적인 항만정책으로 유지되었다.

부산항은 2011년까지 신항에 건설되는 30선석을 포함한 총 51선석의 컨테이너 부두를 확보할 예정이며, 광양항은 12개 선석 외에 추가로 21개 선석을 개발하여 총 33개 선석을 확보할 예정이다. 컨테이너 부두와 관련한 기반시설로서 방파제, 항로준설, 보관 등 기능시설을 완비하고, 첨단 물류정보시스템을 구축하여 운영효율화와 서비스 개선을 적극 추진중이다.

## 4. 환적화물 유치

항만간 경쟁이 치열하게 전개되면서 정부는 환적화물 유치를 위한 정책을 적극 추진해왔다. 컨테이너 부두를 적극 확충해왔던 것은 수출입 컨테이너 화물을 원활하게 처리하기 위함도 있지만, 중국의 환적화물을 적극적으로 유치하기 위해서 추진되었다고 해도 과언이 아니다. 환적화물을 유치하기 위해서 다양한 비용감면제도나 선사 및 항만운영업체에게 인센티브를 제공하고 있다.

선박에서 하역된 환적화물이 최적경로를 통해 다른 부두로 운송되거나, 부두 밖 장치장에서 처리된 후 본선에 다시 선적될 수 있도록 제도 개선을 추진해왔다. 또한 운송거리가 먼 경우 예를 들면, 북항 또는 재래부두에서 감천항 또는 부산신항 간의 환적 컨테이너의 해상 셔틀서비스 도입방안 등에 대해서도 검토해왔다.

또한 환적화물을 유치하기 위해 환적화물 통관제도의 개선 등 환적체계를 개선하기 위해 노력해왔다. 선사들이 적시에 적하목록을 제시할 수 있도록 권고하며, 환적화물의 경우 싱가포르 항만과 같이 입항 적하목록 신고 시간과 출항 적하 목록 신고 시간을 단축하는 경우에 일정한 인센티브를 제공하는 방안 등도 검토해왔다.

중국과 일본의 환적화물을 유치하기 위해 적극적이고 차별적인 포트세일즈를 하고 있다. 중국 환적화물을 유치하기 위해서 대부분의 중국 화주들이 수출입화물 운송시 China Shipping, COSCO, Sinotrans 등 중국 선사와 일차적으로 협의를 하는 경우가 많기 때문에 중국 화물유치에 유리한 선사를 부산항이나 광양항에 유치하기 위해 노력하고 있다. 또한 우리나라를 경유하여 제3국으로 수출입되는 일본화물을 부산항이나 광양항으로 적극 유치하기 위해 노력중이다. 한일 간의 컨테이너화물은 1990년대 중반 이후 한국에서 환적하여 제3국으로 수출입되는 일본의 피더 물동량이 점차로 증가하고 있기 때문이다. 그리고 일본 동안의 화물은 부산항이나 광양항의 유통센터에서 분류, 상표부착, 혼재 등 작업 후 일본내 유통센터까지 배송하는 것이 일본 동경항, 요코하마항에서 하역 후 서안지역까지 내륙수송하는 비용보다 저렴하기 때문에 이러한 일본 서안 환적화물의 유치에 노력해왔다.

최근 급성장하는 해외 컨테이너부두의 개발 및 운영을 통하여 환적화물을 창출하는 방안도 추진중이다. 과거 우리나라는 외국의 항만개발 및 배후지 개발에 소극적이었으나 해외 터미널을 개발 또는 운영함으로써 우리나라 항만과 네트워크를 구축하고 환적화물을 유치하기 위한 전략도 추진할 예정이다.

## 5. 항만배후부지의 개발

동북아 물류중심 구축은 화물유치 중심의 물량전략 보다는 고부가가치를 창출하는 종합항만공간을 개발하는 데 초점을 두고 있다. 동북아 지역의 환적화물을 적극 유치하되, 단순한 화물의 이송보다는 가공, 조립, 포장, 검사, 분류, 상표부착 등 다양한 부가가치 물류활동을 수행하도록 공간을 조성하고 있다. 또한 물류활동을 지원하는 금융, 보험, 유통, 정보, 법률 등 서비스와 함께 다양한 비즈니스, 레저 등 기능을 종합한 항만배후단지의 조성과 운영을 추진하고 있다. 항만배후단지 기능은 부가가치와 고용창출 뿐 아니라 화물의 안정적인 유치를 가능하게 하고, 물류수요의 창출에 기여하게 된다.

현재 추진중인 부산항과 광양항의 항만배후단지를 조기에 개발하여 국내 및 다국적기업을 유치하기 위한 정책을 추진하고 있다. 부산신항만 북컨테이너 배후물류단지 37만평의 물류단지를 조기 개발하고, 남측 컨테이너 부두의 배후물류시설, 웅동 지역의 배후물류시설도 터미널의 개장과 동시에 개장할 수 있도록 추진하고 있다. 광양항 동측 배후단지를 조기에 개장하여 화물을 창출하는 방안을 추진중이며, 서측 배후단지의 경우도 조기에 개장하여 화물유치를 통한 광양항 활성화를 추진하고 있다.

항만배후단지를 중심으로 부가가치 물류서비스를 제공하기 위해서 3PL을 비롯한 물류관련업체들이 클러스터화되고, 영어, 중국어 등 언어 구사능력과 전문물류지식을 겸비한 전문인력이 뒷받침되도록 추진하고 있다. 각 업종별로 다른 모듈하에서 조립가공 활동을 수행하도록 수요자 중심의 물류센터가 건설되도록 항만배후단지의 개발을 추진중이다. 또한 항만배후단지와 국내 주요 물류거점까지 내륙연계수송망은 물론 국내외 주요 항만과 네트워크를 구축하여 물류서비스를 제공할 수 있도록 하고 있다.

이러한 항만배후단부지의 조기 개장과 더불어 이들 배후물류단지에 제조기업, 국제물류기업, 해외 이전 국내기업 등을 적극 유치하기 위한 마케팅전략도 추진중이다. 해양수산부와 국제물류지원단 등을 중심으로 다양한 비즈니스 모델을 개발하고 다국적기업 유치를 위한 IR활동을 적극 추진중이다.

## 6. 복합운송체계의 구축

상해 이북 지역에서 생산되는 수출품 중 리드타임 단축과 물류비 절감이 필요한 산업별, 업종별 비즈니스 모델을 발굴하고 인천국제공항을 이용한 해공(Sea & Air) 복합운송을 확대하기 위한 시범사업을 실시하는 등 복합운송체계 구축을 추진중이다. 중국발 항공운송 화물을 유치하기 위해 중국의 해공복합운송 전용트럭에 화물을 적재한 후 한중 카페리에 전용트럭을 적재한 후 인천항 또는 평택항에서 하역한 후 인천공항까지 곧바로 보세운송하여 항공기에 적재하는 RFS(Road Feeder Service)를 추진중이다.

특히 해양부가 추진중인 항만배후단지 비즈니스 모델이나 인천공항공사의 자유무역지역 유치방안과 연계하여 글로벌 기업이 항만과 공항을 동시에 선택적으로 이용할 수 있는 복합운송체계를 구축하기 위해 노력하고 있다. 글로벌 기업은 공항이나 항만을 글로벌 SCM 거점으로 활용한다는 점을 고려하여 정부와 관련기관은 인천국제공항과 인천항·평택항을 중심으로 해공복합운송체계를 강화하기 위한 정책을 추진하고 있다. 항만과 공항에 필요한 전용물류시설과 장비를 확충하고, 전문물류인력과 전문물류기업, 정보시스템은 물론 신속하고 선진화된 통관과 검역절차를 제시하여 해공복합운송체계를 구축하기 위한 노력을 기울이고 있다.

아울러 북한과 경제교류 확대, 남북철도 연결 등이 추진되면서 명실상부한 동북아 물류거점을 실현하기 위한 대륙과 복합운송체계를 구축하기 위해 노력하고 있다. 최근 개성공단이 조성되고 일부 상품이 국내로 반입되며, 남북철도 연결이 이루어짐에 따라남북 간에 한반도종단철도(Trans Korea Railway: TKR)의 연계에 대한 기대감이 높아지고 있다. 또한 TKR과 TSR 또는 TCR 등 대륙횡단

철도와 연계를 통한 복합운송체계를 구축하는 방안도 추진중이다. TSR과 연계수송망을 구축하여 러시아, 중앙아시아, 유럽까지 화물을 수송하거나, 중국 연운항 또는 연태항 등에서 TCR과 연계수송망을 구축하여 해상과 항공 뿐 아니라 육상을 포함한 복합운송체계 구축을 추진중이다. 아울러 중국의 동북 3성과 러시아 연해주 지역의 화물을 대상으로 부산항이나 광양항을 이용하여 철도와 해상을 연계하는 방안도 검토하고 있다.

## 7. 민자유치와 외국기업 투자 유치

우리나라 컨테이너 터미널에는 홍콩의 HPH사, DP World(당시 미국의 CSXWT사), 싱가포르의 PSA사, 대만의 Evergreen사/Uniglory사, 홍콩의 OOCL사 및 이스라엘의 ZIM사 등 7개 업체가 참여하고 있다. 이 중 OOCL사 및 ZIM사는 지분만 일부 출자하고 있으며, 나머지 사업자는 모두 항만운영에 직접 참여하고 있다. HPH사는 홍콩 Hutchison Whampoa 그룹의 해외항만전담회사로서 국내에 자회사 HKT(Hutchison Korea Terminals)사 및 KIT사(Korea International Terminals)를 통해 진출하였다. HPH사는 현대상선이 운영하였던 자성대부두와 감만부두 각각 1개 선석, 광양항 1단계 1개 선석을 2002년 2월 2억 1,500만 달러에 인수하여 자회사인 HKT사를 통해 운영중이다.

한편 HPH사는 현대상선, 한진해운과 합작투자 형태로 광양항 2단계 1차부두 3개 선석(5만 톤급 1선석, 2만 톤급 2개)과 2단계 2차부두 4개 선석(5만 톤급 2개 선석, 2만 톤급 2개 선석)에 대해 KIT사를 통해 임차 운영중이며, 1억 9,200만 달러를 투자하였다. 미국 CSX사의 항만부문 자회사인 CSXWT사는 6,000만 달러를 투자하여 부산신항만(주)의 지분 24.5%를 인수하고, 30년간 관리운영을 수탁하기로 하였다. CSXWT사는 또한 부산신항만(주)의 프로젝트 파이낸싱시 약 3억 달러에 이르는 외자유치에도 협조하였다. CSXWT사는 아랍에미리트의 Dubai Ports World사에 인수되었다.

PSA사는 인천남항의 4만 톤급 3개 선석의 개발과 운영에 참여하고 있는데, 삼성물산, 선광공사 및 삼성화재와 합작투자 형태로 참여하고 있다. PSA사는 인천남항 컨테이너 터미널에 1억 9,600만 달러를 투자하고 있다. 아울러 Evergreen사와 자회사인 Uniglory사는 동부건설(주)과 합작으로 부산항의 신감만부두에 3,000만 달러를 투자하여 2002년 5월부터 운영을 개시하였다.

## 8. 자동화 컨테이너 터미널의 건설 추진

자동화 컨테이너 터미널(ACT: Automated Container Terminal)은 컨테이너 터미널 운영에서 가장 많은 인원을 필요로 하는 안벽작업과 장치장 간의 컨테이너 이송, 이송된 컨테이너의 장치 및 컨테이너 반·출입 작업을 사람이 전혀 개입하지 않고 컴퓨터와 장비에 의해 처리되는 터미널을 말한다.

ACT의 개발 필요성은 컨테이너선의 대형화로 일시에 많은 컨테이너를 처리하고 보관하기 위해서 장치장 운영을 극대화할 수 있는 시스템으로 인식되고 있기 때문이다. 일시에 많은 컨테이너를 장치할 경우 위치선정이 체계적이고, 장비간 정보교환이 정확, 신속, 고도화가 필요하며, 게이트에서 컨테이너의 반출입도 신속하게 처리되어야 하므로 게이트 자동화도 필수적이다. 아울러 중국 상해항, 천진항 등 급성장중인 주변 항만보다 경쟁우위를 확보하기 위해서 자동화 터미널로 차별성을 확보할 필요가 있다.

현재 운영중인 스트래들캐리어, 트랜스퍼크레인(고무바퀴형) 시스템을 대신할 시스템으로서 1991년 이후 자동화 터미널이 새로운 대안으로 부상하였다. ACT의 장점은 인건비와 운영비 절감, 노동자들의 파업으로 인한 작업 중단 감소, 산업재해 경감, 24시간 완전가동으로 생산성 향상, 신뢰성 향상 등을 들 수 있다.

1993년 세계 최초의 자동화 컨테이너 터미널은 네덜란드 로테르담항 ECT (Europe Container Terminal) 터미널이며, 자동화 터미널로 홍보효과를 얻고 있다. 또한 독일 함부르크항의 CTA(Container Terminal Altenwerder)는 입증된 기술을 바탕으로 2002년 10월 1-1단계의 상업운전을 시작하였다. 싱가포르의 Pasir Panjang Terminal은 CCTV를 이용하여 원격으로 운전하며, 1단계는 AGV 대신 야드 트랙터를 사용하고 있으나 향후 AGV를 사용하여 완전 무인 자동화 컨테이너 터미널을 운영할 예정이다.

한편 우리나라에서는 광양항 3단계(2차) 부두에 자동화 컨테이너 터미널 개발을 1997년부터 타당성 조사 등부터 추진하였다. 12,000 TEU급 자동화 터미널 3선석(1.05km)을 2008년까지 건설하고, 연간 110만 TEU(선석당 37만 TEU)를 처리하도록 설계하였으며, 사업비는 약 7,847억원(토목: 4,464억원, 장비: 2,577억원, 기타: 806억원)으로 추정하였다. 일반터미널과 자동화 컨테이너 터미널의 차이점은 [표 10-9]와 같다.

표 10-9 일반터미널과 자동화 컨테이너 터미널의 주요 차이점

| | 일반터미널 | 자동화 터미널 |
|---|---|---|
| 컨테이너 크레인 | Single Trolley System C/C를 주로 사용 | 자동화 터미널은 반자동(유인)인 Ist Trolley, 완전자동(무인)인 2nd Trolley를 갖춘 Double Trolley System을 갖춘 크레인 사용 |
| CY 이송장비 | 컨테이너를 야드 트랙터와 샤시(유인)로 운송 | 자동화 터미널은 무인이송장비(AGV: Automated Guided Vehicle) 사용 |
| CY 크레인 | 스트래들케리어 또는 고무바퀴형 트랜스퍼 크레인(RTGC: Rubber Tired Gantry Crane) 사용 | 자동화 터미널은 정확한 위치 선정과 자동화가 용이한 레일형 트랜스퍼 크레인(RMGC: Rail Mounted Gantry Crane)을 사용하며, 광양항에는 한 블록당 교차할 수 있는 2대의 RMGC를 설치하여 야드장의 장치율 및 처리능력을 증대시키고, 고장시에도 대비함 |
| 터미널 배치 | RTGC의 활용도를 높이기 위해 수평배치 | 자동화 터미널은 기술적으로 매우 어려운 AGV의 운행을 단순화하고 가능한 한 AGV 수를 줄이기 위해서 수직배치 |
| 게이트 | 신속한 차량 통과를 위해 자동화된 게이트를 운영중이나완전 자동화는 미흡 | ACT는 첨단 기술을 복합(영상인식, 단거리 전용통신(DSRC) 등) 적용하여 컨테이너 반출입 소요 시간을 대폭 단축함 |
| 터미널 운영 | 무선 단말기 및 핸디 무전기로 각종 Data를 주고받음 | 자동화 터미널은 최첨단 지능형 계획/운영시스템으로 자동화장비 및 터미널 운영 제어를 컨트롤 룸에서 5~6명이 운영 |

자료: 한국컨테이너부두공단, 인터넷 자료.

## 제 4 절 선박대형화의 대응

선박대형화는 증기기관과 내연기관 등 선박엔진기술의 발달에 따라 지속적으로 추진되었다. 선박대형화는 이미 1970년대부터 20만 톤 또는 30만 톤급 유조선이 건조되면서 추진되었으며, 최근 컨테이너선의 대형화가 본격적으로 추진되고 있다. 유조선의 경우 1965년에 이미 12만 톤급(길이 270m, 폭 42m, 깊이

16m)이 건조되었고, 1970년대에는 30만 톤과 47.5만 톤급(길이 350m, 폭 60m, 깊이 28m) 유조선이 건조되었으며, 벌크선의 경우에도 27만 톤급(길이 320m, 폭 55m, 깊이 21m) 선박이 운항되었다. 컨테이너선의 경우 1956년 Sea Land사의 58 TEU급 개조선이 취항한 이후 50년 만에 200배 이상의 적재능력을 가진 Emma Maersk라는 초대형 컨테이너선이 운항되고 있다.

컨테이너선의 대형화는 매년 지속되고 있으며, Maersk사를 비롯한 선사들이 초대형 컨테이너선 시장을 선점하려는 경쟁이 전개되고 있다. 2007년 7월 말 독일 선사인 Nordcapital사는 13,100 TEU급 컨테이너선 8척을 총 14억 달러에 현대중공업에 발주한다고 발표하였다. 13,100 TEU급 컨테이너선의 제원은 길이 366m, 폭 48.2m, 깊이 29.9m이며, 선창내 11층(6,018 TEU), 갑판위 9층(7,074 TEU)를 적재할 수 있다.[1)] 선박대형화는 선사가 단위수송비용을 절감하기 위한 차원에서 추진하는 것이 일반적이나 최근 컨테이너선의 대형화는 대형화를 통해 경쟁우위를 선점하려는 전략적 차원에서 추진되고 있다는 점도 무시할 수 없다.

선박대형화는 항만에 지대한 영향을 미친다. 선박이 대형화될수록 대형선이 운항할 수 있는 항로, 선회장, 안벽의 수심을 확보해야 하고, 1척당 선박길이 이상의 안벽길이를 확보해야 하며, 일시에 대량의 화물을 선적 또는 하역할 수 있는 하역장비, 운영시스템, 넓은 배후부지나 관련시설, 연계수송시설 등이 갖춰져야 한다. 특히 컨테이너해운의 경우 대형선이 기항할 수 없는 항만은 피더항으로 전락할 가능성이 크기 때문에 초대형 컨테이너선이 기항할 수 있는 컨테이너 부두를 건설, 초대형 컨테이너선을 유치하기 위해 주요 항만별로 다양한 전략을 추진중이다. 우리나라도 동북아 물류거점화를 위해 부산항과 광양항을 대형 컨테이너선이 입항할 수 있는 수심, 안벽길이, CY와 배후부지, 연계수송시설 확보 등을 추진하고 있다.

## 1. 컨테이너선의 대형화 추이

### 1) 컨테이너선 대형화 추이

중국 수출입 물동량을 포함한 세계 컨테이너 물동량은 지속적으로 증가하

1) 한국해운신문, 2007. 8. 1.

고 있고, 컨테이너선의 대형화가 지속적으로 추진되고 있다. 1973년 Sea Land사가 1,100 TEU급 컨테이너선을 건조하여 운항한 이래 1980년대 이후 4,300 TEU급의 포스트 파나막스급이 운항을 개시함으로써 급속하게 선박대형화가 이루어졌다. 1982년 APL사가 2,500 TEU급 컨테이너선을, 1983년 Maersk사가 3,000 TEU급을, 1984년 USL사가 4,000 TEU급을 운항하면서 지속적으로 대형화가 추진되었다. 그리고 1990년대 중반 이후 다시 컨테이너선의 대형화가 급속도로 진전되었는데 1995년 OOCL사가 5,000 TEU급을, 1996년 Maersk사가 슈퍼 포스트 파나막스급인 6,000 TEU 선박을 취항시켰으며, 그리고 2001년에는 7,500 TEU급 컨테이너선이 출현하였다. 또한 2003년에는 OOCL사가 발주한 7,400 TEU급의 컨테이너선 2척이 완공되었으며, 2004년에는 OOCL사가 8,000 TEU급을, 2005년에는 MSC사가 9,000 TEU급을, 그리고 2006년 8월에는 12,000 TEU급 Emma Maersk호가 취항하였다. Maersk사 이외에도 COSCO, CMA CGM, MSC, Hapag Lloyd사 등도 1만 TEU급 이상의 컨테이너선 발주를 확대해가고 있다.

표 10-10 컨테이너선의 대형화 추이

| 연도 | 선사 | 적재 능력 | 재원 (길이×폭) | 연도 | 선사 | 적재 능력 | 재원 (길이×폭) |
|---|---|---|---|---|---|---|---|
| 1973 | Sea Land | 1,096 | 288×32.2 | 1997 | Maersk | 6,600 | 347×42.8 |
| 1982 | APL | 2,500 | 262×32.2 | 2001 | P&O Nedlloyd | 6,800 | |
| 1983 | Evergreen | 2,728 | 230×32.2 | 2002 | Hapag Lloyd | 7,300 | |
| 1983 | Maersk | 3,000 | 270×32.2 | 2003 | OOCL | 7,400 | |
| 1984 | USL | 4,258 | 289×32.2 | 2004 | OOCL | 8,060 | |
| 1988 | APL | 4,300 | 275×39.4 | 2004 | Seaspan | 8500 | 334×42.8 |
| 1991 | Hapag Lloyd | 4,400 | 294×32.2 | 2004 | Hapag Lloyd | 8,750 | 347×45.2 |
| 1994 | NYK | 4,800 | 283×37.2 | 2005 | MSC | 9,180 | |
| 1995 | Evergreen | 4,900 | 268×40.0 | 2006 | China Shipping | 9,600 | |
| 1996 | COSCO | 5,250 | 280×39.8 | 2006 | Maersk | 12,000 | 397×56.0 |
| 1996 | Maersk | 6,000 | 318×42.8 | 2007 | Nordcapital | 13,100 | 366×48.2 |

자료: 김범중, "컨테이너선박 대형화와 해운·항만에 미치는 영향," 「해양수산동향」, 통권 제168호, 1998.9. p.11 및 필자 작성.

컨테이너선의 지속적인 대형화 추이와는 달리 광석·석탄선, 곡물전용선 등 건화물선과 유조선 부문의 대형화는 상당히 오래 전에 이루어졌다. 컨테이너선과 다른 선종 간 대형화 추세가 다른 이유는 크게 두 가지로 구분할 수 있다.

첫째, 집하방식이 다르다. 컨테이너선은 정기선 특성상 기항하는 항만별로 불특정 다수의 화주로부터 화물을 집하하기 때문에 컨테이너선사(또는 제휴그룹사)의 집화능력과 선박의 수송능력이 허용하는 한 많은 컨테이너 화물을 집하하여 비용절감 내지 수익극대화를 꾀하고 있다. 집하능력만 충분하면 컨테이너선이 일정수준까지 대형화되더라도 가능한 많은 화물유치를 위해 영업을 계속하게 된다.

한편 일찍이 대형화가 이루어졌던 유조선, 광탄선, 곡물전용선 등은 부정기선의 특성상 특정 화주와 선사간 계약에 의해 서비스 제공과 화물운송이 이루어진다. 화물을 가진 화주는 중개인을 통하여 선박을 찾아 화물을 수송하는 방식으로, 국내 또는 해외 시장의 생산, 소비, 수급전망 등에 따라 수송규모와 선박단위가 결정되게 된다. 선사는 화주의 수송수요에 대응해 서비스를 제공하는 방식이기 때문에 선형이 크다고 해서 반드시 유리한 것만은 아니다. 즉 이미 벌크선이나 유조선은 상당히 대형화가 진전되어 있고, 선사가 수송수요를 결정하는 위치에 있지 않기 때문에 선형 결정에 있어서도 선사가 영향력을 발휘할 수 있는 여지는 크지 않다. 선형은 선사가 통제하기 어려운 외생적 요인인 전쟁, 가뭄, 갑작스런 수요 증가, 유류생산량 감축 등의 영향을 많이 받기 때문에 벌크선이나 유조선의 대형화는 컨테이너선의 대형화와는 다른 행보를 걸어왔다.

둘째, 컨테이너 운송시장은 지속적인 기술발전이 이루어지고 있으나 일반화물선과 유조선 부문에서는 컨테이너선의 운송분야와 유사한 기술변화가 크게 이루어지고 있지 않다. 컨테이너선은 조선기술의 발달에 따라 지속적으로 대형화가 추진되고 있고, 선박대형화에 따라 하역장비의 대형화와 고속화가 동시에 추진되어 하역 생산성도 향상되고 있다. 그러나 벌크선이나 유조선 부문은 일부 하역장비의 기술발전이 이루어지기도 하나, 화물의 특성상 종류가 단순하고, 벌크화물 또는 액체/기체 화물을 신속하게 하역하는 기술은 이미 대형화된 선박에 적합하게 개발되어 사용되기 때문에 획기적인 기술발전을 기대하기 어렵다. 컨테이너선의 대형화는 벌크선이나 유조선의 대형화와는 다른 차원에서 계속 추진되고 있다고 볼 수 있다.

2007년 7월 현재 건조 또는 신조 발주된 1만 TEU급 이상 컨테이너선은 약 90척 이상으로 나타났다. 컨테이너선의 대형화를 선도하고 있는 Maersk사를 포함한 CMA CGM, MSC, ZIM 등 유럽계 선사가 많은 대형선을 발주하였으며, COSCO 등 중국계 선사가 8척을 발주하였다. 또한 한진해운도 2010년에 인도받을 예정으로 삼성중공업에 척당 1억 3,300만~1억 3,500만 달러씩 모두 5척의 1만 TEU급 컨테이너선을 발주하였다. 최근 이루어지고 있는 1만 TEU급 초대형 컨테이너선 발주 현황은 다음과 같다.

표 10-11 1만 TEU급 초대형 컨테이너선 발주 현황

| 조선소 | 발주선사 | 척수 | 선형(TEU) | 인도시기 | 비 고 |
|---|---|---|---|---|---|
| 현대중공업 | CMA CGM | 8 | 11,400 | 2009 후반, 2010년 초 | |
| | COSCO | 4 | 10,000 | 2008 | |
| | MSC | 2 | 11,312 | 2008 후반, 2009년 초 | |
| | C.P.offen | 8 | 9,700 | 2008 후반, 2009년 초 | Evergreen에 용선 |
| | Maersk | 3 | 12,500 | 2010년 후반까지 | |
| | NOL | 4 | 10,000 | 2011년 | |
| | Nord Capital | 4 | 12,500 | 2010년 | |
| 현대삼호중공업 | MSC | 2 | 10,000 | 2008 후반, 2009년 초 | |
| | ZIM | 9 | 10,000 | 2009 후반, 2010년 초 | 선가 1.33억 달러 |
| 삼성중공업 | Peter Dole | 8 | 12,600 | 2010 후반, 2011년 초 | 선가 1.7억 달러 |
| | MSC | 8 | 9,600 | 2008 후반, 2009 | |
| | 한진해운 | 5 | 9,950 | 2010 초, 2010 후반 | |
| 한진중공업 | MSC | 4 | 12,825 | 2010년 이후 | |
| NACKS | COSCO | 4 | 10,000 | 2008 초, 2009년 초 | |
| 대우조선해양 | CMA CGM | 4 | 9,710 | 2008 초, 2009년 초 | |
| | MSC | 9 | 12,500 | 2011년 3월 | |
| | MSC | 5 | 9,700 | 2009 후반, 2010년 7월 | |
| | CMA CGM | | 12,500 | 2010년 초 | |
| | NOL | 4 | 10,000 | 2011년 | |
| STX | Nike Shipping | 8 | 12,500 | | |
| 오텐세 | Maersk | 3 | 10,000 | 2009년 5월까지 | |

자료: 일본 해사프레스, 2007. 7. 23일자.

2005년 하반기부터 7,500~8,000 TEU급 컨테이너선이 본격 투입되고 있는 가운데, 최근 1만 TEU급 이상의 컨테이너선이 속속 발주되고 있어 향후 주력 선형도 상당히 대형화될 것으로 예상하고 있다. 전문가들은 현재 기술과 운항 여건을 고려할 경우 선형이 1만 5,000 TEU 정도까지 컨테이너선의 대형화가 실현될 것으로 전망하고 있다. 2007년 7월 현재 현대중공업은 이미 1만 3,000 TEU급 컨테이너선 8척을 수주하였다.

### 2) 선박대형화가 해운에 미치는 영향

#### (1) 자본비용의 절감

컨테이너선이 대형화되면 규모의 경제에 의해 단위 적재능력당 자본비용이 낮아져 컨테이너 운임도 인하할 수 있게 된다. 4,000 TEU급 컨테이너선은 신조선가가 4,500만 달러로 TEU당 비용이 11,250달러인 데 비하여 6,000 TEU급 컨테이너선은 신조선가가 6,300만 달러로 TEU당 비용이 10,500달러이며, 8,000 TEU급 컨테이너선은 신조선가가 8,200만 달러로 TEU당 비용이 10,200달러, 그리고 1만 TEU급 컨테이너선의 신조선가는 9,400만 달러로서 TEU당 비용이 9,400달러로 낮아지는 것으로 전문가들은 분석하였다. 1만 TEU급 초대형선의 경우 TEU당 비용이 6,000 TEU급과 비교할 때 10.5%, 4,000 TEU급과 비교할 때 16.4%가 각각 절감되는 것으로 분석하였다.

표 10-12 대형화 컨테이너선의 자본비용 비교

| 선형(TEU) | 신조가격(백만 달러) | slot당 비용 (천 달러) |
|---|---|---|
| 4,000 | 45 | 11.25 |
| 6,000 | 63 | 10.5 |
| 8,000 | 82 | 10.20 |
| 10,000 | 94 | 9.40 |

주: 1만 TEU급 선박에 twin-screw system을 적용할 경우 신조가격은 10~15% 증가하여 최소한 1억 400만 달러가 됨.

자료: Drewry Shipping Consultants(2001).

### (2) 운항비용의 절감

대형화된 컨테이너선은 운항비용 측면에서도 규모의 경제 효과가 나타나는 것으로 분석되었다. 4,000 TEU급 선박의 선원비, 유지보수비, 보험료, 연료비, 항만비 등 연간 운항 비용은 TEU당 2,315달러이나 6,000 TEU급의 운항비용은 1,700달러, 1만 TEU급의 운항비용은 1,449달러로 각각 감소하는 것으로 나타났다. 1만 TEU급 초대형 컨테이너선의 운항비용과 6,000 TEU급 컨테이너선의 운항비를 비교하면 TEU당 521달러(26%), 4,000 TEU급 컨테이너선의 운항비와 비교할 때 TEU당 866달러(37%)가 각각 절감되는 것으로 나타났다.

표 10-13 단위 적재능력당 대형 컨테이너선의 운항비용 절감 효과

| 분석기관 | 분석대상 선형(TEU) | 운항비용 절감효과(천 달러) |
|---|---|---|
| Drewry Shipping Consultants | 4,000, 6,000, 10,000 | • 1만 TEU급이 4,000 TEU급과 6,000 TEU급에 비해 각각 37.4%와 26.4% 절감 |
| Clarkson research | 1,000, 2,000, 4,000, 6,000 | • 2,000 TEU급이 1,000 TEU급에 비해 20% 절감<br>• 4,000 TEU급이 2,000 TEU급에 비해 7% 절감<br>• 6,000 TEU급이 4,000 TEU급에 비해 4% 절감 |
| Norbridge | 6,000 이상 | • 중국/미서안항로에서 시장점유율 40% 이상(선박가동률 90%) 확보해야 규모의 경제효과 달성 |
| Cargo System | 4,000, 6,000, 8,000 | • 8,000 TEU급이 6,000 TEU급과 4,000 TEU급에 비해 각각 7%와 14% 절감 |
| 한국 A중공업 | 5,600, 6,200, 7,400, 9,000, 12,000 | • 12,000 TEU급이 6,000 TEU급에 비해 20% 절감 |
| 한국 B선사 | 4,024, 5,600, 9,000 | • 9,000 TEU급이 4,024 TEU급과 5,600 TEU급에 비해 각각 18%와 7% 절감 |

자료: 박태원·정봉민, 「컨테이너선 대형화의 경제적 효과 분석」, 한국해양수산개발원, 2002. 11. p. 55.

그러나 컨테이너선의 대형화에 따른 운항비 절감효과는 hub & spoke 체제 운영시 추가적인 환적비용, 마케팅비용, 판매와 마케팅비용, 내륙운송비용의 증가에 의해 상당 부문 상쇄될 가능성이 높은 것으로 전문가들은 분석하였다. 또한 1만 TEU급을 초과하는 초대형선은 25노트의 운항속도를 유지하기 위해서 트윈엔진(twin engine)을 장착해야 하며, 2기의 엔진 장착으로 선박 건조비용과

부대비용이 증가하면 운항중 발생하는 규모의 경제 효과를 크게 감소시킬 것으로 예상하였다. 적재율(load factor)과 관련하여 매 항차마다 증가된 선박공간에 상응하는 화물의 확보가 충분히 이루어지지 못할 경우 경제성 측면에서 많은 어려움이 있을 것으로 예상하고 있다.

## 2. 선박대형화가 항만에 미치는 영향

선박대형화가 추진되면 흘수의 증가, 대형화·자동화 하역장비, 거점항 체계 구축, 항만운영의 자동화, 화물유치량 증가 등 항만시설과 장비, 운영시스템에 큰 영향을 미친다. 초대형 컨테이너선의 발주는 주요 정기선 항로의 컨테이너 물동량이 증가하고, 주요 컨테이너 항로의 만성적인 선박공급과잉으로 인한 운임하락에 적극적으로 대응하려는 선사들의 전략의 하나로서 대형화를 통한 규모의 경제를 실현하려는 데 있다.

선박대형화는 선사, 화주 그리고 터미널 운영업체에게 규모의 경제효과 등 다양한 이점을 가져다 줄 가능성은 상당히 높다. 대형화를 통하여 단위비용을 인하하면 국제물류비용의 절감을 가져와 개별 물류업체는 물론 궁극적으로 화주의 조달 또는 유통비용의 절감을 가능하게 하여 상품가격의 인하를 가져올 수 있다.

그러나 컨테이너선의 대형화는 이점만 있는 것이 아니라 선박적재율 향상을 위한 집화능력, 터미널과 장비에 대한 투자 증가 등 선사에게 부정적인 영향을 미치는 요소도 있다. 초대형 컨테이너선이 속속 시장에 투입되고 있으나 향후 태평양항로, 유럽항로 등 기간항로의 컨테이너 물동량이 증가하지 않을 경우 컨테이너 선사간 경쟁이 더욱 치열해지고 주요 항로의 운임이 하락할 가능성이 있다. 당분간 컨테이너선의 대형화는 지속될 것으로 예상되며, 컨테이너 선사들은 대형화의 장점을 살리기 위한 전략을 적극 추진중이다.

컨테이너선이 지속적으로 대형화되고, 선사간 대형화 경쟁이 치열해질 경우 다음과 같은 부정적인 효과가 나타날 가능성은 상존한다. 컨테이너선의 대형화는 최악의 경우 다음과 같은 악순환 구조를 가져올 것으로 우려하는 경우도 있다. 즉 초대형선 취항 → 규모의 경제효과에 의한 원가 절감 → 운임인하 → 늘어난 선박공간을 채우기 위한 집화 경쟁심화 → 운임인하 경쟁 → 선사들의 규모의 경제를 통한 원가절감 재노력 → 선박의 대형화 → 경쟁선사의 시장점유율 확대 내지 유지를 위한 추가 운임인하 → 또 다른 초대형 컨테이너선 투입 → 선사의 경영 압박 등으로 이어질 수 있다.

또한 대형화된 컨테이너선이 기항할 수 있는 항만이 제한되어, 거점항에서 최종목적지까지 피더서비스를 통해 화물을 연계운송해야 하는 경우가 증가한다. 피더서비스 비용으로 TEU당 100~150달러가 추가되면 컨테이너선의 대형화로 인한 규모의 경제가 상쇄될 수도 있다. 선박대형화가 추진될 경우 항만에 미치는 영향을 정리하면 다음과 같다.

표 10-14 선박대형화가 항만에 미치는 영향과 대책

| 항만에 대한 영향 | 항만의 대응 |
|---|---|
| • 수심 깊은 항만에 대한 수요 증가<br>- 선박 대형화에 따른 선박 흘수의 증가 | • 수심 깊은 항만의 확보<br>- 선박 대형화에 따른 제원의 변화<br>- 수심 깊은 항만에 대한 수요 증가에 대응 |
| • 대형 하역장비에 대한 수요 증가<br>- 대형선 하역작업 가능한 장비의 요구<br>- 체항시간의 단축에 대한 요구 증대 | • 항만의 하역시스템의 개선<br>- 초대형 갠트리 크레인의 도입<br>- 하역장비의 고속화와 대용량화<br>- 항만운영시스템의 자동화<br>- 배후시설 및 연계운송체제의 확립 |
| • 거점항만체제로의 개편<br>- 주요 거점항만 위주의 기항전략<br>- 거점항만과 기타항만의 격차 심화 | • 거점항만체제<br>- 항만간 거점항만 선점경쟁 치열<br>- 대규모 항만개발을 위한 투자 증가<br>- 시설 및 장비의 대형화와 효율화 |

자료: 한국컨테이너부두공단, 인터넷 자료.

### 1) 수심 깊은 항만 등 인프라 구축

1만 TEU급 컨테이너선이 기항하려면 터미널 안벽의 전면 수심이 15~17m, 선석 길이가 370m~400m 이상이어야 한다. 컨테이너 선형이 작을 당시 터미널의 전면 수심은 13~14m, 선석길이 350m로 충분하였으나 선박이 대형화되면 선박의 길이와 흘수 등 항만시설도 그에 상응하는 규격으로 건설되어야 한다. 선박이 대형화되면, 그만큼 선박의 길이가 길어지고 폭도 넓어지므로 다른 선박에 비해 항만의 선회장이 넓어야 한다. 대형화된 컨테이너선의 제원은 다음과 같다.

표 10-15 대형화된 컨테이너선의 제원 비교

| 선 종 | TEU | DWT(톤) | 길이 (m) | 선폭 (m) | 흘수 (m) |
|---|---|---|---|---|---|
| P&O Nedlloyd Southampton | 6,674 | 87,900 | 300 | 42.8 | 14.0 |
| Sovereign Mearsk(1) | 6,600 | 98,000 | 347 | 42.8 | 14.5 |
| Suez-Max ship | 11,989 | 157,935 | 400 | 50.0 | 17.0 |
| 15,000 TEU container ship | 15,000 | 220,000 | 400 | 60.0 | 15.0 |

자료: G. De Monie, *Terminal Management*, ITMMA(University of Antwerp), 1995.

컨테이너선의 대형화는 선사의 선박운행 스케줄에도 영향을 미치고 있다. 과거 기간항로에 취항하던 컨테이너선은 7~8곳의 항만에 기항하여 화물을 선적·양하하였으나, 컨테이너선이 1만 TEU 이상 대형화되면 항만의 수심이 16m 이상 깊게 하고, 선석길이를 370m 이상 400m 수준까지 확장해야 한다. 초대형 컨테이너선이 기항가능한 수심이 깊고, 선석길이가 긴 항만을 건설하려면 과거보다 막대한 투자비가 소요된다. 세계 주요 컨테이너 부두의 수심은 [표 10-16]과 같다.

최근 중국 등 개도국의 컨테이너 물동량이 증가하고, 대형화된 컨테이너선 취항이 증가하면서 과거 피더선으로 연결되던 항만네트워크가 대형화된 모선이 직접 기항하는 직기항 체제로 전환되고 있다. 수출입 물동량이 많은 주요 중국 항만으로 직기항 체제가 확산됨에 따라 새로운 중심항만들이 부상중이며, 주요 경제권별로 메가허브포트(mega hub port)체제에서 다핵체제(多核體制)로 전환되고 있다. 과거 소수의 초대형 메가허브포트체제로 항만네트워크가 구축되었다면, 최근 다수의 중심항만이 상호 연계를 강화해 나가면서 발전하는 체제인 다핵체제로 전환되고 있다.

예를 들면 유럽의 로테르담항, 동아시아의 홍콩항, 싱가포르항이 대표적인 메가허브포트 역할을 수행하였으나, 최근에는 경제권별로 복수의 중심항만들이 네트워크를 구축하며 발전하는 형태로 진화하고 있다. 유럽의 함부르크항과 앤트워프항 등 컨테이너 화물은 로테르담항에 집중되는 현상이 나타나고 있고, 동아시아 지역에서는 홍콩과 싱가포르 외에 부산항, 중국의 상해항, 심천항, 청도항, 대만의 카오슝항, 말레이시아의 탄정펠레파스 등이 부상하고 있다. 현재 다핵체제의 항만으로 부상중인 항만은 1만 TEU급 이상의 컨테이너선이 입항가능

표 10-16 세계 주요 항만의 컨테이너부두 수심 현황 및 계획

| 지 역 | 국 가 | 항 만 | 수심 계획 | 지 역 | 국 가 | 항 만 | 수심 계획 |
|---|---|---|---|---|---|---|---|
| 아시아 | 한 국 | Busan | 15m | 유럽 | 네덜란드 | Rotterdam | 16.65m/19m |
| | | Gwangyang | 15m | | 영국 | Thamesport | 15.5m |
| | 중 국 | 상하이 | 15m | | 프랑스 | Dunkirk | 14.5m/16.5m |
| | | Fozhou | 14m | | 스페인 | Algeciras | 16m |
| | 일 본 | Kobe | 15~16m | | 벨기에 | Antwerp | 16m |
| | | Yokohama | 15m | | 독일 | Wilhamshaven | 18.5m |
| | 필리핀 | Subic | 12.6m | | 이탈리아 | Genoa | 16m |
| | 예 멘 | Aden | 16m | | 포르투갈 | Shines | 17m |
| | 오 만 | Shalalaha | 16m | 미주 | 미국 | Los Angeles | 16.5m |
| | 싱가포르 | 싱가포르 | 15~16m | | | NY/NJ | 15m |
| | 홍 콩 | HIT | 15m | | | Oakland | 15m |
| | 대 만 | Kaohsiung | 15m | | | Long beach | 16.8m |
| | | Keelung | 30~50m | | | Seattle | 15.2m |
| | 스리랑카 | Colombo | 15~16m | | 캐나다 | Halifax | 16m |
| | 말레이시아 | Tanjung Pelepas | 18m | | | | |

자료: 양창호 외, 「초대형 컨테이너선 운항에 대비한 차세대 항만하역시스템 기술개발전략 연구」, 한국해양수산연구원, 2002 및 박태원·장봉민, 「컨테이너선 대형화의 경제적 효과분석」, 한국해양수산개발원 2002 등.

한 수심을 확보하고, 하역능력이 배가된 크레인을 갖추고 있다.

초대형선의 접안을 위한 항만인프라의 건설재원을 누가 부담할 것인가? 이러한 인프라 투자비를 회수하기 위해 터미널 사용료를 인상할 경우 초대형선이 기항하더라도 충분한 화물 또는 선사를 유치할 수 있는지 등은 지자체, 항만당국 등이 지속적으로 고민해야 할 과제이다.

터미널 운영업체들은 일시에 많은 컨테이너를 양하 또는 적재하기 위해 컨테이너 장치장의 확장과 보다 대형화되고 신속한 하역장비를 도입하고, 항만과 내륙간 on dock 철도복합운송체제 및 효율적인 운영정보체제를 구축하는 등 개발계획을 추진해야 한다. 일시에 대량으로 컨테이너를 내륙운송할 경우 도로체증이 발생하지 않도록 내륙까지 연계운송체제를 구축해야 한다.

표 10-17 아시아 주요 항만의 최대수심 및 아웃리치 고려시 접안 가능 최대 선형

| 국가 | 항만 | 최대수심 (m) | 만선기준 접안가능 최대선형 | 아웃리치 (m) | 기항가능 선형 |
|---|---|---|---|---|---|
| 중국 | 상해 | 13.2 | 4,000 TEU급 이하 | 65 | 10,000 TEU급 |
| | 영파 | 17.0 | 15,000 TEU급 | 65 | 10,000 TEU급 |
| | 심천 | 16.0 | 8,000 TEU급 | 65 | 10,000 TEU급 |
| | 청도 | 17.5 | 15,000 TEU급 | 70 | 12,000 TEU급 |
| | 천진 | 15.2 | 6,000 TEU급 | 65 | 10,000 TEU급 |
| | 광주 | 12.5 | 3,000 TEU급 이하 | 60 | 10,000 TEU급 |
| 홍콩 | | 15.5 | 8,000 TEU급 | 65 | 10,000 TEU급 |
| 싱가포르 | | 16.0 | 8,000 TEU급 | 67 | 10,000 TEU급 |
| 일본 | 동경 | 15.0 | 6,000 TEU급 | 65 | 10,000 TEU급 |
| 대만 | 카오슝 | 15.0 | 6,000 TEU급 | 61 | 10,000 TEU급 |
| 말레이시아 | 탄정펠레파스 | 16.0 | 8,000 TEU급 | 65 | 10,000 TEU급 |
| | 포트클랑 | 15.0 | 6,000 TEU급 | 65 | 10,000 TEU급 |
| 한국 | 부산, 광양 | 15.0 | 6,000 TEU급 | 65 | 10,000 TEU급 |

자료: 각 항만의 인터넷 사이트.

### 2) 대형화, 고속화된 하역장비

대형화된 컨테이너선에서 적양하 하역작업을 수행하려면 과거보다 아웃리치(outreach)가 길고, 높이(에어드래프트)가 높으며, 여러 개의 컨테이너를 동시에 처리할 수 있는 대형 갠트리 크레인이 필요하다. 초대형 컨테이너선의 하역작업을 신속하게 하려면 선박에 적재된 컨테이너 열수 이상의 아웃리치를 가지는 대형 갠트리 크레인이 설치되어야 한다. 21열 내지 22열(또는 최대 25열)의 갑판적재 컨테이너를 적·양하할 수 있는 갠트리 크레인을 확보해야 한다.

따라서 주요 거점항만은 아웃리치가 59m 이상 63m 또는 65m인 제 4 세대 갠트리 크레인의 도입을 서두르고 있다. 일본 요코하마항과 오만의 Salalaha항은 아웃리치가 60m를 상회하는 갠트리 크레인을 사용하고 있거나 발주하였으며, 다른 항만도 대형화된 컨테이너선에 적합한 대형 갠트리 크레인을 속속 발주하여 초대형 컨테이너선 기항을 유도하고 있다. 갠트리 크레인의 높이인 에어드래프트도 선박의 대형화에 따라 최대 39m 이상으로 증가되었다.

표 10-18 컨테이너 크레인 제원

| 크레인 종류 | Outreach(m) | 처리가능 열수(Row) |
|---|---|---|
| Standard Panamax | 36~44 | 14~16 |
| Post Panamax | 44~48 | 16~18 |
| Super Panamax | 50~52 | 18~20 |
| Ultra Post Panamax | 54~56 | 20~22 |

자료: 양창호외, 「초대형 컨테이너선 운항에 대비한 차세대 항만하역시스템 기술개발전력 연구」, 한국해양수산연구원, 2002 및 박태원·장봉민, 「컨테이너선 대형화의 경제적 효과 분석」, 한국해양수산개발원, 2002 등.

또한 갠트리 크레인의 대형화와 아울러 신속한 적양하 작업 내지 생산성 향상을 추진하고 있다. 터미널의 하역생산성이 떨어지면 항만에서 야기되는 규모의 비경제로 인하여 대형화에 따른 이점이 감소되기 때문이다. 대형 갠트리 크레인을 설치할 경우 투자비 증가와 하역효율이 저하될 우려가 있다. 하역효율의 저하는 아웃리치의 증가에 따른 흔들림 현상이 증가하거나, 적양하 1회당 처리시간이 증가하는 등에 기인한 것이다.

환적화물은 일반적으로 내륙으로 수송되지 않고, 터미널에서 다시 피더선에 적재되어 피더항으로 운송된다. 이러한 환적화물은 항만의 하역시스템에도 많은 영향을 주고 있다. 안벽 측에서는 신속한 하역을 위해 초대형선에 서비스가 가능한 대형 갠트리 크레인이 필요하며, 하역시간 단축을 위해서 신속한 하역작업이 가능한 초고속 장비가 필요하다. 또한 야드 측에서는 환적화물의 특성상 수출입화물보다 오랜 장치기간을 가지며, 빈번한 구내이송이나 하역작업(re-marshalling)이 이루어지므로, 한정된 야드 적재공간을 효율적으로 이용하여 더 많은 열수와 단적수를 갖는 하역장비와 더 높은 생산성을 낼 수 있는 고속 하역크레인을 필요로 한다.

Cargo Systems의 분석에 의하면, 2006년도에 인도된 안벽크레인 중 22열 대형 컨테이너선의 하역작업이 가능한 아웃리치 60m 이상의 크레인은 40% 이상이며, 평균 아웃리치도 53m를 상회하는 등 안벽크레인의 대형화도 선박대형화와 동시에 추진되고 있다. 또한 아웃리치가 길어질 뿐 아니라, 중국의 양산항, 부산신항, 아랍에미리트의 두바이 항만의 갠트리 크레인에 트윈리프트(Twin Lift) 또는 탠덤리프트(Tandem Lift)[2] 스프레더를 장착하여 크레인의 인양능력

2) 트윈리프트의 경우 한번 양하 및 적하 작업시에 한꺼번에 2개의 20ft 컨테이너를 집을 수

(Lift Capacity)도 대폭 커지고 있다. 현재 주요 항만의 갠트리 크레인은 70톤의 인양 능력을 가진 크레인도 16대나 발주된 상황이며, 60~69톤의 인양능력을 갖는 안벽크레인도 59대로 가장 많은 비중을 차지하고 있다.[3)]

대형 갠트리 크레인의 제작업체는 낮은 가격으로 안벽크레인 시장을 장악하고 있는 중국의 ZPMC이며, 최근 세계 갠트리 공급물량의 65.6%를 차지하고

표 10-19 세계 주요 터미널의 대형 컨테이너 크레인 설치 현황

| 터미널(국가) | outreach(m) | 예상열수 | 제 작 사 |
|---|---|---|---|
| Dakland (USA) | 60 | 23~24열 | ZPMC (China) |
| Xiamen (China) | 62 | 24~25열 | ZPMC (China) |
| North Sea Terminal (Canada) | 62 | 24~25열 | ZPMC (China) |
| Salalah Port (Oman) | 63.5 | 25~26열 | ZPMC (China) |
| Yokohama (Japan) | 65 | 25~26열 | IHI (Japan) |
| ECT Rotterdam (Netherlands) | 66 | 25~26열 | Noell (German) |

자료: Cargo System, 2001. 3.

그림 10-2 컨테이너선 대형화에 따른 갠트리 크레인 제원 추이

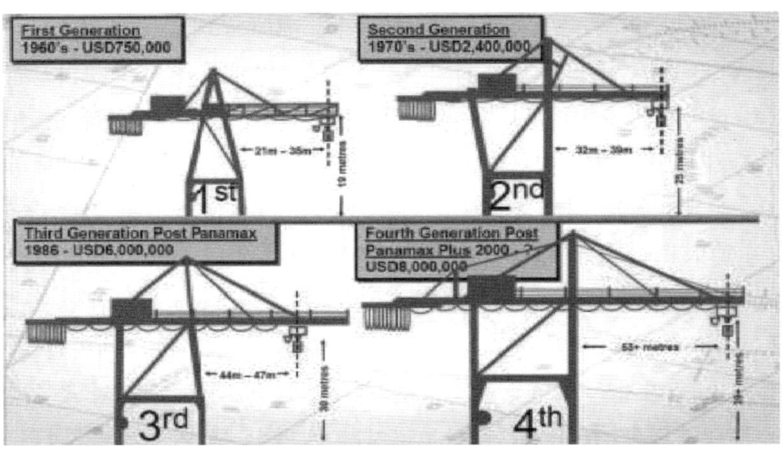


자료: TOC ASIA 2006, Practicalities of Serving Very Large Container Vessels, John Elliot.

있는 스프레더이며, 탠덤리프트는 한번에 40ft 컨테이너 2개를 집을 수 있는 스프레더임.

3) 김우선, "항만하역시스템 시장 현황과 시사점," 「해양수산동향」, Vol. 1228, 2006. 10. 20.

있고, 북유럽의 Liebherr사와 IMPSA Port Systems사가 그 뒤를 잇고 있으며, 국내 업체 중에는 현대삼호중공업이 약 20여 대를 공급하였다.

### 3) 소수의 거점항만과 피더항만으로 구분

향후 초대형화 컨테이너선의 운항이 기간항로에서 보편화되면 초대형선이 기항할 수 있는 터미널과 초대형선이 기항할 수 없는 터미널로 구분된다. 초대형 컨테이너선이 기항할 수 있는 여건을 갖춘 특정 항만은 주변 피더항만의 화물을 모아서 초대형 컨테이너선에 적재하거나, 양하된 컨테이너를 각 피더항으로 분산시키면서 많은 환적화물이 유치할 수 있다. 즉 초대형선이 기항가능한 항만은 메가허브 터미널 역할을 수행하고, 주변의 다른 터미널은 피더부두의 역할을 수행하게 된다.

선박대형화는 거점항으로 선택된 소수의 메가허브 항만에만 초대형선이 기항하고 나머지 항만들은 메가허브 항만에서 환적된 화물들을 운송하는 피더항으로 전환시키는 항만의 역할 내지 항만간 경쟁체제를 재편시킬 가능성이 높다. 선박대형화는 거점항과 피더항의 기능상 격차를 현재보다 훨씬 확대시키고, 재편시켜 주요 항만간 메가허브 항만의 지위확보를 위한 경쟁이 치열하게 전개될 것으로 예상된다.

주요 항만들은 메가허브 항만의 지위를 확보하기 위해 수심이 깊고 선석길이가 충분한 접안시설을 확충하고, 초대형선의 하역작업에 적합한 대형화된 갠트리 크레인 등 하역장비의 도입을 추진하고 있다. 시설과 장비의 확충과 더불어 터미널 운영의 효율성 향상을 위한 정보시스템의 개선을 적극 추진하고 있다.

## 3. 선박대형화에 대응한 항만정책

정부가 수립한 무역항 항만기본계획은 컨테이너 수요 증가나 선박대형화에 대응하기 위한 주요 정책 내용이 모두 담겨 있다.

표 10-20 전국 무역항 항만기본계획의 주요 정책

| 추진전략 | 세부 내용 |
|---|---|
| 중심항만 선점을 위한 제3세대형 대형항만 집중개발 | ■ 선박의 대형화 추세에 따른 수용시설의 적기 확보, 자동화를 통한 하역능력 제고 등 항만시설의 현대화 적극 추진<br>■ 항만배후지에 유통, 조립, 포장, 금융업 등 종합적인 국제비즈니스 거점을 조성하여 항만산업을 통한 시너지 효과 창출 |
| 물류비용 절감과 경제적 부가가치를 창출하는 수익형 항만 건설 | ■ 중심항과 지역 거점항만의 균형개발로 원활한 물류 Network 구축<br>- 컨테이너: 양항체제(Two Port System)의 중심항과 지역 거점항간의 Hub & Spoke기능 강화<br>- 유류, 양곡, 목재, 석탄, 시멘트 등 대량화물은 화물의 수요처와 수송 여건 등을 감안하여 배치<br>■ 원활한 배후수송을 위한 접근시설의 개선 및 확충<br>■ 항만의 국제경쟁력 제고를 위해 저비용, 고효율의 운영설비 완비<br>■ 연안수송 분담률 제고를 위한 항만간 연계수송시스템 구축 |
| 경쟁력 강화를 위한 첨단 기능의 자동화설비 및 물류정보시스템 구축 | ■ 고속하역장비, 무인자동화터미널 등 첨단설비 설치<br>■ PTMS, EDI, KL-NET 등을 연계한 종합항만정보 시스템 운용<br>■ 원격무역이 가능한 정보 Infra를 구축하여 항만을 국제교역기지화 |
| 환경친화적 항만공간 조성 | ■ 도시기능과 조화를 이루는 Water front 공간 배치<br>■ 주변 여건과 항만의 특성에 맞는 다양한 휴식공간 조성<br>■ 환경과 미관을 고려한 공간배치로 항만의 경관 개선<br>■ 항만기본시설 외에 해양문화 진작을 위한 각종 편의시설 건립으로 사회적 기여 |
| 항만운영의 자율화, 민영화, 상업화 추진 | ■ 자유무역지역 도입<br>■ 부두운영회사제(Terminal Operation Company) 확대·정착<br>- 1997년 이후 주요 항만의 부두별 운영회사제 운용중<br>- 국유민영체제로 전환<br>- 민간경영기법도입으로 항만생산성 제고<br>■ 항만 마케팅 활성화<br>- 항만별 민간자본 유치를 통한 시설확충으로 항만의 경쟁력 제고<br>- Port-Sales 강화 및 홍보효과 거양을 위한 항만홍보전시관 건립 |

자료: 해양수산부, 전국무역항 항만기본계획, 2006.

### 1) 동북아 물류중심화 추진

참여정부는 2003년 2월 출범과 동시에 '동북아 물류중심국가 건설'을 12대 국정과제로 선정하여 '화물·정보·사람이 모이는 동북아의 관문'으로 비전을 설정하였다. 우리나라의 제조업 발전이 둔화됨에 따라 새로운 국가 성장동력으로서 한반도의 '동북아 물류중심'을 추진해왔다. 물류중심화 정책은 우리나라의 항만수급상황이 개선되고 환적화물 유치가 활성화되기 시작한 1990년대 중반 이후 논의되기 시작하였다.

동북아 물류중심화 비전을 실현하기 위해서 물류시설 확충, 물류제도 및 정보시스템의 개선, 물류인력 양성 및 전문기업 육성을 추진하여 세계적 기업의 물류센터 및 지역본부의 유치를 추진하고 있다. 특히 정부는 인천공항과 부산항과 광양항 그리고 그 배후단지를 개발하여 글로벌 기업의 물류센터와 지역본부를 유치하고, 물론 물류관련제도와 시스템을 선진화하기 위해 '선택과 집중, 선점과 차별화', '약점의 중점보완' 그리고 '국내물류체계의 개선 병행'이라는 전략하에 주요 과제를 추진해왔다.

기존의 물류중심화 정책은 상당기간 중국의 항만시설 공급이 수요에 미치지 못할 것이라는 예상하에 물류기능의 선점과 물류시설의 경쟁우위 확보에 초점을 맞춰왔다. 이러한 물류중심화 정책은 중국과 일본의 경쟁의식을 유발하여 효율적인 실현이 어렵고, 장기적 관점에서 지속 가능성도 낮은 것으로 평가되어 왔다. 또한 우리나라 항만에 중국의 환적화물을 유치하려 했던 물류기능 선점전략은 중국의 항만 등 물류시설 개발이 가속화됨에 따라 차질을 가져올 것으로 예상하고 있다.

정부는 과거 물류중심화 전략의 문제점을 극복하고, 동북아 물류체계의 효율화와 물류시장의 확대를 추구하기 위하여 상호보완적이고 협력적인 관점에서 접근하기 위한 보완정책을 수립하여 추진중이다. 즉, 중국과 일본 등 경쟁국의 항만에 대한 비교우위 부문을 발굴하고 발전시켜 상호 공존할 수 있는 대안을 모색하며, 한반도의 지정학적 우위를 활용하기 위한 새로운 정책 패러다임을 발굴·제시하였다. 주변 국가들의 이해와 협조를 도출하고, 협력적인 물류중심화 정책을 추진하여 역내 물류비 절감과 동북아 경제의 대외 경쟁력 확보에 기여할 수 있도록 정책을 추진하고 있다.

정부는 기존 허브화 전략을 보완한 '고부가가치 물류허브화 전략'을 수립하여 역점적으로 추진하고 있다. 이 전략은 단순한 물량 창출 중심의 허브화에서 한 단계 나아가, 우리 항만을 고부가가치를 창출하는 새로운 성장동력으로 육성하기 위한 것이다. 부가가치 물류활동을 적극 유치하고, 국내 부가가치 물류활동의 극대화를 위한 국내물류기업의 육성 또는 글로벌 물류기업의 국내 유치를 목표로 하고 있다. 또한 항만배후단지의 조속한 개발과 함께 물류서비스의 효율화를 통한 경제 전반의 국제경쟁력을 제고하고, 국제 무역의 흐름을 저해하는 물류장벽을 제거하며, 역내 교역증대를 위한 동북아 물류네트워크 고도화 등 물류협력을 강화하는 것을 주요 내용으로 하고 있다.

### 2) 동북아 Hub 항만 지속 개발

#### (1) 접안시설

부산북항은 국내 최대의 컨테이너항만으로서 심각한 시설부족 현상을 겪어왔다. 2005년을 기준으로 부산항 입항선박 총 27,813척 가운데 선석 부족으로 12시간 이상 대기한 선박은 267척으로 체선율은 1.0%이었다. 부산항에 8,000 TEU급 이상의 대형 컨테이너선이 입항할 수 있도록 하기 위하여 부산항 항로 수심을 -16m로 증심을 추진하고 있다.

부산신항은 1995~2011년 중 모두 30선석(모선부두 25선석, 피더선부두 5선석)의 개발이 계획되어 있다. 단계별로 보면 제 1 단계 기간(1995~2008년) 중 18개 선석을 개발하고 제 2 단계 기간(2009~2011년) 중에는 모두 12개 선석을 개발할 예정이다. 부산신항 개발사업이 완료되면 표준처리능력은 연간 804만 TEU에 달할 것으로 예상되고 있다. 부산신항 개발에 총 투자소요액은 9조 1,542억원이며, 정부는 전체 투자규모의 45.6%인 4조 1,739억원, 민간은 54.4%에 해당하는 4조 9,803억원을 각각 투자할 계획이다. 1995~2006년의 12년간 실제 투자금액은 4조 5,688억원으로 전체의 49.9%에 불과하고, 나머지 50.1%에 해당하는 4조 5,854억원은 향후 2007~2011년에 걸쳐 투자할 예정으로 부산신항 개발은 당초 계획보다 지연되고 있다.

광양항 컨테이너부두 개발은 2011년까지 총 33선석의 부두시설이 건설될 예정이다. 그 중에서 2005년 12월 말 현재 개장된 컨테이너부두는 모두 12개 선석으로서 대형선석 8개, 피더선석 4개이다. 광양항 컨테이너부두 개발은 1987년부터 1단계 사업이 시작되어 1997년 5만 톤급 4선석이 준공되었으며, 2001년 2단계 1차 사업으로 5만 톤급 2선석과 2만 톤급 2선석, 2004년 2단계 2차 사업으로 5만 톤급 2선석과 2만 톤급 2선석, 3단계 사업으로 5만 톤급 4개 선석을 각각 완공·개장함으로써 모두 16개 선석이 정상 운영중이다.

광양항 컨테이너부두 개발사업(1987~2011년)의 총투자규모는 6조 6,323억원이며, 2006년까지 20년간 투자금액은 전체의 48.2%인 3조 1,983억원으로 계획보다 투자가 매우 부진한 편이다. 따라서 사업계획을 마무리하기 위해서는 2007~2011년까지 남은 5년간 3조 4,340억원(51.8%)을 추가로 투입하여야 한다.

#### (2) 피더네트워크 구축과 국내 피더부두와 연안부두 확충

국내 주요 항만의 피더네트워크를 활성화하기 위한 정책을 추진하고 있다. 우리 항만이 가진 지정학적 이점을 살리기 위해 실핏줄 같은 피더망 구축을 추진하고 있다. 중국, 일본 항만과 연결되는 근해선사의 피더망을 구축하여 화물유치를 확대하기 위함이다. 한-중, 한-일 피더망 유지와 강화를 위해 피더선사 지원금을 지급(연간 약 20억)하고, 중국 장강 내륙지역 등 물류 네트워크가 형성되지 못한 지역에는 물류기업과 피더선사 공동으로 시장을 개척하고 물류시설을 확보할 수 있도록 한중 물류장관회의 등을 통해 지원할 계획이다.

부산항과 광양항 중심의 네트워크를 구축하기 위해서 피더선과 연안선박의 전용부두를 확충하기 위하여 노력해왔다. 부산북항 컨테이너부두는 대부분 대형 컨테이너선 전용부두가 건설되었으나 허치슨 부두와 신감만부두에 일부 피더선이나 연안선의 전용부두를 확보하였다. 부산항의 피더선 접안능력 확대를 위하여 동삼동 해경부두(8부두) 조성 후 기존 해경부두를 피더선박 전용부두화하는 방안을 추진하고, 부산항 신항에 피더선과 모선이 동시에 접안할 수 있도록 하되, 하역료를 차등 적용하는 방안을 추진하고 있다.

부산신항과 부산북항간 이송에는 1~2시간이 소요되어 시간상 그리고 비용상 환적컨테이너 유치에 불리하므로 부산신항-북항간 연결도로 개발과 부산신항과 북항간 셔틀선박 운항을 검토하고 있다. 따라서 북항-신항간 환적 발생 가능성 및 피더서비스 수요 등을 감안하여 연결도로 개발과 셔틀선박 운항에 관한 사항을 검토하였다. 광양항은 2-1단계 및 2-2단계 부두에 각각 2개 선석씩 피더부두가 건설되었다. 아울러 2006년 1월 개장한 부산신항과 북항간 피더선을 이용하여 신속하게 환적컨테이너를 연계수송하도록 추진하였다.

#### (3) 배후단지 조기개발과 확충

기존 항만은 배후단지 조성을 위한 부지가 절대적으로 부족한 실정이다. 정부도 이러한 문제점을 인식하고 부산신항과 광양항 등 신항만 개발시 충분한 규모의 항만배후단지의 확보와 아울러 활성화를 위해 노력하고 있다. 배후단지

조기 개발과 아울러 항만배후 지원시설의 확충을 통하여 물류관련 활동을 지원함과 아울러 다양한 부가가치 물류활동이 이루어지도록 하기 위해 다양한 사업을 추진하고 있다.

광양항 배후부지의 업무지원시설을 중심으로 선사·대리점·포워딩·금융 등 해운항만관련 기능을 클러스터화하여 이용자에 대한 원스톱 서비스(One-stop Service)가 이루어질 수 있도록 하고, 쇼핑·문화·숙박 등 근린생활시설을 구비하도록 추진중이다. 또한 항만 이용에 편의를 제공하기 위해 배후단지에 주차장·부대시설 등을 구비한 화물차량운전기사 휴게소를 건립하고 있다. 그리고 지자체와 협의하여 저가의 임대료 제공 등을 통해 국제적인 물류기업을 유치하여 배후단지를 조기에 활성화하고, 보관, 조립, 단순가공 등 다양한 부가가치 물류활동이 이루어질 수 있도록 추진하고 있다.

### 3) 하역장비 현대화 등 생산성 향상 추진

#### (1) 하역장비 현대화

컨테이너 크레인 및 야드 장비의 증설을 추진하였다. 신속한 하역작업이 가능하도록 현대화된 갠트리 크레인을 선석당 3대 이상이 하역작업을 수행하여 생산성 향상을 도모하도록 추진하였다. 과거 선석당 2대의 갠트리 크레인이 배치되는 것으로 설계하였으나 외국 항만들이 모선당 3대~6대까지 갠트리 크레인이 배치되어 신속한 하역작업을 수행하였기 때문이다. 항만하역장비에 대한 임시투자액공제 연장, 하역장비 현대화 자금을 지원하여 신규장비 도입, 노후장비 교체 등을 추진하고 있다.

또한 컨테이너 크레인의 고효율화를 추진하고 있다. 컨테이너 크레인의 경우 기존의 13~16열형 노후장비를 20열 이상의 대형으로 교체하고, 트윈리프트(twin-lift) C/C 등으로 적용하는 방안을 추진하고 있다. 그런데 이들 고효율 크레인은 하중문제로 인하여 기존부두에 대한 적용에는 한계가 있다. 트윈리프트 C/C는 부산항 신항 3선석에 적용되었으며, 신설항만에 적극 적용할 계획이다.

#### (2) 항만노동 생산성 제고

클로즈드숍제로 운영되는 항만노동공급제를 개선하기 정부는 2005년 5월 항만노무공급체제를 항만업체가 직접 상시 고용하는 상용화 체제로 전환하는 내용의 노사정 협약을 체결하였고, 상용화체제 개편에 필요한 재정지원 근거 마련 및 항만노조원의 근로조건 보장을 위해 "항만인력공급체제의개편을위한지원특별법"을 제정(2005. 12)하였다. 2006년 부산항의 항만노무상용화를 실시하였고, 2007년 초 평택 당진항과 인천항이 상용화를 실시하였다.

#### 4) 전략적 환적화물 유치 추진

우리나라 2006년 컨테이너 물동량은 1,596만 TEU로 전년보다 4.9% 증가하였으며, 특히 환적물동량은 567만 TEU로 전년 대비 2.5%의 증가에 그쳤다. 1998~2004년 중 환적물동량의 연평균 증가율은 36.4%였으나 최근 5% 수준에 머물고 있다. 이처럼 환적화물의 증가세가 둔화된 것은 대내적으로 부산항의 시설능력 한계로 인한 서비스 수준의 악화와 대외적으로 중국 주요 항만들의 개발과 물동량의 급증으로 이들 항만에 대한 직기항체제가 확산되고 있기 때문이다. 직기항체제가 확산됨에 따라 동북아지역의 피더서비스 수요가 감소함으로써 역내 환적 물동량 증가세도 크게 둔화되고 있다.

장기적으로 중국 주요 항만에 대한 직기항 체제가 확산됨에도 불구하고 역내 환적물동량의 증가세는 지속될 것으로 전망하고 있다. Drewry사는 세계 항만물동량에서 차지하는 환적화물의 비중은 1980년 11.0%에서 2001년에는 25.5%로 증가할 것으로 예상하였다.[4] 중국 항만 직기항에 따른 환적물동량 증가세의 둔화현상은 일시적인 현상 중 하나로 파악하고, 장기적으로 해상운송시스템의 발전과정에서 자생적으로 증가하는 환적물동량의 증가세가 직기항에 따른 부정적 요인을 능가함으로써 국내 환적수요의 증가세가 지속될 것으로 전망하고 있다. 정부는 2006년부터 '전략적 환적화물유치 종합대책'을 수립하고, 항만시설능력의 대폭적인 확충과 함께 항만시설의 생산성을 극대화함으로써 원가절감 및 서비스개선을 도모하는 데 중점을 두고 있다.

#### 5) 선석통합운영을 통한 생산성 향상

초대형 컨테이너선 발주가 확대되고, 중국 항만 등 직기항 체제가 확산됨에 따라 16m 이상 수심이 깊고, 대형 모선과 피더선이 동시에 접안할 수 있는 700m 이상의 안벽길이를 확보하며, 22열 이상 아웃리치를 가진 갠트리 크레인

4) Drewry, *Global Container Terminals*, 2002, p. 125.

을 갖춘 항만이 메가허브 항만으로서 지위를 확보할 수 있다.

한편 부산북항 감만부두와 광양항 1단계 부두는 완공 당시 하역업체의 선호도가 낮아 하역업체에게 부산항과 광양항 각각 1개 선석을 패키지로 임대하여 운영해왔다. 즉 한진해운, 세방기업, 대한통운, 허치슨은 감만부두 1개 선석과 광양항 1단계 1개 선석을 2005년까지 운영해왔다. 부산항과 광양항에 1개 선석씩 운영함으로써 문제점이 발생하였다.

첫째, 동일 항만에서 어떤 선석은 선박이 대기할 만큼 수요가 많으나 인접한 다른 선석은 하역물량이 없어 개점휴업상태인 경우가 발생하여 항만운영 효율성이 저하되고, 장비의 여유가 발생하더라도 상호 공동이용이 거의 불가능하였다.

둘째, 하역업체 또는 선석별로 선박입항이 주말 등 특정기간에 몰리는 등 적절한 선석이 부족하여 인근 터미널 및 타부두로 선박을 전배함으로써 고객서비스 저하를 가져왔다.

셋째, 적절한 선석이 부족하여 선박을 다른 부두로 전배함에 따라 불필요한 운송비 발생, 추가 운송에 따른 교통혼잡 및 공해발생을 가져왔다.

넷째, 선박길이 340m 이상의 선박이 동시 입항하거나 8,000 TEU급 이상의 대형선이 입항할 경우 인접한 하역업체의 선석을 이용하기 어려운 경우 접안 자체가 불가능하다.

따라서 2005년 말 한진해운과 세방기업은 부산감만부두 및 광양 1단계 컨테이너 터미널의 통합을 통한 운영효율화 도모하였다. 부산항은 부산컨테이너터미널 주식회사(Busan International Terminal Co. Ltd.), 광양항은 광양컨테이너터미널 주식회사(Gwangyang International Terminal Co. Ltd.)를 설립하고, 한진해운과 세방기업이 주주사로서 각각 동일하게 50%씩 지분을 가지도록 추진하였다.

### 6) 항만운영효율화 추진

우리나라의 IT 기술과 선진화된 항만운영시스템을 결합한 항만물류정보시스템을 구축하여 활용하고 있다. Port Mis를 포함한 SP IDC 등을 활용하여 신속하고 간편하게 입출항 및 통관행정절차를 서류없이 이행할 뿐 아니라 개별 터미널 운영업체별로 터미널운영정보시스템에 기초하여 신속하게 컨테이너화물을 처리하고 있다.

2003년 해운항만물류 종합정보센터(SP-IDC) 시스템 설계와 시범시스템 구축을 완료하고 2004년에는 기존 정보망과 연계한 시범운영 및 서비스 확산을 추진하여 2006년부터는 인터넷 기반의 항만민원서비스를 제공하고 있다. 장기적으로 RFID를 활용한 유비쿼터스 물류종합 정보시스템으로 확대·구축을 추진 중이다.

또한 입출항 화물 신고서식의 코드(Code)를 통일하여 화물반출입 보고서와 관세청의 적하목록을 통합·표준화하여 선사의 업무부담을 경감시켰다. 2004년 말까지 관세청과 물류정보 연계시스템을 구축하여 2005년부터 관세청의 적하목록 서식과 화물신고서를 통합한 통합서식을 시행하고 있다.

환적화물 유치능력이 큰 선사에 대하여 전용터미널의 확보를 적극 지원한다. 신설부두운영사의 선정시 선사의 참여지분과 선사 수송물량 등의 배점을 상향하는 방안을 적극 시행할 계획이다. 또한 항만관련 부대서비스(줄잡이, 검수 등)를 터미널 운영사에서 일괄 제공하도록 함으로써 서비스제공의 시간지연을 예방할 수 있도록 한다.

### 7) 인센티브 제시와 마케팅 강화

#### (1) 항만비용 감면을 통한 경쟁력 확보

환적화물의 유치를 위해 광양항의 항만시설사용료 면제정책을 연장하고, 부산신항의 경우 입항회수가 월 1회 이상인 선사 중 전년에 비해 횟수가 증가한 선사를 대상으로 선박 입출항료를 감면하며, 물량증가에 따라 하역료를 감면하는 물량인센티브(Volume Incentive)를 확대하여 지원 대상을 연간 3만 TEU에서 5천 TEU 이상 처리한 선사 등 유치를 강화하고 있다. 또한 광양항은 2006년부터 마일리지제도를 도입하여 선사, 화주와 포워더의 신규물량을 점수화해 이들에게 물량 창출 지원금을 지급하고 있다.

#### (2) 항만마케팅 활동 강화

항만마케팅은 국가, 지자체, 개별 업체 차원에서 입체적으로 추진해야 한다. 국가는 지방항만의 마케팅 활동 지원, 지자체는 지역적 물류특성의 홍보와 긍정적 이미지 창조, 개별 터미널은 업체별로 차별화된 서비스의 홍보 등에 중점을 두고 마케팅 활동을 해야 한다. 공공부문의 항만마케팅 활동은 지방해양수산청과 항만공사가 추진하고, 해당 기관에 전담인력을 확보하여 전문적이고, 체계적인 마케팅 활동을 시행하도록 한다. 항만공사는 마케팅 전담인력을 보강하고, 주요 선사 지역본부 등에 해외주재원을 파견한다.

그리고 부산항·광양항의 환적화물에 대한 기종점 분석을 지속적으로 실시하여 주요 마케팅 대상 항만을 선정하여 타겟마케팅(Target Marketing) 활동을 추진하고 있다. 또한 터미널별 컨테이너 처리 경진대회를 개최하거나 '최고의 컨테이너 터미널'을 선정하여 포상하는 등 활동을 강화하고 있다.

# 제 5 절 우리나라 항만정책의 발전 방향

## 1. 항만정책의 기본 목표

### 1) 물류비용 절감을 통한 국가경제활동 지원

항만의 일차적 기능은 화물을 운송수단간 효율적이고 저렴한 비용으로 이전시키는 데 있으며, 보관, 하역 등 전통적 물류활동 이외에 가공, 조립, 상표부착, 분류 등 부가가치 물류활동이 중시되고 있다. 항만정책의 가장 중요한 목표는 물류의 효율화와 비용절감을 통한 국민경제활동을 지원하는 데 있다.

이러한 목적을 달성하기 위해서는 선박 및 연계수송수단을 효과적으로 수용할 수 있는 시설 및 운영체계를 항만개발계획에 적용하고, 항만운영효율화를 통한 생산성 향상을 도모하도록 해야 한다. 특히 선박의 대형화와 전용선화 그리고 화물의 고부가가치화가 진행되고, 선박의 자본비와 화물의 재고비가 증가함에 따라 선박접안시간 단축에 대한 수요자의 요구를 충족시키는 데 초점을 두고 항만정책을 추진해야 한다.

### 2) 항만의 국제경쟁력 강화

동북아 물류중심화를 실현하기 위해서는 국내 수출입화물 이외에 환적화물을 유치해야 하며, 환적화물 유치를 위해서는 항만의 국제경쟁력 강화가 절대적으로 필요하다. 항만의 국제경쟁력을 결정하는 요인은 학자나 실무전문가에 따라 중요도에 대한 인식이 다를 수 있으나 일반적으로 입지, 시설과 장비, 운영,

가격(사용료), 운영시스템 등이 중요하다고 인식하고 있다.

특히 항만시설은 수요에 부응하여 적기에 공급하고, 대형선이 안전하게 접안할 수 있는 충분한 수심과 안벽길이 등 대형선을 유치하기에 적합한 인프라를 탄력적으로 확충하는 등 글로벌 항만네트워크 구축 등을 추진할 필요가 있다. 그리고 하역, 이송, 적재 등을 위한 장비와 시설은 대형선의 신속하고 안전하며 효율성이 높은 하역, 이송작업에 적합해야 하며, 생산성 향상과 고객서비스 향상을 도모할 수 있는 장비와 시설을 설치하고 운영해야 한다. 아울러 선사나 화주들이 이용하고 편리한 항만환경을 조성하고, 정보시스템과 전문인력을 바탕으로 다른 항만과 차별화된 경쟁우위를 확보하도록 해야 한다.

### 3) 항만배후단지의 부가가치 물류활동 강화

과거 항만은 수송수단간 연계를 위한 결절점으로서 하역, 보관 및 이송작업을 수행하는 것을 핵심 역할로 인식하였으나, 최근 포장, 조립, 가공, 상표부착, 혼재 등 부가가치 물류활동 지원기능이 더 중시되고 있다. 이에 따라 다양

그림 10-3 우리나라 항만의 5대 전략 방향

| 5대 전략 방향 | 추진방안 |
|---|---|
| 1 항만 Marketing / Sales 체계 강화 | • 마케팅 전략과 항만개발이 유기적으로 연계된 Concurrent Engineering 접근법 도입<br>• 전세계 항만 Sales Network 구축 |
| 2 항만 클러스터 육성 | • 항만배후단지 조기조성<br>• 항만, 항만배후단지, 배후산업단지가 연계된 항만클러스터 시범 육성 (부산, 광양항 등)<br>• 배후물류단지 부족 시 인근산업단지 활용방안 검토 |
| 3 동북아 허브항 육성 | • 물류허브 전략과 연계하여 부산 신항, 광양항 등을 동북아 허브항으로 전략적으로 개발<br>• 항만 QCD 제고 (수요자 중심개발, 여건변화에 탄력적으로 대응)<br>• 항만공간에 대한 효율적 활용도 제고 |
| 4 항만 운영 효율성 증대 | • 항만운영체계 자율성 강화<br>• 항만시설 개선을 위해 터미널 운영사에 실질적 인센티브 제공<br>• 항운노조 상용화 및 공급체계 경쟁구도화를 통한 인력개선<br>• 항만운영시스템 지능형 통합화 |
| 5 해외시장 진출 | • 사업기획 및 투자타당성 분석 분야 역량 강화<br>• 글로벌 물류네트워크 구축의 다양한 진출 대안 검토 필요<br>• 범정부 차원의 지원과 전문적인 지원조직 검토 필요 |

자료: 해양수산부, 미래 국가해양전략 연구(Arther D. Little), 2006. 8.

한 부가가치 물류활동을 수행하기 위한 항만배후단지의 조성이 조기에 추진되고 활성화할 필요가 있다. 항만배후단지는 국제물류산업을 촉진시키고, 관련 산업의 클러스터를 구축함으로써 국내외 제조기업과 물류기업을 유치하고, 부가가치 서비스를 제공해야 한다. 배후단지를 활성화시키기 위해서는 비용(cost), 연계성(connection), 편의성(convenience) 등 고객들을 충족시킬 수 있는 여건을 조성해야 한다.

[그림 10-3]은 우리나라 항만의 5대 전략방향을 나타낸 것으로 향후 우리나라 항만정책 방향은 5대 전략 과제를 중심으로 살펴보기로 한다.

## 2. 동북아 허브항만 육성

### 1) 수요자 중심의 항만개발정책으로 전환

항만개발정책도 시간이 경과함에 따라 변화하고 있다. 과거 항만개발정책은 예산확보의 어려움 때문에 선석확보를 최우선으로 추진하였으며, 5년 단위의 항만기본계획이 일단 수립되면 대내외 해운항만환경이 변화하더라도 즉시 반영하지 않고 계획대로 밀어붙이는 공급자 중심의 개발방식이었다. 따라서 국내외 환경변화나 항만물동량의 변화를 적기에 반영할 수 없었고, 수요보다 늦게 항만을 개발하여 체선으로 인한 사회적 비용이 증가하거나 시설의 공급과잉상태가 나타나더라도 지속적으로 항만을 개발하는 사례도 나타나게 되었다.

향후 항만개발정책은 수요자 중심의 항만개발정책으로 전환하고, 항만의 경쟁력 강화와 부가가치 물류 허브화를 목표로 추진해야 한다. 2006년 도입한 탄력적 항만개발정책[5]은 수요자 중심의 항만개발정책으로 전환한 것으로 볼 수 있다. 장래 항만물동량 변화의 가변성을 충분히 고려하고, 일정수준 이상의 항만이용실적을 나타낼 경우 항만을 추가로 개발하는 정책을 추진하고 있다. 이러한 수요자 중심의 항만개발을 위하여 2007년 한국해양수산개발원 내에 항만수요예측센터를 설치하였고, 이 수요예측센터를 적극 활용하여 각 항만물동량의 수시점검과 대안제시, 개발시기 조정 등 탄력적으로 항만개발(Trigger Rule 포함)을 추진할 것으로 전망된다.

5) 조기경보시스템이나 Trigger Rule System은 항만물동량 이용 실적을 비롯한 항만 이용형태를 사전에 분석하고 점검하여 개발시기를 조정하는 것을 의미한다.

또한 항만개발시 품질(Quality), 비용(Cost), 배송(Delivery)[6] 개념을 도입하여 수요자가 필요로 하는 항만기능을 파악하고 계획에 반영해야 한다. 아울러 비용절감을 위해서는 개발비용을 최소화하거나 개발 후 생산성을 최대한 제고할 수 있는 운영방안을 검토해야 한다. 이러한 QCD 개념을 현실적으로 응용하기 위해서는 ① 항만수요예측센터의 효율적 운영, ② 항만투자 평가모델의 개발, ③ 투자재원 조달방식의 다각화, ④ Trigger Rule에 의한 개발 방식을 도입하여야 한다.

### 2) 항만기능의 다변화

항만기능의 다변화는 노후화 또는 유휴화된 항만시설과 주변지역을 거주, 상업, 관광, 업무, 문화 등 수요를 창출할 수 있는 새로운 기능을 가진 항만으로 개발하는 것이다. 노후화된 항만 및 주변지역과 배후 도시기능을 연계하여 친환경·고부가가치 항만공간으로 재창출하는 프로그램을 의미한다.

2006년 해양수산부는 2010년까지 전국 항만을 대상으로 항만 워터프론트 개발, 항만 랜드마크 건립 등 항만재개발 관련 정책지원사업을 지원하여 항만공간의 복합·다기능화를 추진하고 있다. 재개발 대상지역 항만은 항만시설의 기능·구조적 노후화 정도 그리고 배후도시의 개발잠재력 등을 감안한 노후화지표를 개발하여 전국 무역항 및 연안항에 적용하여 10개(약 1,100만 ㎡)의 재개발 대상 항만을 선정하였다. 시범사업으로 부산북항 재개발 사업을 선정하고, 항만과 도시를 대표하는 새로운 항만 브랜드를 창출하여 비즈니스 수요를 창출할 뿐 만 아니라 해양관광산업도 동시에 촉진하도록 추진하고 있다.

### 3) 지능형 항만 물류시스템 도입

고부가가치 항만을 건설하고 운영하려면 지능형 항만 물류시스템을 도입해야 한다. 지능형 항만 물류시스템은 주변국 경쟁항만과 경쟁을 위하여 그리고 컨테이너선의 초대형화 추세에 대응하여 대용량 고속하역과 이송이 가능하도록 설계되고 운영되는 전자동 물류시스템을 나타낸다.[7] 네덜란드와 싱가포르가 이

6) 항만개발에서 적기 배송이란 터미널 개장과 동시에 당초의 개발능력에 근접할 수 있는 물동량을 실제로 처리할 수 있도록 항만운영(operation) 측면을 고려하여야 한다는 것을 의미한다.

7) 해양수산부, 지능형 항만물류시스템, 2006. 8.

미 운영중에 접안과 하역, 적재시스템, 운영시스템, 통제시스템 등 모든 항만 운영의 프로세스의 지능화를 추진한다.

차세대 지능형 물류시스템 기술개발 과제는 2006년 말 현재 4차년도 연구개발 중이며, 초대형 컨테이너선용 하이브리드 안벽기술 개발, 고효율 인공지능 하역시스템 기술개발과 인공지능형 터미널 운영·물류시스템 개발 등 과제의 핵심기술개발 및 시제품제작이 순조롭게 진행중이다.

2009년까지 개발이 완료될 차세대 지능형 물류시스템은 상용화를 위하여 국내 항만에 우선적으로 적용하고, 해외 마케팅 강화 및 적용시 발생할 수 있는 문제점 분석과 관련 기술의 발달을 고려한 적용기술 고도화단계의 연구를 실시할 예정이다. 차세대 지능형 물류시스템 개발이 완료되면 시간당 90개를 처리할 수 있는 안벽크레인이 개발되며, 이의 효율적인 활용을 위한 비매립식 안벽하역시스템과 연계하여 15,000 TEU급 선박이 접안할 수 있는 가동식 및 가변식 안벽기술의 설계기술개발이 완료된다.

### 4) 자원순환형(Recycling) 물류시스템

향후 육상에서 발생하는 쓰레기나 도시 재개발로 인한 건설 폐자재 등 생활 쓰레기를 처리할 매립시설 또는 소각시설을 설치하는 것이 지역주민의 반발로 어려워졌다. 이러한 환경 문제와 지역문제를 해결하기 위하여 바다를 활용하는 방안이 추진되고 있다.

해양공간을 이용한 자원순환형 물류시스템은 전국의 지역거점 폐기물 야드 또는 항만에서 폐기물을 수집한 후 해상운송을 통하여 폐기물을 해상매립장에 반입하거나 폐기물을 항만리사이클센터에 반입하여 중간처리 후에 최종적으로 해상매립장에 반입하는 물류시스템을 의미한다. 자원순환형 물류시스템의 기본 구성요소는 "해상매립장 + 항만리사이클센터 + 지역거점 폐기물야드 또는 항만"으로 이루어진다.

폐기물의 해양투기에 대한 국제적 규제가 강화되는 가운데 앞으로 육상 처리에 필요한 비용은 더욱 증가할 것으로 예상되므로 항만구역의 일부를 육지부에서 발생하는 폐기물을 활용하여 건설(매립)하고, 조성되는 항만부지에 폐자재 재생시설 및 소각시설 등 육지 쓰레기 등을 처리할 수 있는 시설 등을 설치하여 해상에 '자원순환형(Recycling) 항만'을 건설하는 방안을 추진할 필요가 있다.

## 3. 항만의 클러스터 구축을 통한 항만의 고부가가치화

항만배후단지를 자유무역지역으로 지정하고, 지역내 물류센터를 중심으로 산업별 클러스터를 구축하여 물류비 절감, 신속한 수송, 고객서비스 향상을 위한 글로벌 SCM을 구축해야 한다. 항만은 전통적인 항만관련산업은 물론이고 배후의 산업단지내 제조기업과 물류기업, R&D 시설, 기업 지원시설 등과 클러스터를 구축, 활동주체간 네트워크를 구축하여 상호 시너지 효과를 극대화할 수 있는 고부가가치 항만으로 탈바꿈시켜야 한다.

고부가가치 항만은 수출입 화물의 창출과 환적화물 유치를 위해서 추진되어야 한다. 고부가가치 항만은 터미널, 배후단지, 배후 수송망이 연계되고, 배후단지는 조립, 재가공, 상표부착, 보관 등 종합물류기능을 지원해야 한다. 터미널, 배후단지, 배후 수송망 등 항만 인프라를 우선 적기에 확충해야 하고, 터미널 개장과 동시에 화물을 창출할 수 있는 기업이 배후단지에 가능한 많이 입주해야 한다.

항만배후단지를 중심으로 한 항만클러스터 구축을 위해 한중일 삼국간 물류협력비즈니스 모델이 개발되고 있어 부산항, 광양항, 인천항을 중심으로 다양한 기업들이 활동하게 될 것으로 예상된다. 정부는 항만클러스터 구축을 위한 항만배후단지 조기 확보를 위해 전국 8대 중요 무역항을 중심으로 「전국 무역항 항만배후단지개발계획」(해양수산부, 2006)에서 2015년까지 연차적으로 항만배후단지 공급할 계획(2020년 기준 총 26,994천 ㎡)이다. 또한 개별 항만 여건에 부합하는 복합물류 기능을 확립하여 국내외 물류 구심점 역할을 수행하고 글로벌 기업의 수요에 부합하는 복합물류기지화를 위하여 관련 산업의 클러스터를 통한 산업간 상승효과를 극대화하기 위해 노력하고 있다.

### 1) 항만배후단지의 개발

클러스터화를 통해 항만의 가치를 제고하고, 화주들의 공급사슬관리(SCM) 상의 물류시스템 구축을 위해서 우선 조기에 항만배후단지를 조성해야 한다. 동북아시아 주요 항만들은 이미 배후단지를 조성하였거나 경쟁적으로 배후단지를 확장하고 있다. 그러나 우리나라는 항만배후부지에 대한 수요가 증가해왔음에도 공급면적이 절대적으로 부족한 실정이었으며, 기업이 입주를 희망하는 시점에 거의 입주할 수 없는 실정이었다.

부산항의 경우 2006년까지 약 15만 평의 배후부지를 조성하며, 2010년까지 36만 평을 제공할 계획을 가지고 있지만 효과적인 기업유치를 위해서는 터미널 개장 초기에 20만 평 이상의 용지를 조성해야 한다.[8] 배후물류부지가 부족하면 물류기업의 입주가 지연되고 부가가치를 창출할 수 있는 기회가 지연되어 항만이 활성화되기 어렵다. 또한 기업이 입주의사를 철회하거나 다른 항만으로 입주할 경우 물류부지 수요가 감소하여 추가 부지 조성계획이 지연되거나 보류되어 배후부지가 부족하게 되는 현상이 반복될 수 있다.[9]

항만배후단지에 입주하는 기업들에게 입주위치, 규모, 업종 등 다양한 선택권을 부여하고, 비즈니스 모델을 발굴하기 위해 항만배후단지 유형별, 특성별 배후단지 물류지원 시설과 효과적인 관리운영 시스템을 도입해야 한다. 또한 항만배후지역의 특성을 반영한 항만배후단지내 시설 및 관리운영체계를 도입하여 지역 특성과 항만의 유형에 적합한 항만클러스터를 구축하여 항만과 그 배후단지를 한층 활성화시키기 위한 방안도 모색해야 한다.

### 2) 신규 부가가치 창출 모델

장래 항만물류분야의 수익기반을 확보하기 위해 항만클러스터를 중심으로 우리의 장점을 극대화할 수 있는 새로운 물류비즈니스 모델을 개발하고 제시해야 한다. 급변하는 글로벌 생산네트워크, 국제분업체제, 국제경쟁심화, 정보시스템 고도화, 급속한 인구이동 등으로 창출되는 지리적, 산업적 변화에 기반하여 새로운 물류비즈니스 모델을 구상해야 한다.

경제, 산업, 인구, 사회, 정치, 문화의 변화 등 물류산업의 동향을 파악하고 특화된 산업군을 파악하여 새로운 물류비즈니스 모델을 구축해야 한다. 2007년 이전에 추진된 10대 물류비즈니스 모델들을 기반으로 하여 새로운 물류산업의 동향과 장래 첨단물류기술을 연결한 신개념 물류비즈니스 모델을 개발해야 한다. 신규 물류비즈니스 모델은 국내 항만클러스터들에 적용함으로써 다양한 형태의 경제적 부가가치가 항만클러스터에 창출되도록 지원해야 한다.

8) 해양수산부, 글로벌 물류기업유치전략(ADL), 2003. 10.
9) 해양수산부, 미래국가 해양전략(ADL), 2006. 8.

## 4. 항만운영의 효율화

수출입 물동량을 창출하거나 환적화물을 전략적으로 유치하기 위해서는 항만운영시스템의 효율화를 추진해야 한다. 중국 또는 동아시아의 환적화물을 유치하려면 항만운영과 밀접한 항만비용, 항만시설, 항만서비스의 개선이 필요하다. 그동안 우리 항만의 생산성 향상을 위하여 부두운영회사제(Terminal Operation Company)나 항만공사제(Port Authority) 같은 항만의 관리운영체제를 개선하였고, 화물유치를 위한 인센티브 제시 등 각종 유치전략도 수립하여 시행해왔다.

그러나 우리나라 항만의 효율성은 동북아시아의 주요 경쟁국 항만과 비교할 때 아직까지 낮은 수준이기 때문에 경쟁항만에 비해 우수한 효율성, 생산성을 나타낼 수 있도록 종사자의 의식혁신과 시스템의 리스트럭처링이 필요한 것으로 분석하였다.[10] 부두운영회사제를 효율적으로 운영하기 위해서 현행 1부두 1사 원칙을 확대하여, 부두간 통합운영이 필요할 경우 통합운영 지원함으로써 부두운영의 효율성을 제고하고, 생산성을 향상시켜야 한다. 또한 부두운영회사 임대료 체제의 개선이 필요하다.

생산성 향상을 통한 화물유치 극대화를 도모하려면 효율적인 항만운영이 필요하다. 항만운영 효율성은 관리체계(management system), 시설과 장비(equipment),

그림 10-4 항만효율성 제고

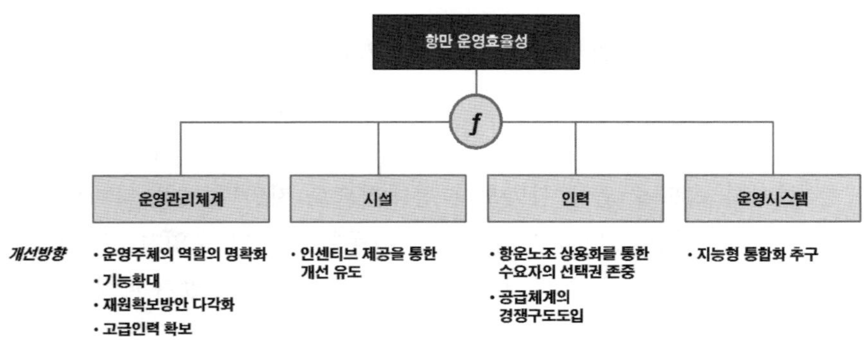


자료: 해양수산부, 미래 국가해양전략 연구(Arther D. Little), 2006. 8.

10) 환적화물 이동경로 조사분석 및 마케팅전략 수립 연구(KMI, 2005); X. Clark et al., *Maritime Transport Costs and Port Efficiency*(World Bank, 2001).

인력(manning system), 운영시스템(operation system) 등 4가지 요소를 고려해야 하며 부문별 개선과제는 [그림 10-4]와 같다.

### 1) 항만관리체제(Port Management System)의 개선

중앙정부(해양수산부)는 항만공사가 이미 설립된 부산항, 인천항, 울산항[11]을 제외한 무역항의 관리주체(Landlord)이다. 항만공사제는 위의 3개항 외에 다른 항만까지 점차적으로 확대될 것으로 예상된다. 항만공사제가 다른 항만에 도입될 경우 훨씬 더 기업경영방식을 가미하고 자율권을 부여하는 방식으로 진화되어야 한다. 즉, 항만공사의 항만운영을 위한 자율권을 확대하고, 지방해양수산청과 기능을 새로이 정립하여야 한다. 뉴욕/뉴저지 항만공사의 경우 항만수입보다는 교량, 빌딩 등 항만 외 수입비중이 크다는 사실[12]을 감안할 때 항만개발과 운영 이외의 다른 수입원을 확보하여야 한다. 항만공사 인력에 대한 항만운영 전문성 교육을 강화하고, 기존 정부 관리체제하에서는 기대할 수 없었던 회계, 마케팅, 세일즈 등 새로운 기업경영 기법을 조속히 항만에 도입할 수 있는 인력도 육성하여야 한다.[13]

항만공사제는 평택당진항, 여수·광양항, 군산·장항항, 포항항 중 재정자립도가 높은 항만부터 항만공사 설립을 추진해야 한다. 특히 항만공사도입에 따른 부작용을 최소화하기 위한 여러 가지 조치가 선행되어야 한다.

### 2) 장비 및 시설의 보강

국내 컨테이너 부두에 배치된 선석당 크레인 수는 경쟁항만보다 낮다. 선석당 갠트리 크레인 수는 말레이시아 탄정펠레파스항 4.0기, 중국 심천항 3.6기, 싱가포르항 3.1기와 비교할 때 부산항은 2.8기 수준이다. 우리나라 항만의 자동화 또는 현대화 속도가 외국 항만보다 상대적으로 지연된 것은 터미널 운영업체의 장비개선을 위한 지원책이 미흡하고, 자동화 터미널 운영시 항운노조에게 지급해야 할 손실보상금 등의 문제가 원만하게 해결되지 않았기 때문이다. 터미널 운영업체가 자발적으로 현대화된 장비로 개선하도록 자금지원과 융자를 확

11) 울산항은 2007년 7월 5일 울산항만공사(UPA)가 설립되어 운영중이다.

12) 뉴욕-뉴저지 항만공사의 '04년 세입 24억 달러 중 항만수입의 비중은 4.5%에 불과하다(확인 필요).

13) 전국경제인연합회, 항만의 경쟁력 제고과제, 1997.

대하거나 터미널 임대계약 체결시 시설투자계획을 수립하여 제시할 경우 업체로 선정하도록 함으로써 터미널 운영업체들이 스스로 설비를 구축할 수 있는 옵션도 고려해야 한다.

### 3) 항만노무공급체계의 상용화

1876년 부산항이 개항한 이래 130여 년 만에, 그리고 1898년 항운노조가 설립된 지 100여 년 만에 한국 항만노무인력체제가 전면적으로 개편되었다. 2005년 12월 '항만인력공급체제의 개편을 위한 지원특별법'이 제정되어 그동안 항운노조가 독점적으로 공급해 오던 노무공급을 하역업체 등 물류기업이 직접 하역작업을 수행할 종사자를 고용하는 체제로 전환되었다. 항만부문에서는 하나의 개혁적인 조치로서 2006년 말 부산항이, 2007년 상반기 평택당진항과 인천항이 상용화를 실시함으로써 연간 약 1,000억원 이상 물류비를 절감할 수 있게 되었으며, 항만운영 효율화도 한층 추진될 것으로 예상된다. 비록 일부 항만에서 도입되었지만 항운노조 상용화는 동북아 물류허브 중심항만으로 도약할 수 있는 새로운 전기를 마련하였다는 평가를 받고 있다.

향후 항만노무공급 체제는 항운노조 상용화와 인력공급시장 경쟁 구도가 나타날 것으로 예상되고 있다. 항만인력 문제를 개선하기 위해서는 상용화 체제가 정착된 이후 장기적으로 ① 하역작업에 적합한 인력 선발, ② 항만별 소요인력 산출을 통한 적정인력규모 유지, ③ 작업장, 작업내용 및 취급품목 고정을 통해 영역별 전문성 제고하여 임금 결정기준을 합리화하여야 할 것이다.[14)]

### 4) 항만운영시스템의 지능화

항만운영 측면에서 지능형 통합화를 통한 신속성과 정확성을 구비한 항만운영체제가 필요하다. 싱가포르 PSA는 CITOS(Computer Integrated Terminal Operations System)를 통해 선박접안, 하역작업, 게이트 이송 단계마다 필요한 자료를 실시간 무선으로 크레인, 야드장비 등 장비기사나 게이트 관리자에게 제공함으로써 단계별, 단계간 작업과정을 통합적으로 운영하고 있다.[15)]

RFID 칩 개발과 각 산업분야별로 RFID를 활용한 시스템의 지능화를 추진

---

14) KMI, 항만 노동생산성 향상방안 연구, 1999.
15) KMI, 차세대 컨테이너 터미널 운영시스템 기술개발 방향과 전략수립에 관한 연구, 2003.

하고 있다. 항만부문에서도 항만터미널과 배후단지의 효율적인 관리운영을 위해 최첨단의 유비쿼터스 항만으로 전환해야 한다. 현재 개발된 'U-Port 시스템'을 전국 항만에 효율적으로 이용할 수 있도록 항만과 배후단지 내에 시스템 안정화와 항만과 항만간의 시스템 네트워크 안정화를 추진해야 한다. 항만내 U-Port 시스템의 보편적인 보급과 항만배후단지와의 시스템 연계성 제고를 위해 대상사업에 정착을 위한 실행계획 수립이 필요하다.

또한 차세대 지능형 물류시스템은 국내 항만에 적용과정을 통하여 신뢰성을 확보해야 한다. 새로운 기술개발 대안 및 적용을 위한 최적시스템 설계 및 제작을 통하여 15,000 TEU급 선박이 쉽고 빠르게 접안할 수 있는 하이브리드 안벽을 개발하며, 여기에 시간당 90개를 처리할 수 있는 안벽크레인(HECC)을 설치하며 24시간 내에 하역작업을 완료할 수 있도록 한다. 기존 이송장비보다 50% 이상 생산성을 가지는 자가하역차량을 이용하여 20층 이상 적재가 가능한 고단적적재시스템(HSS)과의 효율적인 연계를 통하여 적재공간의 협소문제를 해결한다. 아울러 무정차 자동화 게이트시스템을 이용하여 게이트에서 지연을 제거하며, 지능형 운영시스템을 통하여 신속하고, 효율적인 컨테이너 터미널의 운영이 가능하다.

## 5. 항만마케팅 및 세일즈 강화

### 1) 마케팅전략의 수립

물동량 창출을 위해서는 우리나라에 유치할 기업과 화물에 대한 효과적인 마케팅과 세일즈전략을 구축해야 한다. 시장과 고객 분석, 고객의 구분(segmentation), 타겟 선정, 공략을 위한 전달가치 마련(value proposition), 가격, 유통채널, 홍보, 제품전략에 대한 4P 전략 수립, 실행을 위한 전략을 수립해야 한다.

현재 항만의 홍보 및 마케팅은 대부분 일회성 IR, 로드쇼 형태로 그 효과가 낮다. 유치대상 기업에 대한 조사가 충분하지 않은 상태에서 단순한 홍보자료를 불특정 다수에게 홍보 및 마케팅하는 방식은 소모적이다. 따라서 마케팅의 전략과 접근방법에 대한 변화가 필요하다. 단순한 마케팅전략에서 벗어나 시장수요에 맞는 맞춤형 항만마케팅전략 수립이 필요하다.

선정한 타깃고객에 전달할 수 있는 설득력 있는 가치를 제시하기 위해서 경쟁업체와 동일한 수준으로 창출할 수 있는 가치는 어떤 것이 있고, 경쟁사보다 높은 수준으로 창출할 수 있는 것은 어떤 것이 있는지를 판단하여 고객이 요구하는 가치와 얼마나 차이가 있는지 분석하여야 한다.

### 2) Concurrent Engineering 기법의 도입

향후 항만개발은 마케팅 및 세일즈 결과 창출될 수 있는 물동량에 대한 소요가 반영된 '동시개발(Concurrent Engineering)' 체계를 도입해야 한다. 이처럼 마케팅과 항만개발을 연계시키기 위해서는 STP(Segmentation, Targeting, Positioning)전략을 통한 고객과 시장조사, 4P전략 및 마케팅 계획 수립, 항만개발계획과 기업유치계획간 연계체제 구축, 기업유치 활동, 유치대상 기업의 물동량을 이미 반영한 항만개발이라는 프로세스를 수립해야 한다.

고객 및 시장조사 및 마케팅 계획 수립단계에서 유치대상 기업이 창출할 수 있는 물동량을 파악하여 '항만수요예측센터'에 통보하면 항만개발을 담당하는 '항만국'에서 항만기본계획 수립시 이를 고려하여 개발소요를 산정할 수 있는 시스템을 마련하는 방식이다.

### 3) 기업유치 전담 세일즈 조직의 구축

마케팅전략의 성공적 실행을 위해서는 효과적인 세일즈 조직 구축이 필수적이다. 기업유치에 전념할 수 있는 조직을 갖추고, Target 기업의 수를 적정하게 조정하며, 각 지역 마케팅 담당자에게 협상권을 부여하고 유치를 성사시켰을 때 인센티브 프로그램을 마련해야 한다. 기업유치를 전담하는 에이전트 제도는 투자자(해외기업)를 대리하여 고객이 만족하는 유치비즈니스를 하여야 한다. 투자자가 소재한 현지시장의 정보를 축적하고 신뢰를 구축하고 투자처에서 제시하고 있는 거래조건을 투자처로부터 협상권을 부여받고 지속적으로 투자자와 협의를 할 수 있어야 한다.

시장 맞춤형 마케팅전략은 기업의 실질 니즈를 파악하고 전략 모델을 통해 대면방식의 실질적인 기업 유치방안을 강구하는 것이다. 대면방식의 접근방법은 해당 기업에 대한 실질적인 비즈니스 모델을 제공해야 하므로 사전조사와 해당 업종에 대한 자세한 분석이 필요하다.

## 6. 해외시장 진출

고부가가치 물류허브 달성을 위해서는 우리 항만의 해외시장진출을 확대해야 한다. 우리나라 항만업체가 우리나라 수출입 화물 그리고 환적화물만 처리하는 것이 아니라, 해외 시장에 진출하여 항만건설과 운영 등 사업에 직접 참여하는 것을 의미한다. 해외터미널에 참여하는 국내 터미널 운영업체는 현지 수출입 화물을 국적선사가 국내 항만까지 수송하도록 하고, 국내 항만에서 환적하도록 함으로써 제 3 국의 수출입 화물을 우리나라를 경유하여 수송할 수 있도록 하는 것이다.

지금까지 우리나라 항만개발은 국내에만 한정되었으나 신규 물류시장으로 진출을 통한 글로벌 네트워크 구축이 절대적으로 필요한 시점이다. 해외 항만과 물류거점 확보를 통해 현지에서 직접 화물을 집화하여 우리 항만으로 수송하는 전략이 필요하게 되었다. 글로벌 터미널운영업체는 해외 서비스망 확대를 통해 시장지배력을 높이기 위해 M&A, 신규투자, 지분인수 등 적극적인 해외진출을 추진하고 있다.

해외 물류 네트워크가 성공적으로 정착될 경우 국내 터미널 운영업체로서는 해외 시장 진출을 통한 새로운 처리물량을 확보하고 이 물량을 국내 자사 터미널로 전이시켜 부가가치를 창출할 수 있다. 국적선사는 국내 터미널 운영업체와의 업무 제휴를 통해 외국적 선사가 아닌 국적선사의 선박에 수송하게 함으로써 신규물량을 확보할 수 있다는 장점과 국가 전체적으로는 환적 물동량을 구조적으로 안정되게 우리나라에 유치할 수 있다.

### 1) 해외시장 진출을 위한 준비

성공적으로 해외시장을 진출하려면 다양한 진출대안을 치밀하게 검토해야 한다. 일반적으로 해외시장 진출을 준비할 때 사업기획, 투자타당성 분석, 항만계획/개발, 항만운영, 외부고객유치의 5가지 단계로 구분하여 검토해야 한다. 국내 기업들은 항만계획/개발, 항만운영, 외부고객유치에 대해서는 노하우를 가지고 있으나, 사업기획과 투자타당성 분석에 대해서는 금융조달, 수익성과 투자위험 분석 등에 대해서는 전문성이 다소 떨어진다. 우선, 해외투자의 경험을 가진 해외 투자기관과 제휴를 통해 공동으로 진출하는 방안을 모색해야 한다.

### 2) 해외시장 대안의 검토

해외시장 진출을 위한 사전준비가 완료되면 ① 현지 물류인프라 건설과 운영까지 하는 방안, ② 현지 물류시설(업체) 인수방안, ③ 기존 물류업체 지분참여 방안 등을 검토해야 한다.

인프라 건설과 운영까지 포함하는 대안은 터미널과 기타 물류시설을 국내 업체가 단독 또는 컨소시엄을 구성하여 현지에서 건설하고, 운영권을 획득하여 운영하는 방식이다. 두 번째 대안은 현지 물류기업을 인수하는 방법이며, 세 번째 대안은 기존 물류업체의 지분을 일정부분 인수하는 방법이다. 대안별로 장단점을 가지고 있으나 화물의 배송(配送)과 선박의 배선(配船)을 통해 환적화물을 국내에 흡수하기 위한 대안은 물류인프라 건설과 운영을 하는 해외시장 진출이 바람직한 것으로 분석되었다.[16)]

해외시장 진출지역은 항만물동량 증가 추세가 지속될 것으로 예상하는 동남아·서남아시아 권역이 제1차 대상이다. 베트남은 동남아 각 지역을 최단거리로 연결하는 거점에 로컬 환적거점을 구축하며, 그 밖에 태국의 램차방, 말레이시아의 PTP와 Klang, 방글라데시의 Chittagong 그리고 인도네시아의 Tanjung Perak 등이 주요 진출대상 지역이다. 이들 항만에 우리 기업들이 진출하여 화물을 집하하고, 우리 항만과 연계할 수 있는 전략적 환적거점 확보하는 하는 방안을 적극 추진할 필요가 있다.

### 3) 해외 진출을 위한 국내기업간 파트너십 등 협력체계

해외 물류 네트워크를 구축하기 위해서는 국내 선사, 물류회사, 터미널 운영사 간의 파트너십 등 협력체계가 필수적이다. 선사(물류업체)와 선적 화물의 이해관계를 가질 때 이해관계가 없을 때보다 국내 항만 또는 해외진출 항만에서 부가가치를 창출할 수 있는 기회가 확대되기 때문이다. 또한 물류기업과 제조기업가 동반하여 진출하는 방식은 선사와 물류회사에게 안정적으로 수요를 확보할 수 있고, 거래처 확보를 위한 초기 마케팅 운영자금의 부담을 줄일 수 있다. 아울러 제조기업은 원자재의 안정적 수송과 물류서비스 질 제고를 통한 매출 향상의 효과를 기대할 수 있으며 터미널 운영사는 항만 활성화에 따른 수

16) 해양수산부, 글로벌터미널 육성방안, 2006.

입증대가 가능하다.[17)]

우리 항만과의 제휴를 확대하여 항로확충 등 중국 중소형 항만(영구, 진황도, 경탄, 연태, 연운강, 난통, 난징, 태창 등) 및 자체 활성화를 위해 우리 항만과의 협력을 희망하는 일본내 중소형 항만(토마코마이, 니가타 등)과의 포트 얼라이언스(항만개발)를 추진하여 향후 물동량 창출의 기반을 마련하는 방안도 적극 추진한다.

또한 투자 해당국 정부와의 긴밀한 협력관계를 구축하고 정부차원의 지원체계를 구축해야 한다. 해양수산부는 사업기획과 추진을 지원하고, 재정경제부, 산업자원부 및 건설교통부는 금융조달협력, 연관산업의 동반진출을 위한 지원과 외교통상부는 해당국과 외교적 협력관계 구축을 위한 지원역할 체계가 필요하다.[18)]

17) 해양수산부, 국가물류체계 효율화 방안 연구, 2006.
18) KMI, 글로벌 항만투자의 실효성 제고 방안, 2008. 12.

# 참고문헌


김 성(2006), "중국의 항만정책과 주요 항만 효율성에 대한 분석," 한국해양대학교 박사학위논문

민성규(2003), "해운동맹정책에 대한 EU의 재검토,"「해양한국」.

박명섭(1997),「국제해운론」.

부산발전연구원(2003~2007),「동북아물류동향」, 제1~34호.

부산발전연구원(2006),「서해안 및 북중국 항만개발 정책과 컨테이너 O/D 분석에 따른 대응방안」.

부산항만공사(2005),「동북아 주요항만의 운영현황 및 개발계획」.

임석민(1998), "1988년 미국의 개정 해운법,"「해양정책연구」, 제13권 제2호, 한국해양수산개발원.

임종관 · 전형진(2002), "중국의 주요 해운규정 정비와 우리나라의 대응방향," 한국해양수산개발원.

정영석(1998), "유럽연합의 공통해운정책에 대한 고찰(1),"「해양한국」.

정영석(1999), "유럽연합의 공통해운정책에 대한 고찰(2),"「해양한국」.

정영석(2001),「세계의 항만」.

전준수(1990), "EC 공동해운정책에 관한 소고," 서강대학교 경영과학원,「서강경영논총」.

전형진(2002), "주요국의 연안해운정책 비교 · 분석,"「월간 해양수산」, 통권 제213호, 한국해양수산개발원.

조계석(2003), "EU 대외해운정책의 발전단계별 주요 내용과 시사점,"「월간 해양수산」, 통권 제222호, 한국해양수산개발원.

조계석(2003), "중국의 WTO 가입 이후 해운정책 동향과 우리 해운물류업계의 대응방안,"「해양수산동향」, 제1093호.

진형인(2002),「국제물류의 이해」, 박영사.

한국교통연구원(2007), "중국「전국연해항만배치계획」의 내용과 시사점,"「월간 교통」, 통권 제107호.

한국해사재단(2000), "주요국 해운산업의 보호 지원정책과 대응방안연구."

한국해양수산개발원(2004),「북중국 항만 발전이 우리나라 환적화물 유치에 미치는 영향」.

한국해양수산개발원(2007), "개방형 항만정책 수립체제의 필요성과 구축방안에 관한 연구," 「해양정책연구」, 제22권 제 1 호, 2007년 여름.
한국해양수산개발원(2007), "개방형 항만정책 수립체제의 필요성과 구축방안에 관한 연구," 「해양정책연구」, 제22권 제 1 호, 2007년 여름.
한국해양수산개발원(2005), 「세계 물류환경변화와 대응방안(1)」, 연구용역보고서.

한국선주협회(2004), 「한국해운의 국제경쟁력을 제고하기 위한 방안」.

한국해운신문, 각 년도 기사 인용.

Carlos Martner Peyrelongue(2002), Hub ports in Mexico: limitations and opportunities, Cepal review 76

Chlomoudis, C. I., and Pallis, A. P.(2002), European Union Port Policy, p. 231.

Containerisation International(2007), Another good year for many NA ports, March 2007, p. 33.

Containerisation International(2007), Three port Canadian merger approved, January 2007, p. 28.

EC(1996a), Green Paper, Towards a new Maritime Strategy.

EC(1997), Green Paper, Sea Ports and Maritime Infrastructure.

EC(2001), Green Paper, Port Infrastructure: quality services in sea ports.

EC(2004a), Green Paper, Directive of the European Parliament and of the Council on market access to port services.

EC(2004b), White Paper, European Transport Policy for 2010: time to decide.

EC(1996b), Green Paper, Shaping Europe's Maritime Futuer.

EC(2005), Networks for peace and development, Report from the High Level Group chaired by Loyola de Palacio.

EC(2006), Green Paper, Towards a future Maritime Policy for the Union: A European vision for the oceans and seas.

ESPO(2005a), Factual report on the european port sector.

ESPO(2005b), Annual Report.

Lloyd list ports of the world 2004.
Lloyd list ports of the world 2004.
Long Beach Harbor Department(2005), Green Port Policy — "White Paper."

LookSmart(2004), Mexican ports could take traffic from LA.

LookSmart(2005), Overdrive: Mexico's Port of Veracruz expands to move more goods-cars above all else.

Port Law of the People's Republic of China(2003).

Ports and Harbours Bureau(2005), Ministry of Land, Infrastructure and Transport, Ports and Harbours in Japan.

Sean Gibson (Master Mariner MNI), "Ports & Terminals Guide 2007-2008," Lloyd's Register-Fairplay Ltd., Vol, 3, Macau to Syria, p. 3~1697.

Sean Gibson (Master Mariner MNI), "Ports & Terminals Guide 2007-2008," Lloyd's Register - Fairplay Ltd., Vol 4, Taiwan to Yemen & Atlas, p. 4~1609.

Selkou. E., Roe. M.(2004), Globalisation, Policy and Shipping.

U.S. Maritime Administration(2005), MTSA Section 109 Implementation: A Report to Congress.

U.S. Maritime Administration(2006), Compilation of Maritime Laws.

UNCTAD(2006), Review of maritime transport 2006.

Vancouver Port Authority(2005), The land use plan for the Port of Vancouver.

WorlNetDaily(2006), Mexico mega-port plan key to 'NAFTA superhighways'.

Yehuda Karmon(1980), Ports around the world, crown publishers. inc., New York, p. 310.

運輸省(1985), 「續 日本海運戰後助成史」, 海事産業研究所.

중국교통 홈페이지: http://www.moc.gov.cn

멕시코 Veracruz 항만청 홈페이지: http://www.apiver.com/apiwww/en-index.htm

미국 Long Beach 항만공사 홈페이지: http://www.polb.com/

미국 Los Angeles 항만공사 홈페이지: http://www.portoflosangeles.org/index.htm

미국 New York/New Jersey 항만공사 홈페이지: http://www.panynj.gov/

상하이국제항무집단 홈페이지: www.portshanghai.com.cn

상하이동컨테이너터미널(SECT) 홈페이지: www.sect.com.cn

상하이밍동컨테이너터미널(SMCT) 홈페이지: www.smct.com.cn

상하이센동국제컨테이너터미널(SSICT) 홈페이지: www.shsict.com

상하이컨테이너터미널(SCT) 홈페이지: www.sctport.com.cn

상하이푸동국제컨테이너터미널(SPIT) 홈페이지: www.spict.com

일본 국토교통성 홈페이지: http://www.mlit.go.jp/english/index.html

칭다오치엔완컨테이너터미널(QQCT) 홈페이지: http://www.qqct.com.cn

칭다오항만 홈페이지: http://www.qdport.com

한국선주협회 홈페이지: http://www.shipowners.or.kr

캐나다 Vancouver 항만공사 홈페이지: http://www.portvancouver.com/

American Association of Port Authorities: http://www.aapa-ports.org/home.cfm

Antwerp 항만 홈페이지: http://www.portofantwerp.be
Association of Canadian Port Authorities: http://www.acpa-ports.net/index.html
Bremen 항만 홈페이지: http://www.ct-bremerhaven.de
ESPO 홈페이지: http://www.espo.be/Home.aspx
Felixstowe 항만 홈페이지: http://www.portoffelixstowe.co.uk/
http://findarticles.com/p/articles/mi_m0BEK/is_8_13/ai_n15341623
http://findarticles.com/p/articles/mi_m5072/is_33_26/ai_n6179868
http://worldnetdaily.com/news/printer-friendly.asp?ARTICLE_ID=52242
http://www.mlit.go.jp/english/2006/k_port_and_harbors_bureau/index.html
Le Havre 항만 홈페이지: http://www.havre-port.net/pahweb.html
Retterdam 항만 홈페이지: http://www.portofrotterdam.com/en/home
SPCWT 홈페이지: www.spcwt.com
Transport Canada 홈페이지: http://www.tc.gc.ca/en/menu.htm

# 찾아보기

공저자 약력

김 현 덕

한국해양대학교 해운경영학과 학사
한국해양대학교 해운경영학과 경영학석사
Arab Academy for Science & Technology & Maritime Transport(Ph.D)
한국해양대학교 해운경영학과 박사과정 수료
동명정보대학교 유통경영학과 전임강사
現 순천대학교 사회과학대학 물류학과 조교수

허 윤 수

한국해양대학교 항만운송공학과(現 물류시스템공학) 공학사
한국해양대학교 항만운송공학과(現 물류시스템공학) 대학원 공학석사
한국해양대학교 물류시스템공학 대학원 공학박사
동의대학교 도시공학과 겸임교수
(재)부산발전연구원 해양항만연구부장
(재)부산발전연구원 도시창조본부 부연구위원
現 부산발전연구원 정책협력처장

백 종 실

한국해양대학교 기관학과 학사
한국외국어대학교 해운경영학과 경영학석사
중앙대학교 대학원(무역학과) 경영학박사
네덜란드 로테르담 Shipping & Transport College 연수과정 수료
한국해양수산개발원(KMI) 연구원 근무(1984. 6 ~ 2005. 2)
現 평택대학교 무역학과 조교수

해운항만정책론

2009년 2월 20일 초판인쇄
2009년 2월 28일 초판발행

共著者 김현덕 · 허윤수 · 백종실
發行人 安 鍾 萬
發行處 (株)博 英 社
서울特別市 鍾路區 平洞 13-31番地
電話 (733) 6771 FAX (736) 4818
登錄 1959. 3. 11. 제300-1959-1호(倫)

www.pakyoungsa.co.kr e-mail: pys@pakyoungsa.co.kr

定 價 23,000원 ISBN 978-89-7189-016-5